Micro-economics

미시경제학

이승훈 · 장지상 · 전병헌 지음

생능

미시경제학

초판인쇄 2020년 12월 21일
초판발행 2020년 12월 30일

지은이 이승훈, 장지상, 전병헌
펴낸이 김승기, 김민정
펴낸곳 (주)생능 / **주소** 경기도 파주시 광인사길 143
출판사 등록일 2014년 1월 8일 / **신고번호** 406-2014-000003호
대표전화 (031)955-0761 / **팩스** (031)955-0768
홈페이지 www.booksr.co.kr

책임편집 신성민 / **편집** 양둥글, 유제훈, 권소정 / **디자인** 유준범
마케팅 최복락, 김민수, 심수경, 차종필, 백수정, 최태웅, 명하나, 김범용
인쇄 · 제본 영신사

ISBN 979-11-86689-33-2 93320
정가 27,000원

- 이 도서의 국립중앙도서관 출판예정도서목록(CIP)은 서지정보유통지원시스템 홈페이지(http://seoji.nl.go.kr)와 국가자료공동목록시스템(http://www.nl.go.kr/kolisnet)에서 이용하실 수 있습니다. (CIP제어번호: 2020053526)

머리말

공동 집필자 가운데 이승훈(李承勳)이 쓴 교과서 〈미시경제학〉이 처음 출간된 것은 약 40년 전인 1981년이다. 내(李承勳)가 서울대학교에 조교수로 막 부임하여 미시경제학 강의를 시작하던 때다. 내 나름의 강의안 골격을 구축하는데 몰두하던 시기였던 만큼 교과서 저술은 또 하나의 방대한 연구과제였다. 책을 써 나가면서 익히 알고 있었다 싶던 내용을 새롭게 깨닫는 경우가 허다하였기에 초판은 형식과 내용 양면에서 대단히 엉성할 수밖에 없었다. 그럼에도 불구하고 그 당시 수리적 분석에 기초한 현대 미시경제학의 내용을 갈구하던 학생들의 수요에는 부응한 덕분에 한편으로는 과분한 호평을 받으면서 다른 한편으로는 읽기 어렵다는 불만 어린 질책도 적지 않았다.

처음에는 교과서에 의존하는 강의를 계속하였지만 점차 수식을 이용하는 분석은 가급적 지양하고 나 스스로도 의문을 가졌던 주제는 시간을 두고 꾸준히 천착하여 납득할 만한 해답을 얻은 다음 이 결과를 반영하는 방식으로 강의 내용을 바꾸어 왔다. 그 결과 30여년 뒤 나의 마지막 미시경제학 한 학기 강의는 내 초판 교과서와는 매우 다른 내용으로 바뀌어 있었다. 그 과정에서 교과서를 개정할까 생각한 적도 몇 번 있었지만 내 강의 내용이 또 곧 바뀔 것이 분명하여 단념을 거듭하다가 결국 아무 것도 하지 못하고 정년퇴임과 명예교수 강의 정년(70세)까지 넘긴 터이다. 개정판을 완전히 포기하고 있던 차에 생능출판사의 권고와 두 분 공저자의 격려에 용기를 내어 이번에 세 사람 공저의 미시경제학을 펴내게 되어 매우 기쁘다.

사적 소유와 경제활동의 자유를 토대로 삼는 시장경제는 수많은 개별 경제주체들의 선택을 통하여 움직인다. 선택할 대상과 환경에 따라서 경제주체별 선택은 다양하게 전개되지만 어느 경우이든 각 경제주체는 각자 선택할 수 있는 여러 대안 가운데서 자신에게 가장 유리해 보이는 대안을 선택할 자유를 누린다. 그러므로 미시경제학은 기본원칙으로 각 경제주체가 선택 가능한 여러 대안 가운데 최상의 것을 취한다고 상정한다. 예컨대 소비자는 현재의 소득과 가격에서 각자 구매할 수 있는 여러 소비행위 가운데 최상의 것을 선택하여 소비한다고 본다. 그렇기 때문에 정작 소비자는 무차별곡선이나 예산선이 무엇인지조차 모르고 행동하지만 미시경제학은 소비자가 무차별곡선이 예산선과 접하는 소비를 선택한다고 설명한다. 미시경제학의 설명은 소비자가 실제로 선택하는 과정에 대한 것이 아니라 선택한 결과의 특성에 대한 것이다. 현실의 소비자는 무차별곡선의 구조를 인지조차 못하지만 한정된 소득으로 최상의 소비를 선택한다면 그 소비에서 예산선이 무차별곡선과 접한다는 말이다.

선택 가능한 대안 가운데 최상의 것을 선택한다는 기본원칙은 모든 개별 선택의 설명을 관통하는 미시경제학적 시각이다. 그러나 각자 자신에게 유리하도록 선택한 결과가 항상 그대로 차질없이 실현되는 것은 결코 아니다. 예컨대 기업이 선택한 생산량이 소비자가 선택한 소비량보다 더 많아서 팔리지 않은 물량이 남아돌기도 하고, 기업이 원하는 인력도 수시로 구직자의 수보다 적어서 실업을 유발하기도 한다. 이처럼 개별 선택이 서로 부합하지 않으면 경제주체는 각자 선택한 대로 행동할 수 없으므로 특정한 조정과정을 거쳐야 한다. 자유로운 개별선택은 이 조정과정을 거친 뒤에 공존 가능한 모습으로 최종 결정된다.

각자 어떤 재화를 얼마만큼 원할 때 경제 내에서 이 물량을 얻을 수 있어야 그 주체의 선택은 실현될 수 있다. 즉 경제주체들의 선택은 서로 맞물려 있기 때문에 주고받는 물량이 서로 일치할 경우에만 각자 스스로 선택한 대로 경제생활을 영위한다. 만약 개별선택이 서로 부합하지 않아서 맞물림에 차질이 생기면 시장경쟁이 벌어지고 대부분의 불일치는 경쟁을 거치면서 조정된다. 미시경제학의 연구결과 가운데 수요공급의 법칙은 상품 값은 수요와 공급이 일치하는 수준에서 결정된다고 설명한다. 공급량이 부족하면 더 높은 값을 내겠다는 소비자 간 경쟁이 값을 올리고, 반대로 남으면 더 낮은 값에 팔겠다는 공급자 간 경쟁이 값을 낮춘다. 만약 공급자가 소수라면 가격하락을 부르는 경쟁보다는 사전에 과잉공급을 피하도록 서로 공모하는 전략을 취할 것이다. 그 결과 수요와 공급이 서로 일치하는 수준에 이르면 맞물림의 불일치는 해소되어 각자 원하는 만큼 사고 판다.

내가 경제학을 강의해온 4~50년 동안 미시경제학의 내용도 크게 달라졌지만 기본원칙과 수요공급의 법칙은 그 지위를 그대로 유지하고 있다. 다만 현실에서 자주 경험하는 특수 상황에서 개별선택과 시장경쟁이 어떻게 전개되는지, 그리고 그것이 시장의 성과에 어떤 영향을 끼치는지에 대해서는 새로운 연구결과가 많이 나와 있다. 이 책은 미시경제학의 기본원칙과 수요공급의 법칙을 기축으로 하고 새로운 연구결과를 적절히 반영하기 위한 우리 세 사람의 노력을 담고 있다. 필요한 수리적 분석은 부록으로 돌리고 나름대로 읽기 쉬운 책이 되도록 최대한 노력하였다. 첨단 내용을 최대한 포함하면서도 읽기 쉬운 교과서가 되도록 원고를 최종 정리하면서 특히 전병헌 교수가 많이 수고하였다. 다만 내가 공저자 3인 가운데 최연장자인 탓에 서문을 쓰는 영광을 누린다. 아무쪼록 이 교과서가 미시경제학 교육에 조금이라도 도움이 되도록 기원한다.

2020년 12월

저자 일동

차례

PART II 소비자 선택 및 수요이론

CHAPTER 05 소비자의 선택

CHAPTER 06 소비자 후생과 소비자 선택에 관한 여러 이론

PART III 생산 및 비용이론

CHAPTER 07 생산기술

CHAPTER 08 비용이론

PART VII 외부성, 공공재, 불확실성과 정보의 경제학

CHAPTER 16 시장실패와 재산권

CHAPTER 17 불확실성과 불완전정보

PART I

서론

본 단원에서는 경제학이 무엇이며 우리가 앞으로 미시경제학에서 어떤 내용을 다룰 것인지 설명한다. 경제학은 희소한 자원을 어떻게 이용하는 것이 가장 좋은가를 알려준다. 규모가 큰 현대의 국가 경제는 여러 단계의 분업을 통한 전문화에 의해 높은 생산성을 낼 수 있다. 이처럼 고도화된 분업을 조정하는 것은 매우 어려운 일인데 인위적인 계획이나 개입보다는 시장을 통해 매우 복잡한 분업을 자동적으로 조정할 수 있다는 것이 아담 스미스에 의해 처음 관찰되었고 이를 체계화한 것이 경제학이라 할 수 있다. 이러한 내용을 제1장에서 소개한다.

제2장에서는 경제학의 방법론에 대해 소개한다. 경제학은 가정으로부터 논리적 추론을 거쳐 검증될 수 있는 결론을 도출하며 통계학적인 방법으로 결론을 검증하여 검증결과에 따라 가정을 수정하는 과정을 반복하여 이론을 발전시킨다. 한편 한 경제의 성과를 평가하는 데에는 가치판단이 필요하다. 이처럼 경제학적 분석은 그 성격에 따라 실증경제학과 규범경제학으로 분류할 수 있다.

경제학 분야는 크게 미시경제학과 거시경제학으로 나뉜다. 제3장에서는 각각에 대해 간단히 소개하고 미시경제학에서 어떤 내용들이 다뤄지는지 소개한다. 제4장에서는 복잡한 현실경제의 문제들을 경제학 이론을 이용하여 어떻게 분석할 수 있는지 실제 예들을 통해 살펴본다.

CHAPTER 01

경제조직으로 본 시장경제

제1절 경제생활과 경제조직

경제생활과 자원의 상대적 희소성 사람들의 삶에는 많은 물자가 필요하다. 옷, 음식, 그리고 주거 등 의식주에 필요한 것들은 기본이고, 휴대전화와 PC를 비롯한 각종 기기 등 하드웨어와 그 작동에 필요한 각종 앱과 소프트웨어는 물론 자전거와 승용차, 그리고 음악 감상이나 영화 관람과 같은 여흥에서 도시가스와 전력 등 각종 에너지에 이르기까지 인간 생활에 필요한 것은 많기도 하다. 인간의 생활에 필요한 것 가운데 옷, 음식, 그리고 휴대전화처럼 눈으로 보고 손으로 만질 수 있는 것들을 **재화**(goods)라고 부르고, 소프트웨어나 음악처럼 보이지 않고 만질 수도 없는 것들을 **용역**(services)이라고 부른다.

폭풍우를 만나 표류하다 무인도에 혼자 떨어진 로빈슨 크루소는 생존을 위해 난파선에서 가져온 총으로 짐승을 사냥하고 열매도 따먹으면서 살아가는데, 이처럼 사람이 살아가는데 필요한 재화와 용역을 생산하고 소비하는 인간 활동이 바로 **경제생활**이다. 로빈슨 크루소 이야기에서 보는 것처럼 재화나 용역을 생산하는 활동은 노동력과 도구 그리고 토지를 포함한 자연자원을 활용한다. 재화나 용역의 생산에 활용되는 모든 것을 총칭하여 **자원**(resources)이라고 한다.

재화나 용역의 생산에는 여러 가지 형태의 자원이 활용되지만 크게 보면 노동, 토지, 자본의 세 가지로 환원될 수 있으며 이를 **3대 생산요소**라고 한다. 결국 인간의 경제생활은 다음의 그림에서 보는 것처럼 살아가는 데 필요한 재화나 용역을 생산하기 위하여 3대 생산요소, 즉 자원을 활용하는 과정과 이렇게 생산한 성과를 소비나 투자 등의 방식으로 처분함으로써 자원을 재생산하는 과정으로 이루어진다고 말할 수 있다.

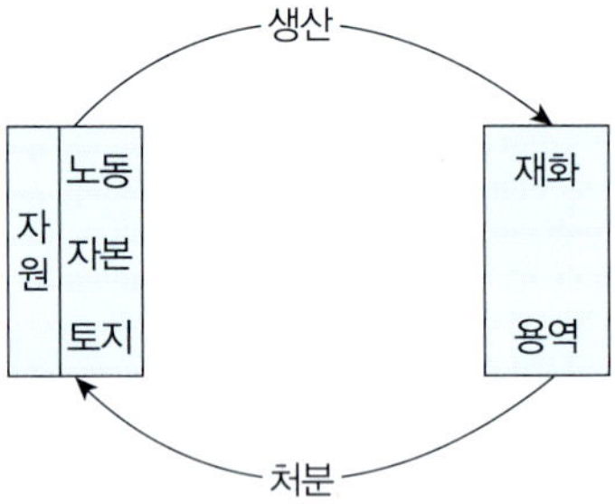

〈그림 1-1〉 경제생활

처분할 수 있는 재화나 용역이 많으면 많을수록 인간의 삶은 풍요로워지고 일반적으로 더 행복해진다. 그러나 인간의 욕망은 무한하므로 재화나 용역이 아무리 많아도 살아가면서 더욱 더 많은 것을 요구하기 마련이다. 현재 우리가 소비하고 누리는 재화와 용역은 예전에 우리 선조들이 누리던 그것에 비해 엄청나게 많지만, 사람들은 여전히 더 많이 누리기를 원한다. 인간사회가 원하는 재화나 용역의 규모는 인간의 욕망만큼이나 무한한 데 비하여, 이를 생산하는데 필요한 자원은 유한하다. 이 특성을 우리는 **자원의 상대적 희소성**(relative scarcity of resources)이라고 부른다.

우리들의 경제생활은 항상 많은 문제에 봉착한다. 고용이 좀처럼 늘지 않아 실업을 걱정하다가도 상황이 바뀌면 들썩이는 물가가 불안하다. 수출이 위축되면 국제수지 적자가 걱정되고 가난한 사람들의 생활고는 당사자들을 괴롭히는 데 더하여 많은 사람을 우울하게 한다. 치솟는 부동산 가격이나 쌀 시장을 개방하라는 국제사회의 요구도 고민스럽다. 어디를 보나 우리들의 살림살이에는 걱정이 끊일 날이 없다. 빈부격차가 불만스럽고 높은 세금도 못마땅하지만 사회보장시스템이 충분히 갖추어지지 못한 점도 아쉽다.

이처럼 경제생활의 많은 영역에서 복잡다기한 모습으로 제기되는 모든 문제는 기실 궁극적으로는 자원의 상대적 희소성에서 비롯된다. 어떤 재화나 용역이든 필요할 때마다 얼마든지 얻을 수 있다면 무엇이 문제가 되겠는가? 굳이 땀 흘려 일할 필요가 없으니 실업을 걱정할 까닭이 없다. 인플레이션이 생기지도 않겠지만 물가가 오르더라도 돈이 얼마든지 있는 터에 그만큼 돈을 더 주고 사면 그만이다. 가난이 없어질 터인데 빈부격차가 무슨 문제이고 사회보장은 왜 필요할 것인가? 모든 경제문제는 현실의 자원이 항상 충분하지 않기 때문에 발생하는 것이다.

사회적 분업과 조정기제의 필요성 자원이 희소한 만큼 사람들은 한정된 자원으로 유용한 재화와 용역을 가능한 한 많이 생산하기 위해 아이디어를 짜낸다. 그 일환으로 인간이 터득해낸 지혜가 **분업**(division of labour)이다. 애덤 스미스는 그의 명저 '국부론'의 첫머리에서 핀 공장의 예를 들어서 분업의 생산방식이 매우 효율적임을 설명하고 있다. 핀의 전 생산 공정을 한 사람이 모두 다 수행한다면 하루 최대 20개도 생산하지 못하지만 사람 10명이 모여서 공정 단계별로 업무를 분담하여 분업할 경우에 하루 4만 8천개나 생산하므로 1인당 생산량은 4천 8백개에 이를 수 있다는 것이다.

이처럼 분업은 개인의 노동생산성을 현저하게 개선한다. 한 걸음 더 나아가서 분업은 혼자서는 결코 생산할 수 없는 재화의 생산까지도 가능하게 한다. 예컨대 대형 여객기가 그렇다. 항공기 제작과정의 모든 기술에 정통한 어떤 사람이 금속과 플라스틱 소재를 생산하는 일에서부터 최종 완성 기체를 인도하는 단계까지의 모든 생산 업무를 혼자서 다 감당해야 한다고 하자. 평생의 시간과 노력을 오직 여객기 생산에만 집중한들 이 사람은 1대도 생산해내지 못할 것이다. 오늘날 인천공항을 부산하게 뜨고 내리는 수많은 항공기는 고도로 분업화한 생산 활동의 성과다.

핀 공장의 분업은 핀의 생산과정을 철사를 자르고 끝을 뾰족하게 가는 등 몇 가지 전문 직능별로 나누어 시행한다. 그런데 사람들은 각자 자신의 전문 직종인 생업에 종사하면서 몇 가지의 재화나 용역만을 생산하고서도 다른 많은 사람이 생산한 수많은 재화와 용역을 사용하면서 살아간다. 이러한 생활 방식도 역시 분업으로 분류되지만, 그 성격이 공장 내 분업과는 다르므로 특히 **사회적 분업**(social division of labor)이라고 부른다.

인류의 경제생활은 자신의 생활에 필요한 모든 물자를 스스로 생산하여 조달하는 **자급자족**(autarky) 형태로 시작하여 점차 사회적 분업으로 진화해 왔고, 현대에 이르러 사회적 분업은 더욱더 고도화되는 중이다. 과거에는 어머니들이 가정에서 각종 밑반찬을 직접 준비하고 김장도 직접 담궜지만 요즈음 직업을 가진 주부들은 밑반찬과 김치를 시장에서 구입한다. 이처럼 과거에는 많은 재화를 스스로 생산하였으나 지금은 직접 생산 대신 다른 사람들이 생산한 것을 돈 주고 사서 구한다. 스스로 사용하기 위한 생산은 줄어들고 남에게 팔 상품을 생산하는 생업 활동의 비중은 나날이 커지고 있다. 이처럼 분업이 확대되는 까닭은 그렇게 함으로써 생산성이 크게 증대되기 때문이다.

그런데 분업은 부문별 활동이 차질 없이 조화롭게 전개되어야 실현된다. 10만 개의 핀을 생산했더라도 마지막 포장 단계에서 10개만 포장하면 그 공장이 생산한 핀의 수량은 10개에 불과하다. 철선을 자르는 첫 단계에서 10개 분량만 자르고 그쳐도 생산량은 10개를 넘을 수 없다. 모든 부문의 생산 활동이 잘 이루어지다가 어느 한 부문에서라도 문제가 발생하면 분업의 성과는 크게 위축된다.

사회적 분업도 마찬가지다. 누구는 과수원에서 사과만 생산하고 누구는 공장에서 TV만 생산하는 것처럼 각자가 전문화된 영역에서 자신이 선택한 재화나 용역만 생산한다고 할 때, 다음 세 가지의 문제가 해결되지 않으면 사회적 분업은 그 기능을 원활하게 발휘할 수 없다. 첫째, 누가 무엇을 얼마나 어떻게 생산할 것인가가 정해져야 하고, 둘째, 생산된 재화와 용역을 누가 얼마만큼씩 소비할 것인가도 정해야 한다. 그리고 마지막으로 그 사회가 필요로 하는 재화나 용역이 필요한 양만큼 생산되도록 조절하는 기능도 중요하다. 갑작스런 천재지변이나 파업 때문에 생산이 중단되거나 수송망이 마비되면 사람들이 소비하는 재화와 용역의 종류와 물량은 필요한 수량에 크게 미흡하기 일쑤다. 한 부문의 재화나 용역의 생산이 그 사회가 필요로 하는 수준에 이르지 못할 경우 이를 활용해야하는 다른 부문의 생산 활동까지도 함께 위축될 수밖에 없는 것이다.

분업에서 사람들을 부문별로 배치하여 각자 그 부문의 전문 직능을 발휘하도록 하는 것을 **특화**(specialization)라고 한다. 분업이 생산성을 획기적으로 높일 수 있는 것은 바로 이 특화의 이점이라고 할 수 있다. 그러나 분업이 효능을 발휘하려면 특화에 더하여 부문별 활동이 조화를 이루도록 이끄는 **조정**(co-ordination)이 필요하다. 모든 분업체제는 특화기능과 함께 반드시 조정기능도 갖추어야 한다. 위 문단에서 언급한 위급 사례는 모두 분업의 조정기능이 실패할 때 일어날 수 있는 문제들이다.

경제조직의 조정기능 공장의 공장장이나 기업체의 사장, 그리고 공공 단체의 기관장은 각각 자신이 관장하는 공장, 기업, 그리고 공공단체 내부의 분업을 조정하는 권한을 가진다. 최고위 의사결정자가 분업의 진행 상황을 수시로 점검하고 문제가 발생하면 즉시 시정 명령을 하달하여 부문별 활동이 균형을 유지하도록 이끈다. 이처럼 공장, 기업, 그리고 공공단체 내부의 분업을 조정하는 기제는 **위계**(hierarchy)적 명령체계다. 그렇다면 사회적 분업을 조정하는 기제는 무엇일까?

프라이데이가 등장한 이후 로빈슨 크루소의 무인도 생활은 두 사람이 각각 필요로 하는 모든 재화를 제각기 획득하고 각자 소비하는 것이 아니라, 재화 생산의 업무를 분담하여 공동으로 생산하고 특정한 방식으로 분배하여 소비하는 사회생활로 변모한다. 즉 크루소는 총을 가지고 사냥만 하고 프라이데이는 옥수수를 가꾸고 빵을 굽는데, 크루소가 사냥한 양과 프라이데이가 구운 빵은 두 사람 간에 적절히 분배되어 두 사람의 소비에 충당되었다.

생산의 각 분야에서 사람들의 분업 활동이 반복되면 사회적 조직생활은 특정한 틀로 귀착되기 마련이고 결국 하나의 **경제조직**(economic organization)을 형성하게 된다. 사회가 발전하면서 경제조직도 고도화하였고 현대사회의 경제생활은 고도로 분화한 경제조직이 조정하는 사회적 분업으로 전개되고 있다. 경제조직의 가장 기본적인 형태를 보통 **경제체제**(economic system)라고 하는데 어떤 사회의 사회적 분업을 이해하려면 그 사회의 경제체제부터 살펴야 한다.

경제생활이 기본적으로 분업을 토대로 전개되는 만큼 경제체제의 기본은 사회적 분업방식이다. 즉 각 부문에 인력을 배정하는 특화의 방식과 부문별 활동의 조화를 도모하는 조정의 방식이 경제체제의 기본 특징을 결정한다. 이론적으로 경제체제의 유형에는 여러 가지가 있을 수 있지만, 현실적으로 중요한 것은 **자본주의적 시장경제**(capitalistic market economy)와 **사회주의적 계획경제**(socialist planning economy)의 두 가지다.

자본주의적 시장경제는 사유재산제도의 토대 위에서 개인이 자유롭게 생산하고 교환하도록 허용하는 경제체제다. 개인은 생업선택의 자유를 누리고 각자의 생업활동은 특정 재화 또는 용역을 생산한다. 사람들은 시장교환을 통하여 자신의 생산물을 대가로 지불하면서 필요한 재화와 용역을 취득한다. 생산수단을 소유한 개인이 각각 무엇을 얼마나 생산할 것인지를 스스로 자유롭게 결정하는 **의사결정권분산**(decentralization of decision-making power)은 자본주의적 시장경제의 기본적 특징이다. 그러므로 이것을 달리 **자유시장경제**(free market economy)라고 부르기도 한다.

이에 비해 사회주의적 계획경제는 생산수단의 사유를 금지하고 국·공유화함으로써 생산 활동을 중앙계획당국이 주관한다. 분업 조정을 주관하는 **계획당국**(planning authority)이 계획한 바에 따라서 인력을 부문별로 배치하고 위계적 명령체계로 사회적 분업을 조정하는 **의사결정권집중**(centralization of decision-making power)의 경제체제다.

의사결정권집중의 사회주의 경제에서 위계적 명령체계로 사회적 분업을 조정하는 계획당국의 역할은 기업 내 분업을 조정하는 최고경영자의 역할과 구조적으로는 유사하다. 특히 지휘체계가 눈에 보이는 만큼 조정체계가 그에 따라 작동할 것으로 이해할 수 있다. 그러나 누구도 명령하지 않는 의사결정권분산의 시장경제에서 사회적 분업이 어떻게 조정되는지는 선뜻 눈에 들어오지 않는다. 시장경제의 분업조정체제를 이해하려면 그 제도와 본질을 좀더 정확하게 알아야 하는데, 이는 다음 절에서 상세히 다룰 것이다.

경제조직의 성과: 효율성과 공평성 자원은 상대적으로 희소하다. 그러한 만큼 이것을 낭비하지 않고 알뜰하게 써야 함은 물론이다. 우선 각 개인은 자신에게 허락된 자원만큼은 알뜰하게 사용할 것이다. 흥청망청 낭비하는 사람도 있겠지만 자원이 희소한 한 이러한 낭비가 지속될 수는 없다. 결국 자원의 희소성은 사람들로 하여금 각자 자신에게 가장 요긴한 용도를 선택하여 자원을 사용하도록 만든다고 할 수 있다. 개인의 선택은 경제조직의 조정을 통해 사회의 선택이 된다. 각 개인이 선택한 자원의 용도가 각자에게 가장 요긴한 것이라고 하자. 그러면 그 결과로 결정된 사회의 선택도 희소한 자원을 알뜰히 사용하는 것으로 나타날까? 이 질문에 대한 대답

은 간단하지 않다.

예컨대 갑은 자원 A를, 그리고 을은 자원 B를 사용할 수 있도록 배정되었지만 갑은 A보다 B를, 그리고 을은 B보다 A를 더 필요로 한다고 하자. 그렇다면 갑과 을이 각각 자신에게 배정된 자원은 알뜰하게 사용했다 하더라도 배정이 잘못된 만큼 그 결과가 사회적으로도 알뜰한 자원 이용이라고 보기는 어렵다. 그러므로 자원 이용의 사회적 선택, 즉 경제조직의 성과가 과연 자원을 낭비 없이 알뜰하게 이용했는지를 판단하는 일은 단순하지 않다. 경제학은 이 판단의 기준으로 **효율성**(efficiency)을 채택한다.

경제생활은 결국 누가 어떤 자원을 얼마만큼 사용하여 어떠한 재화와 용역을 얼마나 생산하고, 또 각자가 무엇을 얼마나 소비하는가를 나타내는 **배분**(allocation)의 개념으로 요약될 수 있다. 그러므로 한정된 자원이 재화와 용역의 생산에 적절히 활용되고 또 생산된 재화와 용역이 적절히 처분되고 있는가를 살피기 위해서는, 개개인의 사회적 분업이 경제조직의 조정을 통하여 최종적으로 실현된 배분에 대하여 고찰할 필요가 있다.

예컨대 사과 한 개와 차 한 잔이 있는 상황에서 갑은 사과를 원하고 을은 차를 원한다고 하자. 갑이 원하는 사과를 갑이 소비하고, 을이 원하는 차를 을이 소비하는 경제생활과 갑이 원하는 사과를 을이 소비하고, 을이 원하는 차를 갑이 소비하는 사회적 선택을 서로 비교하면 두 사람 모두 더 좋아하는 전자의 사회적 선택이 후자보다 재화를 더 적절히 처분한다고 할 수 있을 것이다. 이처럼 동일한 양의 재화를 소비하는 경제생활이라고 할지라도 그것이 개인 간에 어떻게 배분되는가에 따라 그 후생적 효과는 판이하다.

일반적으로 사회구성원 모두가 만장일치로 어느 한 배분을 다른 배분보다 더 낫다고 판정할 때 후자의 배분보다 전자의 배분을 가져다주는 경제생활이 더 바람직하다고 사회적으로 판정할 수 있을 것이다. 또한 한정된 자원으로부터 얻는 어느 배분이 사회구성원 모두의 만족도를 더이상 일률적으로 증대시키는 방향으로 재배분할 수 없을 경우에 이 배분을 **효율적 배분**(efficient allocation)이라고 부를 수 있을 것이다. 이 기준에 따르면 비효율적인 배분은 항상 적절한 재배분을 통하여 모든 사람의 만족도를 동시에 증대시킬 수 있는 여지를 남겨둔 배분이다.

그러나 배분의 효율성은 자원이용의 알뜰함은 가늠할 수 있을지언정 그것만으로 경제생활의 바람직한 정도를 판정하는 데는 미흡하다. 효율성은 바람직한 경제생활의 필요조건일 뿐 충분조건은 아니라는 말이다. 예컨대 어떤 사회의 모든 재화와 용역을 모두 한 개인이 독점 처분하는 배분을 상정해보자. 이 배분을 어떻게 달리 재배분하더라도 독점적 지위의 개인은 소비 감소를 피할 수 없다. 따라서 이 배분은 이 개인을 포함한 사회구성원 모두의 만족도를 일률적으로 증대시키는 방향으로 재배분될 수 없으므로 효율적 배분이다. 그러나 효율적이라고 해서 한 사람에게만 집중된 이 배분을 바람직한 배분이라고 생각할 사람은 당사자 이외에는 아무도 없을 것이다. 그러므로 어느 경제생활이 바람직한가를 판정하기 위해서는 효율성의 기준에 추가하여 **공평성**(equity)의 기준이 요구된다. 아무리 효율적이라고 하더라도 1인 독점을 이상적이라고 말할 수는 없는 것이다.

그런데 효율성과는 달리 공평성의 기준을 설정하는 일은 대단히 어렵다. 물론 그 사회에 주어진 재화와 용역을 모든 구성원이 똑같이 나누어 가지는 균일배분을 **공평**(equitable)하다고 생각해 볼 수도 있다. 이 기준에 의하면 위의 예에서 공평배분은 갑과 을에게 각각 사과 반 개와 차 반 잔씩을 나누어 주는 배분이다. 그러나 각자 사과 반 개와 차 반 잔을 소비하는 경제생활보다 갑은 사과 한 개가, 그리고 을은 차 한 잔이 더 낫다고 각각 생각한다면 두 사람에게 똑같이 사과 반 개와 차 반 잔씩을 나누어 주는 배분은 공평할 수는 있으나 효율적이지 못하다. 바람직한 사회적 선택은 반드시 자원을 낭비하지 말아야 한다는, 즉 효율적이어야 한다는 점을 상기할 때 이처럼 획일적 균일배분을 공평성의 기준으로 삼는 것은 부담스럽다.

생산 활동까지 고려하면 개인 간 균일배분이 비효율성을 유발할 위험은 커진다. 예컨대 갑은 사과 10개와 차 6잔을, 그리고 을은 사과 2개와 차 2잔을 생산할 수 있다고 하자. 이 경우 각자 열심히 일하면 사회 전체적으로 사과 12개와 차 8잔을 생산한다. 그런데 둘이 힘을 합쳐서 분업을 벌이면 사과 16개와 차 10잔까지 생산 가능해진다고 하자. 분업 참여의 조건이 균일배분이라면 갑과 을은 모두 각각 생산량의 절반인 사과 8개와 차 5잔을 소비하게 된다. 이 경우 갑의 소비량은 분업하지 않고 각자 독자적으로 생산 소비할 때보다 오히려 감소한다. 분업참여가 자유선택이라면 갑은 참여하지 않을 것이고 강제라면 갑의 근로의욕은 감퇴할 것이다. 이래저래 획일적 균일배분은 사회총생산을 사과 16개와 차 10잔보다 밑돌게 위축시킨다.

노력하면 할수록 노력하는 사람에게 유리한 배분이 얻어진다면 사람들은 자기에게 유리한 배분이 얻어지도록 최선을 다하여 일할 것이다. 그러나 만일 아무리 많이 일하더라도 능력이 부족하거나 별로 일하지 않는 다른 사람보다 더 나은 생활을 누릴 수 없다고 한다면 그 사람의 일할 의욕은 위축되기 쉽다. 만약 유능하고 근면한 사람의 일할 의욕이 저하되면 그만큼 총생산량이 감소되어 전반적인 생활수준 자체가 하락할 수도 있다. 공평성의 기준을 균일배분으로 잡으면 모든 사람에게 불만스러운 비효율성에 함몰될 수도 있다.

바람직한 배분이 반드시 효율적이어야 한다는 점을 감안한다면 올바른 공평성의 기준은 모든 효율적 배분 중에서 가장 바람직한 하나를 선별해 내는 것으로 귀결된다. 효율적 배분은 정의에 의하여 다른 사람의 후생의 희생을 수반하지 않고서는 어느 누구의 후생도 증대시킬 수 없는 배분이다. 한 효율적 배분으로부터 다른 효율적 배분으로 이행하여 갈 때 한 무리 사람들의 만족도는 증대되는 반면 나머지 사람들의 만족도는 반드시 감소해야 한다. 그러므로 여러 효율적 배분 가운데 어느 특정한 배분을 공평배분으로 선별해 내야 하는 공평성의 기준은 모든 사람의 일률적 지지를 얻기 어렵다.

사회적 조직생활에서 개인 간의 이해관계는 서로 일치하는 면과 상반되는 면을 함께 공유한다. 협력을 통하여 총생산량을 증가시킬 때 각자 도생의 경우보다 모든 사람의 몫을 동시에 더 크게 할 수 있으므로 협력생산에 대한 개인들의 이해관계는 일치한다. 그러나 일단 보다 많은 생산량을 얻은 후에 이를 개인 간에 분배하는 단계에 들어서면 개인 간 이해관계는 서로 상반된다. 남의 몫이 커지면 내 몫이 줄어들기 때문이다.

앞에서 우리는 개인 간 균일배분을 추구하는 경우에 이에 따른 생산의욕의 저하가 개인의 생활수준을 오히려 더 열악하게 만들 수 있음을 지적하였다. 균일배분을 강제하기보다 차등 허용이 더 나을 수 있다는 말이다. 즉 균일배분보다 모든 사람에게 더 높은 생활수준을 제공하는 불평등이 있다면 이 불평등은 시정되어야 할 불평등이 아니다. 그리고 균일배분보다 모든 사람의 소득을 높이면서도 최저소득집단을 가장 우대하는 방향으로 개선하는 불평등은 **최적차등**(optimal inequality)이라고 부를 수 있을 것이다. 균등배분이 비효율적일 수 있었던 것과는 달리 최적차등의 배

분은 효율적이라는 점도 유의할 필요가 있다.[1)]

최적차등의 개념과는 다르지만 **공정배분**(fair allocation)의 개념도 공평성에 대하여 새로운 기준을 제시한다. 여기서는 개인 모두가 자기 자신의 생활수준을 다른 누구의 생활수준보다 열악하지 않다고 느끼면서 남부러워하지 않는 배분을 공평배분으로 규정한다. 그리고 이와 같은 공평성에 더 하여 효율성까지 구비한 배분을 공정배분으로 정의하고 공정배분을 구현하는 경제조직을 가장 바람직한 경제조직으로 판정하고자 하는 것이다.

제2절 시장경제의 작동원리와 정부의 역할

시장경제의 제도적 기초 시장경제의 제도적 기초는 **사유재산권**(private property rights)과 **자유방임**(laissez-faire)을 양대 축으로 삼는다. 사유재산권을 공인하여 보호하고 경제활동의 자유를 허용하는 시장경제는 개인의 경제활동에 대한 사회의 간섭을 최소화한다. 사유재산권과 자유는 그 자체가 간단한 개념이 아닐 뿐 아니라 현실 세계에서 사회별로 인정하는 내용과 범위도 서로 다르다. 그러나 대체로 기본적으로 개인 활동에 대한 외부의 간섭을 배제하는 것을 자유라고 규정하고, 각자가 노력하여 만들어낸 성과를 그 사람의 사유재산으로 인정한다는 원칙에서는 크게 다르지 않다. 시장경제가 개인의 자유를 허용하고 각자의 사유재산을 보호할 때 사람들의 경제활동은 어떻게 전개될까?

생존을 위해서나 안락을 위해서나 사람들의 생활에는 여러 가지의 재화와 용역이 필요하고 인류가 이 생활물자를 조달하는 출발점은 생산 활동이다. 시장경제에서 자유로운 개인은 각자의 생업을 스스로 선택하여 생산 활동에 참여하고 소득을 얻는다. 경제활동의 자유는 곧 생업선택의 자유에서 출발한다. 개인의 생업은 자영업처럼 제품을 생산하여 바로 다른 사람들에게 판매하는 활동일 수도 있고, 기업과

1) 정치철학자 로올스(J. Rawls)는 사회정의의 한 축으로 최적차등을 제안하였다. 그러나 최적차등은 실현하기 어려운 이상이므로 현실적으로는 '격차 해소'가 옳다고 주장함으로써 자신이 제안한 정의원칙을 스스로 부정한다. 최적차등은 효율적 배분을 지지하는 데 비하여 '격차 해소'는 효율성 훼손의 위험이 크다. J. Rawls, *A Theory of Justice*, 참조.

같은 생산 단위에 취업하여 그 단위의 생산에서 특정 역할을 수행하고 보수를 받는 것일 수도 있다. 사람들은 각자 생업에서 얻은 소득을 지출하여 자신의 생활에 필요한 생활물자를 구입하는데 이 생활물자는 다른 사람들의 생업이 생산한 성과다.

시장경제의 사회적 분업에서 개인의 생업은 각자 스스로에게 필요한 생활물자가 아니라 남들이 사갈 **상품**(commodities)을 생산한다. 그런데 자유방임 상태에서 각자 자기 뜻대로 생업을 선택하여 상품을 생산할 때 과연 사회의 모든 사람이 원하는 생활물자가 원하는 만큼 생산될 수 있을지가 의문스럽다. 저마다 돈 되는 상품 생산에만 몰려들 것이므로 돈 되는 상품은 너무 많이 생산되고 정작 사람들에게 요긴하지만 돈은 안 되는 상품의 생산은 외면당할 것이다. 결국 희소한 자원과 고통스런 노동이 제대로 쓰이지 못하고 헛되이 낭비될 것이다. 이기적 인간을 자유방임하면 자원 낭비와 경제적 혼란 및 궁핍이 불가피할 것처럼 보인다.

개인에게 사유재산과 자유를 허용하면 대부분 각자 자신의 사적 이익을 추구하는 이기적 경제활동을 펼칠 것이고, 그 결과 얻은 각자의 이익은 국가가 사유재산으로 보호한다. 그런데 사람마다 공공의 이익은 젖혀두고 각자 자신의 사적 이익만 추구한다면 나라경제의 자원과 노력이 과연 사회적으로 필요한 용도에 적절하게 투입될까? 사회 전체가 원하는 재화와 용역을 생산하려면 정부가 사람들의 이기적 행동을 통제해야 하지 않을까?

인간의 이기적 행위는 개인의 자유와 사적 소유에서 나온다. 자유로운 개인은 우선 자신에게 필요한 것부터 챙기려 할 것이고 자신의 소유를 늘리려 할 것이다. 이기적 행위를 가장 쉽게 통제하는 방법은 자유의 제한이다. 자유를 가장 소중한 사회적 가치 가운데 하나라고 믿는 사람들은 개인의 이기적 행동을 당연한 것으로 받아들이지만 이기적 행위를 통제해야 한다는 믿음이 강한 사람들은 자유의 제한까지도 받아들여야 한다고 믿는다. 의사결정권 집중의 사회주의 체제는 사회의 공동이익을 위하여 개인의 자유를 제한해야 한다는 생각에서 고안된 경제체제의 대표적 사례다.

그러나 이기적 행위의 자유방임이 언제나 혼란을 초래하는 것은 아니다. 실제로 내 이익만 챙기는 이기적 행동을 상호협력으로 이끄는 체제의 설계도 가능하다. 시장경제는 바로 그렇게 될 수 있다는 믿음이 설계해낸 체제다.

일반적으로 개인이 사적 이익을 취득하는 방법에는 두 가지가 있다. 첫째, 남의 몫을 부당하게 탈취하여 내 것으로 만드는 방법이다. 훔치고 빼앗거나 속여서 절취하는 행위가 그것인데 남을 배려하지 않고 내 이익만 추구하는 수준을 넘어서서 남을 해치기까지 한다. 이처럼 나의 이익을 위하여 남의 몫을 탈취하는 데 수단과 방법을 가리지 않는 이기심의 행태를 그대로 방임하면 만인은 만인의 적이 되어 약육강식의 약탈을 일삼기 마련이다. 적지 않은 사람들이 자유방임을 우려하는 까닭은 사적 소유가 필경 이러한 이기심의 일탈을 부른다고 보기 때문이다. 그런데 이 일탈을 막는 것이 사유재산의 보호다.

둘째, 남이 원하는 일을 해주고 대가를 받는 방법이다. 애덤 스미스(Adam Smith)는 그의 명저 〈국부론(*The Wealth of Nations*)〉에서

> Give me that which I want, and you shall have this which you want …. It is not from the benevolence of the butcher, the brewer, or the baker, that we expect our dinner, but from their regard to their own interest.

라고 기술하였다. 자신의 저녁식탁은 마을의 고깃간, 양조장, 그리고 빵집이 도와준 결과이지만 이들이 도움을 펼친 목적은 스미스, 즉 다른 사람에 대한 배려가 아니라 자신들의 이익추구였다는 것이다. 각자 이익 취득을 위한 개인의 이기적 행위가 다른 사람의 경제생활을 돕는 모습으로 전개될 수 있음을 갈파한 명구절로 알려져 있다.

또 현대의 경제생활에서 사람들 간의 상호협력은 너무도 중층적이기 때문에 익명성을 벗어나지 못한다. 나는 내 생업이 생산하는 물자가 누구의 경제생활에 요긴하게 쓰이는지 알기 어렵고 알 필요도 없다. 내가 입고 있는 털스웨터의 생산에는 오스트레일리아의 양치기와 중동의 석유채굴 노동자, 양모와 원유를 수송하는 차량과 선박의 운송 인력은 물론이고, 차량 및 선박의 생산인력, 또 그 건조에 필요한 소재 생산에 참여한 철광석 채굴과 제철제강 인력, 섬유공장에서 실을 뽑고 스웨터를 짜는 인력, 그리고 스웨터 판매의 인력에 이르기까지 실로 엄청난 숫자의 인력이 참여한다. 그러나 나는 내가 이 스웨터를 입도록 도와준 이 많은 사람을 전혀 알지 못한다. 그 사람들도 내가 스웨터를 입을 것이라고 알면서 나를 도와주기 위하여 각자

생산 활동에 참여한 것이 아니라 각자 생계유지에 필요한 소득을 얻기 위하여 생업에 종사했을 뿐이다.

스미스는 같은 책에서

> In a civilized society [man] stands at all times in need of cooperation and assistance of great multitudes, while his whole life is scarce sufficient to gain the friendship of a few persons.

라고 기술함으로써 자신의 이익을 돌보지 않고 남을 돕는 이타적 협력으로는 현대 경제의 초 중층적 상호협력을 도저히 감당할 수 없다고 지적하였다. 각자 자신의 소득을 얻는 이기적 동기로 일해야 그 결과 각자 만인이 일한 성과의 도움을 얻으면서 생활할 수 있다는 것이다. 다시 말하면 현대 경제생활의 복잡한 협력은 각 개인이 자신의 소득을 늘리려는 이기적 동기로만 실현 가능하다는 말이다.

남의 몫을 부당하게 탈취하여 내 것으로 만드는 것은 다른 이들의 사유재산을 침탈하는 행위이다. 이러한 행동은 사유재산권 보호를 제도적 기초로 삼는 시장경제에서는 허용될 수 없으므로 정부의 단속 대상이다. 그러므로 정부가 사유재산권을 제대로 보호한다면 각 개인의 이기적 활동은 남들이 원하는 일을 해주고 대가를 받아서 이익을 얻는 활동으로만 제한된다. 남을 위한 자기희생적 배려는 없지만, 의도적으로 남을 해치는 일도 없다. 경제적 자유를 허용하여 개인의 이기적 활동을 방임하더라도 그 결과는 중층적 경제협력으로 나타난다.

교환을 통한 이기적 행동의 상호협력 개인의 이기적 행위를 중층적 경제협력으로 이끄는 것은 시장교환이다. 예컨대 갑은 사과 1개를 소유하고 을은 우유 1팩을 소유하고 있는데, 갑은 사과 1개보다 우유 1팩이 더 좋다고 생각하고 을은 우유 1팩보다 사과 1개가 더 좋다고 생각한다. 이 두 사람이 만나면 사과 1개와 우유 1팩을 서로 바꾸는 교환이 발생할 가능성이 높다. 교환은 매매쌍방이 자발적 합의를 통해 각자 자신이 소유한 재화의 소유권을 상대방에게 이전하는 행위이고 시장은 교환이 이루어지는 장소를 뜻한다.

교환은 쌍방의 이기적 동기가 합치하면 성사된다. 어느 한쪽이 자신의 이익을 얻으려고 취한 행위이지만 교환 상대방도 함께 이익을 누린다는 점이 특징이다. 각자 자신의 이익을 늘리는 과정에서 상대방의 이익 증대에도 반드시 기여한다. 한 사람의 이기적 행동이 다른 사람에게 피해를 주는 것이 아니라 거꾸로 이익을 주는 일이 가능한 것이다.

물론 교환비율 또는 상품가격이 어떻게 책정되는지에 따라서 한 쪽이 더 많이 누리면 다른 쪽은 그만큼 덜 누린다. 서로 더 많은 이익을 얻으려고 벌이는 흥정과정을 보면 교환은 치열한 이익경쟁 행위가 분명하지만, 결과적으로 거래가 성사되면 매매쌍방 모두 이익을 얻는다. 어느 한쪽이 손해 보는 교환이라면 손해 보는 쪽은 교환을 거부할 것이다. 그러므로 교환의 본질은 우선 서로 도움으로써 각자 이익을 챙기는 경제협력이고, 그 과정에서 벌어지는 서로 더 많이 챙기려는 이익다툼은 부차적 특성이다. 더 많이 챙기려고 교환하는 것은 아니라는 말이다. 시장의 사회적 분업은 전문화한 개인 생업이 사람들에게 필요한 생활물자를 조달하도록 교환을 매개로 하여 통합 조정된다.

시장교환은 개인의 자유가 보장되고 사유재산권이 보호받으면 자연스럽게 나타나는 소유권 이전 현상이다. 일단 정상적 교환을 통해서 이전된 소유권이면 사회 전체가 존중한다. 그리고 교환의 자발성은 한쪽의 일방적 손실을 강요하는 소유권 이전을 사전에 배제한다. 장마당에서 거래되는 상품은 그 품질을 대체로 즉석에서 확인할 수 있고, 사고파는 과정을 주변에서 지켜보는 눈도 많다. 즉 거래과정이 투명하므로 명백한 탈취 행위는 일어나기 어렵다. 역사적으로 장마당 거래가 동서양을 막론하고 일찍부터 성행한 것은 이 때문이다.

그런데 장마당 거래와는 달리 과정이 불투명하여 소유권 보호가 어려운 경우도 많다. 실제로 교환과정에서 어느 한쪽이라도 재산권이 수시로 무시당하는 상황에서는 시장 자체가 형성되지 않는다. 초기에 의약품 시장이 널리 형성되지 못한 까닭은 돌팔이 가짜 약품이 기승을 부렸기 때문이다. 가짜 약품이 범람하면 진짜도 가짜로 취급당하기 일쑤이므로 약품의 거래 자체가 어려워진다. 지금은 수시로 의약품을 수거하고 가짜를 색출하여 엄단하는 〈식품의약품안전처〉의 단속 덕분에 의약품 시장 거래가 활발하게 이루어지고 있다. 시장경제의 시각에서 보면 〈식품의약품안전처〉의 불량품 단속은 국민건강을 보호하는 의료정책에 더하여 가짜에 속아서 재산상 피해를 보는 소비자의 재산권을 보호하는 행위다.

시장교환은 〈식품의약품안전처〉가 가짜 약품을 단속하듯이 정부가 재산권 침탈 행위를 단속해야 활성화된다. 지금 돈을 빌려 쓰고 뒷날 갚는 금융거래에는 각종 금융 사기가 판을 친다. 정부가 금융거래를 특히 더 엄격하게 단속하는 까닭은 금융사기를 예방함으로써 사람들이 안심하고 거래에 참여하도록 이끌기 위함이다. 식·약품시장과 금융시장처럼 거래자의 재산권이 침탈당할 위험이 큰 시장은 정부가 적절한 대책을 강구하여 재산권을 보호하지 않으면 활성화되기 어렵다.

고가의 내구성 상품도 마찬가지다. 비싼 돈을 지불하고 샀는데 가져와서 보니 원했던 상품이 아니거나 구입한 뒤 얼마 지나지 않았는데 고장이 나버리는 일이 잦으면 소비자들은 해당 상품의 구입을 주저하고 그에 따라 시장거래도 침체한다. 정부가 개입하여 제정한 제조물책임법은 구입자가 일정 기간 내에 반품을 신청하면 생산자가 반품해 주도록 규정하고 있다. 구입자가 부당하게 재산상 손실을 당하지 않도록 보호하기 위함이다.

식·약품, 금융상품, 그리고 고가의 내구재는 거래과정에서 사는 사람의 재산권이 침탈당할 위험이 큰 상품들이다. 그러므로 해당 시장은 정부가 거래자의 재산권을 보호하는 별도의 조치를 취해야 활성화된다. 흔히들 시장은 정부가 개입하지 않아야 제대로 작동한다는 뜻으로 '작은 정부, 큰 시장'을 말하지만, 정부가 개입하여 재산권 보호를 확실하게 해주지 않으면 거래가 위축되어 시장이 아예 형성조차 되지 않는 일이 허다하다.

교환의 본질은 자발적 재산권 이전을 통한 경제협력이다. 그 과정에서 재산권 침탈이 발생하면 그 교환은 다시 일어나기 어렵고, 침탈 가능성만 커도 교환은 위축된다. 정부가 특별히 나서지 않더라도 일찍부터 있어 온 장마당에서는 재산권 침탈이 따로 보호하지 않아도 어려운 상품만 거래된다. 현실의 상품 거래 품목을 보면 정부가 거래과정에서 재산권 침탈이 일어나지 않도록 별도의 재산권보호조치를 취한 이후에 거래가능해진 것들이 매우 많다. 시장교환은 재산권 보호가 확실해야 활성화된다.

다음 항에서는 시장이 사회적 분업에 참여하는 개별 생업활동을 어떻게 총괄 조정하는지를 설명한다. 그런데 시장은 사람들 간의 교환과 거래만 관장할 뿐 각자 스스로 소비할 목적으로 생산하는 고립적 자급자족 활동에 대해서는 아무 영향도 끼치지 못한다. 그러므로 시장이 국가경제의 생활을 총괄 조정하려면 거의 모든 재화,

용역, 그리고 자산 등이 시장에서 상품으로 거래되어야 하는데 시장경제는 바로 그런 경제를 일컫는다. 그리고 시장거래가 상품의 소유권을 이전하는 과정인 만큼 시장경제는 거의 모든 재화, 용역, 그리고 자산 등의 사적 소유를 인정하는 경제다. 자산의 사적 소유를 기본적으로 불허하는 북한 경제는 장마당 교환이 아무리 성행하더라도 시장경제로 분류되지 않는다.

수요공급의 법칙과 사회적 분업의 조정 상품의 가격은 수요가 공급보다 더 크면 오르고 반대로 작으면 내려간다. 이 사실은 굳이 경제학을 선택하여 공부하지 않은 사람들도 생활경험으로 터득해서 알고 있는 소위 **수요공급의 법칙**(the law of demand and supply)이다. 이 수요공급의 법칙이 작동하는 배경에는 **시장경쟁**(market competition)이 있다.

수요보다 공급이 작으면 그 상품은 사회적으로 모자란 상태에 처하는데 이 **부족**(shortage)이 수요자들 간에 경쟁을 유발한다. 수요자들은 서로 이 상품을 가지고 싶어 하는데 이 상품을 누구에게 팔 것인지를 결정하는 권리는 공급자에게 있다. 상대방의 재산권을 존중해야 하는 시장경제에서 남보다 앞질러 모자라는 상품을 손에 넣으려면 공급자가 좋아할 더 비싼 값을 치르겠다고 나서면 된다. 거꾸로 상품이 남아돌면 이번에는 공급자가 수요자에게 더 낮은 값에 팔겠다고 경쟁적으로 나선다.

이처럼 시장경쟁은 수요가 공급보다 더 크면 값을 올리고 더 작으면 내림으로써 수요공급의 법칙을 실현한다. 그리고 지금 가격이 오르지도 내리지도 않고 현 수준을 그대로 유지하고 있다면 이 수요공급의 법칙을 근거 삼아 현 가격에서는 수요와 공급이 서로 일치하는 상황이라고 추론할 수 있다. 이 때문에 수요공급의 법칙은 '상품가격은 수요와 공급이 서로 일치하는 수준으로 결정된다.'는 명제로 알려져 있기도 하다.

그런데 시장의 상황은 수시로 변한다. 새로운 히트 상품이 등장하면 시장수요는 그 쪽으로 몰리고 그 여파로 관련 상품들의 시장수요도 요동을 친다. 신상품과 같은 용도의 상품은 수요가 줄어들 것이고 보완적 용도의 상품은 수요가 늘어날 것이다. 또 화재나 자연재해로 특정 상품의 생산설비가 피해를 보면 공급이 수요를 감당하지 못하는 수준으로 감소할 것이고 새로이 준공된 생산설비가 생산에 투입되면 공급이 늘어날 것이다. 상품별 수요와 공급의 변동은 수요공급의 법칙에 따라서 가격변동으로 이어진다. 상품의 값은 수요가 늘거나 공급이 줄어들었으면 올라가고 거꾸로 수요가 줄거나 공급이 늘어났으면 내려간다.

수요공급의 법칙은 상품별 과부족 상황을 알리는 유용한 시장신호를 제공한다. 현재 어느 상품의 값이 오른다는 것은 이 상품이 사회적으로 모자란다는 신호이고 반대로 내려간다는 것은 남아돈다는 신호이다. 자원과 노력은 남아도는 상품 생산으로부터 모자라는 상품 생산으로 옮겨가도록 다시 배분되는 것이 바람직하다. 그런데 자원의 용도를 결정하는 주체는 상품을 생산·공급하는 공급자들이다. 공급자들이 모자라는 상품은 더 생산하고 남아도는 상품은 덜 생산하는 방향으로 생산 활동을 조정한다면 좋겠지만 민간 공급자들의 관심은 사회적 과부족의 해소가 아니라 각자 자신의 이윤추구다.

그런데 사회적 과부족을 알리는 시장신호는 각자 자신만의 이익을 추구하는 이기적 생업 종사자들에게 이윤 확대의 기회를 알리는 신호이기도 하다. 상품의 값이 오르면 그 상품을 생산하는 생업의 이윤은 커지고 반대로 내리면 감소한다. 생산자들은 수익성 좋은 생산 활동은 늘리고 손실을 끼치는 생산 활동은 줄이려 하기 마련이다. 기존 생산자들이 생산량을 조절하는 데 더 하여 적자로 크게 손해를 본 생산자들은 아예 기존 사업을 접고 수익성이 좋아진 새 사업을 찾아 나서기도 한다.

각자 자신의 이익만을 추구하는 생산자들의 생산 활동이 절묘하게도 모자라는 상품의 생산은 늘리고 남아도는 상품의 생산은 줄임으로써 사회적 과부족을 해소하는 방향으로 조정을 받는다. 시장은 생산을 늘려 사회적 부족을 해소하는 공급자들에게 더 많은 이윤으로 상을 주고 불필요해진 상품의 생산에 자원을 낭비하는 공급자들에게 손해를 입혀 벌을 줌으로써 사적 이익만을 추구하는 생산자들을 이끌어 자발적으로 사회적 과부족 해소에 나서도록 유도하는 상벌기능을 발휘하는 것이다.

이기적 개인이 각자의 뜻대로 생산하도록 자유방임하더라도, **시장의 상벌기능**은 공급자들 스스로 불필요해진 용도에 투입되었던 자원을 회수하여 필요해진 용도로 이전 투입하도록 유도한다. 다만 수요공급의 법칙이 제대로 작동하는 시장이 장마당 시장 정도로 일부 상품에만 한정된 사회에서는 상벌기능도 그만큼 제한적으로 작동하고 자원재배분의 효과도 미미하다. 정부가 재산권 보호를 강화하여 거의 모든 상품의 시장이 활성화된 경제라야 시장의 상벌기능은 사회적 분업 전체를 관장하면서 자원을 효율적으로 배분할 수 있을 것이다.

의사결정권 분산에 기초한 시장경제가 이상적으로 작동하면 시장은 개인의 이기적 행동을 동력으로 삼아서 자원과 노력을 사회적 필요 충족에 가장 효율적으로 동원한다. 개인의 자유를 최대한 허용하면서도 희소한 자원과 노력을 낭비 없이 활용하여 사회적 필요를 충족시킬 수 있는 것이다. 시장은 개인들 스스로 교환을 징검다리 삼아서 각자 이익을 추구하도록 허용함으로써 이러한 성과를 실현한다.

다만 지금 손실을 보더라도 조금 시간이 지나면 다시 흑자로 전환될 수도 있고 결국 곧 문을 닫아야 할 사업이 잠깐 호황을 볼 수도 있다. 현재의 가격변동만으로 폐업이나 신규투자를 결정하는 기업은 없다고 해도 과언이 아니다. 기업이 손해 보는 사업은 접고 새 유망사업에 투자하는 것은 맞지만 단순한 현재의 수요공급 신호만으로 장기적 상벌기능을 설명하지는 못한다.

시장경제의 효율성 재배분으로 사람들의 생활수준을 일제히 더 높게 개선할 수 있다면 현 배분의 자원 사용은 효율적이라고 말할 수 없다. 달리 말하면 자원을 달리 배분하여 일부 사람들의 생활수준을 높이면 반드시 다른 사람(들)의 생활수준이 하락하는 자원배분이 효율적 배분이다. 경제이론에서는 모든 상품의 가격이 각각 해당 상품의 수요와 공급을 일치시키는 수준에서 결정된다면 그때의 자원배분이 효율 배분임을 증명하는 데 성공하였다.

외부성(externality)은 한 사람의 행동이 다른 사람(들)의 동의를 얻거나 대가를 지불하지 않고 의도치 않게 그 사람(들)의 경제적 이익에 영향을 끼치는 현상을 총칭한다. 외부성의 대표적인 예는 공해다. 차량은 공해를 유발할 목적으로 달리는 것은 아니지만 그 배출 가스는 대기를 오염시킨다. 출퇴근 시간에 지하철을 이용하는 승객도 본의 아니게 혼잡을 유발하여 다른 승객들을 불편하게 만든다. 반대로 다른 이들에게 의외의 이익을 제공하는 경우도 있다. 내가 대문 앞의 어두운 골목길에 외등을 설치하면 내 이웃도 혜택을 본다. 양봉업자가 꿀을 얻기 위하여 과수원 주변에 벌통을 설치하면 과수원 주인은 더 많은 수확을 얻는다.

반면에 시장교환은 대가 지불을 요구한다. 즉 시장교환은 대가 지불 없이 횡행하는 외부성을 관리하지 못한다. 그런데 외부성은 우리 생활에서 매우 자주 관찰되는 현상이다. 시장교환이 관리하지 못하는 외부성의 영역이 커지면 시장의 상벌기능도 그만큼 제한적으로 작동할 수밖에 없고, 경제활동의 효율성도 왜곡된다. 그러므로 정부의 경제정책은 효율적 자원배분의 걸림돌로 작용하는 외부성의 관리를 겨냥할 필요가 있다.

시장실패와 정부의 개입 외부성은 시장이 효율적으로 사회적 분업을 조정하지 못하도록 가로막는 걸림돌로서 소위 **시장실패**(market failures)를 야기한다. 시장교환은 상대방의 재산권을 인정하는 가운데 자발적 교환을 통하여 매매 쌍방의 이익을 늘린다. 즉 서로 대가를 지불하면서 관련자 모두의 이익을 늘림으로써 효율적 자원배분을 달성하는 것이다. 그러나 외부성은 대가를 지불하지 않고 의도하지 않게 다른 사람(들)의 재산권을 침해하거나 대가를 받지 않고 상대방에게 의도하지 않은 이익을 주기 때문에 비효율적 결과를 초래하는 것이다. 외부성은 자발적 시장교환의 영역 밖에서 관련자 간 합의 없이 이루어지기 때문에 나타나는 문제이므로 이 비효율성을 시장실패라고 부르는 것이다.

경우에 따라서는 시장실패를 더 넓게 해석하여 독과점으로 인한 폐해나 소득분배의 불평등 등 시장이 스스로 해소하지 못하는 문제들까지 포괄하기도 한다. 이 가운데 일반 독과점이나 편중된 분배는 자발적 교환 속에서도 일어나지만, 부당한 독과점과 외부성에 의한 시장실패는 그 본질이 합의를 통하지 않은 재산권 이전이다. 유형별 특성은 다르지만, 시장 스스로 해결하지 못한다는 점에서는 모든 시장실패가 공통적이다. 현실 시장경제는 상벌기능을 작동시켜서 불필요해진 생산 활동은 접고 필요해진 생산으로 자원을 재배분하는 데는 상당히 성공하면서도 많은 경우에 시장실패의 문제만은 스스로 해결하지 못한다. 그러므로 시장실패를 보정하려면 현실적으로 정부의 개입이 요긴하다.

그러나 다른 한편 정부개입은 시장실패에 못지않은 또 다른 실패를 부르기도 하는데 이를 보통 **정부실패**(government failures)라고 부른다. 예컨대 생산자가 폭리를 취하지 못하도록 가격상한제를 시행하면 암시장이 발생하면서 공급은 만성적 부족상태에 처한다. 또 공익성 재화의 요금을 규제하는 정부의 조치는 비용 등 생산부문의 정보를 제대로 파악하지 못하기 때문에 성과를 제대로 거두지 못하면서 규제비용만 들이기도 한다. 이처럼 정부개입이 정부실패만 남발한다면 정부는 애초에 개입하지 않는 것이 더 낫다. 그러나 그렇다면 정부는 시장실패를 손대지 말고 그대로 방임해야 옳은가?

외부성이나 부당한 독과점 등에 의한 시장실패는 시장이 상벌기능을 제대로 발휘하지 못하기 때문에 나타나는 현상이다. 외부성이 야기하는 재산권 침탈은 관련자들로 하여금 이익을 얻거나 잃게 만들지만, 이것은 시장의 상벌기능을 통한 성과가 아니다. 부당한 독과점은 더 유능한 생산자의 시장진입을 막는다. 유능한 생산자가 자원을 더 유용한 용도에 투입하고 이익을 얻을 포상기회를 봉쇄함으로써 시장의 상벌기능을 왜곡하는 것이다. 이러한 유형의 시장실패를 보정하려면 정부개입은 상벌기능의 복원을 조준하도록 설계되어야 한다.

반면에 편중된 소득분배의 시정을 목적으로 하는 소득재분배 등의 정부개입은 그 본질이 시장의 상벌기능을 거스르는 것이므로 소득재분배의 목적은 이루면서도 그에 따른 상벌기능의 왜곡을 최소화시키도록 전개될 필요가 있다. 가격상한조치는 폭리를 막는다는 취지에서 취해지지만 역시 상벌기능의 작동을 막는 것이므로 결코 성공할 수 없다. 공공요금 규제는 생산 활동 가운데 시장에 맡길 수 있는 부분을 분리해 낸 다음, 그 가격 결정은 시장에 맡기고 나머지 시장에 맡길 수 없는 부분만 규제하는 쪽으로 재편해야 한다.

시장실패의 유형은 재산권 침탈에 의한 상벌기능 왜곡 때문에 나타나는 것과 기타 사회적 가치가 실현되지 못함으로써 나타나는 것으로 나누어 볼 수 있다. 정부개입은 개입 대상의 시장실패가 어떤 유형에 속하는지에 따라 각각 다른 원리로 설계되어야 한다. 단순히 시장이 실패하므로 정부가 개입한다는 방식은 더 큰 정부실패만 양산할 뿐이다.

시장경제의 근간은 경제활동의 자유와 사유재산권이다. 이 제도적 근간이 시장의 상벌기능을 작동하도록 만드는 힘의 근원이다. 자유와 사유재산권이 제대로 보호받지 못하면 상벌기능은 실패한다. 그러므로 상벌기능의 왜곡 또는 무력화에서 비롯되는 시장실패는 그 해법을 자유의 창달과 재산권 보호의 강화에서 찾아야 한다. 상벌기능의 오작동이 야기한 시장실패를 정부개입으로 시정한답시고 상벌기능을 또 한 번 왜곡한다면 정부는 또 하나의 실패만 더 추가할 뿐이다.

시장실패는 자유와 재산권의 보호가 불완전한 환경에서 일어나는 비효율성이다.

그러므로 시장실패를 시정하려는 정부개입은 불완전한 보호를 좀 더 완전하게 개선하는 방향으로 펼쳐져야 옳다. 그런데 정부가 자유와 사유재산권을 오히려 더 제한하는 방식으로 시장실패를 대한다면 새로운 실패만 추가할 뿐이고 이 추가적 실패가 바로 정부실패다. 물론 특정한 사회적 가치를 실현하려면 상벌기능의 제한이 불가피할 수도 있다. 그러나 이 경우에도 상벌기능을 왜곡함으로써 발생하는 부작용을 최소화하도록 설계하고 시행해야 한다.

연습문제

1. 사회적 분업과 특화가 잘 이루어질 수 있도록 조정하는 현실의 경제체제에는 어떤 것들이 있는가?

2. 경제조직의 성과를 측정하는 주요한 두 개의 기준은 무엇인가?

3. 시장의 상벌기능이란 무엇인가?

CHAPTER

02

경제학의 방법: 실증경제학과 규범경제학

제1절 실증경제학

실증경제학 과학의 어느 분야에서나 현상을 올바르게 설명하는 이론을 수립하는 일이 가장 중요하다. 경제학의 방법론도 경제현상을 올바르게 설명하는 이론을 수립하는 데서 출발한다. **실증경제학**(positive economics)은 올바른 현상설명을 추구하는 현대 경제학에서 가장 널리 쓰이고 있는 방법론이다.

사람들은 나름대로 개별 기준을 가지고 이론의 타당성을 판단한다. 실제로 동일한 경제현상을 설명하는 이론의 내용이 학자별로 서로 판이하게 다른 경우는 흔하다. 이 경우에 어느 이론이 올바른가를 '객관적으로' 판단하는 기준은 무엇이겠는가? 甲의 이론이 내 생각과 일치한다고 해서 이것이 반드시 올바른 이론일까? 乙의 이론에서 별다른 잘못을 발견할 수 없는데도 내 생각과 부합하지 않는다고 부정한다면 옳을까? 무엇보다도 우리는 어떠한 경우에 이론에 '별다른 잘못이 없다.'고 판단할 수 있는 것일까?

실증경제학에서는 타당한 이론이 반드시 갖추어야 할 최소한의 조건으로서 다음의 두 가지를 들고 있다. 첫째는 이론의 설명이 앞뒤 모순 없이 논리적 일관성을 유지해야 한다는 것으로서 이 조건을 **내적정합성**(internal consistency)이라고 한다. 내적정합성을 결여한 설명, 예컨대 앞에서는 '다른 조건이 일정한 경우에 통화량의 증가는 항상 물가상승을 초래한다.'고 하다가 뒤에 가서는 '다른 조건이 일정하다고 하더라도 통화량이 증가할 때 물가가 하락할 수도 있다.'고 해버린다면 이와 같은 설명으로는 사람들을 납득시킬 수 없다. 이러한 자가당착은 결국 혼란만 가중시킬 뿐 이론이 될 수조차도 없는 횡설수설이다.

둘째는 이론의 설명과 이것이 설명하고자 하는 현상이 서로 부합하여야 한다는 것으로서 이 조건을 **외적적합성**(external adequacy)이라고 한다. 이론의 설명과 현상의 전개가 서로 다르면 이 이론은 현상을 제대로 설명하지 못하는 틀린 이론이다. 비록 내적정합성을 갖추었다고 하더라도 외적적합성을 함께 구비하고 있지 못하다면 그 이론은 탁상공론에 그치고 만다.

〈그림 2-1〉 토끼와 새(?)

하나의 현상을 설명하는 서로 다른 여러 개의 이론이 각각 모두 내적정합성과 외적적합성을 구비하는 일이 가능할까? 또 그렇다면 그중 어느 이론이 타당할까? 〈그림 2-1〉의 현상을 두고 甲은 이것을 두 귀를 세운 토끼가 앞을 보는 모습이라고 설명하고, 乙은 부리를 벌린 새가 뒤를 돌아보는 모습이라고 설명한다면 甲과 乙의 설명은 둘 다 내적정합성과 외적적합성을 함께 구비하고 있다고 말할 수 있을 것이다. 즉 현재 현상에 대하여 관찰할 수 있는 한계가 〈그림 2-1〉로 국한되어 있다면 甲 또는 乙의 설명이 잘못된 것이라고 판단할 객관적 근거는 전혀 없다.

실증경제학에서는 이와 같은 경우에 각 이론을 모두 잠정적인 정설로 취급한다. 경제학에서 서로 다른 이론(예컨대 케인즈 학파의 이론과 통화주의 학파의 이론)이 서로 공존하고 있는 이유는 바로 이 때문이다. 내적정합성과 외적적합성을 구비한 이론이면 항상 이것을 정설로 받아들이는 것이 실증경제학의 원칙이다. 그러나 시간이 흐름에 따라 새로운 현상이 전개되고 지금까지 정설로 취급되어 오던 기존 이론들 가운데 이 새로운 현상과 부합되지 않는 이론이 나타나게 되면 그 이론은 외적적합성을 상실하게 되므로 더 이상 정설로 취급되지 못하고 도태된다. 실증경제학은 어느 이론이 내적정합성과 외적적합성을 함께 유지하는 한 이것을 잠정적으로 정설로 인정하지만, 일단 어느 하나라도 구비되지 못함이 드러나면 잘못된 이론으로 규정하고 이것을 기각한다.[1)]

제2절 실증경제학적 이론의 일반적 구조

모형 경제현상은 그 자체로 독립되어 있는 것이 아니고 사회현실의 모든 측면과 긴밀한 상호관계를 지니고 있다. 그러나 인간 지능의 한계 때문에 경제이론을 도출할 때 현실의 모든 변수를 다 고려할 수는 없다. 설명하고자 하는 현상의 주요 특성을 구성하는 변수들 가운데 가장 중요하다고 생각되는 몇 개의 변수만을 고려할 수밖에 없는 것이다. 경제이론은 이렇게 선정된 몇 개의 변수들 사이의 관계를 분석함으로써 경제현상의 움직임을 설명하려고 하는 형식을 갖추게 된다. 경제현상의 골격을 설명하기 위하여 이렇게 단순화시킨 이론을 **경제모형**(economic model)이라고 부른다. 이하에서는 경제모형의 일반적 구조를 살펴보기로 한다.

1) 가정 모든 이론은 명시적으로든 잠재적으로든 반드시 어떤 전제로부터 논리를 전개한다. 이론의 **전제**(premises)는 선정된 변수들의 속성과 이들 간의 기본적 상호관계를 규정하고 있는 것이 보통이며, 이론이 제공하는 현상설명은 이 전제를 토대로 하여 추론의 형식으로 전개된다. 전제에서 규정되는 변수의 속성 및 변수간의 기본적 상호관계는 경험적으로 직접 확인될 수 있는 것도 있고 그렇지 못한 것도 있다.

만약 이론의 전제가 설정한 변수 간 상호관계가 어떠한 방법으로도 확인될 수 없는 것이라면 이것의 옳고 그름에 대한 직접적 판단은 불가능하다. 예컨대 목성에 생물이 살고 있다고 전제한다면 우리는 이것의 옳고 그름을 (적어도 현재로서는) 판정할 수 없는 것이다. 따라서 이론의 전제로서 변수들의 속성과 이들 간의 기본적 상

1) 학자에 따라서는 새로이 전개되는 현상에 대하여 이론의 외적적합성이 상실되는 경우를 예측(prediction)의 실패로 분류하기도 한다. 이 분류에 따르면 타당한 이론, 즉 정설이 구비하여야 하는 요건은 내적정합성, 외적적합성 및 올바른 예측 등 세 가지가 된다.

호관계를 규정한 것을 보통 **가정**(assumptions)이라고 한다.

가정의 옳고 그름을 직접 판정할 수 없는 한 학자들은 동일한 현상을 연구하면서도 서로 다른 변수를 선정하고 가정을 설정한다. 즉 가정이 설정되는 과정은 본질적으로 주관적인 과정이며 연구자의 경험, 가치관 및 현실을 보는 시각 등에 의하여 직접적으로 영향을 받는다. 다만 설정된 가정들이 서로 논리적인 모순관계에 놓여 있으면 추론의 과정에서 내적정합성이 무너지므로 주관적으로 설정된 가정들이라도 서로 논리적으로 모순되지는 말아야 한다.

연구자의 주관에 따라서 가정이 다르게 설정되어도 무방하다고 하는 말은 일견 대단히 이상하게 들릴는지 모른다. 가정의 설정과정이 주관적이라고 해서 이론을 아무렇게나 구성하여도 된다는 말은 물론 아니다. 비록 가정 그 자체의 옳고 그름은 직접 판정할 수 없다고 하더라도, 이 가정으로부터 도출된 이론에 대해서는 이것이 현상을 제대로 설명하고 있는지 여부를 객관적으로 판정할 수가 있다. 그러므로 설정된 가정으로부터 전개된 이론이 외적적합성을 가지지 못한다면, 그 이론이 전제하고 있는 가정의 부당성이 간접적으로 확인되는 셈이다. 가정이 주관적으로 설정된다고 하더라도 이것으로부터 논리적으로 전개된 이론이 외적적합성을 갖도록 설정되어야 하는 것임을 잊지 말아야 한다.

명백히 현실과 위배되는 가정이라고 하더라도 이것으로부터 도출된 이론이 현상을 제대로 설명하기만 하면 무방하다는 주장도 있다. 예컨대 핸디가 1,000점인 당구선수가 현재 놓여 있는 당구를 어떻게 칠 것인가에 대한 설명을 생각하여 보자. 이 이론의 전제로서 당구선수가 물리학 박사이면서 당구대의 모든 역학적 정보를 알고 있고 자기가 원하는 궤도를 따르도록 당구에 힘을 가할 기능을 갖추었다고 가정하자. 이렇게 가정하면 이 당구선수는 현재 놓여 있는 당구에 어떠한 각도에서 어떻게 힘을 가할 때 이것이 어떠한 궤도를 운동하여 최종적으로 목표물을 맞힐 것인가를 물리학적 법칙에 의하여 계산하고 그대로 친다고 설명할 수 있다. 현실의 당구선수가 물리학의 문외한이라도 그가 치는 당구가 역학적 법칙에 맞는 궤도를 벗어날 리는 없다. 즉 이 이론은 당구선수가 물리학 박사라고 하는, 명백히 현실에 위배되는 가정을 채택하고 있지만 그럼에도 불구하고 현실의 당구선수가 치는 당구의 궤도와 과정을 제대로 설명하고 있다.

물리학의 문외한인 당구선수를 물리학 박사로 가정하는 것은 명백히 현실에 위배되지만 그 가정에서 출발한 이론이 외적적합성을 구비하면 된다고 보는 것이다. 그러나 전제하는 가정도 현실과 부합한다면 더 바람직한 이론이 될 것임은 두말할 필요도 없다. 보다 현실과 부합하는 가정은 과거의 축적된 경험을 최대한 **귀납적**(inductive)으로 정리하는 방법으로 얻을 수 있다.

2) 정리 일단 가정이 설정되면 이론은 이것으로부터 **연역적**(deductive)으로 전개된다. 그 결과로 도출되는 명제를 **정리**(theorem)라고 한다. 일련의 가정으로부터 정리가 도출되는 추론과정에서 주의하여야 할 점은 이것이 설정된 가정에 위배됨이 없이 논리적으로 이루어져야 한다는 점이다.

가정을 선정하는 단계에서는 연구자의 주관이 개입되어도 무방하고 실제로 개입되지 않을 수도 없지만 일단 가정이 설정되고 난 뒤에, 이 가정으로부터 정리를 도출하는 단계에 들어서게 되면, 어떤 사람이 추론하더라도 동일한 정리가 도출되어야 한다. 내적정합성은 이 추론의 전 과정이 설정된 가정을 위배하지 않을 것을 요구한다. 동일한 현상을 설명하는 두 이론이 서로 다르다면 그 차이의 이유는 각 이론이 서로 다른 가정으로부터 출발하기 때문이지 추론방식이 달라서가 아니다.

수학은 본질적으로, 설정된 가정을 위배하지 않고 논리적으로 정리를 도출하는 학문이다. 그러므로 이론의 내적정합성을 추구하는 여러 학문분야에서는 수학적 기법을 폭넓게 도입하여 널리 사용하고 있다. 실증경제학이 발달하면서 경제이론의 내적정합성에 대한 요구가 높아지게 되자 경제학에서도 다양한 수학적 기법을 사용하여 이론의 내적정합성을 추구하게 되었다. 그 결과 수학을 도입하여 경제이론을 구성하고자 하는 경제학의 분야가 발달하게 되었는데, 이것을 **수리경제학**(mathematical economics)이라고 한다.

이론의 내적정합성과 관련하여 유념할 점은 가정이 항상 명시적으로만 설정되지는 않는다는 사실이다. 예컨대 '甲은 10세 소년이다.'라고 설정하고 이야기를 전개하는 도중에 '甲이 18세 되던 해의 봄에 대학에 입학하였다.'라고 한다면 이것은 얼른 보기에 甲이 10세 소년이라고 설정한 전제에 위배되는 것처럼 보인다. 그러나 甲을 소년으로 설정하는 전제의 이면에는 시간이 흐름이 따라서 소년이 청년이 되고, 청년이 다시 노인이 되어 결국에는 사망한다고 하는 널리 알려진 사람 일반의 속성이 잠재적으로 내포되어 있다. 그러므로 잠재적 가정까지를 고려하면 위의 이야기는 내적정합성을 유지함을 알 수 있다. 실제로는 너무 많은 사실을 잠재적으로 가정하는 경우에 이론의 내적정합성은 구비되기 어렵다. 또한 널리 알려진 것이 아닌 사실을 잠재적으로 가정하는 이론은 설득력을 상실한다. 그러므로 가능하면 모든 가정을 명시적으로 설정하는 것이 더 바람직하다.

이론이 내적정합성을 갖추고 있을 때 그 이론은 **'논리적으로 참'**(logically true)이라고 말한다. 가정과 이로부터 논리적으로 도출된 정리를 한데 묶어서 이것을 **모형**(model) 또는 **가설**(hypothesis)이라고 한다. 우리가 모형을 통하여 현실을 설명하고 있지만 위에서 제시한 여러 가지 이유로 인하여, 이것이 현실 그 자체가 될 수는 없기때문에 이것을 모형이라고하는 것이다.

3) 실증 내적정합성을 갖춘 모형은 이것이 과연 현상을 제대로 설명하고 있는지에 대한 검증을 받아야 한다. 모형과 현상이 서로 부합하는가를 검정하는 방법으로는 여러 가지가 있으나 그중에서 통계학적 기법이 가장 널리 쓰이고 있다. 경제학에서는 통계학적 기법을 토대로 하여 경제현상의 특성을 감안한 실증기법을 다양하게 개발하여 널리 사용하고 있다. 경제모형의 검정기법을 연구하는 경제학의 분야를 **계량경제학**(econometrics)이라고 한다.

모형이 계량경제학적 기법에 의하여 그 외적적합성을 인정받게 될 때 이것을 **'경험적으로 참'**(empirically true)이라고 말한다. 그리고 내적정합성과 외적적합성을 모두 구비하고 있는 모형을 정설이라고 한다. 사람에 따라서는 정설만을 **이론**(theory)이라고 하기도 한다.

내생변수와 외생변수 이론에 등장하는 변수는 연구대상인 현상의 여건을 구성하는 변수와 주어진 여건에서 결정되는 현상의 내용을 나타내는 변수의 두 가지로 분류된다. 여건을 구성하는 변수를 **외생변수**(exogenous variables, autonomous variables)라고 하고 현상의 내용을 나타내는 변수를 **내생변수**(endogenous variables)라고 한다. 그리고 이론의 구조는 외생변수들이 특정한 상태로 주어질 때 내생변수의 값들이 어떻게 결정되는지를 설명하는 내용으로 짜여진다. 예컨대 강우량, 일조량, 토지의 면적 및 농부의 수 등은 외생변수가 되며, 이들의 값이 일정한 수준으로 주어져 있을 때 곡식의 수확량은 내생변수가 된다.

내생변수의 값이 결정되는 과정을 이해하려면 관련 외생변수들과의 상호관계를 먼저 파악해야한다. 경제이론은 대개의 경우 외생변수의 값이 일정한 수준으로 주어진 경우에 내생변수의 값이 어떻게 결정되며, 또한 외생변수의 값이 변할 때 내생변수가 그에 따라 어떻게 변하는가를 구명하는 형식으로 구성된다.

제3절 규범경제학

규범경제학 실증경제학이 현상을 올바르게 설명하면 이 이해를 기초로 하여 경제현실의 개선방안을 탐구할 수 있다. 현재보다 더 나은 상태로 개선하려면 먼저 경제상황의 좋고 나쁨을 객관적으로 평가하는 기준이 필요하다. 현 상황의 무엇이 나쁜지, 목표 상황은 과연 현 상황보다 더 좋은지를 먼저 확인하는 것이 순서다. 그다음에 개선방안으로 제시된 정책이 과연 목표 상황을 실현할 만큼 과학적인지를 점검해야 한다. **규범경제학**(normative economics)은 먼저 경제현실의 소망스러운 정도를 평가하는 기준을 모색하고, 이 기준에 따라서 현 상황을 실제로 개선할 수 있는 정책을 설계하는 방법론을 총칭한다.

이론이 현상을 올바르게 설명하고 있는가를 판단하는 데는 내적정합성과 외적적합성이라고 하는 실증경제학적 기준이 분명하게 정립되어 있다. 그러나 현재의 경제현실이 소망스러운지를 평가하는 기준은 일사불란한 객관적 지지를 얻기가 대단히 어렵다. 그 이유는 사람마다 나름대로의 가치관에 따라 현실의 소망스러운 정도를 주관적으로 평가하고 있으며, 이와 같은 개인별 평가는 서로 이해관계가 상반되는 사람들 사이에서는 정반대로 나타나기 일쑤이기 때문이다. 규범경제학에서 실제 자주 사용하는 평가기준으로는 제1장에서 거론한바 있는 효율성, 공평성, 최적차등 및 공정성 등이 있으며, 이에 대한 연구는 현재에도 다각적으로 진행되고 있다. 현실적으로 경제정책을 수립하는 경우에는 고용수준, 물가상승률 및 성장률 등이 현 상황의 소망스러움을 나타내는 **후생지표**(welfare index)로서 자주 사용된다.

일단 평가기준이 설정되면 이에 따라 현실의 경제생활을 평가하고 이것을 개선하려고 하는 작업이 뒤따른다. 경제생활의 여건을 구성하는 요인들, 즉 외생변수들이 특정하게 주어지면 내생변수인 국가경제생활은 그에 따라서 결정된다. 외생변수들 가운데는 천재지변이나 외국의 경제변수처럼 우리 정부가 뜻대로 조정할 수 없는 것들도 많지만, 각종 제도를 비롯하여 통화량, 조세징수 및 재정지출 등 정부가 직접 조정할 수 있는 변수들도 있다. 이처럼 정부가 마음대로 조정할 수 있는 외생변수들을 총괄하여 **정책수단**(policy instruments)이라고 한다.

정부가 정책수단이 되는 요인들의 값을 변경하면 국가경제생활은 이에 따라 변한다. 그러므로 현실의 경제생활이 설정된 평가기준에 의하여 바람직하지 못하다고 평가되면 정부는 정책수단을 적절하게 조정함으로써 더 바람직한 경제생활을 실현하도록 경제정책을 펼친다. 이와 관련한 경제학의 방법론이 바로 규범경제학이다.

앞에서 이미 지적한 바와 같이 평가기준을 설정하는 일은 본질적으로 주관적인 작업이다. 그러나 평가기준이 일단 목표를 정하면 이 목표를 향한 현실개선방안의 설계는 결코 주관적인 작업이 아니다. 정부가 주관적으로 판단하여 정책수단을 멋대로 조정한다고 해서 국가경제생활이 원하는 방향으로 개선되는 것이 아니기 때문이다. 국가경제생활을 제대로 개선하려면 적절한 정책수단을 정확하게 조작해야 한다. 따라서 개선방안을 설계하는 단계에서는 정책수단과 경제생활의 상호관계를 올바르게 설명하는 실증경제학적 정설이 절대적으로 필요하다.

실증경제학적 방법을 통해 필요한 정책수단의 변화가 어떤 것인지를 제대로 구명하고, 이에 따라 정책수단을 조정하는 경제정책이라야 경제생활을 성공적으로 개선한다. 규범경제학이라고 해서 이것이 전적으로 가치관이나 주관에 의해서만 연구되는 분야는 아니다. 실증경제학적 연구 결과를 부정하는 규범경제학은 경제생활 개선에 결코 성공할 수 없다.

연습문제

1. 실증경제학에서 타당한 이론이 갖추어야 할 최소한의 조건 두 가지는 무엇인가?

2. 내생변수와 외생변수는 어떻게 구별되는가?

3. 규범경제학에서도 경제 상황을 개선하고자 할 때 실증경제학이 필요한 이유는 무엇인가?

CHAPTER 03

미시경제학의 구성

제1절 미시경제학과 거시경제학

개별 경제생활과 국가경제생활 사회적 분업에 참여하는 개개인의 경제생활은 분업조정기능의 유도에 따라 특정한 국가경제생활을 실현한다. 즉 그 사회가 채택한 경제조직의 분업조정기능은 국가경제생활을 결정하는 자원배분기능이다.

계획경제에서는 원칙적으로 중앙계획당국의 경제계획이 국민 개개인의 생산활동과 소득분배를 일률적으로 결정하므로, 일단 수립된 경제계획이 차질 없이 시행될 경우 개별 및 국가전체의 경제생활은 동시에 거의 그대로 결정된다. 다만 경제계획과 그 시행과정의 허점은 개인의 일탈을 조장하기 쉬운데 그 통제가 결코 쉽지 않다. 일탈이 일상화하면 목표 달성은 거듭 실패하고 결국 체제 붕괴까지 불러온다. 실제로 현실 사회주의는 많은 실패 사례를 남기고 무너짐으로써 일탈 유인의 관리가 거의 불가능함을 실증하였다.

시장경제에서는 시장기능이 개별경제생활을 직접 결정하지 않고 상대가격체계만 결정하여 사람들 스스로 이에 따라 각자 자신의 경제생활을 선택하도록 허용한다. 시장경제에서도 개인이 자신에게 허용된 자유를 넘어 일탈하면 자원배분은 왜곡된다. 이 경우 시장기능은 이상적으로 작동하지는 않지만, 각자의 선택을 최대한 존중하는 만큼 개별 경제생활을 조정하는 과제는 그런대로 수행한다.

미시경제학 **미시경제학**(microeconomics)은 시장경제를 대상으로 하여 (1) 개인이 선택하는 경제생활의 결정과정을 설명하고, (2) 개별경제생활이 시장에 의해 통합·조정되어 국가 전체의 경제생활이 결정되는 과정을 설명하며, (3) 위의 설명을 토대로 하여 시장기능을 평가하고 이를 보완하는 방안을 탐구한다. 국가경제생활 이해의 출발점을 개별경제생활의 고찰에 두기 때문에 '미시'경제학이라고 부르지만, 상대가격체계가 개별경제생활을 유도하고 개별경제생활이 서로 작용하여 상대가격체계를 결정한다는 줄거리가 주내용이므로 이것을 달리 **가격이론**(price theory)이라고 부르기도 한다.

그런데 1930년대 발생한 세계 대공황은 기존의 전통적 경제학이 설명하지 못한 전혀 새로운 현상이었다. 당시의 경제학은 개별경제생활의 결정과정을 설명하는 이론을 그대로 국가경제적 현상을 설명하는 데 이용하고자 하는 수준이었다. 즉 개별경제생활이 사회적 조정을 거쳐서 국가경제생활을 결정하는 과정을 제대로 설명하지 못하는 상태였다. 이 결함 때문에 당시의 경제학은 대공황을 설명할 수 없었고 해결책을 내놓을 수도 없었다.

거시경제학 경제학자 J.M. 케인즈는 이 한계를 극복하고 불황의 대책을 제시하기 위하여 기존의 이론을 원용하지 않고 국가경제적 현상을 직접 설명하는 이론을 제창하였다. 그는 국민소득, 통화량, 재정지출, 고용 및 물가수준 등 국가경제적 현상을 구성하는 총량변수들을 선별한 다음 그들 사이의 기본적인 관계를 설정하고, 이로부터 현상을 설명하는 이론을 도출하였다. 이처럼 새로운 틀로 출발한 경제학을 **거시경제학**(macroeconomics)이라고 한다.

그런데 1950년대부터 개별경제생활이 사회적 조정을 거쳐서 국가경제생활을 결정하는 과정에 대한 미시경제학적 연구결과가 축적되면서 거시경제학의 기본 가정들과 개별경제생활의 상호관계가 점차 구체적으로 밝혀지게 되었다. 그 결과 최근의 경제이론은 미시경제학과 거시경제학을 굳이 구분하지 않는 추세로 발전하고 있다. 그러나 미시경제학과 거시경제학은 여전히 시장경제를 분석하는 경제이론의 양대 축이다. 경제학의 모든 응용분야 연구의 기본 분석 틀은 이 양대 축에서 비롯한다.

제2절 경제주체, 제약조건, 그리고 평가기준

경제주체 이미 지적한 바와 같이 미시경제학은 개별경제생활의 결정과정, 그리고 개별경제생활들이 시장을 통해 통합·조정되어 국가경제생활을 결정하는 과정을 설명하고, 그 결과를 평가하여 장점을 밝히고 결함을 보완하는 방안을 모색한다. 따라서 미시경제학은 크게 보면 개별경제생활이 어떻게 결정되는가를 설명하는 부분과 이러한 개별경제생활이 시장에 의해 통합·조정되는 과정을 설명하는 부분, 그리고 시장이 통합·조정한 결과를 평가하고 보완방안을 논의하는 부분 등 세 부분으로 구성된다.

개별경제생활을 결정하는 주인을 **경제주체**(economic agent)라고 한다.

경제주체의 유형 현실 경제는 수많은 개인, 기업과 매장, 각종 공공기관과 금융기관, 그리고 노동조합과 사용자 단체들을 비롯한 여러 비영리 사회단체들로 이루어진다. 이들은 자신들의 생활과 활동을 위하여 재화와 용역을 생산하고 교환하며 처분하는 경제활동을 다양하게 벌인다. 이 경제주체들은 활동 특성별로 가계(또는 소비자), 기업(또는 생산자), 정부, 그리고 금융기관 등으로 분류될 수 있다.

가계(households), 또는 **소비자**(consumers)는 노동을 공급하고 또는 기업에 투자하여 소득을 벌어들이고, 이 소득을 지출하여 생존, 또는 활동에 필요한 재화 또는 용역을 취득 사용하고, 남는 소득을 저축하는 경제주체를 뜻한다. 일반 가정이 대표적인 예가 되는데 각종 비영리 사회단체들도 소비자로 분류될 수 있다. 미시경제학은 가계의 행위를 일괄하여 **소비**(consumption)라고 부른다. 그러므로 미시경제학의 소비는 일상적 소비뿐만 아니라 저축, 증권투자, 그리고 노동 공급 등 다양한 행동을 총칭하고 있음을 유념해야 한다. 노조, 사용자단체, 그리고 각종 비영리단체가 재화와 용역을 취득하고 소비하는 경제생활은 노동 공급만 뺀 가계의 경제생활과 비슷하므로 이들도 역시 가계로 분류한다.

기업(firms), 또는 **생산자**(producers)는 몇 가지 재화와 용역을 다른 몇 가지 재화와 용역으로 변환시키는 활동에 종사하는 경제주체다. 우리가 일상적 생산이라고 부르는 활동이 기업의 업무다. 미시경제학에서는 기업의 경제생활을 **생산**

(production)이라고 하고 생산에 사용되는 재화와 용역을 **투입**(inputs), 그리고 투입을 변환시켜서 얻는 재화와 용역을 **산출**(outputs)이라고 한다. 자영업자는 기업이면서 동시에 가계다. 그러므로 국가경제 내의 경제주체의 숫자는 전체 가구의 숫자보다 훨씬 더 많다.

경제정책을 펼치고 공공재를 공급 관리하는 정부와 가계의 저축을 기업의 투자자금으로 조달하는 금융기관은 그 행태가 가계나 기업과는 매우 다르면서 국가경제에서 중추적 역할을 담당하는 경제주체들이다. 이들의 행동 원리는 기계나 기업과 다르기 때문에 별도의 핵심 경제주체로 분류되어야 마땅하다. 국가경제는 결국 가계, 기업, 정부, 그리고 금융기관으로 분류되는 수많은 경제주체들의 집합이다. 이들 경제주체가 각각 결정하는 경제생활은 상호작용을 거쳐서 총화로서 국가경제생활을 형성한다.

그러나 경제학의 한 분야인 미시경제학은 가계와 기업만을 고찰한다. 즉 미시경제학이 분석대상으로 삼는 국가경제는 가계와 기업들만의 집합이다. 물론 외부성을 시정하고 공공재를 공급하며 세금을 부과하는 등의 역할을 담당하는 정부와 기업의 생산설비를 구입하는 데 필요한 자금을 대출해주는 금융기관이 필요할 때마다 그 때그때 등장하기는 하지만 단편적 처리에 그칠 뿐이다. 독립적 경제주체로서 자신의 경제생활을 선택하는 정부와 금융기관의 행동을 분석하는 경제학은 각각 재정학과 화폐금융론에서 다룬다. 결국 미시경제학적 방법으로 국가경제생활을 이해하려면 미시경제학, 재정학, 그리고 화폐금융론을 모두 공부해야 한다.

제약조건과 평가기준 경제활동의 자유가 보장되면 각 경제주체는 자신이 할 수 있는 행동 가운데에서 가장 좋은 것을 선택할 것이다. 물론 자유가 허용되더라도 모든 것을 할 수 있도록 보장하는 것은 아니다. 예컨대 원료와 노동을 투입하지 않고서는 재화를 생산할 수 없다. 그리고 사유재산권을 보호하는 시장경제에서는 다른 사람의 재산을 소유주의 동의 없이 무단히 탈취하는 행동은 허용되지 않는다. 특히 상품을 구입하려면 반드시 그 값을 지불해야 한다.

좀 더 구체적으로 살펴보면 성인 남자는 소아용 운동화를 착용할 수 없으며, 하루 24시간 이상 노동할 수 없다. 포항종합제철은 사과를 생산하지 못하고 철근을 생산할 수 있지만 이것도 시설용량과 기술이 감당하지 못할 만큼 많이 생산할 수는 없다. 인간의 생리적 특성은 소비생활의 한계를 정하고 기업의 기술적 특성은 생산할 수 있는 상품의 품목과 수량에 대한 한계를 정한다. 자신의 가진 것을 다른 상품과 교환하는 경제주체의 행동은 교환을 통하여 얻는 상품에 대한 대가를 지불해야 한다. 따라서 각자 구입하는 상품의 총액은 그의 재부와 소득의 크기와 상대가격체계에 의하여 제약된다. 경제주체별로 각자의 능력이 벗어나지 못하는 한계는 매우 다양하다. 그러나 어느 경제주체나 능력의 한계를 피하지 못한다는 사실은 공통적이다. 이 한계를 총괄하여 **제약조건**(constraints)이라고 한다.

경제주체가 어떠한 경제생활을 선택할 것인가를 결정하는 **평가기준** 역시 경제주체별로 다르다. 한정된 소득으로 상품을 구입하여 소비하는 경제주체는 가능한 한 가장 만족스러운 소비생활을 하고자 할 것이다. 또 기업은 기술적 역량과 상대가격체계에 비추어 가장 많은 이윤을 얻도록 생산계획을 짤 것이다. 이처럼 경제주체의 평가기준은 그 경제주체가 소비생활의 주체인가 생산 활동의 주체인가에 따라서 만족도의 크기가 되기도 하고 벌어들일 수 있는 이윤의 크기(즉 수익성)가 되기도 한다.

제3절 부분균형, 일반균형 및 후생분석

경제주체별 선택과 비교정학 경제주체가 주어진 제약조건 아래에서 자신의 평가기준에 비추어 가장 바람직하다고 여기는 경제생활을 선택한다면, 개별경제생활의 결정요인은 각자의 제약조건과 평가기준이라고 요약할 수 있다. 주어진 평가기준과 제약조건에 의하여 결정된 개별경제생활은 경제주체별 선택의 결과다.

평가기준과 제약조건이 변하면 이에 따라 경제주체의 선택도 달라진다. 가격은 소비생활을 제약하는 주요 요인이면서 기업 이윤을 결정하는 요인이기도 하다. 가격의 변화는 소비생활의 제약조건을 변화시킴으로써 그에 부합하는 새로운 가계 선택을 불러온다. 생산물 및 원료의 가격은 생산활동의 평가기준인 이윤을 결정하는 주요 변수로서 이들의 변화 역시 기업의 선택을 변화시킨다.

제약조건이나 평가기준을 결정하는 여건이 변하면 개별경제생활의 변화가 뒤따른다. 여건 변화의 전후 선택을 비교하는 분석을 **비교정학적 분석**(comparative static analysis)이라고 한다. 비교정학적 분석은 비록 애초의 선택으로부터 새로운 선택으로 이행해 가는 동태적 과정은 설명하지 못하지만, 변화의 시작과 끝을 비교함으로써 규범경제학적 판단에 요긴한 정보를 제공한다. 개별 선택의 특성 분석과 그 비교정학적 분석은 경제주체별 선택 이론의 핵심이다.

일반균형이론 보통 소비생활은 수요를, 그리고 생산활동은 공급을 결정한다. 그런데 현재의 가격에서 각 상품의 수요와 공급이 일치한다는 보장은 없다. 수요와 공급이 맞지 않으면 소비생활이나 생산활동을 자신이 선택한 대로 영위할 수 없는 개별경제주체가 반드시 생겨난다. 시장별 수요의 특성에 따라서 기업은 공급량을 결정하는데 시장수요와 기업별 공급이 어울리면 그 시장의 균형가격과 거래량이 결정된다. 이 과정을 분석하는 과업을 **부분균형분석**(partial equilibrium analysis)이라고 한다.

어느 상대가격체계에서 상품별 수요와 공급이 일제히 서로 일치한다면 그 가격체계에서 경제주체별 선택들은 그대로 현실의 경제생활로 실현된다. 이처럼 상품별 수요와 공급을 일제히 서로 일치시키는 상대가격체계를 **균형가격체계**(equilibrium price system)라고 부른다. 미시경제학에서는 균형가격체계와 이 가격체계에서 결정된 각 경제주체별 선택을 일괄하여 **일반균형**(general equilibrium)이라고 한다. 시장경제에서 일반균형이 원초적으로 실현불가능하다면 시장기능은 경제조직의 자원배분기능으로서 구실할 수 없기 때문에 일반균형의 결정과정에 대한 연구는 시장기능에 대한 연구의 중추가 된다.

균형가격체제가 아닌 상대가격체계에서는 개별 선택이 결정한 수요량을 모두 합친 수요총량과 공급량을 합친 공급총량이 서로 차이를 보이는 상품이 반드시 나타난다. 상품별 수요총량과 공급총량의 차이에 따라, 예컨대, 공급총량이 모자라는 상품의 가격은 오르고 남아돌면 내리는 방식으로 상대가격 체계가 재조정되면, 이 재조정은 각 경제주체의 선택을 바꾼다. 만약 어떤 상대가격체계도 상품별 수요와 공급을 일제히 서로 일치시키지 못한다면 이와 같은 재조정은 무의미하겠지만 균형가격체계가 이론상 존재한다면 재조정 끝에 현실의 가격으로 실현될 수도 있다. 이에 대한 연구를 **일반균형분석**(general equilibrium analysis)이라고 한다. 일반균형분석은 2개의 분야로 구성된다.

후생경제학 부분균형 및 일반균형분석은 시장기능이 자원을 어떻게 배분하는가에 대한 이론적 설명을 제시한다. 시장기능이 자원을 배분하는 과정을 구명하고 나면 이것을 토대로 하여 시장기능에 대한 규범경제학적 평가와 보완방안에 대한 연구가 뒤따른다. 이것을 **후생분석**(welfare analysis)이라고 한다. 후생분석에서는 시장기능의 자원배분이 소망스러운지를 국가경제적 차원에서 평가한다. 평가의 기준은 효율성과 공평성이다. 인간 욕망이 무한하고 외부성이 없는 경제라면 일반균형은 효율성을 달성한다. 그리고 효율적 배분 가운데 사회적으로 바람직한 배분을 사회구성원들이 합의하면 그 배분은 적절한 소득재분배를 거쳐서 시장이 실현하는 일반균형으로 달성될 수 있음이 이론적으로 증명되어 있다.

그러나 이러한 완벽한 조건을 갖춘 현실 시장은 불가능하고, 따라서 현실 시장에 의한 자원배분의 결과는 이상적 수준에 미흡한 상태로 빗나가기 일쑤다. 제1장에서 서술한 바와 같이 미시경제학에서는 이러한 상태를 통틀어 시장실패로 규정한다. 후생분석에서는 시장실패를 야기하는 다양한 요인과 이로 인한 문제점 및 보완방안을 탐구한다.

시장실패는 크게 외부성과 공공재로 인한 시장실패, 시장의 독·과점으로 인한 시장실패, 불확실성으로 인한 시장실패, 비대칭정보로 인한 시장실패 등이 있는데, 각각에 대해 시장실패가 어떻게 일어나고 이에 대해 정부개입이 어떻게 보완할 수 있는지를 살펴본다. 이 밖에도 규범경제학적 평가기준 그 자체에 대한 연구나 공공투자 집행에 대한 비용편익 분석을 비롯하여 각종 경제정책의 설계 등도 다루는데 이들 주제도 모두 후생분석의 대상이다.

경제순환모형 이 책을 포함한 대부분의 미시경제학 교과서는 시장에 의해 통합·조정되는 가계와 기업의 경제생활을 〈그림 3-1〉과 같이 단순화하여 파악한다. 〈그림 3-1〉의 틀을 보통 **경제순환모형**이라고 부른다.

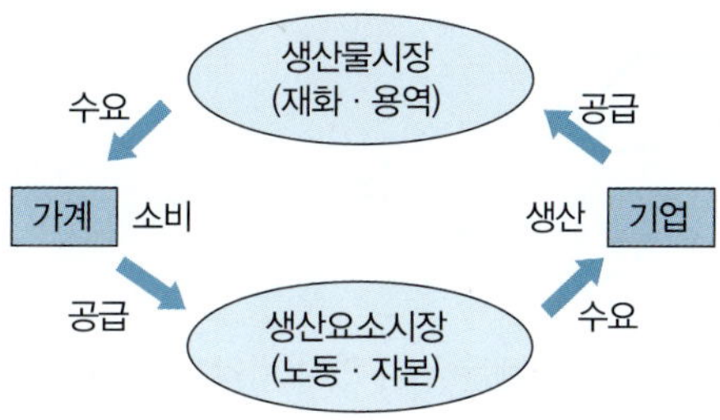

〈그림 3-1〉 경제순환모형

경제순환모형은 시장을 생산요소시장과 생산물시장으로 단순화한다. 현실에서는 쌀을 거래하는 미곡시장, TV가 거래되는 전자제품시장, 주식시장, 채권시장, 새벽 인력시장처럼 노동력이 거래되는 시장 등 거래되는 재화나 용역의 종류만큼이나 많은 시장이 있을 수 있다. 구체적인 장소까지 포함하면 서울의 동대문시장, 대구의 서문시장, 부산의 국제시장, 대전의 중앙시장, 광주의 양동시장 등 현실에서는 이루 헤아릴 수 없을 만큼 많은 여러 시장이 있을 것이다.

개별경제주체가 선택한 경제생활들이 시장에 의해 통합·조정되는 과정을 설명하는 것은 미시경제학의 핵심과제다. 현실의 수많은 시장 하나하나를 각각 분석대상으로 삼을 필요는 없고 시장을 상품 교환이 이루어지는 추상적 공간이라고 이해하는 것으로 충분하다. 다만 그 작동이 배분 결정에 치중된 생산물시장과 소득분배 결정에 직결된 생산요소시장은 구분할 필요가 있다. 현실의 모든 시장은, 결국 토지나 노동, 자본 등과 같은 자원을 거래하는 생산요소시장이나 자원을 활용하여 생산한 재화나 용역을 거래하는 생산물시장에 속한다.

국가경제의 자원배분을 이해하기 위하여 모든 국민의 경제생활과 모든 개별 시장을 일일이 관찰하고 설명하는 것은 불가능할 뿐 아니라 그렇게 할 필요도 없다. 개개인의 경제생활을 결정하는 보편적인 원리, 그리고 시장이 개별 경제생활들을 엮는 일반적 기능을 파악하는 데는 경제주체들과 기본 유형의 시장만을 고찰하는 것으로 충분하다.

연습문제

1. 미시경제학의 분석 대상인 경제주체는 누가 있으며 각자의 역할은 무엇인가?

2. 경제주체의 선택은 무엇에 의해 결정되는가?

3. 경제순환모형이란 무엇인가?

CHAPTER 04

미리 보는 미시경제 분석: 수요공급의 법칙

제1절 수요공급의 법칙

수요의 법칙 사람들은 항상 돈에 쪼들린다. 학생은 학비와 용돈이 부족하고 주부는 생활비가 모자란다. 직장인의 월급은 생활비와 자녀 용돈을 제하면 역시 남아나는 것이 없다. 이 사정은 가난한 사람만이 아니라 부자도 마찬가지다. 쓰고 싶은 데는 많은데 쓸 돈이 한정되어 있으니 항상 돈에 쪼들리는 것이 인간의 경제생활이다.

그래서 물가가 오르면 여기저기서 불만이 제기되다가 내리면 잠잠해진다. 돈에 쪼들리는 고객들은 가성비 좋은 상품을 찾기 때문에 같은 상품이라도 가격을 낮추면 판매량이 늘어나고 높이면 줄어든다. 사람들이 사려고 하는 상품의 수량을 그 상품에 대한 **수요**(demand)라고 한다. 상품의 수요량은 그 가격이 오르면 줄고 내리면 늘어난다. 경제학자들은 이 현상을 **수요의 법칙**(law of demand)이라고 부른다.

수요의 법칙은 상품의 수요량이 가격 변화에 따라 변함을, 즉 가격의 함수임을 뜻한다. 예컨대 쌀의 수요량은 쌀값의 함수다. 〈그림 4-1〉은 세로축을 쌀의 가격, 그리고 가로축을 쌀의 수요량으로 두고 그린 이 함수의 그래프다. 그래프는 쌀 한 가마(80kg)당 값이 20만원일 때 수요가 연간 5천만가마임을 나타낸다. 그리고 쌀값이 가마당 15만원으로 내리면 수요가 7천만가마로 늘어남을 보여준다. 이 그래프를 쌀의 **수요곡선**(demand curve)이라고 부른다.

수요의 법칙에 따라 쌀의 수요곡선 *DD*는 우하향하는 모습을 보인다. 쌀만이 아니라 시장에서 사고파는 모든 상품은 각각 수요곡선을 가진다. 일반 상품의 수요곡선도 수요의 법칙을 충족하는 한 〈그림 4-1〉처럼 그 그래프의 기울기는 우하향한다.

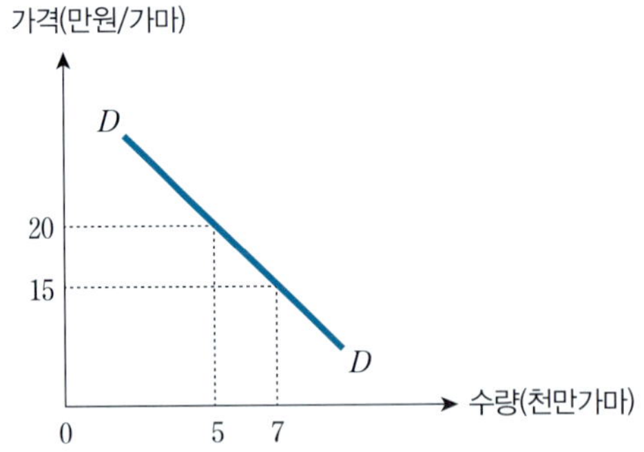

〈그림 4-1〉 수요곡선(쌀)

소득이 늘어나면 그 사람의 지출에 여유가 생기므로 같은 가격이라도 그 상품에 대한 수요가 늘어난다. 이러한 수요변화는 수요곡선 *DD*가 오른쪽으로 이동한 형태로 표현할 수 있다. 〈그림 4-2〉의 새 수요곡선 *D′D′*는 소득 증가에 따라 수요가 늘어난 결과를 나타낸다. 거꾸로 소득 감소는 수요를 줄이는데 이 변화를 보여주는 수요곡선이 *D″D″*이다.

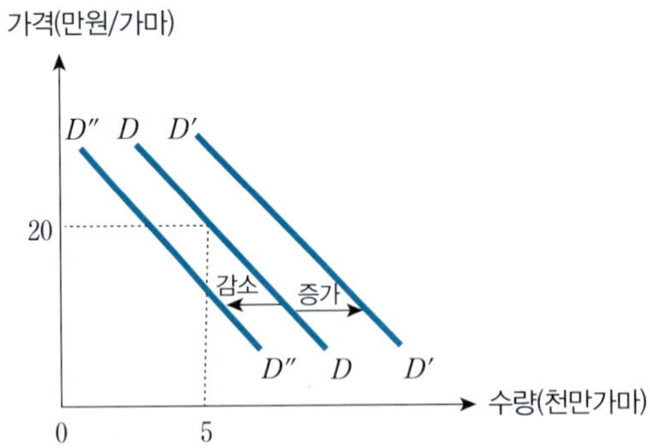

〈그림 4-2〉 수요곡선의 이동

상품의 품질이 좋아지면 다른 상품의 구입을 줄이더라도 이 상품을 더 구입하려고 한다. 그러므로 같은 가격에서 이 상품에 대한 수요량이 증가하고 수요곡선은 $D'D'$처럼 오른쪽으로 이동한다. 반대로 품질이 나빠지면 수요곡선은 예컨대 $D''D''$로 좌향 이동한다. 홍차의 값이 오르면 사람들은 홍차 대신 커피를 마시려 하므로 커피 값이 그대로인데도 그 수요는 늘어난다. 반대로 홍차 값이 내리면 커피의 수요량은 줄어든다. 이러한 수요량의 증가 또는 감소는 수요곡선 DD가 우향 이동한 $D'D'$나 좌향 이동한 $D''D''$로 나타낼 수 있다.

이상의 논의를 종합하면 상품의 수요는 그 상품의 가격, 소득, 품질, 그리고 다른 상품의 가격이 변하면 그에 따라 변한다. 가격의 변화에 따른 수요변화는 그 수요곡선 상의 이동으로 나타나고 기타 변화에 따른 수요변화는 수요곡선의 이동으로 표현한다.

공급과 공급의 법칙 사람들이 시장에서 구입하는 물자는 누군가가 생산하여 판매하는 상품이다. 상품 생산에는 자원과 노력을 투입해야 한다. 쌀을 생산하려면 논이 있어야 하고 비료와 농약, 그리고 농부의 노동이 필요하다. 가물에도 논에 물을 대려면 수로를 건설하는 토목공사도 필요하다. 이처럼 쌀농사에는 적지 않은 비용이 드는데 이 비용은 생산한 쌀을 팔아서 얻는 판매수입으로 충당한다. 쌀값이 높아서 그 판매비용으로 농사비용을 모두 회수하고 남아야 농사를 유지할 수 있다.

쌀값이 더 비싸지면 쌀농사의 수익성은 더 좋아진다. 다른 농작물을 경작하던 농민들도 농지를 논으로 바꾸면서 쌀농사에 뛰어들 것이다. 그 결과 쌀의 생산판매량은 늘어난다. 즉 쌀값이 오르면 쌀의 공급량이 늘어난다. 거꾸로 쌀값이 하락하면 쌀농사는 수익성 낮은 생산 활동으로 바뀐다. 농민들은 논을 과수원으로 바꾸는 등 쌀농사를 포기할 것이고 그 결과 쌀의 공급량은 줄어든다. 요약하자면 쌀값의 변화에 따라 쌀의 공급량은 바뀐다.

일반적으로 어느 상품의 값이 오르면 그 상품 생산의 수익성이 좋아지므로 생산판매량이 늘어나고, 내리면 수익성이 나빠지므로 그 생산판매량이 줄어든다. 이처럼 상품의 가격에 따라서 결정되는 상품의 생산판매량을 그 상품의 **공급**(supply)이라고 한다. 그리고 상품 값이 오르면 공급이 늘어나고 거꾸로 내리면 줄어드는 현상을 **공급의 법칙**(law of supply)이라고 한다. 수요와 마찬가지로 공급도 상품 가격의 함수다. 세로축을 가격, 그리고 가로축을 공급량으로 잡은 평면에 가격이 변할 때 공급량이 변하는 모습을 그린 그래프를 그 상품의 **공급곡선**(supply curve)이라고 한다. 공급의 법칙에 따라서 공급곡선의 그래프는 우상향한다. 〈그림 4-3〉은 공급의 법칙을 충족하는 공급곡선을 보여준다.

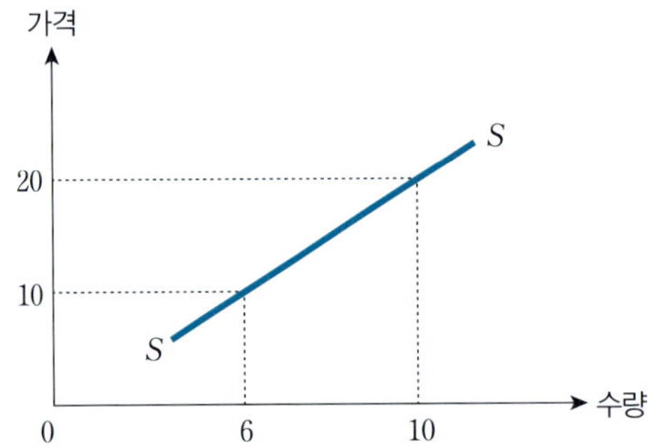

〈그림 4-3〉 공급곡선

그림의 공급곡선은 가격이 10일 때 공급량은 6이지만 가격이 20으로 오르면 공급량이 10으로 증가함을 보여준다. 즉 가격변화에 의한 공급량 변화는 공급곡선을 따라서 일어나는 변화로 표시할 수 있다. 그런데 임금이나 이자율 등이 낮아지면 생산원가가 낮아지고 낮은 생산원가는 상품 공급의 수익성을 높인다. 그러므로 생산원가가 낮아지면 같은 가격이라도 공급량이 늘어난다. 그리고 거꾸로 생산원가가 상승하면 공급량이 감소한다. 즉 생산원가의 하락에 따른 공급량의 증가는 공급곡선 *SS*를 우측 *S′S′*로 이동시키고, 상승에 따른 공급량 감소는 공급곡선 *SS*를 좌측 *S″S″*로 이동시킨다. 〈그림 4-4〉는 생산원가의 변화로 공급곡선이 이동하는 모습을 보여준다.

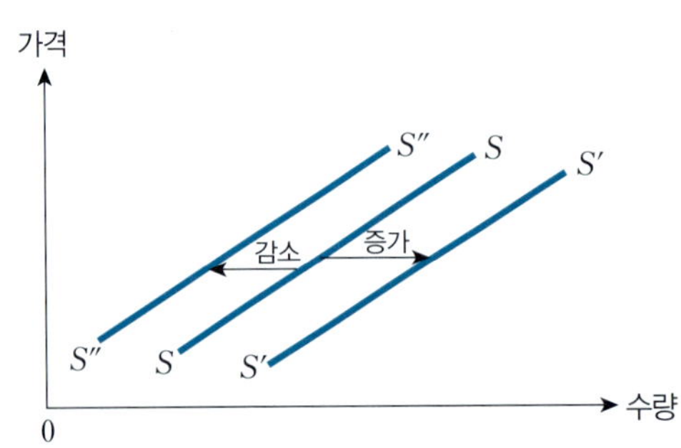

〈그림 4-4〉 공급곡선의 이동

요약하자면 상품의 공급은 그 상품의 가격, 그리고 임금이나 이자율 등 생산원가를 결정하는 요인들이 변하면 그에 따라 변한다. 가격의 변화에 따른 공급변화는 그 공급곡선 상의 이동으로 나타나고 기타 변화에 따른 공급변화는 공급곡선의 이동으로 표현한다.

수요공급의 법칙 시장경제의 사람들은 각자 자신의 생업에 종사하면서 소득을 얻는다. 그리고 이 소득을 지출하여 생활물자를 구입 소비하면서 살아간다. 한정된 소득으로 상품을 구입하는 사람들에게 물가는 매우 중요한 변수다. 매장의 숫자가 많은 만큼 같은 상품이라도 매장별 판매 가격은 서로 다를 수 있다. 그러나 가격 차이가 너무 크면 싸게 파는 점포는 입소문을 타고 널리 알려지게 마련이다. 사람들은 싸게 파는 점포로 몰려들 것이고 너무 비싸게 파는 점포는 고객을 잃는다. 그러므로 현실적으로 같은 상품의 값은 모든 점포에 걸쳐서 대동소이하다.

대부분의 생활물자는 많은 생산자가 생산하고 많은 소비자가 사간다. 쌀, 과일, 그리고 우유 같은 식료품을 생산하는 국내외 농가와 이것을 구입하는 소비자의 숫자는 매우 많다. 그런데 이들은 어떤 국가적 계획에 따라서 생산하고 소비하는 것이 아니다. 소비자는 가격을 보고 자신의 소득에 맞추어 필요한 만큼 구입하고 생산자도 현행가격을 보고 수익성을 판단한 다음 생산한다. 앞에서 살펴본 수요의 법칙과 공급의 법칙은 이렇게 구입하고 생산하는 소비자 및 생산자들의 행동이 보이는 특성을 정리한 것이다.

2015년 현재 우리나라는 약 5천4백 가구의 젖소농가에서 40만 마리의 젖소를 사육하였는데 이들이 생산한 우유는 리터당 1천원의 가격으로 출하되었다. 이 우유가 정제 처리 이후 포장 수송되어 최종 매장에 진열되려면 비용이 더 들 것이다. 이 비용과 유통부문 마진을 합친 최종 소비자 가격을 리터당 1천2백원이라고 하자. 그 해 국내산 우유의 생산량은 약 2백만 톤이었는데 이 물량은 모두 소비자들에게 팔려나갔다.

우유 생산자의 숫자는 5천4백 가구이고 국내 소비자의 숫자는 이보다 훨씬 더 많다. 이들의 생산과 소비는 정부가 나서서 계획하고 시행한 결과가 아니다. 각자 자신이 생산하고 싶은 만큼 생산하고 소비하고 싶은 만큼 구매하였는데 어떻게 이 물량이 정확하게 200만 톤으로 맞아 떨어졌을까?

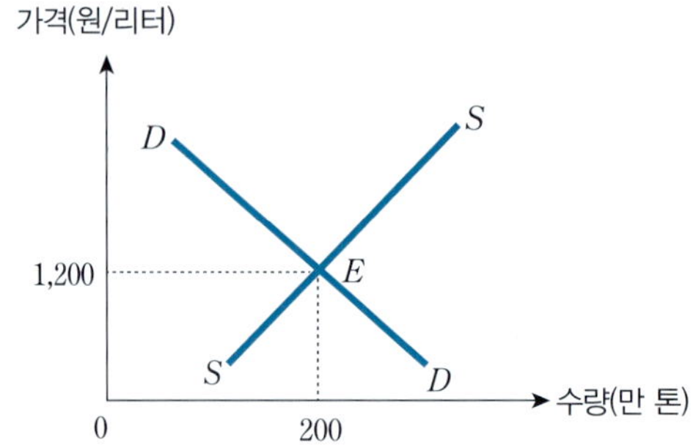

〈그림 4-5〉 시장균형

만약 과잉생산이었다면 오래 저장할 수 없는 우유는 썩어났을 것이고 과소생산이었다면 매장마다 우유를 사지 못한 소비자들이 많았을 것이다. 돈이 있는데도 못 사고 우유가 썩어나는데도 못 파는 사태가 조용히 넘어갔을 리 없다. 축산농가와 소비자의 항의가 우유파동을 불러왔을 것인데 실제는 매우 조용하였다. 우유의 수요와 공급 물량이 200만 톤으로 정확히 맞아떨어졌기 때문이다. 수요와 공급 물량이 맞아떨어지는 현상은 과거에도 있었고 지금도 계속되고 있다. 〈그림 4-5〉는 이 현상을 설명해 준다.

그림의 그래프는 우유의 수요곡선과 공급곡선을 함께 그린 것이다. 가격 1,200원에서 수요량과 공급량은 정확히 200만 톤으로 서로 일치한다. 만약 그림처럼 서로 일치하지 않았다면 우유는 남거나 모자랐을 것이고 우유파동이 일어났을 것이다. 현실에서 우유파동이 일어나지 않은 만큼 시장상황은 〈그림 4-5〉와 다를 수가 없다. 수요곡선과 공급곡선이 서로 교차하는 점 *E*는 현실의 우유가격 1,200원과 우유 거래량 200만 톤을 나타내는데 이 점 *E*를 우유시장의 **시장균형**(market equilibrium)이라고 한다.

일반적으로 상품의 과부족이 나타나지 않는 시장은 일단 〈그림 4-5〉와 같은 상태라고 이해해도 된다. 상품의 가격과 거래량이 수요곡선과 공급곡선이 교차하는 점, 즉 시장균형으로 결정된다고 하는 명제를 **수요공급의 법칙**(law of demand and supply)이라고 한다.

경쟁과 균형 물자나 기회가 사람들이 원하는 것보다 더 많으면 각자 가지고 싶은 만큼 가지면 된다. 그러나 모자라면 누군가는 원하는 만큼 가지지 못한다. 그리고 못 가지는 사람은 그냥 단념하고 물러나는 것이 아니라 가지기 위한 노력을 추가로 벌이는데 이 노력이 경쟁을 유발한다. 무언가 부족하면 반드시 경쟁이 벌어지는데 경쟁마다 승자를 결정하는 규칙이 있다. 시장경쟁은 사유재산권을 보호하는 경쟁으로서 폭력이나 위계를 쓰는 불법은 허용하지 않는다. 시장에서 물자나 기회가 부족할 때마다 벌어지는 **호가경쟁**(bidding competition)은 시장경쟁의 좋은 예다.

〈그림 4-6〉에서 상품가격이 P_2 라면 수요량은 q_D 이고 공급량은 q_S 이므로 $(q_D - q_S)$만큼의 물량이 부족한데 이 부족량을 **초과수요**(excess demand)라고 한다. 초과수요가 발생하면 한정된 물량 q_S 를 놓고 q_D 를 원하는 사람들 간에 경쟁이 벌어진다. 상품을 파는 사람들은 물량 q_S 의 소유주인데 상품 판매를 통하여 이 소유권은 값을 지불한 구입자에게 양도된다. 판매자는 당연히 더 높은 값을 지불하는 사람에게 상품을 판매하려 할 것이므로 수요자들 간의 구입경쟁은 더 높은 값을 부르는 호가경쟁으로 나타난다. 그러므로 초과수요를 유발하는 가격 P_2 는 오르기 마련이다.

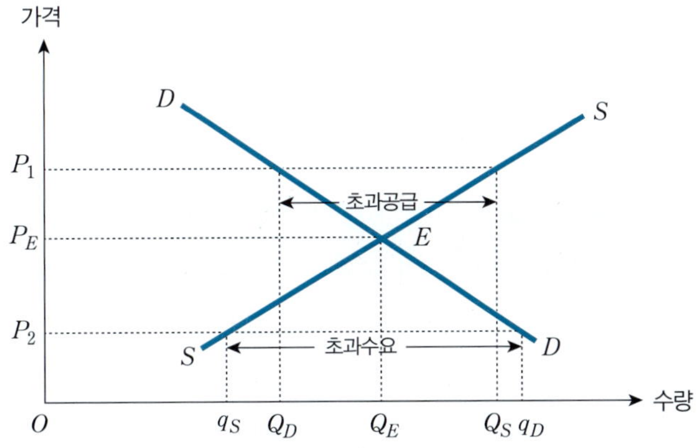

〈그림 4-6〉 시장경쟁과 균형

가격이 P_1 이면 $(Q_S - Q_D)$만큼의 **초과공급**(excess supply)이 발생한다. 이번에 부족한 것은 상품이 아니라 판매기회고 판매기회의 소유주는 고객이다. 판매자들은 남아도는 물량을 판매하기 위하여 가격을 낮추는 호가경쟁을 벌이므로 가격 P_1 은 하락할 수밖에 없다.

시장균형 E의 가격 P_E에서 수요량과 공급량은 모두 Q_E로서 서로 일치한다. 초과수요나 초과공급이 없으므로 부족한 것도 없다. 따라서 이 가격 P_E를 **균형가격**(equilibrium price), 또는 **시장청산가격**(market clearing price)이라고 부른다. 시장균형에서는 경쟁이 일어나지 않고 가격도 P_E 수준을 그대로 유지한다. 초과수요와 초과공급은 경쟁을 유발하여 가격을 끊임없이 변화시키지만 균형에서는 경쟁 자체가 없으므로 가격이 현재수준을 유지한다. 그러므로 현실의 가격이 아침 다르고 저녁 다를 만큼 요동치지 않는다면 균형가격이라고 보는 것이 합리적이다.

제2절 수요공급의 법칙으로 풀어보는 현실 문제

현실을 설명하지 못하는 이론은 쓸 모가 없다. 수요공급의 법칙을 요약하면 "모자라는 상품의 값은 오르고 남아도는 상품의 값은 내리므로 현재 가격이 어느 수준을 유지한다면 그 가격에서는 그 상품의 수요와 공급이 서로 일치한다."라는 지극히 단순한 명제로 정리된다. 그런데 이 단순한 명제만으로도 현실의 경제문제를 매우 체계적으로 이해할 수 있다. 이 절에서는 '수요공급의 법칙'이 체계적 설명을 제공하는 몇 가지 현실 문제를 살펴보기로 한다.

세계 언론은 기후변화가 농산물 경작에 악영향을 끼쳐서 장래에는 농산물가격이 급등할 것이라고 걱정한다. 그리고 과거 세계경제는 몇 차례 석유파동을 겪으면서 통제하기 어려운 인플레이션을 경험하였다. 아파트 열풍, 특히 강남지역의 아파트 열풍은 우리사회가 아직도 겪고 있는 어려운 문제다. 이 엄청난 세계경제와 한국경제의 문제를 이해하고 해결하려면 매우 복잡한 경제이론이 필요할 것 같다. 그런데 아니다. 지금 우리가 배운 간단한 수요공급의 법칙으로 얼마든지 깔끔하게 설명할 수 있다. 이제 이 문제들을 하나하나 분석해 보자.

1. 농산물가격 급등 경보

전문가들은 '세계경제의 성장과 기후변화가 맞물리면 조만간 농산물가격이 크게 오를 것'이라고 경고한다. 수요공급의 법칙은 이 경고를 뒷받침한다.

〈그림 4-7〉의 검은색 수요곡선과 공급곡선은 농산물에 대한 현재의 수요와 공급을 각각 나타낸다. 수요공급의 법칙은 농산물 가격이 수요와 공급이 일치하는 수준 P^0로 결정된다고 설명한다. 〈그림 4-7〉의 파란색 수요곡선과 공급곡선은 경제가 성장하고 기후변화가 한참 진행된 미래의 상황을 반영한다. 따라서 미래의 농산물가격은 P^*로 결정된다는 것이 수요공급의 법칙이 제시하는 설명이다. 결국 전문가들의 경고는 농산물에 대한 수요곡선과 공급곡선이 조만간 〈그림 4-7〉의 검은색으로부터 파란색으로 바뀐다는 뜻이다.

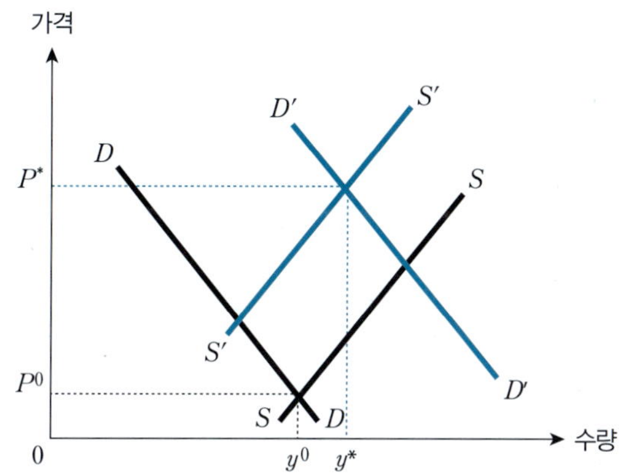

〈그림 4-7〉 농산물가격 급등(agroflation)

우리나라의 곡물소비량은 1960년과 1990년 사이 30년 동안 10배로 크게 늘었다. 식탁에서 먹는 밥의 양은 많이 줄었지만, 그 대신 고기류 소비가 크게 늘었다. 사람들이 직접 소비하는 곡물의 양은 줄어든 대신 가축을 사육하는 데 필요한 사료용 곡물 소비는 훨씬 더 많이 늘어난 것이다. 그 기간 동안 한국경제가 성취한 고도 경제성장이 빚어낸 현상이다. 중국경제에 이어서 인도경제까지 고도성장에 성공한다면 곡물을 비롯한 농산물수요가 얼마나 늘어날지를 충분히 짐작할 수 있다. 〈그림 4-7〉의 파란색 미래 수요곡선 $D'D'$는 매 가격 수준에서 현재 검은색 수요곡선 DD보다 더 많은 농산물을 수요함을 뜻한다. 즉 고도 경제성장은 농산물 수요곡선을 DD에서 $D'D'$로 우향 이동시킨다.

반면에 지구온난화는 급격한 기상이변을 불러와서 농산물 수확을 급감시킬 것으로 예측되고 있다. 최근 문제로 되고 있는 아프리카와 시리아의 난민 사태는 장기간의 내전도 있었지만 보다 근본적으로는 기상이변으로 해당 지역에서 흉작이 십년 이상 계속되었기 때문이라고 한다. 〈그림 4-7〉의 농산물 공급곡선 좌향 이동은 미래의 농산물 수확감소 효과를 반영한다. 미래의 파란색 공급곡선 $S'S'$는 현재의 공급 SS보다 매 가격 수준에서 공급량이 감소할 것임을 나타낸다.

수요곡선이 큰 폭으로 우향 이동하는 가운데 공급곡선이 좌향 이동하면 수요공급의 법칙에 따라서 결정되는 가격은 P^0에서 P^*로 크게 오른다. 이처럼 농산물 가격이 급등할 것으로 보이는 전망을 경제학자들은 **애그로플레이션**(agroflation)이라고 부른다.

애그로플레이션을 대비하려면 한국경제는 어떻게 해야 할까? 일단 국내 경작을 확대하는 방법을 생각해볼 수도 있겠다. 그러나 국토의 80%가 산악인 우리의 여건으로서는 농업 경쟁력을 증강하기 어렵다. 농산물 가격이 급등하더라도 국내 농업의 대외 경쟁력이 자동적으로 높아지는 것은 아니라는 말이다. 그보다는 해외 경작 여건이 좋은 지역에 농장을 확보하는 등 해외 농업투자를 늘리는 것이 더 현명한 대책일 것이다.

2. 고유가와 인플레이션

1973년 10월에 발발한 중동전쟁은 이스라엘의 대승으로 끝났다. 그러나 큰 패배를 당한 아랍 산유국들에게는 단결할 민족주의적 계기가 되었으니 그 결과로 나타난 현상이 제1차 석유파동이다. 그 동안 뿔뿔이 개별적으로 행동하던 산유국들은 OPEC으로 단결하여 석유의 생산량을 통제하는 방법으로 서방세계에 공급하는 원유의 가격을 인상하기 시작하였다. 배럴당 3달러이던 국제유가는 한두 달 사이에 12달러 수준으로 4배나 급등하였다. 그 결과세계경제의 경기는 급격하게 침체하면서 물가는 두 자릿수 수준으로 급등하는 스태그플레이션 현상이 나타났다.

그 이후에도 세계경제는 몇 차례 석유파동을 더 겪었다. 가장 최근인 2008년 7월의 파동에서는 유가가 배럴당 147달러까지 치솟았다. 첫 파동이 유발했던 4배까지는 되지 않았으나 2005년의 60달러보다는 두 배 이상 올랐고 특히 그 수준 자체가 너무 높았기 때문에 세계경제에 끼친 타격은 결코 적지 않았다. 그런데 그 이전의 석유파동과 비교할 때 세계 각국의 물가가 안정적 추세를 유지하면서 종전과 같은 인플레이션을 겪지 않았다는 사실이 두드러진 차이점으로 나타났다.

왜 2008년의 석유파동이 인플레이션을 야기하지 않았는가에 대해서는 설명이 분분하지만 일부에서는 중국경제의 부상을 한 가지 원인이라고 주장한다. 중국이 세계의 공장으로 등장하면서 공산품 생활물자를 대량 공급하기 시작했기 때문에 유가 상승이 유발한 물가상승 압력을 해소할 수 있었다는 것이다. 〈그림 4-8〉은 이 설명을 요약한 것이다. 〈그림 4-8〉의 검은색 *DD*와 *SS*는 각각 유가 급등 이전의 생활물자 수요곡선과 공급급선을 나타낸다. 수요공급의 법칙은 가격과 거래량이 각각 P^0과 y^0로 결정된다고 말한다. 유가가 급등하면 소비자들이 직접 소비하는 유류비 등의 부담이 커져서 생활물자를 구입하는 데 지출할 예산이 줄어든다. 그러므로 각 가격 수준에서 생활물자 수요가 감소하고 그 결과 수요곡선은 좌향 이동하는데 그 결과가 파란색 *D′D′*로 표시된 수요곡선이다. 유가 급등은 또한 생산 원가를 상승시키므로 각 가격수준에서 공급량이 줄어들고 그 결과 공급곡선은 파란색 *S′S′*로 좌향 이동한다. 최종 결정되는 생활물자의 가격 수준은 P^*로서 P^0보다 높고 생산활동도 침체한다. 제1차 석유파동이 불러온 인플레이션은 이렇게 설명된다.

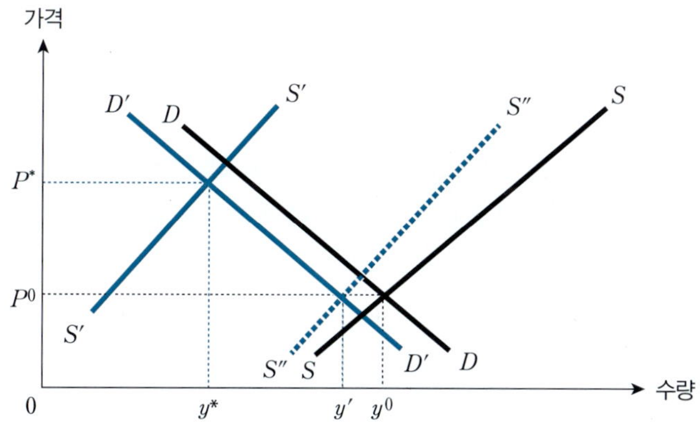

〈그림 4-8〉 석유파동과 물가

그런데 2000년대에 진입하면 중국이 산업화에 성공하고 세계시장에 생활물자를 대대적으로 수출하기 시작한다. 중국이 세계경제의 새로운 공장으로 부상함에 따라 세계시장의 공급곡선은 우향 이동하고 그 결과가 〈그림 4-8〉의 파란색 점선 *S″S″*

다. 〈그림 4-8〉이 보여주듯이 2008년의 유가급등은 거래량만 y^0에서 y'로 감소시켰을 뿐 가격은 P^0로 전과 같은 수준을 유지시켰다. 21세기 석유파동이 인플레이션 없이 지나간 이유에 대한 설명은 여러 가지지만 〈그림 4-8〉을 이용한 설명은 그 중 하나다.

3. 아파트 열풍

한국사회가 겪고 있는 또 하나의 경제문제는 고공행진을 멈추지 않는 주택가격이다. 소위 '아파트 투기' 때문에 하늘 높은 줄 모르고 오르는 집값은 내 집 마련을 원하는 서민들의 꿈을 좌절시키는 큰 사회문제다. 아파트 값이 앞으로도 한참 더 오른다면 지금 이미 너무 비싸더라도 사두는 것이 이익이다. 주거용으로 사거나 오른 다음 되팔기 위하여 투자용으로 사거나 지금 더 오르기 전에 사두는 것이 낫다. 이처럼 너도 나도 아파트를 사겠다고 나서면 아파트값은 더 오르면서 고공행진을 멈추지 않는다. 돈 있는 사람들은 이 광풍을 타고 사고팔기를 거듭하면서 차익을 챙기는데 돈 없는 서민들은 눈앞에서 벌어지는 돈 잔치에 참여할 기회조차 박탈당한 채 계속 폭등하는 아파트값에 내 집 마련의 꿈만 아득해진다. 이 문제를 해결할 주택정책을 수요공급의 법칙에 따라 탐구해보자.

아파트는 식료품과 같은 소모품이 아니라 수명이 긴 내구재다. 그러므로 한편으로는 입주해서 살지만 다른 한편으로는 투자용으로 보유하기도 한다. 아파트는 전월세 세입자에게는 순수하게 거주용이고 자기 아파트에 거주하는 집주인에게는 거주용이면서 동시에 투자용이다. 전월세는 아파트가 제공하는 순수 거주서비스의 가격이고 여기에 자산가치 변동분을 합친 것이 아파트 가격이다. 아파트값이 더 이상 변동하지 않을 것으로 사람들이 예상한다면 아파트값은 전세값과 같을 것이고 앞으로 더 오르거나 내릴 것으로 예상한다면 아파트값은 전세값보다 더 높거나 낮게 결정될 것이다.

한국사회의 엄청난 고도성장은 사람들의 소득수준을 빠른 속도로 높여 왔다. 가난한 시절에는 먹고사는 일에만 신경을 썼지만 소득이 어느 수준 이상으로 높아지면 사람들은 내 집 마련에 나선다. 당장은 세입자의 서러움을 면하기 위하여 소박한 단칸방 서민주택이라도 내 집이면 만족한다. 그러나 소득이 점점 더 높아지면 더 넓은 평수에 더 좋은 이웃환경을 원하기 마련이다. 그러므로 지난 몇 십 년 동안 우리나라 주택시장의 아파트 수요는 실수요 부문에서 소형에 대한 수요가 많이 생기기 시작하여 점차 중대형 고급 아파트에 대한 수요확대로 번져나가는 속도가 매우 빨랐다는 점을 특징으로 들 수가 있다.

그렇다면 이 수요에 맞추어 유형별로 공급이 적기에, 또는 조금 일찍 이루어졌어야 원칙적으로 아파트 값은 거주용 실수요와 유형별 공급이 일치하는 수준에서 결정되고 비정상적으로 오를 일은 없었을 것이다. 그런데 현실 시장에서는 아파트 값 변동에 대한 예측이 꿈틀거리기 마련이다. 아파트 가격이 오를 것이라고 보는 사람들은 당장 입주할 계획이 없더라도 투자용으로 한 채가 아니라 몇 채씩 구입한다.

원래 공급계획은 실 거주수요만을 겨냥하여 물량을 공급하는 것이었다. 예상하지 않았던 투자용 수요가 가세하면 아파트 분양시장에는 초과수요가 발생한다. 수요공급의 법칙은 투자용 수요가 가세할 때 분양가를 더 높이도록 작동한다. 그러나 내 집 마련이 급한 서민들은 높은 분양가를 격렬하게 거부하였다. 아파트 건설업자들에게 폭리를 허용하지 않도록 분양가를 낮은 수준으로 통제해야하고 심지어는 아파트 건설원가를 공개해야 한다는 요구까지 나왔다. 여론을 정치적으로 고려한 정부는 분양가는 낮게 유지하면서 추첨을 시행하고 아파트를 당첨자에게만 공급하는 정책을 썼다.

〈그림 4-9〉는 이 상황을 나타낸다. 거주수요와 투자수요를 합친 아파트 수요는 검은색 수요곡선 DD로 표시하였고 검은색 공급곡선 SS는 건설사업자들의 아파트 공급의향을 나타낸다. 수요공급의 법칙은 아파트 공급이 가격 P^*에서 수량 y^*로 결정된다고 설명한다. 그러나 정부가 건설원가대비, 예컨대 10%의 이윤만을 허용하는 가격 P_C를 분양가로 강제하므로 그 가격에서 아파트 공급량은 〈그림 4-9〉의 y_C로 결정되고 $(y'-y_C)$만큼의 초과수요가 충족되지 못 한 채 방치된다. 추첨으로 당첨자를 결정하는 만큼 가격이 P_C라면 사지만 그보다 높으면 사지 않겠다는 사람 A는 당첨되고 더 높은 P^*라도 지불하고 사겠다는 B는 낙첨될 수가 있다. 이 경우 A가 자신의 분양권을 프리미엄 붙인 값으로 B에게 전매하는 일이 얼마든지 가능하다.

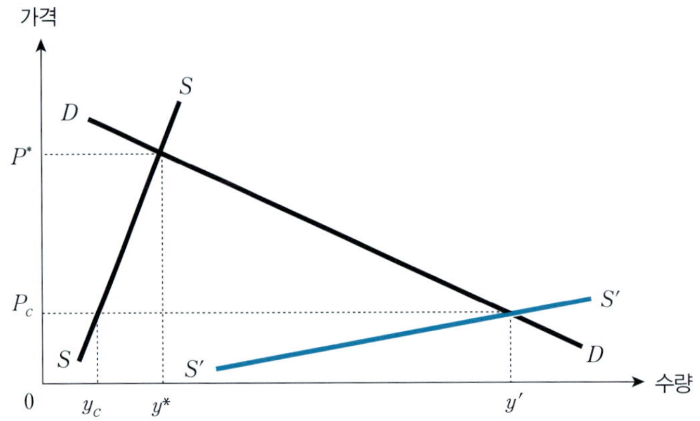

〈그림 4-9〉 가격상한정책과 그 부작용

분양권 전매의 **암시장**(black market)이 생기면 분양가가 P_C 보다 낮아야 사겠다는 사람들까지 전매기회를 노리고 분양받겠다고 신청하고 나서므로 초과수요는 걷잡을 수 없이 늘어난다. 이렇게 수요가 폭증해도 건설원가대비 10%의 이윤으로는 다른 건설사업자들을 아파트 건설로 유인하지 못한다. 신규 분양시장에서 아파트를 사지 못한 사람들은 이미 분양된 아파트를 사겠다고 나설 것이고 이 수요는 아파트 값을 올릴 것이므로 아파트 가격이 계속 오를 것이라는 예상과 맞아떨어지고 그 결과 분양시장의 투자수요는 더욱 늘어날 수밖에 없다. 투기는 잘되면 크게 이익보지만 잘못되면 패가망신할 위험까지 부담해야하는 불건전한 행동이다. 그러나 아파트에 대한 투자는 절대로 실패할 수 없는 상황으로 진입하였으므로 '아파트 투기'라는 말은 잘못된 것이다. 정부는 분양권 전매를 금지하기 위하여 분양자격을 무주택자로 제한하고 높은 양도소득세를 부과함으로써 전매의 이익을 원천봉쇄하려고 하였지만 어떤 정책도 피해나갈 구멍을 완벽하게 봉쇄하지는 못한다. 예컨대 이면거래로 명의를 빌리는 행위 등을 완벽하게 적발하기는 어렵다.

또 분양시장에 초과수요가 넘치는 현실은 서민용 아파트나 고급 아파트나 다를 바 없다. 이처럼 전면적으로 아파트가 부족할 때 여론은 서민 위주의 정책을 요구한다. 그러므로 아파트 공급은 서민아파트에 집중된다. 그런데 문제는 지금은 서민 아파트를 찾는 사람들도 고도성장의 혜택으로 소득이 늘면 곧바로 고급 아파트를 찾는다. 그런데 공급은 그 동안 서민아파트 위주로 이루어졌으므로 이들이 고급 아파트를 구할 시점에 이르면 그 물량이 크게 달린다. 그 값은 또 뛸 수밖에 없다.

고급 아파트의 공급을 늘리려면 건설 부지가 필요하다. 그런데 도심지에 부지 구하기가 만만치 않다. 필요가 주춤해진 서민 아파트를 재개발하여 평수 큰 고급아파트를 건설하기 시작하자 이번에는 아파트 투자수요가 서민 아파트를 겨냥한다. 서민 아파트를 사두면 재개발 고급아파트를 싼 값으로 구입할 수 있기 때문이다. 이 수요 때문에 서민아파트 값마저 천정부지로 오른다. 정부정책이 여론에 휘말리면 시장은 이처럼 예측하지 못한 방향으로 빗나간다.

그런데 정부가 개입하지 않고 분양가를 수요공급의 법칙에 맡긴다면 어떻게 될까? 처음 분양가는 P^*로 매우 높을 것이다. 그러나 아파트 분양사업의 수익성이 좋음을 전해들은 건설업자들은 다른 사업을 접고라도 아파트 건설시장에 몰려온다. 그 결과 공급곡선 SS는 우향 이동하여 결국 파란 선 $S'S'$에 이르고, 수요공급의 법칙에 따르면 분양가는 처음에 정부가 원한 P_C로 안정된다. 이 경로를 밟아서 아파트 분양사업의 수익률이 원가 대비 10% 이윤의 수준으로 하락하면 다른 사업보다 특별히 매력적이지도 않으므로 공급곡선도 더 이상 이동하지 않는다.

결국 정부와 소비자들이 원하던 분양가가 실현되는데 그 과정에서 분양권 전매의 암시장도 없고 아파트 가격이 무한정 오르지도 않으므로 과다한 아파트 투자수요도 발생하지 않는다. 즉 정부가 개입하여 가격상한제를 강요하지 않으면 시장 스스로 문제를 해결해나가는 것이다. 〈그림 4-9〉처럼 가격상한을 강요하는 방식 등으로 정부가 수요공급의 법칙을 왜곡하면 시장은 반드시 복수한다(Market strikes back!). 우리 사회의 고질병으로 자리 잡은 아파트 투기는 결국 정부의 '분별없는' 규제에 대한 시장의 복수다.

요약해 보자. 분양가를 수요공급의 법칙에 맡긴다면 처음 분양가는 높지만 높은 분양가가 공급을 늘리도록 유도하면서 분양가는 점점 하락한다. 이 하락세가 추세로 자리 잡으면 앞으로 아파트 값이 계속 오를 것이라는 사람들의 예상은 틀린 것으로 되고 아파트는 투자대상으로서 매력을 잃는다. 과열된 투자수요가 아파트 값의 고공행진을 유발하는 일도 없다. 그러나 우리 정부가 채택한 분양가 상한 정책은 오히려 일반인들로 하여금 아파트값이 오를 것이라고 예상하도록 유도하여 투자수요를 촉발하였다. 이렇게 팽창된 수요가 예상한 대로 실제 아파트 값 상승을 이끄는 구조 속에서 사람들은 아파트값 무한 상승을 확신하면서 투자수요를 확대해온 것이다.

우리 정부는 아파트 투기를 막는다는 명분으로 아파트 재건축을 여러 각도로 규제하고 있다. 그런데 현재의 아파트를 허물고 층수를 두 배로 높게 한 새 아파트를 건설하면 아파트 채수도 두 배로 늘어난다. 원래 주인 한 사람당 아파트가 두 채로 된다. 새로 생긴 아파트를 팔면 원 주인은 새 집을 한 채 가지면서 현금까지 챙길 수 있다. 서울 강남 등 인기지역의 재건축이 인기 있는 이유다. 정부는 이 이익을 불로소득으로 보고 상당부분 환수하면서 고도 제한 등 규제를 통해 재건축의 이익을 어떻게든 줄이려고 한다. 그 결과 재건축 열기도 시들해진다.

그런데 말썽 많은 서울 강남의 아파트 층수를 모두 두 배로 올리는 재건축을 무한정 허가해버리면 어떻게 될까? 그 결과 강남의 아파트 숫자가 두 배로 늘어나도 그 아파트 값이 계속 오를까? 이 조치로 아파트 가격이 안정된다면 그 국가경제적 이익과 재건축을 위축시켜 불로소득을 차단하는 이익 가운데 어느 것이 더 클까? 이 문제는 독자 스스로 수요공급곡선을 그려가면서 분석해보기 바란다.

요점 이상 우리는 수요공급의 법칙을 적용하여 현실을 분석하는 사례를 살펴보았다. 처음 두 사례에서는 현실의 문제가 각각 해당 상품의 수요곡선과 공급곡선을 특정한 위치로 몰아간다. 그리고 해당 상품의 가격은 수요공급의 법칙을 충족하는 수준에서 결정된다. 그러므로 현실 문제의 상황이 수요곡선과 공급곡선을 어떻게 이동시킬 것인지를 제대로 판단하는 것이 중요하고 그 결과 가격이 어떻게 결정될 것인지는 수요공급의 법칙에 비추어 추론하면 된다. 이 결과가 바람직한지에 대한 평가나 그에 대한 대책 마련은 그 다음의 일이다.

마지막 사례는 정부가 '수요공급의 법칙'의 작동을 왜곡하는 경우다. 이 경우에는 정부의 왜곡이 가격과 거래량을 어떻게 결정하며, 그 결과는 '수요공급의 법칙'이 제대로 작동했을 경우와 어떻게 다른지를 살핀다. 결과의 평가와 대책 탐구는 역시 그 다음의 일이다.

이후의 학습방향 수요공급의 법칙은 단순하지만, 경제 현실을 분석하는 데 자주 쓰이는 기본적 틀이다. 이 틀을 잘 이해하려면 먼저 수요곡선과 공급곡선의 이론적 배경에 대하여 좀 더 심층적으로 공부해야 한다. 수요곡선은 결국 한정된 소득을 지출하여 여러 상품을 구입하고자 하는 소비자들의 선택이 만들어낸 결과다. 개별 소비자는 가격이 정해진 여러 상품을 구입하는 데 자신의 소득을 알뜰하게 지출할 것이다. 소비자선택 이론은 이 소비자 행동을 분석하여 수요의 법칙과 같은 수요곡선의 특성을 이해하는 것을 목표로 한다.

공급곡선은 상품을 생산하는 사람들의 생산 결정을 집계한 것이다. 시장에 내다 팔기 위하여 제품을 생산하는 기업은 항상 더 많은 이윤을 추구한다. 원료와 기자재, 그리고 노동을 투입해야 하는 생산활동의 이윤은 이 투입으로 생산하는 제품의 품질과 수량, 그리고 각 투입 물자와 생산 제품의 가격에 따라 다르게 실현된다. 그러므로 기업은 자신의 생산기술, 투입 물자의 가격, 그리고 제품의 가격을 살피고 수익성 좋은 생산계획을 세워 상품을 공급한다. 생산 및 비용이론은 기업의 생산 결정을 분석하여 공급의 법칙과 같은 공급곡선의 특성을 이해하는 데 필요한 이론이다.

물론 현실 시장의 공급은 공급곡선만으로 설명할 수 없는 독과점 현상 등이 있다. 시장조직이론과 일반균형이론은 수요공급의 법칙으로 설명되는 경우와 그렇지 않은 경우를 분류하고 각 경우의 시장균형의 특성을 공부한다.

연습문제

1. 수요곡선 상의 이동과 수요곡선의 이동은 어떻게 다른가?

2. 수요의 법칙, 공급의 법칙, 수요공급의 법칙을 각각 설명하라.

MICROECONOMICS

PART II

소비자 선택 및 수요이론

하나의 국가경제는 수많은 사람들의 결정 또는 선택에 의해 움직여가고 있다. 정부를 제외한다면 경제주체는 소비자와 생산자로 구분된다. 소비의 주체인 가계는 생산에 필요한 생산요소들을 제공하여 소득을 얻고 이 소득으로 생활에 필요한 여러 재화를 구입 소비한다.

제5장에서는 가계가 소비의 주체로서 주어진 소득을 어떻게 사용하는지 분석한다. 소비자의 선택은 소비자의 선호에 따라 달라진다. 따라서 제5장은 소비자의 선호를 나타내는 방법으로부터 시작한다. 먼저 소비자의 선호를 나타내는 세 가지 방법에 대해 알아보고, 소비자의 선호에 따라 어떻게 선택하는 것이 최선인지를 배운다. 소비자의 최선의 선택이 무엇인지 알게 되면 이를 이용해 시장에서 각 재화에 대한 수요가 어떻게 형성되는지를 이해할 수 있다. 이러한 분석을 이용하여 가계의 노동공급이나 자금공급이 어떻게 결정되는지도 설명할 수 있다.

소비자나 생산자는 시장에 참여하여 이득을 얻고 있으며 이러한 이득이 시장경제가 효율적으로 움직여 갈 수 있는 원동력이 된다. 제6장에서는 소비자가 시장에 참여하여 얻는 이득에 대해 살펴보고 이를 어떻게 측정할 수 있는지 살펴본다. 또한 소비자 선택을 제5장에서 분석한 것과 다른 관점에서 분석하는 방법에 대해 소개한다.

CHAPTER 05

소비자의 선택

경제 안에서 가계는 두 가지 역할을 수행하고 있다. 하나는 생산된 재화와 용역을 소비하는 소비자의 역할이고 다른 하나는 생산요소의 소유자로써 생산요소를 시장에 공급하는 공급자의 역할이다. 이 장에서는 가계가 소비자로서 행동할 때 어떤 원리에 의해 그 선택이 결정되는지를 살펴보기로 한다.

제1절 소비자의 제약조건

경제학에서 다루는 모든 선택이 그렇듯 소비자의 선택도 제약 하에서 이루어진다. 소비자가 받는 제약은 재화를 구입하기 위해 사용할 수 있는 자원, 즉 예산이 유한하다는 것이다. 문제를 단순화시켜 소비자가 2개의 재화만 소비한다고 가정하자. 이 두 재화의 수량을 각각 q_1, q_2라 하고 이들의 가격을 각각 p_1, p_2라 하자. 이들 재화를 구입하기 위해 사용할 수 있는 예산을 I라 하면 소비자가 구입할 수 있는 두 재화의 수량 q_1, q_2는 다음 제약조건을 만족해야 한다.

$$p_1 q_1 + p_2 q_2 \leq I$$

이 부등식의 좌변은 소비자가 두 재화에 지출한 총지출액을 나타내며, 이 제약조건은 소비자의 총지출이 주어진 예산을 초과할 수 없음을 나타낸다. 이 제약조건을 **예산제약**(budget constraint)이라 한다. 예산제약을 만족하는 벡터 (q_1, q_2)들의 집합을 **예산집합**(budget set)이라 하며, 이 제약조건을 등식으로 만족하는 벡터 (q_1, q_2)들의 집합을 **예산선**(budget line) 또는 **가격선**(price line)이라 한다. 〈그림 5-1〉에 소비자의 예산제약이 표시되어 있다.

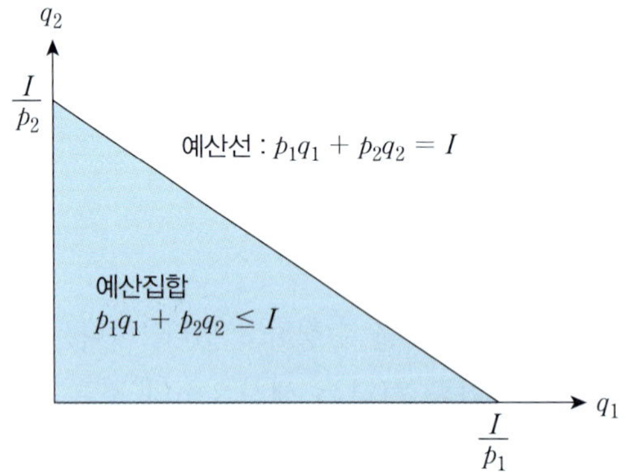

〈그림 5-1〉 소비자의 예산제약

예산선은 직선이며 수평축 절편은 모든 예산을 첫 번째 재화에만 지출할 때 소비할 수 있는 최대수량을 보여주는데 이를 계산하면 $\frac{I}{p_1}$가 된다. 마찬가지로 수직축 절편은 모든 예산을 두 번째 재화에만 지출할 때 소비할 수 있는 최대수량을 보여준다. 예산선의 기울기는 $-\frac{p_1}{p_2}$인데 이는 재화 1을 한 단위 더 소비하려면 재화 2를 몇 단위나 포기해야 하는가를 나타낸다. 즉 예산선의 기울기는 재화 2의 수량으로 표시한 재화 1의 기회비용이라 할 수 있다.

재화 1을 한 단위 더 소비하기 위해서는 필요한 지출을 조달하기 위해서 재화 2를 포기해야 한다. 재화 2 한 단위를 포기할 때 p_2 만큼의 금액을 조달할 수 있으므로 1원을 조달하려면 재화 2를 $\frac{1}{p_2}$ 단위 포기해야 한다. 재화 1을 한 단위 더 소비하기 위해서는 지출이 p_1 만큼 더 필요하므로 이를 조달하기 위해서는 재화 2를 $\frac{p_1}{p_2}$ 단위 포기해야 한다. 예산선의 기울기가 마이너스인 것은 한 재화(재화 1)를 더 소비하려면 반드시 다른 재화(재화 2)의 소비를 줄여야 함을 나타낸다.

예산선의 변화 〈그림 5-1〉에서 보는 바와 같이 예산선은 가격 p_1, p_2 나 예산의 크기 I에 따라 달라진다. 재화 2의 가격 p_2 와 예산 I가 일정한 상태에서 재화 1의 가격 p_1 이 하락하면 $\frac{I}{p_1}$ 가 증가하므로 예산선은 수직축 절편을 중심으로 시계 반대 방향으로 회전하고, p_1 이 상승하면 수직축 절편을 중심으로 시계방향으로 회전한다. 〈그림 5-2〉에서 보는 바와 같이 재화 1의 가격이 p_1^a 에서 p_1^b 로 하락하면 예산선은 시계 반대 방향으로, 재화 1의 가격이 p_1^b 에서 p_1^a 로 상승하면 예산선은 시계방향으로 회전한다.

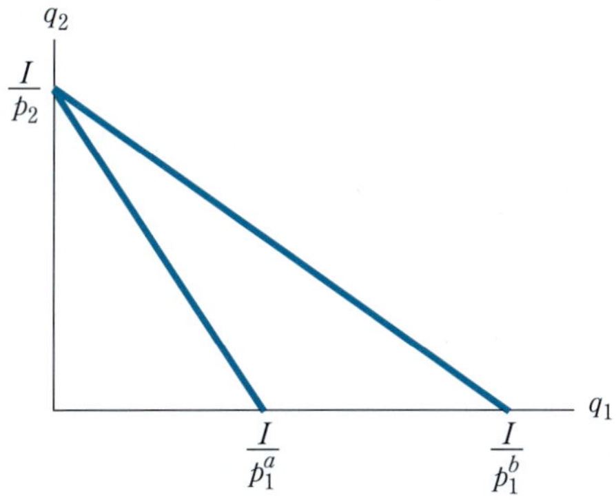

〈그림 5-2〉 가격 변화로 인한 예산선의 변화

한편, 두 재화의 가격이 일정한 상태에서 예산 I가 증가하면 예산선은 동일한 기울기를 유지하면서 원점으로부터 먼 쪽으로 평행이동한다. 〈그림 5-3〉에서 보는 바와 같이 예산이 I^a 에서 I^b 로 증가하면 예산선은 바깥쪽으로, 예산이 I^b 에서 I^a 로 감소하면 예산선은 안쪽으로 이동한다.

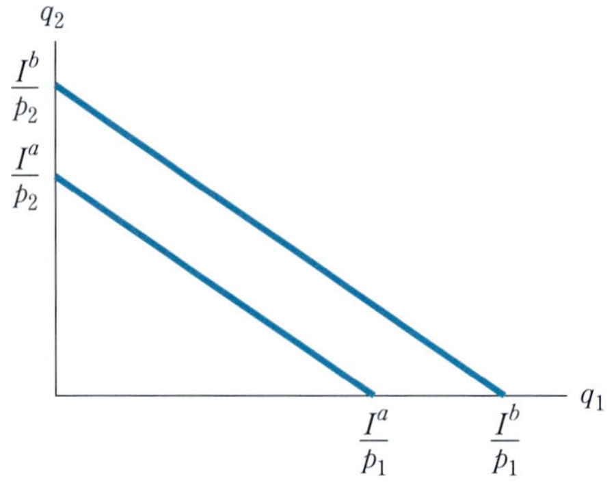

〈그림 5-3〉 예산 변화로 인한 예산선의 변화

만일 두 재화의 가격과 예산이 모두 2배가 된다면 예산선은 어떻게 될까? 예산선은 주어진 예산을 모두 사용하여 구입할 수 있는 두 재화의 양을 나타내므로 그 식은

$$2p_1q_1 + 2p_2q_2 = 2I \Leftrightarrow p_1q_1 + p_2q_2 = I$$

가 될 것이다. 즉 모든 재화의 가격과 예산이 같은 비율로 증가하거나 감소한다면 예산선은 변하지 않는다. 비록 명목 예산이 2배가 되더라도 재화의 가격이 같은 비율로 상승한다면 소비자가 구입할 수 있는 재화의 양은 변화가 없는 것이다.

제2절 소비자의 선호

소비자의 선택을 결정하는 하나의 요인이 예산제약이라면, 소비자 선택을 결정하는 또 다른 요인은 소비자의 선호이다. 같은 제약조건하에서도 소비자가 무엇을 더 좋아하느냐에 따라 소비자의 선택은 달라진다. 소비자의 선호를 나타내는 방법에는 세 가지가 있다. 첫째는 선호관계, 둘째는 효용함수, 셋째는 무차별지도이다. 먼저 각각의 방법을 하나씩 살펴보고 이들 간의 관계를 알아보자.

선호관계 소비자가 첫 번째 재화를 q_1, 두 번째 재화를 q_2 만큼 소비한다는 사실을 평면상의 한 점으로 나타낼 수 있는데, 첫 번째 좌표가 재화 1의 수량, 두 번째 좌표가 재화 2의 수량으로 하여 소비자가 소비하는 두 재화의 수량을 $(q_1,\ q_2)$로 표시할 수 있다. 이와 같이 소비자가 소비하는 재화의 수량을 좌표로 표시한 점들을 **소비벡터**라 한다. 소비자는 여러 가지 소비벡터들을 비교하여 어떤 것이 더 좋은지를 판단하게 되는데 이러한 소비자의 주관적 판단을 나타내는 것이 **선호관계**(preference relation)이다.

소비벡터들 사이의 선호를 나타내는 선호관계는 숫자들 사이에 크기의 대소관계를 나타내는 부등호와 유사다. 수의 대소관계에 있어 3이 1보다 크다는 사실을 $3>1$로 표시하는 것처럼 소비자가 $(a_1,\ a_2)$를 $(b_1,\ b_2)$보다 더 좋아한다는 사실을 $(a_1,\ a_2)\succ(b_1,\ b_2)$로 표시하고 소비자가 $(a_1,\ a_2)$를 $(b_1,\ b_2)$보다 **강선호한다**고 읽는다. 만일 소비자가 두 소비벡터 $(a_1,\ a_2)$와 $(b_1,\ b_2)$를 동일하게 좋아한다면 $(a_1,\ a_2)\sim(b_1,\ b_2)$로 표시하고 소비자가 $(a_1,\ a_2)$와 $(b_1,\ b_2)$에 대해 **무차별하다**(indifferent)고 읽는다.

수의 대소관계에 있어 3이 1보다 크거나 같다는 사실을 $3\geq 1$로 표시하는 것처럼 소비자가 $(a_1,\ a_2)$를 $(b_1,\ b_2)$보다 더 선호하거나 무차별하다는 사실을 $(a_1,\ a_2)\succsim(b_1,\ b_2)$로 표시하고 소비자가 $(a_1,\ a_2)$를 $(b_1,\ b_2)$보다 **약선호한다**고 읽는다.

소비자의 선호관계는 수의 대소관계와 유사하지만 다른 점도 있다. 예컨대 수의 대소관계는 객관적인 사실인데 반해 소비자의 선호는 그 소비자의 주관적인 판단이므로 각 소비자마다 자신의 고유한 선호관계를 가지고 있다. 즉 어떤 소비자는 $(a_1,\ a_2)$를 $(b_1,\ b_2)$보다 더 선호하지만 다른 소비자는 $(b_1,\ b_2)$를 $(a_1,\ a_2)$보다 더 선호할 수 있다.

그러나 소비자 한 사람을 놓고 보면 그 사람의 선호관계는 일관성을 갖고 있어야 한다. 만일 어떤 소비자의 선호관계가 일관성이 없다면 소비자를 분석하는 사람도 그 소비자가 어떤 선택을 할지 예측할 수가 없을 것이다. 따라서 경제학에서는 분석의 대상이 되는 소비자가 일관성이 있는 선호관계를 갖고 있다고 가정한다.

일관성이 있어야 한다는 조건은 다음 두 가지 성질로 요약된다. 세 소비벡터

(a_1, a_2), (b_1, b_2), (c_1, c_2)를 각각 a, b, c로 표시하자.

1. 임의의 두 소비벡터 a와 b에 대하여 $a \succsim b$ 또는 $b \succsim a$가 반드시 성립한다.
2. 임의의 세 소비벡터 a, b, c에 대하여 $a \succsim b$와 $b \succsim c$가 성립하면 반드시 $a \succsim c$가 성립한다.

첫 번째 조건은 소비자가 어떤 두 소비벡터에 대해서도 그 둘을 비교 평가할 수 있음을 뜻하는데 이 성질을 **완전성**(completeness) 또는 **완비성**이라고 부른다. 두 번째 조건은 여러 개의 비교 가능한 소비벡터들을 선호순위대로 일관성 있게 나열할 수 있음을 뜻하며 이 성질을 **이행성**(transitivity)이라고 부른다.

물론 현실의 소비자가 항상 완전성과 이행성을 만족하는 선호관계를 갖고 있는 것은 아니다. 한 연구에 의하면 선호관계가 이행성을 충족시키는 사람의 비율은 연령이 높아짐에 따라 커지며, 성인의 경우에 93.5%에 달한다고 한다.[1] 그러므로 완전성과 이행성의 가정은 현실의 특성을 단순화한 것이긴 하지만 현실에 꽤 근접한 가정이라고 볼 수 있을 것이다.

효용함수 소비자가 소비에서 느끼는 만족도를 숫자로 나타낼 수 있다면 여러모로 편리할 것이다. 한때는 소비자가 재화를 소비하여 얻는 만족도를 객관적인 숫자로 표시할 수 있다고 생각하였다. 그렇다면 한 소비벡터가 다른 소비벡터에 비해 두 배의 효용을 준다든지 또는 1.5배의 효용을 준다든지 하는 절대적인 만족도의 비교가 가능할 것이다. 이처럼 소비자의 효용을 절대적 의미에서 만족도의 크기를 나타내는 것으로 정의한 것을 **기수적 효용**(cardinal utility)이라 한다.

그러나 과연 소비자의 만족도를 객관적인 숫자로 표시하는 것이 가능할까 하는 의문이 생길 뿐 아니라, 소비자의 만족도를 객관적인 숫자로 표현할 필요 없이 어떤 소비벡터가 상대적으로 더 선호되는지를 아는 것만으로도 지금까지 행해 오던 모든 경제분석이 가능하다는 것이 밝혀짐에 따라, 소비자의 만족도를 그 소비자의 선호서열에 맞는 크기의 숫자로 나타내면 충분하게 되었다. 이와 같이 그 크기 비교를 통해 소비자의 선호를 알 수 있도록 소비자의 만족도를 숫자로 나타낸 것을 **서수적**

1) A.A. Weinstein, "Transitivity of Preference: A Comparison among Age Groups," Journal of Political Economy, v. 76.

효용(ordinal utility)이라 한다.

효용함수(utility function)란 소비자가 소비하는 모든 소비벡터에 숫자를 대응시켜 숫자의 대소관계를 통해 소비자의 선호를 알 수 있도록 표시한 것이다. 즉 우리가 사용하는 효용함수의 의미는 모든 소비벡터에 대해 소비자가 이를 소비함으로써 얻는 서수적 효용 값을 대응시킨 것이다.

예컨대 어떤 소비자의 선호관계를 효용함수 u로 나타낸다고 하자. 만일 $u(a) > u(b)$가 성립한다면 그 소비자가 소비벡터 a를 b보다 더 좋아한다는 것을 알 수 있고 그 역도 성립한다. 만일 그 소비자가 a와 b에 대해 무차별하다면 $u(a) = u(b)$가 성립하게 된다.

하나의 선호관계 $\gtrsim$에 대한 서수적 효용함수는 무수히 많이 존재한다. 예컨대 u가 효용함수라면 $v = 2u + 1$도 역시 효용함수다. 왜냐하면 임의의 두 소비벡터 a, b에 대해 v의 함수값 $v(a)$, $v(b)$의 대소관계는 항상 u의 함수값 $u(a)$, $u(b)$의 대소관계와 서로 일치하기 때문이다. 일반적으로 u가 선호관계 $\gtrsim$를 나타내는 효용함수라면 u의 모든 증가함수도 다 이 선호관계를 나타내는 효용함수가 된다.

소비자는 일반적으로 더 많은 재화를 소비하기를 선호한다. 이를 선호관계의 **단조성**(monotonicity)이라 한다. 선호관계가 단조성을 만족한다면, 재화의 소비량이 증가할 때 소비자의 효용도 증가할 것이다. 다른 재화의 소비량을 고정시킨 채 한 재화의 소비량만 증가시킬 때 효용이 증가하는 비율을 소비량이 증가한 재화의 **한계효용**(marginal utility)이라 한다.

예컨대 어떤 소비자가 두 재화를 소비하는데 첫 번째 재화의 소비량만 2단위 증가시켰더니 효용이 10만큼 증가하였다면 효용이 증가하는 비율 10÷2=5가 이 소비자의 첫 번째 재화에 대한 한계효용이다. 일반적으로 첫 번째 재화의 소비량을 Δq_1만큼 증가시켰을 때 효용이 Δu만큼 증가하였다면 이 소비자의 첫 번째 재화에 대한 한계효용은 $\frac{\Delta u}{\Delta q_1}$이다.

한계효용은 이 소비자가 지금 재화를 얼마나 소비하고 있느냐에 따라 달라진다. 일반적으로 한 재화에 대한 효용이 다른 재화의 소비량에도 영향을 받기 때문에 첫 번째 재화에 대한 한계효용은 첫 번째 재화의 소비량뿐 아니라 두 번째 재화의 소비량에도 영향을 받는다. 두 재화의 소비량이 (q_1, q_2)일 때 첫 번째 재화에 대한 한계효용은 두 번째 재화의 소비량을 q_2로 고정시킨 채 첫 번째 재화의 소비량을 q_1으로부터 조금 증가시킬 때 효용의 증가율로 정의된다.[2)]

무차별곡선 앞에서 소비자가 두 소비벡터 a와 b를 동일하게 좋아한다면 $a \sim b$로 표시하고 소비자가 a와 b에 대해 무차별하다고 읽는다고 하였다. 소비자가 무차별하게 느끼는 (즉 동일한 효용을 얻는) 소비벡터들끼리 묶어 하나의 집합으로 표시할 수 있는데, 이를 **무차별곡선**(indifference curve)이라 한다. 즉 무차별곡선은 동일한 효용을 주는 소비벡터들의 집합이라 할 수 있다.

소비벡터가 조금씩 달라지면 소비자의 선호(또는 효용)도 조금씩만 달라질 때 선호관계(효용함수)가 **연속적**(continuous)이라 하는데, 소비자의 선호관계가 연속적이라면, 즉 효용함수가 연속적이라면 무차별곡선은 끊김이 없이 연속적인 곡선이 된다.

소비벡터들을 평면상의 점들로 생각하고 어떤 소비벡터의 효용함수 값을 높이로 나타낸다고 하면 효용함수의 그래프는 소비량이 증가할수록 높이가 높아지는 산과 같은 모양이 될 것이다. 무차별곡선은 효용함수의 그래프에서 동일한 높이를 갖는 소비벡터들의 집합이다. 즉 무차별곡선은 효용함수 그래프의 등고선에 해당한다.

여러 개의 등고선을 이용해서 지형을 나타낼 수 있는 것과 마찬가지로 여러 개의 무차별곡선을 사용해서 소비자의 효용을 나타낼 수 있다. 여러 개의 무차별곡선을 사용해서 소비자의 효용을 알 수 있도록 나타낸 것을 **무차별지도**(indifference map)라고 한다. 지도에 그려진 등고선을 통해 어떤 지점이 높은 곳이고 어떤 지점이 낮은 곳인지를 판별할 수 있는 것처럼, 무차별지도를 통해 소비자가 어떤 소비벡터를 소비할 때 높은 효용을 얻고 어떤 소비벡터를 소비할 때 낮은 효용을 얻는지 알 수 있다.

〈그림 5-4〉에는 여러 개의 무차별곡선이 그려져 있는데 그중에 〈그림 5-4(b)〉에는 무차별지도가 그려져 있다. 일반적인 소비자들의 무차별곡선들은 다음과 같은 성질을 갖는데 〈그림 5-4〉에는 이 성질들이 예시되어 있다.

2) 즉 첫 번째 재화의 한계효용 $= \lim_{\Delta q_1 \to 0} \frac{\Delta u}{\Delta q_1} = \lim_{\Delta q_1 \to 0} \frac{u(q_1 + \Delta q_1,\ q_2) - u(q_1,\ q_2)}{\Delta q_1} = \frac{\partial u(q_1,\ q_2)}{\partial q_1}$ 로 표시된다.

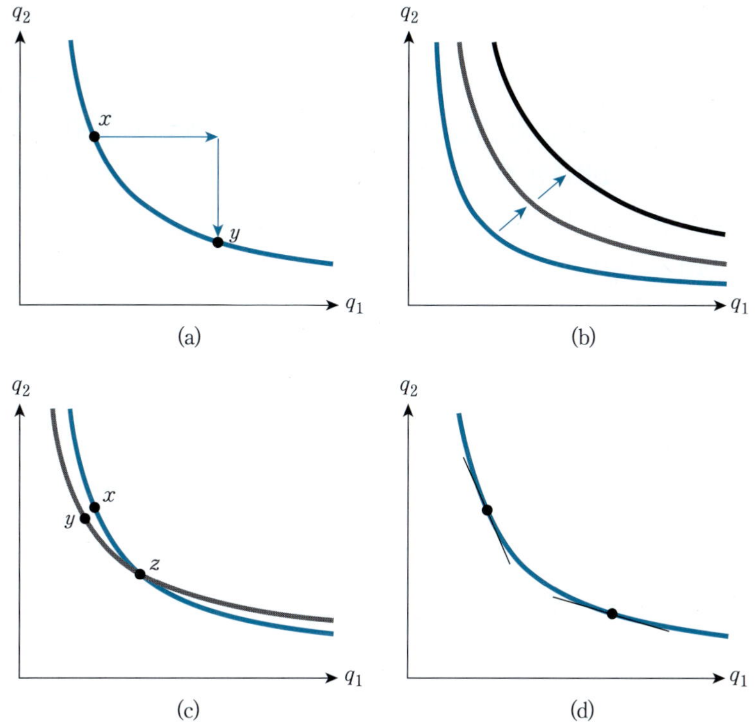

〈그림 5-4〉 무차별곡선의 성질

a) 무차별곡선은 우하향한다.
b) 원점에서 멀리 떨어진 무차별곡선일수록 높은 효용을 나타낸다.
c) 서로 다른 무차별곡선들은 교차하지 않는다.
d) 무차별곡선은 원점에 대해 볼록하다.

이러한 무차별곡선의 성질은 소비자의 선호관계에 대한 가정에 근거를 두고 있다. a)와 b)는 소비자의 선호관계가 단조성을 만족한다는 가정으로부터 얻어진다. 예컨대 〈그림 5-4(a)〉에서 보는 바와 같이 소비벡터 x를 소비하고 있는 소비자가 첫 번째 재화의 소비량을 증가시키면 소비벡터가 화살표의 방향을 따라 이동하게 되고 효용은 높아질 것이다(단조성). 첫 번째 재화의 소비량을 높아진 상태로 고정시키고 x와 동일한 효용을 주는 점을 찾기 위해서는 두 번째 재화의 소비량을 감소시켜 효용이 감소하도록 만들어야 한다. 두 번째 재화의 소비량이 충분히 감소하면 효용이 적절히 감소하여 다시 x를 소비할 때와 동일한 효용을 얻게 될 것이다. 이렇게 해서 얻어진 것이 y점이다.

c)의 성질은 무차별곡선의 정의로부터 자연히 얻어지는 성질이다. 두 무차별곡선이 교차한다는 것은 적어도 한 점을 공유한다는 것이다. (예컨대 〈그림 5-4(c)〉에서 z점이 교차점이다.) 그렇다면 두 무차별곡선 상에 있는 점들은 모두 동일한 효용을 주는 점들이 되므로 이 곡선들은 둘이 아니라 하나의 무차별곡선이 되는 것이다. 즉 서로 다른 무차별곡선들은 서로 다른 효용을 주는 점들로 구성되어 있기 때문에 다른 효용을 주는 무차별곡선들은 어떤 점도 공유할 수 없다.

무차별곡선이 원점에 대해 볼록하다는 성질은 설명이 필요하다. 무차별곡선이 원점에 대해 볼록하다는 것을 다르게 표현하면 무차별곡선의 기울기가 오른쪽으로 갈수록 낮아진다는 것이다. 먼저 무차별곡선의 기울기가 무엇을 의미하는지 알아보자.

〈그림 5-5〉에서 이 소비자는 소비벡터 x와 y에 대해 무차별하다. 두 소비벡터의 차이는 y가 x에 비해 첫 번째 재화의 소비량은 많고 두 번째 재화의 소비량은 적다는 것이다. 이 소비자는 소비벡터 x보다 첫 번째 재화의 소비량을 Δq_1 만큼 늘리는 대신 두 번째 재화의 소비량을 Δq_2 만큼 줄임으로써 동일한 효용을 얻을 수 있다. 동일한 효용을 얻기 위해 첫 번째 재화 한 단위가 두 번째 재화를 몇 단위나 대체할 수 있는지를 나타내는 비율을 **대체율**(rate of substitution)이라 한다.

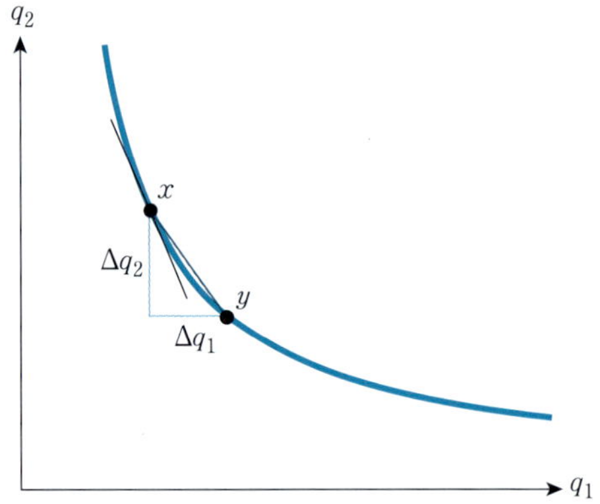

〈그림 5-5〉 대체율과 한계대체율

〈그림 5-5〉에서 두 소비벡터 x와 y 사이에 두 번째 재화에 대한 첫 번째 재화의

대체율은 $\frac{\Delta q_2}{\Delta q_1}$이다. 즉 (두 번째 재화에 대한 첫 번째 재화의) 대체율은 그림에서 x와 y를 잇는 직선의 기울기(엄밀하게 말하면 기울기의 절댓값)를 말한다. 첫 번째 재화의 소비 증가량을 점차 감소시키면 x와 y를 잇는 직선은 x점에서 무차별곡선의 접선에 근접할 것이다. 대체율은 접선의 기울기에 수렴하게 되는데 이를 x점에서 소비자의 **한계대체율**(marginal rate of substitution)이라 한다.

즉 한계대체율이란 첫 번째 재화를 아주 조금 증가시킬 때 첫 번째 재화 한 단위당 두 번째 재화가 몇 단위나 대체될 수 있는지를 나타내는 비율이다. 무차별곡선의 기울기가 바로 한계대체율을 나타낸다.

x점에서 y점으로 소비를 바꿀 때 효용은 어떻게 변할 것인지 한계효용을 이용해서 살펴보자. 첫 번째 재화의 소비가 Δq_1만큼 증가했으므로 이로 인한 효용의 변화는 첫 번째 재화의 한계효용$(MU_1)\times\Delta q_1$이다. 한편 두 번째 재화의 소비는 Δq_2만큼 감소했으므로 이로 인한 효용의 감소는 두 번째 재화의 한계효용$(MU_2)\times\Delta q_2$이다. 따라서 총효용의 변화는 $MU_1\times\Delta q_1+MU_2\times\Delta q_2$이다. 그런데 x점과 y점은 동일한 효용을 주는 점들이므로 총효용의 변화는 0이어야 한다. 따라서 우리는 한계대체율이 다음과 같이 두 재화의 한계효용의 비율로 표시되는 것을 알 수 있다.

$$MU_1\times\Delta q_1+MU_2\times\Delta q_2=0 \Rightarrow \text{한계대체율}=\frac{\Delta q_2}{\Delta q_1}=-\frac{MU_1}{MU_2}$$

무차별곡선이 원점에 대해 볼록하다는 것은 무차별곡선의 기울기, 즉 소비자의 한계대체율이 무차별곡선을 따라 오른쪽으로 갈수록 낮아진다는 것이다. 재화의 소비량이 증가할 때 그 재화의 한계효용이 감소한다면 무차별곡선을 따라 오른쪽으로 갈수록 첫 번째 재화의 한계효용은 감소하고 두 번째 재화의 한계효용은 증가하므로 무차별곡선의 볼록성을 설명할 수 있다.[3)]

무차별곡선 상의 한 점으로부터 오른쪽으로 이동할수록 첫 번째 재화의 소비량은 늘어나고 두 번째 재화의 소비량은 감소한다. 만일 첫 번째 재화의 소비량이 늘

3) 한계효용이 체감한다면 한계대체율이 무차별곡선을 따라 오른쪽으로 갈수록 낮아지지만 (한계대체율 체감) 그 역은 성립하지 않는다. 예컨대 효용함수가 $u(q_1,q_2)=q_1^2q_2^2$라면 한계효용은 체증하지만 한계대체율은 체감한다.

어날수록 이로 인한 효용의 증가(즉 한계효용)는 점차 감소하는 반면 두 번째 재화의 소비량이 감소함에 따라 이로 인한 효용의 감소(한계효용)는 점차 증가한다면, 첫 번째 재화 한 단위가 대체할 수 있는 두 번째 재화의 수량은 점차 감소할 것이다. 그러면 한계대체율, 무차별곡선의 기울기는 무차별곡선을 따라 오른쪽으로 갈수록 낮아져 무차별곡선은 원점에 대해 볼록한 모양을 갖게 될 것이다.

지금까지 설명한 무차별곡선의 성질은 일반적인 소비자와 일반적인 두 재화에 대해 성립하는 성질들이다. 만일 어떤 재화가 소비자에게 효용을 주는 것이 아니라 불편을 주거나 고통을 준다면 무차별곡선의 모양은 달라지게 된다. 공해물질과 같이 소비량이 증가할수록 소비자에게 불편을 주는 것을 **비재화**(bads)라 한다.

〈그림 5-6(b)〉에는 수평축에 비재화의 수량을 표시했을 때의 무차별지도가 그려져 있다. 비재화의 소비량이 늘어날수록 효용이 감소하므로 동일한 효용을 유지하기 위해서는 수직축에 표시된 재화의 소비량이 증가해야 한다. 따라서 무차별곡선은 플러스의 기울기를 갖게 된다.

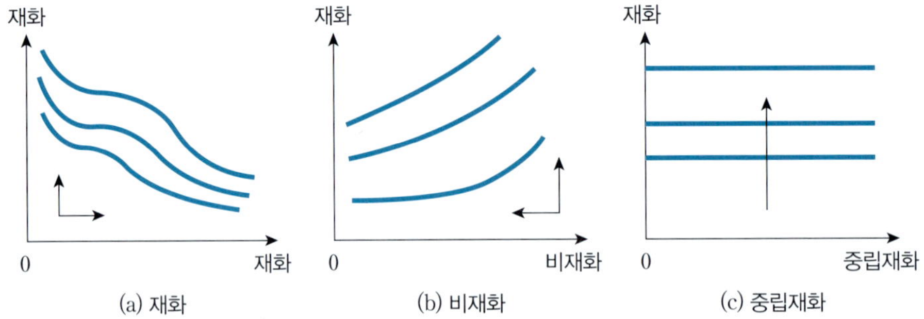

〈그림 5-6〉 재화, 비재화, 중립재화

만일 소비량이 변화해도 효용에 아무런 영향도 주지 않는 것이 있다면 이를 **중립재화**(neuters)라고 한다. 〈그림 5-6(c)〉에 수평축에 표시된 것이 중립재화일 때의 무차별지도가 그려져 있다. 소비자의 효용은 수직축에 표시된 재화의 소비량에만 영향을 받으므로 무차별곡선의 모양은 수평선이 된다.

경우에 따라서는 한 재화가 소비량에 따라 중립재화나 비재화로 바뀔 수도 있다. 만일 한 재화만의 소비량이 증가할 때 효용이 증가하다가 불변인 상태가 되고 나중에는 효용이 감소한다면 무차별곡선의 모양은 우하향하다가 수평이 되었다가 우상향하는 모양을 갖게 될 것이다.

그러나 대부분의 경제문제는 자원의 희소성 때문에 발생하고, 소비자의 선택은 재화의 수량이 부족할 때 최선의 방안을 찾고자 하는 것이므로 앞으로의 분석은 대부분 무차별곡선이 우하향하는 경우를 대상으로 한다.[4]

제3절 소비자 선택

지금까지 우리는 소비자가 직면하고 있는 제약조건(예산제약)과 소비자의 선호에 대해 알아보았다. 그렇다면 소비자는 어떤 선택을 할 것인가? 소비자가 선택하는 소비벡터는 어떤 특성을 가질 것인가? 가격이나 소비자의 예산이 달라지면 소비자의 선택은 어떻게 달라질 것인가? 지금부터는 이러한 의문들에 대해 살펴보도록 한다.

소비자는 당연히 예산제약을 만족하는 소비벡터들 중에서 자신이 가장 선호하는 소비벡터를 선택할 것이다. 〈그림 5-7〉에 소비자의 선택이 예시되어 있다. 소비자의 예산제약을 만족하는 소비벡터들이 색칠로 구별되어 있고 이중에서 소비자가 가장 선호하는 소비벡터는 x점인 것을 알 수있다. x점보다 더 큰 효용을 주는 소비벡터들은 무차별곡선 $I(x)$보다 위쪽에 있으므로 예산제약을 만족하지 못한다. 따라서 예산제약을 만족하는 소비벡터들(색칠된 부분) 중에서 가장 높은 효용을 주는 소비벡터는 x점이다.

4) 제6절에서는 노동의 공급을 여가의 선택 문제로 다루는데, 여가 대신 노동을 선택의 대상으로 다룰 수 있다. 무차별곡선을 노동과 다른 재화(식료품)에 대해 표시한다면 〈그림 5-6(b)〉와 같이 우상향하는 무차별곡선을 보게 될 것이다. 노동량이 증가할수록 효용이 감소하기 때문이다.

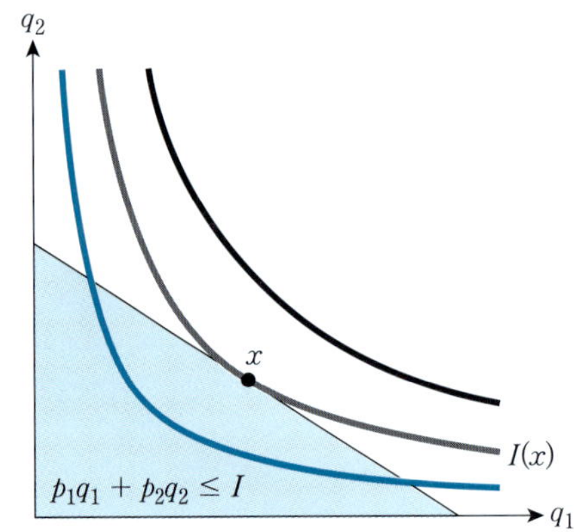

〈그림 5-7〉 소비자의 선택

x점은 예산선 상에 있으며 무차별곡선이 예산선과 접하는 점이다. 즉 x점에서는 무차별곡선의 기울기가 예산선의 기울기와 같다. 예산선의 기울기는 $-\frac{p_1}{p_2}$이고 무차별곡선의 기울기는 $-\frac{MU_1}{MU_2}$이므로 소비자가 선택한 점에서는 다음 관계가 만족된다.[5)]

$$\frac{MU_1}{p_1} = \frac{MU_2}{p_2}$$

$\frac{1}{p_i}$는 화폐 한 단위로 구입할 수 있는 재화 i의 수량이므로 이 식은 화폐 한 단위를 재화 1에 지출하여 얻는 효용의 증가($MU_1 \times \frac{1}{p_1}$)와 화폐 한 단위를 재화 2에 지출하여 얻는 효용의 증가($MU_2 \times \frac{1}{p_2}$)가 같아야 함을 의미한다. 즉 소비자는 화폐 한 단위를 어느 재화에 지출해도 동일한 효용을 얻도록 소비할 때 최대의 효용을 얻을 수 있게 되는 것이다.

〈그림 5-8〉에는 특수한 무차별지도로 표시되는 선호를 가진 소비자의 선택이 표

5) 우리가 경험하는 소비자는 아무도 무차별곡선을 구하거나 그 기울기를 계산하지 않는다. 다만 자신이 가장 선호하는 재화묶음을 선택할 뿐이다. 이 식은 그렇게 선택된 점이 진정 소비자의 만족을 극대화한다면 성립해야 하는 논리적인 필요조건인 것이다.

시되어 있다. (a)와 (b)에서 x점들은 모두 주어진 예산제약 하에서 가장 높은 효용을 주는 점들이다. (a)와 같은 무차별지도를 가진 소비자는 두 재화를 일정한 비율로 소비해야만 효용을 얻을 수 있다. 예컨대 x점에서 재화 2의 소비량을 고정시킨 채로 재화 1의 소비량을 아무리 증가시켜도 소비자의 효용은 증가하지 않는다. 이처럼 두 재화가 일정한 비율로 소비되어야만 효용을 증가시킬 수 있을 때 이 두 재화를 **완전보완재**(perfect complements)라 한다. 왼손 장갑과 오른손 장갑은 완전보완재의 예이다.

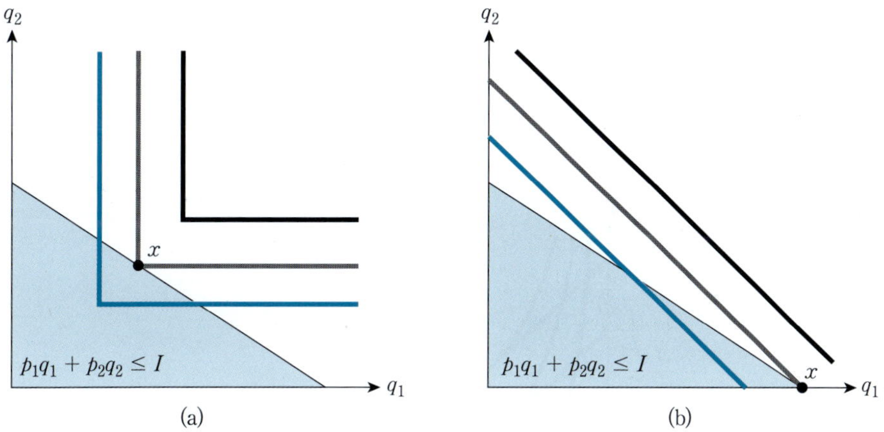

〈그림 5-8〉 소비자의 선택: 특수한 무차별지도

(b)에는 무차별곡선의 기울기가 항상 일정한 무차별지도가 표시되어 있다. 이와 같은 무차별지도를 가진 소비자는 한 재화를 일정한 비율로 다른 재화로 교체해도 효용이 달라지지 않는다. 이처럼 한 재화를 일정한 비율의 다른 재화로 교체할 때 효용이 변하지 않을 경우 이 두 재화를 **완전대체재**(perfect substitutes)라 한다. 350cc 맥주와 500cc 맥주는 완전대체재의 예이다.

이러한 특수한 경우에는 무차별곡선과 예산선의 기울기가 일치하지 않을 수 있음을 유의하라. 일반적으로 무차별곡선이 모가 나서 기울기가 정의되지 않거나 소비자가 어떤 재화의 소비량이 0인 점을 선택하는 경우에는 무차별곡선과 예산선의 기울기가 달라질 수 있다.

제4절 소비자 선택의 변화

지금까지 우리는 소비자가 직면하고 있는 제약조건(예산제약)과 소비자의 선호에 대해 알아보았다. 이 절에서는 소비자의 선호가 주어져 있고 제약조건이 달라질 때 소비자의 선택이 어떻게 변화하는지 알아보고자 한다.

소득 변화에 따른 소비자 선택의 변화 예산제약은 소득(즉 예산)이 달라짐에 따라 변화한다. 〈그림 5-9〉의 상반부에는 재화 1과 재화 2의 가격이 각각 p_1과 p_2로 고정되어 있고, 소비자의 소득만 I^a에서 I^b, I^c로 증가할 때 소비자의 선택이 어떻게 달라지는지가 예시되어 있다.

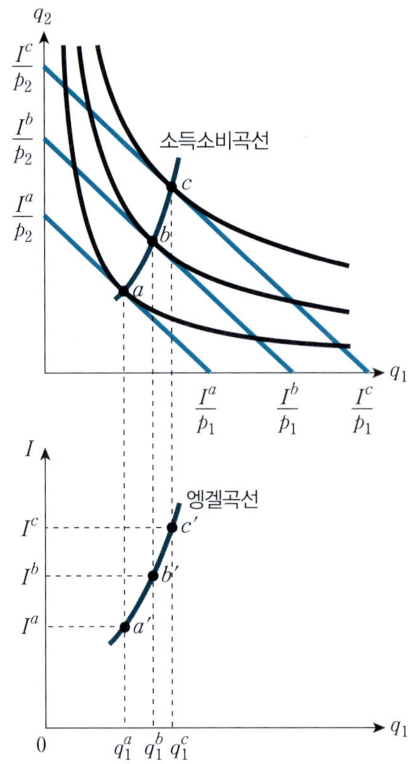

〈그림 5-9〉 소득소비곡선과 엥겔곡선

I^a의 소득 수준에서 소비자의 예산선은 수평축과 수직축의 절편 $\frac{I^a}{p_1}$, $\frac{I^b}{p_2}$를 연결하는 직선이며 그중 소비자는 무차별곡선과 접하는 점 a를 선택한다. 소득이 I^b, I^c로 증가할 때 소비자는 각각 b, c점을 선택한다. 이와 같이 소득변화에 따라 소비자가 선택하는 소비벡터들을 연결한 곡선을 가리켜 **소득소비곡선**(income consumption curve)이라 한다.

소득이 변화할 때 한 재화에 대한 수요량이 어떻게 달라지는가를 나타내는 것이 **엥겔곡선**(Engel curve)이다. 소득이 변화할 때 두 재화에 대한 소비자의 수요량이 어떻게 달라지는지를 나타내는 것이 소득소비곡선이므로 이로부터 엥겔곡선을 구할 수 있다.

〈그림 5-9〉의 하반부에 재화 1에 대한 엥겔곡선이 도출되어 있다. 소득이 I^a일 때 소비자가 선택한 재화 1의 수량은 q_1^a이고 이를 하나의 점으로 표시한 것이 〈그림 5-9〉 하반부의 a' 점이다. 마찬가지로 소득이 I^b일 때 소비자가 선택한 재화 1의 수량 q_1^b를 하나의 점으로 표시한 것이 b' 점이고, 소득이 I^c일 때 소비자가 선택한 재화 1의 수량 q_1^c를 하나의 점으로 표시한 것이 c' 점이다. a', b', c' 점들을 연결하면 재화 1의 엥겔곡선이 도출된다.[6)]

열등재와 정상재 〈그림 5-9〉의 소득소비곡선은 양의 기울기를 가지고 있어 소득이 증가할 때 두 재화에 대한 수요량이 모두 증가함을 알 수 있다. 이 사실을 반영하여 재화 1의 엥겔곡선도 양의 기울기를 갖고 있다. 그러나 소비자의 선호에 따라 어떤 재화에 대해서는 소득이 증가할 때 그 수요량이 감소할 수도 있다. 이처럼 소득이 증가할 때 그 수요량이 감소하는 재화를 **열등재**(inferior goods) 또는 **하급재**라 한다. 반면 소득이 증가함에 따라 그 수요량이 증가하는 재화를 **정상재**(normal goods)라 한다.

〈그림 5-10〉에서 소비자의 소득이 I^b를 지나 I^c로 증가할 때 재화 1에 대한 수요량이 감소한다. 이에 따라 엥겔곡선도 후방으로 굴절한다. 즉 재화 1은 일정한 소

6) 〈그림 5-9〉의 하반부에서는 소득을 수직축, 수요량을 수평축에 표시하였으나 수요량이 소득의 함수이므로 보통은 소득을 수평축, 수요량을 수직축에 표시한다. 다만, 수요함수의 경우에는 수요량이 가격의 함수이므로 가격을 수평축, 수요량을 수직축에 표시해야 하나 전통적으로 가격을 수직축, 수요량을 수평축에 표시하는 것이 관례로 굳어졌다.

득 구간에서 열등재이다. 반면 재화 2는 모든 소득에서 정상재이다.

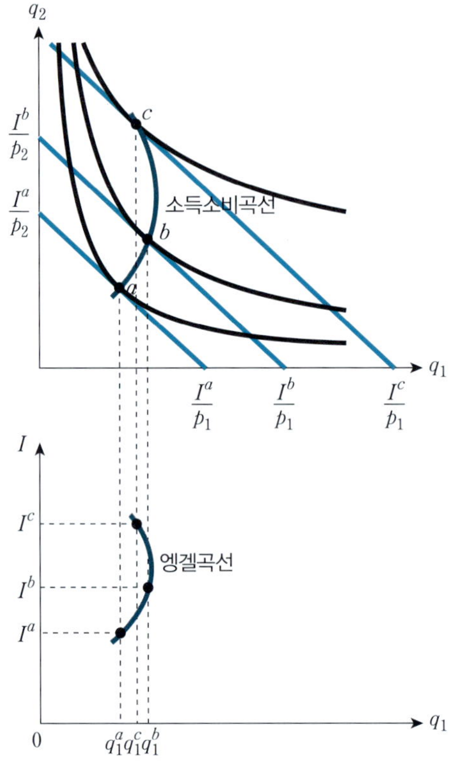

〈그림 5-10〉 열등재의 소득소비곡선과 엥겔곡선

소득소비곡선과 엥겔곡선의 형태는 무차별지도의 모양, 즉 소비자의 선호에 달려 있다. 〈그림 5-11(a)〉의 소득소비곡선은 소득이 증가할 때 X재의 소비증가율은 점차 낮아지고 Y재의 소비증가율은 점차 커지는 모습을 보여준다. 소득이 증가할 때 소비증가율이 소득증가율보다 더 큰 재화는 소득이 높을수록 더 많이 소비하는 재화로서 이런 재화를 **사치재**(luxury goods)로 분류한다.[7] 고급 승용차나 명품 의상은 사치재의 예가 될 것이다.

반대로 소비증가율이 소득증가율보다 작은 재화는 소득 수준에 구애됨 없이 일

7) 수요량의 증가율을 소득증가율로 나눈 값을 수요의 소득탄력성이라 하는데, 사치재는 소득탄력성이 1보다 큰 재화를 말한다.

정량은 필요하나 그 이상은 필요 없는 **필수재**(necessary goods)로 분류한다.[8)] 소금은 필수재의 좋은 예이다. 〈그림 5–11〉의 (b)와 (c)는 각각 필수재와 사치재의 엥겔곡선을 보여준다.

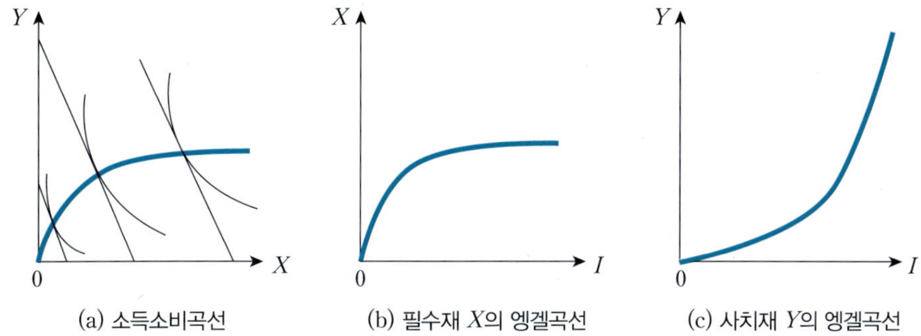

〈그림 5–11〉 필수재와 사치재의 엥겔곡선

가격 변화에 따른 소비자 선택의 변화 가격의 변화 또한 예산제약을 변화시킨다. 이번에는 가격의 변화가 재화의 수요량에 어떤 영향을 미치는지 알아보자. 이를 위해 재화 2의 가격이나 소득은 고정되어 있고 재화 1의 가격만 변화한다고 가정해 보자.

〈그림 5–12〉의 상반부에는 재화 2의 가격과 소득이 각각 p_2와 I로 고정되어 있고, 재화 1의 가격만 p_1^a에서 p_1^b, p_1^c로 하락할 때 소비자의 선택이 어떻게 달라지는지가 예시되어 있다. 우선 재화 1의 가격이 p_1^a일 때의 예산선을 구해보자. 재화 1의 수량을 나타내는 수평축 절편은 $\frac{I}{p_1^a}$가 되는데 이는 재화 1만 구입할 때 주어진 소득 I를 모두 지출하여 구입할 수 있는 재화 1의 수량을 나타낸다. 마찬가지로 재화 2의 수량을 나타내는 수직축 절편은 $\frac{I}{p_2}$가 되는데 이는 주어진 소득 I를 모두 지출하여 구입할 수 있는 재화 2의 수량을 나타낸다. 예산선은 이 두 절편을 연결하는 직선이 될 것이다. 이러한 제약조건을 직면한 소비자는 예산선과 무차별곡선이 접하는 a점을 선택할 것이다.

8) 즉 필수재란 수요의 소득탄력성이 1보다 작은 재화를 말한다.

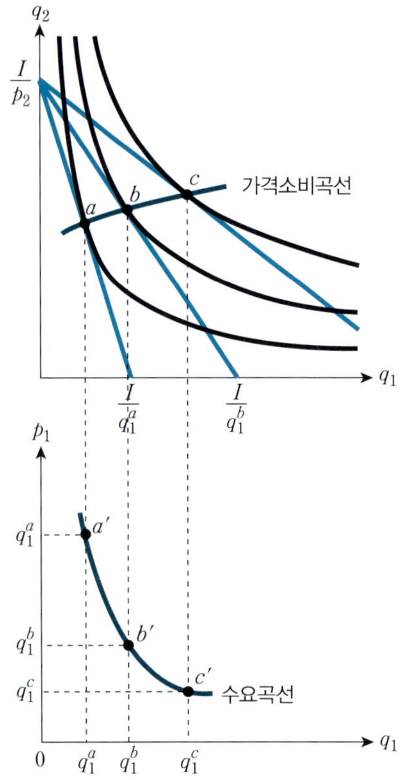

〈그림 5-12〉 가격소비곡선과 수요곡선

재화 1의 가격이 p_1^b로 하락하게 되면 모든 소득을 지출하여 구입할 수 있는 재화 1의 수량이 $\frac{I}{p_1^b}$로 증가하여 예산선이 바깥쪽으로 회전하게 된다. 이 때 재화 2의 가격은 그대로 이므로 수직축 절편은 여전히 $\frac{I}{p_2}$로 변화가 없다. 소비자는 p_1^b의 가격에서 예산선이 무차별곡선과 접하는 b점에서 소비하게 될 것이다. 재화 1의 가격이 다시 p_1^c로 하락하면 소비자는 새로운 예산선에서 무차별곡선과 접하는 c점을 선택할 것이다.

이와 같이 한 재화의 가격이 변할 때 소비자가 선택하는 점 a, b, c등을 연결한 것을 **가격소비곡선**(price consumption curve)이라 한다.

수요곡선의 도출 한 재화의 가격이 변할 때 그 재화에 대한 수요량이 가격에 따라 어떻게 변화하는지를 보여주는 그래프가 **수요곡선**(demand curve)이다. 재화 1의 가격이 변할 때 소비자의 선택이 어떻게 이동하는지를 알면 재화 1에 대한 수요곡선을 도출할 수 있다. 재화의 가격이 변할 때 소비자의 선택이 어떻게 변하는지를 보여주는 것이 가격소비곡선이므로 이로부터 수요곡선을 도출할 수 있다. 그 방법은 소득소비곡선에서 엥겔곡선을 도출하는 방법과 동일한데 이 과정이 〈그림 5-12〉에 예시되어 있다.

소비자가 선택한 소비벡터 a, b, c점은 재화 2의 가격과 소비자의 소득이 각각 p_2와 I로 고정된 상태에서 재화 1의 가격만 p_1^a, p_1^b, p_1^c로 변할 때 각각의 예산집합에서 소비자가 선택한 두 재화의 수량을 보여준다.

이 중에서 재화 1의 가격과 소비자가 선택한 재화 1의 수량을 하나의 그래프로 표시한 것이 재화 1에 대한 수요곡선이다. 〈그림 5-12〉에서 재화 1의 가격이 p_1^a일 때 소비자가 선택한 재화 1의 수량은 q_1^a이고 이를 하나의 점으로 표시한 것이 〈그림 5-12〉 하반부의 a'점이다. 마찬가지로 재화 1의 가격이 p_1^b일 때 소비자가 선택한 재화 1의 수량 q_1^b를 하나의 점으로 표시한 것이 b'점이고, 재화 1의 가격이 p_1^c일 때 소비자가 선택한 재화 1의 수량 q_1^c를 하나의 점으로 표시한 것이 c'점이다.

재화 1의 가격과 각 가격에서 소비자가 선택하는 재화 1의 수량을 연결하면 재화 1에 대한 이 소비자의 수요곡선이 얻어진다.

제5절 소비자 선택의 비교정학

지금까지 여러 제약요인의 변화에 따른 소비자 선택의 변화에 대해 살펴보았다. 이 절에서는 이러한 소비자 선택의 변화가 어떤 요인에 의해 초래되었는지를 경제학적으로 분석해 보고 이와 연관된 개념들을 소개하고자 한다.

대체효과와 소득효과 한 재화 가격의 변화에 따른 그 재화 수요량의 변화는 두 가지 요인으로 분해할 수 있다. 재화 2의 가격과 소득이 고정된 상태에서 재화 1의 가격만이 p_1^a에서 p_1^b로 상승한다고 가정해 보자. 첫째로 재화 1의 가격이 상승할 때 상대가격이 변화하여, 상대적으로 값이 비싸진 재화 1을 더 적게 수요하게 된다. 둘째로 재화 1의 가격이 상승할 때 소비자의 예산제약이 강화되어 소득이 감소한 것과 같은 효과가 나타난다.

〈그림 5-13〉에 이 상황이 예시되어 있다. 재화 1의 가격이 p_1^a일 때에는 예산선이 수평축 절편 $\frac{I}{p_1^a}$와 수직축 절편 $\frac{I}{p_2}$를 지나며 소비자는 예산선과 무차별곡선이 접하는 a를 선택한다. 재화 1의 가격이 p_1^a에서 p_1^b로 상승하면 새로운 예산선은 안쪽으로 회전하여 수직축 절편은 변화가 없으나 수평축 절편은 $\frac{I}{p_1^b}$로 감소한다. 이에 따라 소비자는 새로운 예산선에서 무차별곡선이 접하는 b를 선택한다. 재화 1에 대한 수요량은 q_1^a에서 q_1^b로 감소한다. 이 변화량 $q_1^b - q_1^a$를 **가격효과**(price effect)라 한다.

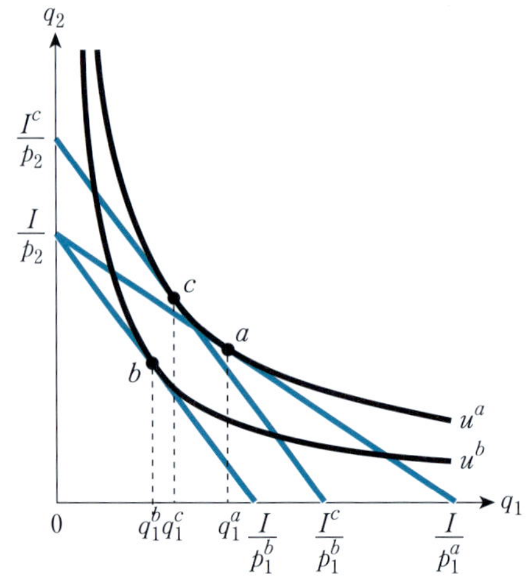

〈그림 5-13〉 대체효과와 소득효과

가격효과를 두 가지 요인으로 분해하기 위해 가상적인 소득의 변화를 고려해 보자. 현재의 가격에서 소득이 증가하여 재화 1의 가격이 상승하기 전의 효용을 얻을 만큼 높아졌다고 하자. 재화 가격이 변하지 않고 소득만이 증가할 때 예산선은 기울기에 변화없이 원점에서 먼 쪽으로 평행이동한다. 마침내 예산선이 재화 1의 가격이 상승하기 전의 효용 수준을 나타내는 무차별곡선 u^a에 접하게 되었다고 하자. 이때의 소득 수준은 I^c이다. 그리고 이 소득 수준에서 소비자가 선택하는 소비벡터는 c가 될 것이다.

이와 같이 재화 1의 가격이 변화하여 소비자가 얻을 수 있는 효용 수준이 달라졌을 때 다시 처음의 효용 수준에 도달하도록 소득을 변화시키는 것을 **보상변화**(compensating variation)라고 한다. 〈그림 5-13〉에서 보상변화는 $I^c - I$이다. 보상변화가 플러스인 것은 재화 1의 가격이 상승하여 소비자가 얻을 수 있는 효용 수준이 낮아졌기 때문에 이를 처음 수준으로 되돌리려면 소득을 증가시켜야 하기 때문이다.

효용을 처음 수준으로 되돌릴 만큼 소득을 증가시켰으므로 a에서 c로의 이동은 순수하게 상대가격의 변화에 의한 것으로 간주할 수 있다. 이 때 재화 1에 대한 수요량은 q_1^a에서 q_1^c로 감소한다. 이 변화량 $q_1^c - q_1^a$를 **대체효과**(substitution effect)라 한다.[9] 가격효과 중 나머지 부분 $q_1^b - q_1^c$는 소득 수준이 I^c에서 I로 감소할 때 나타나는 수요량의 변화이므로 이를 **소득효과**(income effect)라 한다. 즉 소득효과는 가격변화에 따른 실질소득의 변화로 인해 나타나는 수요량의 변화를 측정하는 것으로 볼 수 있다. 이를 요약하면 다음과 같다.

$$\text{가격효과}(q_1^b - q_1^a) = \text{대체효과}(q_1^c - q_1^a) + \text{소득효과}(q_1^b - q_1^c)$$

재화의 가격이 상승할 때 대체효과는 언제나 마이너스로 나타난다. 소비자가 상대적으로 값이 비싸진 재화를 더 적게 소비하기 때문이다. 재화 1의 가격이 상승한 경우 예산선의 기울기가 높아져 동일한 무차별곡선 상에서 소비자가 선택하는 소비벡터는 왼쪽 위로 이동한다. 즉 재화 2의 수요량은 증가하고 재화 1의 수요량은 감소하는 것이다.

반면 소득효과는 그 재화가 정상재이냐 열등재이냐에 따라 그 부호가 결정된다.

9) 대체효과를 이와 같이 정의한 것은 영국의 경제학자 Hicks에 의한 것이다. 가격효과를 대체효과와 소득효과를 분리하는 시도는 우크라이나의 경제학자 Slutsky에 의해 처음 이루어졌고 그는 가격이 변하기 이전에 소비자가 선택하고 있었던 소비벡터(a)를 새로운 가격에서도 구입할 수 있을 만큼 소득을 보상하는 보상변화를 고려하여 그 때에 소비자가 선택하는 소비벡터를 두 효과의 구분점으로 삼았다.

정상재인 경우에는 소득효과도 마이너스로 나타나서 가격효과는 마이너스가 된다. 열등재인 경우에는 소득효과가 플러스로 나타난다. 소득이 감소할 때 수요가 증가하기 때문이다. 따라서 열등재인 경우에는 가격효과의 부호는 대체효과와 소득효과 중에 어떤 것이 더 크냐에 따라 결정된다. 대부분의 재화에 있어서는 소득효과보다 대체효과가 커서 가격효과는 마이너스가 된다.

그러나 열등재 중에 소득효과가 대체효과보다 더 크게 되면 가격효과가 플러스가 된다. 그러한 재화에 있어서는 가격이 상승할 때 수요량이 증가하는 결과가 나타난다. 이처럼 가격이 상승할 때 수요량이 증가하는 재화를 **기펜재**(Giffen goods)라 한다. 이에 대해 가격이 상승할 때 수요량이 감소하는 통상의 재화를 **보통재**(ordinary goods)라 부른다. 〈표 5-1〉에 이러한 내용이 요약되어 있다. 이 표는 재화의 가격이 상승할 경우에 보통재와 기펜재에 대해 각 효과의 부호를 표시한 것으로 재화의 가격이 하락할 때에는 이 부호가 반대가 된다.

〈표 5-1〉 보통재와 기펜재의 차이

	가격효과	대체효과		소득효과
보통재(정상재)	−	−		−
보통재(열등재)	−	−	>	+
기펜재(열등재)	+	−	<	+

보상수요곡선 **보상수요곡선**(compensated demand curve)이란 재화가격이 변할 때 처음 효용수준을 유지하도록 소득 수준을 변화시킨 후 (보상변화) 각 가격에서의 수요량을 표시한 것이다. 즉 재화 가격의 변화에 대해 대체효과만을 표시한 것이다. 〈그림 5-14〉에 보상수요곡선을 도출하는 방법이 예시되어 있다.

재화 1의 가격이 p_1^a에서 p_1^b, p_1^c로 하락할 때 보상변화가 없다면 소비자의 선택은 각각 a, b, c가 될 것이다. 그러나 처음 효용수준을 유지하도록 소득 수준을 조정하면 소비자의 선택은 a를 지나는 무차별곡선 상에서 d와 e가 될 것이다. 재화 1의 가격 p_1^a, p_1^b, p_1^c와 각 가격에서 소비자가 a를 지나는 무차별곡선 상에서 선택한 재화 1의 수요량 q_1^a, q_1^d, q_1^c를 결합하면 보상수요곡선이 얻어진다.

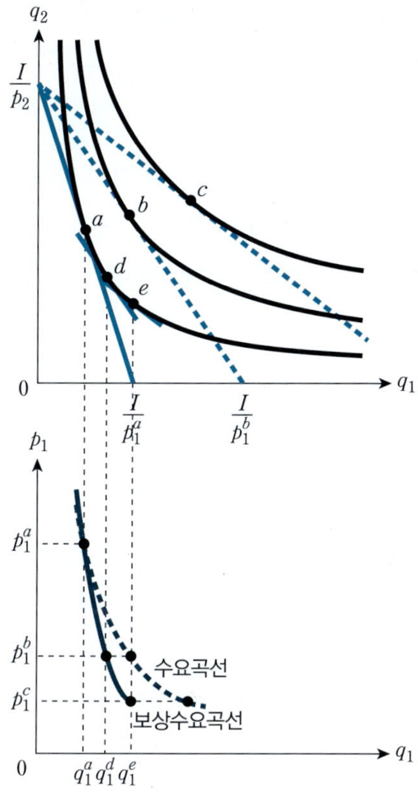

〈그림 5-14〉 보상수요곡선의 도출

수요곡선이 소득과 다른 재화의 가격을 고정시키고 한 재화의 가격변화에 대해 수요량의 변화를 표시한 것이라면, 보상수요곡선은 효용수준과 다른 재화의 가격을 고정시키고 한 재화의 가격변화에 대해 수요량의 변화를 표시한 것이다.

정상재의 경우 가격이 하락할 때 소득효과가 플러스이므로 〈그림 5-14〉와 같이 수요곡선이 보상수요곡선보다 오른쪽에 위치하게 된다.

대체재와 보완재 한 재화에 대한 수요는 예산(소득)이나 그 재화의 가격뿐 아니라 다른 재화의 가격 변화에도 영향을 받는다. 다른 조건이 일정할 때 Y재의 가격이 오르면 X재에 대한 수요는 늘 수도 있고 줄 수도 있다.

일반적으로 Y재의 가격이 상승하면 Y재에 대한 수요량은 감소한다. 만약 이때 X재에 대한 수요량이 증가한다면 소비자가 Y재의 소비를 줄이는 대신에 X재의 소비를 늘리는 것으로 볼 수 있으므로 X재와 Y재는 서로 대체관계에 있다고 볼 수 있다. 이때 X는 Y의 **대체재**(substitute)라고 한다. 기호품인 커피와 홍차는 대체재의 좋은 예다.

반대로 한 재화의 가격상승으로 인해 다른 재화의 수요량도 함께 감소한다면 두 재화는 함께 소비되는 재화로 볼 수 있을 것이다. 즉 두 재화는 서로 보완관계에 있다. 이때 한 재화는 다른 재화의 **보완재**(complement)라고 한다. 예컨대 커피와 설탕은 서로 보완재이다.

앞서 본 완전보완재와 완전대체재는 각각 보완재와 대체재의 특수한 경우라고 할 수 있다.

수요의 탄력성 한 변수(종속변수 Y)가 다른 변수(독립변수 X)에 의해 영향을 받을 때, X의 변화에 대해 Y가 영향을 받는 정도를 나타내는 개념이 탄력성(elasticity)이다. **수요의 가격탄력성**(price elasticity of demand)이란 어떤 재화의 수요량이 그 재화의 가격에 의해 영향을 받는 정도를 나타내는 것으로 다음과 같이 정의된다.

$$\text{수요의 가격탄력성}(\epsilon) = -\frac{\text{수요량의 변화율}}{\text{가격의 변화율}} = -\frac{\frac{\Delta q}{q}}{\frac{\Delta p}{p}}$$

변수들의 변화량 대신 변화율을 사용하는 것은 단위의 영향을 없애기 위한 것이고, 마이너스 부호를 붙이는 이유는 수요량과 가격이 반대 방향으로 움직이므로 관행상 탄력성을 양의 숫자로 표시하기 위해서이다.

수요의 소득탄력성(income elasticity of demand)이란 어떤 재화의 수요량이 소득의 변화에 따라 어느 정도나 영향을 받는가를 나타내는 것으로 다음과 같이 정의된다.

$$\text{수요의 소득탄력성}(\eta) = \frac{\text{수요량의 변화율}}{\text{소득의 변화율}} = \frac{\frac{\Delta q}{q}}{\frac{\Delta I}{I}}$$

정상재는 소득탄력성이 양이고, 열등재는 소득탄력성이 음이다. 또한 앞에 언급한 것처럼 사치재는 소득탄력성이 1보다 크고, 필수재는 소득탄력성이 1보다 작다.

수요의 교차탄력성(cross elasticity of demand) 또는 가격교차탄력성은 어떤 재화의 수요량이 다른 재화 가격의 변화에 따라 어느 정도나 영향을 받는가를 나타내는 것으로 다음과 같이 정의된다.

$$X\text{재 수요의 } Y\text{재 가격에 대한 교차탄력성}(\epsilon_{XY}) = \frac{X\text{재 수요량의 변화율}}{Y\text{재 가격의 변화율}} = \frac{\frac{\Delta q_X}{q_X}}{\frac{\Delta p_Y}{p_Y}}$$

두 재화가 보완재일 때에는 수요의 교차탄력성이 음이고 대체재일 때에는 교차탄력성이 양이다.

개별수요와 시장수요 지금까지 우리는 한 소비자를 대상으로 소비자의 선택이 어떻게 결정되며, 가격이나 예산(소득)의 변화에 따라 그 선택이 어떻게 달라지는가를 살펴보았다. **시장수요**(market demand)는 이러한 개별 소비자들의 수요를 종합한 것이다. 예컨대 어떤 재화의 **시장수요곡선**(market demand curve)이란 그 재화의 가격이 변화할 때 시장수요가 어떻게 달라지는지를 보여주는 그래프로서 주어진 가격에서 개별 소비자들의 수요량을 합한 시장수요량이 얼마인지를 나타낸 것이다. 일반적으로 어떤 재화의 수요곡선, 수요의 탄력성 등을 언급할 때에는 시장수요곡선, 시장수요의 탄력성을 의미한다.

시장수요는 결국 그 재화 가격과 다른 재화들의 가격, 그리고 각 개인들의 소득에 따라 결정된다. 따라서 소비자들의 총소득 뿐 아니라 소득분배에도 영향을 받는다.

어떤 재화가 개별 소비자에게서는 어떤 가격에서 개별수요곡선이 부분적으로 우상향하는 기펜재 현상이 나타날 수 있다. 그러나 이 재화에 대한 개별수요곡선이 일제히 같은 가격에서 기펜재 현상을 나타내는 일은 드물다. 따라서 모든 소비자의 개별수요곡선을 합함으로써 얻어지는 시장수요곡선에서는 기펜재 현상이 나타날 가능성이 매우 희박하다.

실제로 경험적 자료를 관찰한 결과 거의 모든 재화의 시장수요곡선은 항상 우하향하는 것으로 알려져 있다. 이렇게 시장수요곡선이 우하향하는 특성을 **수요의 법칙**(law of demand)이라고 한다.

제6절 소비자 선택의 분석으로 보는 현실 문제

지금까지 살펴본 정도의 소비자 선택 이론만으로도 현실 경제의 여러 문제들을 심층 분석해 볼 수 있다. 이 절에서는 실제의 몇 가지 현실 분석에 대하여 살펴보기로 한다.

소비–여가 선택으로 본 노동공급 근로자가 하루 8시간 노동한다면 16(=24−8)시간을 여가로 쓴다는 말이다. 여가 소비를 줄일 경우 그만큼 더 일하여 소득을 올리고 일반 재화의 소비도 더 늘릴 수 있다. 이론상 가능한 최대 재화 소비량은 24시간 다 일하여 번 소득으로 구입하는 수량이다. 단순화해보면 소비자는 하루 24시간을 노동과 여가에 배정하는데 노동하는 이유는 재화를 구입할 돈을 벌기 위해서고, 가계의 노동 공급은 이 선택의 결과다. 소비자 선택의 모형을 이용하여 이 문제를 분석할 수 있다.

하루 24시간을 여가(L)와 노동($24-L$)에 배정하는 소비자 선택의 문제를 생각해 보자. 노동의 시간당 임금은 w이고, 임금소득 $w(24-L)$은 유일한 소득으로서 모두 가격 p인 식료품 소비에 지출된다. 식료품 소비량을 x로 놓으면 예산제약조건은 $px=w(24-L)$인데 이것을 재정리하면 다음 식을 얻는다.

$$px + wL = 24w \qquad (5\text{–}1)$$

가로축을 여가(L), 세로축을 식료품 소비(x)로 잡은 평면 위에 이 직선을 그린 것이 〈그림 5–15(a)〉의 가격선인데, (L^*, x^*)는 이 가격선과 무차별곡선이 접하는 소비자균형이다. 즉 이 가계는 여가와 식료품 소비를 각각 L^*와 x^*로 결정함으로써 노동공급을 $(24-L^*)$로 결정한다.

소비자가 여가를 시장에서 구입하는 것은 아니지만 1시간의 여가 소비는 근로소득 w를 포기해야 가능하다. 즉 임금 w는 노동의 대가인 동시에 **기회비용**(opportunity cost)으로서 여가의 가격으로 간주할 수 있다. 식 (5-1)은 시간당 가격이 w인 실물자산 24시간을 보유한 가계의 예산제약조건이다. 그리고 가격선의 기울기의 절댓값은 $\frac{w}{p}$로서 실질임금이다. 그러므로 여가 L^*와 노동공급 $(24-L^*)$는 이 실질임금의 함수다.

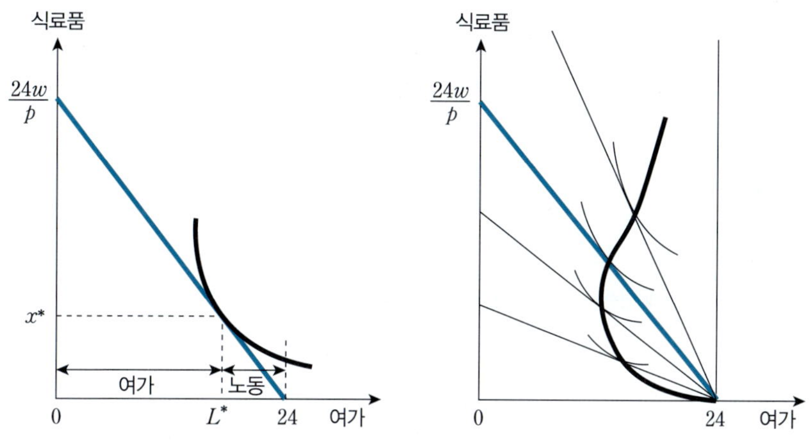

〈그림 5-15〉 소비-여가 선택

여가의 가격 w가 변할 때의 가격소비곡선을 그린 것이 〈그림 5-15(b)〉다. 그림은 임금상승이 처음에는 노동공급을 증가시키지만 임금이 어느 수준 이상으로 오르면 노동공급이 오히려 줄어드는 모습을 보여준다. 이것을 여가의 측면으로 보면 여가의 가격 w가 오를 때 처음에는 여가의 수요가 줄지만 w가 어느 수준 이상으로 오르면 그 수요가 오히려 증가함을 뜻한다.

그렇다면 여가는 기펜재일까? 여가가 기펜재이라면, 반드시 열등재라야 한다. 그러나 소득이 높을수록 여가를 많이 즐기는 현실을 보면 여가가 열등재일 것 같지는 않다. 그러면 어째서 여가의 수요곡선은 그 가격이 오를 때 수요가 증가하는 현상을 보이는 것일까? 그 까닭은 가계가 보유한 자산이 하루 24시간이라는 실물자산으로서 화폐가 아니기 때문이다.

기펜재는 명목소득이 일정하게 주어졌을 때 가격상승이 수요증가를 유발하는 재화다. 그런데 예산제약조건 $px+wL=24w$에서 보듯이 가격 w의 상승은 명목소득 $24w$도 함께 증가시킨다. 일정한 명목소득을 전제하는 기펜재와는 주어진 상황이 다르다. 명목소득 $24w$가 증가하면 정상재인 여가의 수요도 당연히 증가한다. 여가의 가격(기회비용)이 비싸져서 그 소비를 줄이는 효과보다 (명목)소득 증가로 인한 수요 증가의 효과가 더 크면 임금이 상승할 때 여가의 수요는 증가한다.

이 단계에서 분명한 것은 근로자들은 임금을 올린다고 반드시 더 일하지는 않는다는 사실이다. 근로자들로 하여금 현재보다 더 많이 일하도록 유도하려면 어떤 임금체계가 효과적일까?

예제 5-1

기본적으로는 시간당 임금이 w이지만 8시간 이상 일하면 초과 1시간당 수당 α를 더 지급하는 임금체계를 고찰해보자. 소비자의 예산제약조건은

$$\begin{array}{ll} 24-L\leq 8\text{이면} & px=w(24-L) \\ 24-L>8\text{이면} & px=w(24-L)+\alpha(24-L-8)=24w+16\alpha-(w+\alpha)L \end{array}$$

이 되는데, 이것을 재정리하면

$$\begin{array}{ll} L\geq 16\text{이면} & px+wL=24w,\ \text{그리고} \\ L<16\text{이면} & px+(w+\alpha)L=24w+16\alpha \end{array} \qquad (5-2)$$

로 표현된다.

가로축을 여가(L), 세로축을 식료품소비(x)로 잡고 예산제약조건 (5-2)를 그리면 〈그림 5-16〉과 같은 꺾어진 가격선을 얻을 수 있다. 그림에서 실선의 직선은 초과수당을 지급하지 않을 때의 가격선이고 $L<16$ 영역의 점선은 초과수당 지급의 효과를 반영한다. 초과수당을 지급하지 않으면 소비자는 여가 L^*를 선택함으로써 8시간보

다 더 적은 노동 $(24-L^*)$를 공급할 것이다. 그러나 초과수당을 지급하면 소비자는 여가 L'를 선택하므로 노동공급 $(24-L')$는 8시간보다 더 많아진다.

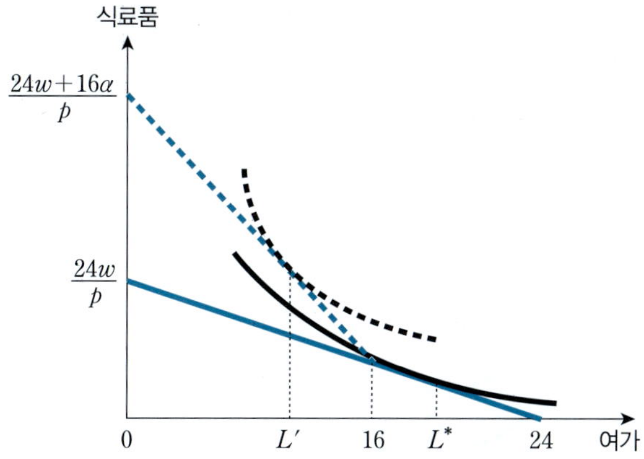

〈그림 5-16〉 초과수당과 노동공급

그러나 초과수당 지급만으로 가계가 노동공급을 늘린다고 말할 수는 없다. 초과수당을 지급하더라도 그 효과를 반영하는 점선이 실선 무차별곡선의 아래쪽에 놓일 정도로 초과수당 α의 크기가 작다면 가계는 종전과 같이 여가 L^*를 선택할 것이다. 즉 노동공급은 늘어나지 않는다. 그러므로 소비자가 8시간 이상 일하도록 유도하기 위해서는 초과수당의 크기를 적절하게 결정해야 한다.

소비-저축 선택과 자금공급 가계는 소득을 일부 저축하여 미래 소비에 대비하는데 금융기관은 이 저축을 기업 투자자금으로 알선한다. 즉 자금시장의 자금공급은 가계의 소비-저축 선택이 결정한다. 현재 재부 w를 보유한 소비자가 이 돈을 현재의 소비지출(C_1)과 다음 달의 소비지출(C_2)에 배정하고자 한다. 월 이자율이 r이면 지금 빌려준 1원은 한 달 뒤에 $(1+r)$원으로 돌아온다. 즉 지금 $\frac{C_2}{1+r}$를 저축하면 다음 달에 C_2만큼 소비한다. 따라서 이 소비자의 예산제약조건은

$$C_1+\frac{C_2}{1+r}=w \qquad (5\text{-}3)$$

로 결정된다. 식 (5-3)은 형식상 현재 소비 C_1과 다음 달 소비 C_2의 가격이 각각 1과 $\frac{1}{1+r}$일 때 재부 w를 보유한 가계의 가격선이다.

가로축을 이달의 소비지출 C_1, 세로축을 다음 달의 소비지출 C_2로 잡은 평면 위에 이 가격선을 그린 것이 〈그림 5-17〉의 실선이다. 소비자균형은 그림의 점 $a^*=(C_1^*, C_2^*)$이고 이 소비자는 지금 C_1^*를 소비하고 $(w-C_1^*)$ 만큼 저축한다.

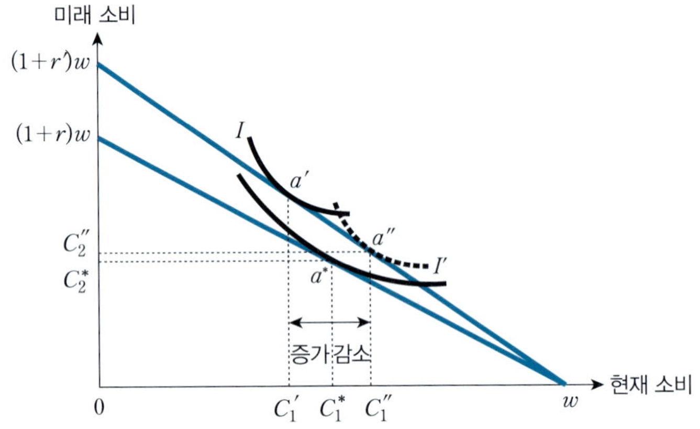

〈그림 5-17〉 소비-저축 선택

이자율이 r'로 오르면 가격선은 점 w를 회전축 삼아 시계방향으로 회전한다. 만약 무차별곡선이 그림의 실선 I라면 새 소비자균형은 점 a'이고 저축이 $(w-C_1')$로 늘어난다. 그러나 무차별곡선이 점선 I'라면 소비자는 a''를 선택할 것이고 이 경우 저축은 $(w-C_1'')$로 감소한다. 이처럼 이자율 r의 증가는 저축을 늘릴 수도 있고 줄일 수도 있다.

그런데 이자율 상승이 저축은 $(w-C_1'')$로 줄였지만 동시에 "가격"은 $\frac{1}{1+r'}$로 하락시켰다. 다음 달 소비지출 한 단위의 "가격" $\frac{1}{1+r}$이 낮아지면서 다음 달의 소비는 저축 감소에도 불구하고 C_2^*에서 C_2''로 늘어났다. 이자율 상승이 불러온 이자소득 증가가 저축 감소를 능가하였기에 다음 달 더 큰 규모의 소비가 가능해진 것이다.

간접세와 소득세 소득세는 소득을 얻는 개인에게 직접 부과되는데 판매세는 판매되는 상품에 부과된다. 판매세는 결국 판매자와 구매자가 공동으로 부담하지만 소득자가 전액을 부담하는 소득세와는 달리 각 측이 얼마씩 부담하는지가 사전적으로 명확하지 않다. 이처럼 사람 아닌 행위에 부과하는 세금을 **간접세**(excise tax)라고 한다. 세금을 어떤 방식으로 부과하는 것이 좋은지는 경제학자들의 당연한 관심사다.

X재 1의 한 단위 판매마다 t원의 간접세를 부과한다면 소비자가 느끼는 X재의 가격은 (p_X+t)가 되므로 이때의 가격선은

$$(p_X+t)x+p_Y y=w$$

로 결정된다. 이 경우의 소비자균형을 $a'=(x',\ y')$라고 하면 소비자가 지불하는 세금의 총액은 $T=tx'$가 될 것이다. 만약 이 금액 T를 간접세가 아닌 **소득세**(income tax)로 부과한다면 가격선은

$$p_X x+p_Y y=w-T$$

로 될 것이다. 이때의 소비자균형을 $a^*=(x^*,\ y^*)$라고 하자. 두 소비자균형은 각각 해당하는 예산제약조건

$$(p_X+t)x'+p_Y y'=w$$

및

$$p_X x^*+p_Y y^*=w-T$$

를 충족한다.

그런데 $T=tx'$이고 $p_X x'+p_Y y'=w-tx'$이므로 이 두 방정식은

$$p_X x^*+p_Y y^*=w-tx'=p_X x'+p_Y y'$$

로 귀결된다. 즉 간접세 부과시 소비자균형 $a'=(x',\ y')$은 같은 금액을 소득세로

부과할 때의 가격선(점선) 상에 위치한다. 〈그림 5-18〉에 이 관계가 예시되어 있다.

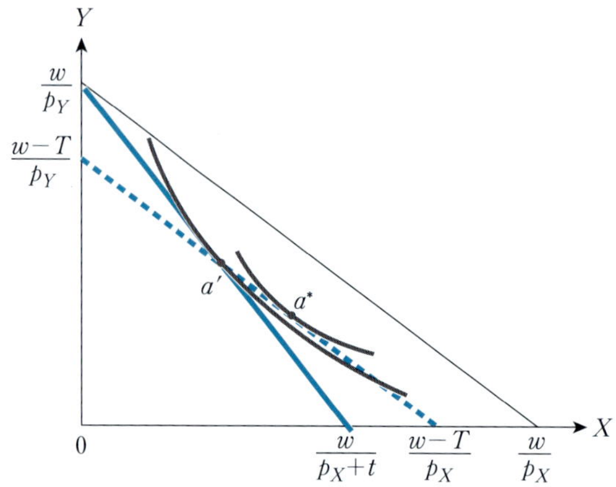

〈그림 5-18〉 간접세와 소득세

그런데 소득세 부과시 소비자균형은 $a'=(x', y')$가 아닌 $a^*=(x^*, y^*)$이므로 $a^*>a'$임이 분명하다. 납세 금액은 간접세 때와 같지만, 이것을 소득세로 납부할 때 납세자는 더 높은 만족도를 누린다. 소득세는 가격 중립적이지만 간접세는 실질 상대가격을 왜곡한다. 이 분석결과를 통해 경제학자들은 상대가격체계를 보존하는 소득세가 상대가격을 왜곡하는 간접세보다 더 나은 과세방식이라고 생각하게 되었다.

부록: 소비자 선택의 수리적 분석

제1절 수요함수와 보상수요함수의 수리적 도출

1.1 수요함수의 수리적 도출

효용함수가 미분가능한 경우에는 라그랑지 승수법을 이용하여 수요함수를 구할 수 있다. 이 책의 부록: 기초 미적분에 라그랑지 승수법과 이를 이용해서 수요함수를 구하는 방법이 설명되어 있다.

예컨대 효용함수가 $U(q_1, q_2)=q_1^a q_2^b$ 이고 재화 1, 2의 가격이 p_1, p_2, 소비자의 소득이 I로 주어졌다면, 라그랑지 함수는 $L(q_1, q_1, \lambda)=q_1^a q_2^b+\lambda(I-p_1 q_1-p_2 q_2)$가 된다. 라그랑지 함수 $L(q_1, q_2, \lambda)$를 각 변수 q_1, q_2, λ에 대해 편미분한 것을 0으로 놓으면,

$$\frac{\partial L}{\partial q_1}(q_1, q_2, \lambda)=0 \Rightarrow aq_1^{a-1}q_2^b-\lambda p_1=0 \quad (5\text{–A1})$$

$$\frac{\partial L}{\partial q_2}(q_1, q_2, \lambda)=0 \Rightarrow bq_1^a q_2^{b-1}-\lambda p_2=0 \quad (5\text{–A2})$$

$$\frac{\partial L}{\partial \lambda}(q_1, q_2, \lambda)=0 \Rightarrow p_1 q_1+p_2 q_2=I \quad (5\text{–A3})$$

식 (5–A1), (5–A2)를 이용해서 λ를 소거하고, 연립방정식의 해를 구하면 다음과 같이 수요함수를 구할 수 있다.

$$q_1^*=\frac{aI}{(a+b)p_1}, \quad q_2^*=\frac{bI}{(a+b)p_2}$$

여기서 다른 변수를 일정하게 놓고 q_i^* 와 p_i 와의 관계를 나타낸 것이 수요곡선이고, 다른 변수를 일정하게 놓고 q_i^* 와 I 와의 관계를 나타낸 것이 엥겔곡선이다.

그러나 효용함수가 미분가능하지 않거나 소비자의 효용이 예산집합의 코너에서 나타날 때에는 라그랑지 승수법을 사용할 수 없다. 다음 예에서는 이런 경우에 어떻게 수리적으로 수요함수를 도출하는지 알아보기로 한다.

예제 1

소비자의 효용함수가 $U(q_1, q_2) = \min\{q_1, q_2\}$ 라 할 때, 각 재화에 대한 수요함수를 구하라.

풀이 이것은 두 재화가 완전보완재인 경우이다(〈그림 5-8(a)〉 참조). 완전보완재란 두 재화가 항상 같은 비율로 사용되는 재화를 말한다. 두 재화의 양이 같은 크기로 증가하지 않는 한 소비자의 효용이 증가하지 않으므로 두 재화는 항상 같은 비율로 사용된다(이 예에서는 1:1의 비율). 따라서 수요함수는 다음 두 연립방정식으로부터 구해진다.

$$q_1 = q_2, \quad p_1 q_1 + p_2 q_2 = I$$

이 연립방정식을 풀면 $q_1 = q_2 = \dfrac{I}{p_1 + p_2}$ 가 얻어진다.

예제 2

소비자의 효용함수가 $U(q_1, q_2) = q_1 + q_2$ 라 할 때, 각 재화에 대한 수요함수를 구하라.

풀이 이것은 두 재화가 완전대체재인 경우이다(〈그림 5-8(b)〉 참조). 완전대체재란 두 재화가 항상 같은 비율로 대체될 수 있는 재화를 말한다(이 예에서는 1:1의 비율). 소비자의 효용은 두 재화 수량의 합에 의해서만 결정되므로 소비자는 가격이 더 낮은 재화만을 소비하려 할 것이다. 즉 $p_1 < p_2$ 이면 $D_1(p_1, p_2, I) = \dfrac{I}{p_1}$,

$D_2(p_1, p_2, I) = 0$, $p_1 > p_2$ 이면 $D_1(p_1, p_2, I) = 0$, $D_2(p_1, p_2, I) = \frac{I}{p_2}$ 이다.

1.2 보상수요함수의 수리적 도출

수요함수가 소비자의 소득 수준을 일정하게 유지하면서 가격 변화에 따른 수요량을 구한 것이라면, 보상수요함수는 소비자의 효용 수준을 일정하게 유지하면서 가격 변화에 대한 수요량을 구한 것이다. 효용함수가 미분가능한 경우에 보상수요함수 역시 라그랑지 승수법을 이용하여 구할 수 있다(라그랑지 승수법에 대해서는 이 책의 부록: 기초 미적분 참조).

효용 수준을 U_0에 고정시킨다면 보상수요함수는 제약조건 $U(q_1, q_2) = U_0$ 하에서 소비자의 지출 $p_1 q_1 + p_2 q_2$를 극소화하는 문제의 해로써 얻어진다. 이 문제의 라그랑지 함수는 $L(q_1, q_2, \mu) = p_1 q_1 + p_2 q_2 + \mu(U_0 - U(q_1, q_2))$ 이다. 라그랑지 함수 $L(q_1, q_2, \mu)$를 각 변수 q_1, q_2, μ에 대해 편미분한 것을 0으로 놓으면,

$$\frac{\partial L}{\partial q_1}(q_1, q_2, \mu) = 0 \Rightarrow p_1 - \mu \frac{\partial U}{\partial q_1} = 0 \quad (5\text{–A4})$$

$$\frac{\partial L}{\partial q_2}(q_1, q_2, \mu) = 0 \Rightarrow p_2 - \mu \frac{\partial U}{\partial q_2} = 0 \quad (5\text{–A5})$$

$$\frac{\partial L}{\partial \mu}(q_1, q_2, \mu) = 0 \Rightarrow U(q_1, q_2) = U_0 \quad (5\text{–A6})$$

이 연립방정식의 해로부터 보상수요함수가 구해진다. 식 (5–A4), (5–A5)로부터 μ를 소거하면,

$$\frac{\frac{\partial U}{\partial q_1}}{\frac{\partial U}{\partial q_2}} = \frac{MU_1}{MU_2} = \frac{p_1}{p_2}$$

가 얻어지는데, 이 식은 역시 무차별곡선의 기울기와 예산선의 기울기가 같아야 함을, 즉 소비자가 무차별곡선과 예산선이 접하는 점을 선택함을 나타낸다. 재화 i에 대한 보상수요함수는 $q_i = H_i(p_1, p_2, U_0)$로 표시되는데, 여기서 다른 변수를 일정하게 놓고 q_i와 p_i와의 관계를 나타낸 것이 보상수요곡선이다.

예제 3

소비자의 효용함수가 $U(q_1, q_2) = q_1^a q_2^b$라 할 때, 각 재화에 대한 보상수요함수를 구하라.

풀이 효용함수가 $U(q_1, q_2) = q_1^a q_2^b$이고 재화 1, 2의 가격이 p_1, p_2, 소비자의 효용이 U_0로 주어졌다면, 라그랑지 함수는 $L(q_1, q_2, \mu) = p_1 q_1 + p_2 q_2 + \mu(U_0 - q_1^a q_2^b)$가 된다. 라그랑지 함수 $L(q_1, q_2, \mu)$을 각 변수 q_1, q_2, μ에 대해 편미분한 것을 0으로 놓으면 다음 식을 얻는다.

$$\frac{\partial L}{\partial q_1}(q_1, q_2, \mu) = 0 \Rightarrow p_1 - \mu a q_1^{a-1} q_2^b = 0 \tag{5-A7}$$

$$\frac{\partial L}{\partial q_2}(q_1, q_2, \mu) = 0 \Rightarrow p_2 - \mu b q_1^a q_2^{b-1} = 0 \tag{5-A8}$$

$$\frac{\partial L}{\partial \mu}(q_1, q_2, \mu) = 0 \Rightarrow q_1^a q_2^b = U_0 \tag{5-A9}$$

식 (5-A7), (5-A8)을 이용해서 μ를 소거하고, 연립방정식의 해를 구하면 다음과 같이 보상수요함수를 구할 수 있다.

$$H_1(p_1, p_2, U_0) = \left(\frac{ap_2}{bp_1}\right)^{\frac{b}{a+b}} U_0^{\frac{1}{a+b}}, \qquad H_2(p_1, p_2, U_0) = \left(\frac{bp_1}{ap_2}\right)^{\frac{a}{a+b}} U_0^{\frac{1}{a+b}}$$

1.3 보상수요곡선의 기울기

이제 재화 1의 가격만 p_1에서 $p_1' > p_1$으로 상승한다고 하자 이때의 보상수요

$H_1(p_1', p_2, U_0)$, $H_2(p_1', p_2, U_0)$는 새로운 가격에서 U_0의 효용을 주는 재화묶음 중에서 지출을 최소로 하는 재화묶음이므로 다음 부등식이 성립한다.

$$p_1' H_1(p_1', p_2, U_0) + p_2 H_2(p_1', p_2, U_0) \le p_1' H_1(p_1, p_2, U_0) + p_2 H_2(p_1, p_2, U_0)$$

한편 재화 1의 가격이 상승하기 전에는 $H_1(p_1, p_2, U_0)$, $H_2(p_1, p_2, U_0)$가 지출을 최소로 하므로 다음 부등식이 성립한다.

$$p_1 H_1(p_1, p_2, U_0) + p_2 H_2(p_1, p_2, U_0) \le p_1 H_1(p_1', p_2, U_0) + p_2 H_2(p_1', p_2, U_0)$$

이 두 부등식을 각 변끼리 더하여 정리하면 다음 식을 얻는다.

$$(p_1' - p_1)(H_1(p_1', p_2, U_0) - H_1(p_1, p_2, U_0)) \le 0$$

즉 재화 1의 가격이 상승할 때 재화 1에 대한 보상수요는 감소함을 알 수 있다. 보상수요함수가 미분가능하다면 $\dfrac{\partial H_1}{\partial p_1} \le 0$ 임을 알 수 있다.

제2절 지출함수와 간접효용함수

앞에서 소비자의 효용 수준을 일정하게 유지하면서 지출을 극소화 하는 문제의 해가 보상수요함수임을 보았다. 이때 얻어지는 최소의 지출을 함수로 표시한 것이 바로 **지출함수**(expenditure function)이다. 소비자의 지출극소화 문제

$$\min_{q_1, q_2} \; p_1 q_1 + p_2 q_2$$

$$s.t. \quad U(q_1, q_2) = U_0$$

의 해가 보상수요함수 $H_i(p_1, p_2, U_0)$, $i = 1, 2$ 이므로, 최소지출은 $p_1 H_1(p_1, p_2, U_0) + p_2 H_2(p_1, p_2, U_0)$ 이다. 따라서 지출함수는 다음과 같이 표시된다.

$$\text{지출함수: } E(p_1,p_2,U_0) = p_1 H_1(p_1 p_2, U_0) + p_2 H_2(p_1,p_2,U_0) \tag{5-A10}$$

한편, 예산제약 하에서 소비자의 효용극대화 문제

$$\max_{q_1,q_2} \; U(q_1,q_2)$$

$$s.t. \quad p_1 q_1 + p_2 q_2 = 1$$

의 해가 수요함수 $q_i^* = D_i(p_1,p_2,I)$, $i=1,2$ 이고, 이 문제의 해로부터 얻어지는 최대효용을 나타내는 것이 **간접효용함수**(indirect utility function)이다. 즉

$$\text{간접효용함수: } V(p_1,p_2,I) = U(D_1(p_1,p_2,I), D_2(p_1,p_2,I)) \tag{5-A11}$$

주어진 소득 하에서 효용을 극대화 하는 문제나 주어진 효용 하에서 지출을 극소화 하는 문제의 해가 모두 무차별곡선과 예산선이 접하는 점이므로 $E(p_1,p_2,U_0)=I$ 이면 $V(p_1,p_2,I)=U_0$ 이고 $D_i(p_1,p_2,I)=H_i(p_1,p_2,U_0)$ 임을 알 수 있다. 즉 효용극대화 문제의 해와 지출극소화 문제의 해가 동일하다. 따라서 다음 항등식이 얻어진다.

$$H_i(p_1,p_2,U_0) = D_i(p_1,p_2,E(p_1,p_2,U_0)) \tag{5-A12}$$

제3절 슬루츠키 방정식

앞의 항등식 $H_i(p_1,p_2,U_0) = D_i(p_1,p_2,E(p_1,p_2,U_0))$ 에서 $i=1$ 일 때 양변을 p_1 에 대해 편미분하면 다음 식을 얻는다.

$$\frac{\partial H_1}{\partial p_1} = \frac{\partial D_1}{\partial p_1} + \frac{\partial D_1}{\partial Y}\frac{\partial E}{\partial p_1} \tag{5-A13}$$

또한 식 (5−A10)과 보상수요함수를 구할 때 이용한 식 (5−A4), (5−A5)로부터 다음을 알 수 있다.

$$\frac{\partial E}{\partial p_1} = H_1 + p_1\frac{\partial H_1}{\partial p_1} + p_2\frac{\partial H_2}{\partial p_1} = H_1 + \mu\left(\frac{\partial U}{\partial q_1}\frac{\partial H_1}{\partial p_1} + \frac{\partial U}{\partial q_2}\frac{\partial H_2}{\partial p_1}\right)$$

그런데 식 (5−A6)에서 $U(H_1, H_2) = U_0$ 이므로 $\frac{\partial U}{\partial q_1}\frac{\partial H_1}{\partial p_1} + \frac{\partial U}{\partial q_2}\frac{\partial H_2}{\partial p_1} = 0$ 이다. 따라서

$$\frac{\partial E}{\partial p_1} = H_1 = q_1 \tag{5−A14}$$

임을 알 수 있다. 식 (5−A14)는 지출함수를 재화의 가격으로 편미분한 것이 그 재화에 대한 수요량이 된다는 것으로 이를 **셰퍼드의 정리**(Shephard's lemma)라 한다.

이상으로부터 다음 식이 얻어지는데, 이는 보상수요곡선과 수요곡선의 관계를 나타내는 방정식으로 이를 슬루츠키 방정식이라 한다.

$$\frac{\partial H_1}{\partial p_1} = \frac{\partial D_1}{\partial p_1} + \frac{\partial D_1}{\partial I}q_1 \quad \text{또는} \quad \frac{\partial D_1}{\partial p_1} = \frac{\partial H_1}{\partial p_1} - \frac{\partial D_1}{\partial I}q_1$$

여기서 $\frac{\partial D_1}{\partial p_1}$ 은 가격효과, $\frac{\partial H_1}{\partial p_1}$ 은 대체효과, $-\frac{\partial D_1}{\partial I}q_1$ 은 소득효과를 각각 나타내며, $q_1 = H_1$ 은 작은 가격변화에 대한 보상소득의 비율을 나타낸다.

슬루츠키 방정식의 양변에 $\frac{p_1}{q_1}$ 을 곱하여 다음을 얻는다.

$$\frac{\partial D_1}{\partial p_1}\frac{p_1}{q_1} = \frac{\partial H_1}{\partial p_1}\frac{p_1}{q_1} - \frac{\partial D_1}{\partial I}\frac{I}{q_1}\frac{p_1 q_1}{I}$$

수요의 가격탄력성을 ε, 수요의 소득탄력성을 η, 보상수요(H_1)의 탄력성을 ε^*,

소득에서 재화 1에 대한 지출이 차지하는 비율($\frac{p_1q_1}{I}$)을 θ라 하면, 슬루츠키 방정식은

$$\varepsilon = \varepsilon^{*} - \theta\eta$$

로 표시된다. 대체효과를 나타내는 ε^{*}의 부호는 마이너스이다. 정상재의 경우 소득탄력성 η의 부호는 플러스이다. 따라서 정상재의 경우 가격탄력성은 마이너스이다.

반면 열등재의 경우 소득탄력성 η의 부호는 마이너스이다. 따라서 ε^{*}가 작고 소득에서 그 재화에 대한 지출이 차지하는 비율 θ가 크면 가격탄력성이 플러스가 될 수 있다. 즉 가격이 상승할 때 오히려 수요가 증가할 수 있다. 이런 재화가 바로 기펜재이다.

연습문제

1. 인우는 책과 케익에 자기의 용돈을 모두 지출한다. 이 용돈을 모두 지출하여 책 11권과 케익 4개를 살 수 있다. 같은 금액으로 책 3권과 케익 8개를 살 수도 있다고 한다. 책이 한 권에 6천원이라면 인우의 용돈은 얼마인가?

2. 기석이는 밥과 샐러드로만 살아간다. 밥은 한 공기에 1천원, 샐러드는 한 접시에 2천원이다. 기석이는 하루 1만 3천원을 사용할 수 있다. 기석이는 또한 하루에 5,500칼로리 이하만 섭취하려 한다. 밥은 1공기에 1000칼로리, 샐러드는 1접시에 500칼로리를 포함하고 있다. 기석이가 자신이 사용할 수 있는 돈을 다 사용하고 자신의 칼로리 제약조건을 만족시키려면 어떻게 소비해야 하겠는가?

3. 효리는 모든 소득을 지출하여 A재 8단위와 B재 8단위를 소비한다고 한다. A재의 가격은 9만원이고 효리의 소득은 88만원이라 한다. 효리의 예산선을 A와 B의 소비량을 변수로 하여 식으로 표시하라.

4. 월 소득 30만원인 소비자에게 정부가 최대 10만원까지 식료품 쿠폰을 싸게 판매한다. 1만원어치 식료품을 살 수 있는 쿠폰을 5,000원에 판매한다고 하자. 이 소비자가 소비하는 재화를 식료품과 기타 재화로 구별하고 두 재화의 시장가격이 모두 1만원이라 할 때 이 소비자의 실제 예산선을 그래프에 그리고 왜 그런 모양이 되는지 설명하라.

5. 현재 소비하고 있는 전력량을 기준으로 더 많이 소비할 경우에는 추가 소비량에 대해 10% 할증요금을 받고, 더 적게 소비할 경우에는 절약한 부분만큼 요금을 할인해 준다면 소비자의 효용은 어떻게 되겠는가? 전력의 소비량은 어떻게 되겠는가?

6. 어떤 소비자의 효용함수가 $U(q_1, q_2) = 2\sqrt{q_1} + q_2$ 라 한다. 소비 $(q_1, q_2) = (2, 5)$ 에서의 이 사람의 한계대체율을 구하라.

7. 두 재화를 소비하는 어떤 소비자의 효용함수가 $u(x,y)=\sqrt{xy}$ 라고 한다.

1) 이 소비자의 소득이 I, 두 재화의 가격이 각각 p_x, p_y 일 때, x재에 대한 수요함수를 구하라.

2) 소득이 10, y재의 가격이 1일 때, x재의 가격만 1에서 2로 상승한다면, x재의 수요는 어떻게 변화하는가? 대체효과와 소득효과는 각각 얼마인가? (단, $\sqrt{2}=1.4$ 로 계산한다.)

8. 어느 소비자가 두 재화(쌀과 보리)만을 소비한다. 이 소비자의 소득이 I 이고 쌀과 보리의 가격은 p_1 및 p_2 이다.

1) 정부가 S만큼의 소득을 보조해 줄 경우에 이 소비자의 가격선이 변하는 형태를 그림으로 설명하라.

2) 만약, 보리의 소비를 장려하기 위하여, 정부가 이 보조금 S를 전액 보리의 소비에만 지출하도록 규제한다면 이 소비자의 예산집합은 어떤 모양이 되겠는가?

3) 정부가 보조금 S를 전액 보리의 소비에만 지출하도록 규제한다면 소비자의 가격선은 어떤 모양이 되겠는가?

9. 소비자가 재화 1과 2를 소비하는데 모든 소득을 지출하고 있다. 재화 1의 가격이 변할 때 재화 2의 소비량이 변하지 않는다고 하면 재화 1에 대한 수요의 가격탄력성은 얼마인가?

10. 어느 재화의 수요에 대한 통계자료가 다음 표와 같이 수집되었다. 다른 변수들의 값은 2019년도의 수준을 유지하고 있으며, 이 재화의 수요에 대한 가격탄력성은 2라고 한다. 또한 이 재화는 정상재이다. 소득탄력성의 크기를 구하라.

연도	수요량	가격	소득
2019	100	5	400
2020	78	6	440

11. 어떤 사람의 여가(n)와 화폐(m)에 대한 효용함수는 $u(n,\ m)\ =\ \min\{n,\ m\}$으로 표시된다고 한다. 이 사람이 최대한 누릴 수 있는 여가는 16(시간)이라 한다.

1) 시간당 임금율을 w로 나타낼 때, 이 사람의 노동공급을 w의 함수로 구하라.

2) 임금율이 1에서 1.5로 상승할 때 이 사람의 노동공급의 변화를 여가에 대한 대체효과, 통상의 소득효과, 소득변화의 효과로 구분하여 설명하라.

12. 어떤 소비자의 소득은 비노동소득과 노동소득으로 구성된다고 한다. 총 여가시간 L_0 중 일부를 포기하는 대가로 시간당 임금 w를 받은 것이 이 소비자의 노동소득이다. 이 소비자는 주어진 소득을 가지고 여가(L)와 화폐재(M)만을 소비한다고 한다.[10] 비노동소득은 임금의 영향을 받지 않으며 화폐재로 표시할 때 M_0 만큼이라고 한다. 여가와 화폐재가 모두 정상재라고 할 때 다음 물음에 답하라.

1) 비노동소득의 증가는 노동공급에 어떤 영향을 주는가?

2) w의 증가는 노동공급에 어떤 영향을 주는가?

3) w의 증가는 화폐재로 표시한 총소득에 어떤 영향을 주는가?

13. 1기와 2기의 소비를 각각 c_1, c_2, 1기와 2기의 소득을 각각 m_1, m_2 라 하자. 어떤 소비자의 효용함수가 $u(c_1, c_2) = \sqrt{c_1 c_2}$ 라 하고, 저축과 대출 시의 이자율은 모두 r이라 한다. 각 기의 소비재 가격은 항상 1이라고 가정한다.

1) $m_1 = 20$, $m_2 = 10$, $r = 0.1$ 일 때 이 소비자는 저축을 하겠는가, 대출을 받겠는가? 그 크기는 얼마인가?

2) 소득은 1)과 같고, 이자율이 0.05로 하락할 때 이 소비자의 효용은 높아지는가, 낮아지는가?

10) 화폐재(numeraire)란 가격이 항상 1인 재화를 뜻한다.

CHAPTER 06

소비자 후생과 소비자 선택에 관한 여러 이론

예산제약에 변화를 가져오는 가격이나 소득의 변화, 또는 정책의 변화는 소비자의 선택에 영향을 주고 이는 소비자의 후생을 변화시킨다. 이 장에서는 먼저 소비자의 후생을 측정할 수 있는 여러 지표들을 소개하고, 소비자 선택에 관한 여러 이론들을 소개한다.

제1절 소비자 후생의 측정

우리는 소비자의 선호를 표시하는 여러 방법들을 제5장에서 살펴보았다. 특히 소비자의 효용은 소비자의 만족도를 나타내는 훌륭한 지표가 될 수 있다. 그러나 소비자의 효용은 그 소비자의 만족도를 나타내기에는 결함이 없지만 철저하게 주관적이어서 모든 소비자의 만족도를 측정하기에는 적합하지 않다. 이에 보다 객관적인 후생의 지표가 필요하게 되는 것이다.

소비자의 후생을 측정하는 객관적인 지표들에는 소비자잉여, 보상변화, 대등변화 등이 있다.

소비자잉여 일반 소비자는 값이 비싸면 그 재화를 덜 사다가도 싸지면 더 많이 소비한다. 〈그림 6-1〉에는 어떤 소비자의 일주일 동안 커피에 대한 수요곡선이 주어져 있다. 커피 가격이 만원 이상이면 커피를 소비할 의사가 없지만 만원 이하일 때에는 일주일에 적어도 한 잔을 소비할 의사가 있다. 커피가격이 3,000원이라면 이 소비자는 일주일에 총 4잔의 커피를 소비한다.

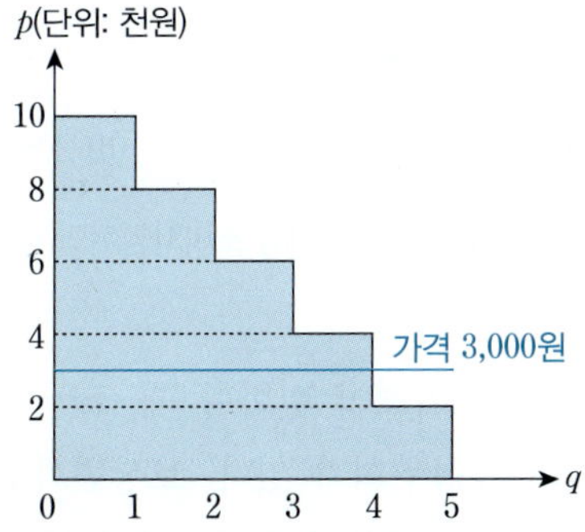

〈그림 6-1〉 커피에 대한 수요곡선

수요곡선의 높이는 각 구매 수량에서 소비자가 단위당 지불하려고 하는 가격을 뜻한다. 이를 그 소비자의 **한계지불의욕**(marginal willingness to pay)이라 한다. 가격이 한계지불의욕보다 더 낮으면 소비자는 그 차이만큼의 이익을 누린다.

소비자잉여(consumer surplus)는 구입한 재화에 대해 소비자가 느끼는 만족(한계지불의욕)과 실제 지불한 금액(가격)과의 차이이다. 〈그림 6-1〉에서 이 소비자의 소비자잉여는 (10,000+8,000+6,000+4,000)−4×3,000=16,000원이다.

시장수요곡선의 높이는 모든 소비자 중에서 가장 높은 한계지불의욕을 재화의 각 단위에 대해 표시한 것이라 할 수 있다. 따라서 시장수요곡선과 가격과의 차이가 그 시장에서 소비자들이 얻는 소비자잉여이다(〈그림 6-2(a)〉 참조). 가격이 p_a 에서 p_b 로 상승하면 소비자잉여는 ΔCS 만큼 감소한다(〈그림 6-2(b)〉 참조). 거꾸로 가격이 p_b 에서 p_a 로 하락하면 소비자잉여는 그만큼 증가한다.

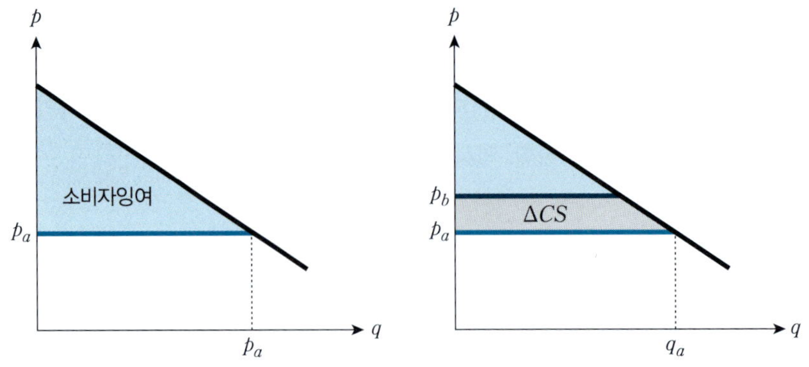

(a) 소비자잉여　　(b) 소비자잉여의 변화

〈그림 6-2〉 소비자잉여와 소비자잉여의 변화

보상변화와 대등변화 한 재화의 가격이 변화할 때 소비자후생의 변화를 측정하는 또 다른 개념으로 보상변화와 대등변화가 있다. **보상변화**(compensating variation)란 가격변화로 인한 소비자 만족의 변화를 원래대로 회복시키는데 필요한 소득의 변화이다.

〈그림 6-3〉에서 가격이 p_a일 때 소비자는 a를 선택하여 U_a의 효용을 누리고 있다. 가격이 p_b로 상승하면 소비자의 효용은 U_b로 감소한다. p_b의 가격에서 소비자의 효용을 다시 U_a로 회복시키는데 필요한 소득이 보상변화(CV)이다. 즉 재화 1과 2의 가격이 각각 p_b, p_2일 때 I의 소득을 가지고 얻을 수 있는 최대 효용이 U_b이지만, 같은 가격에서 처음 효용 수준 U_a를 얻는데 필요한 추가 소득이 곧 보상변화이다.

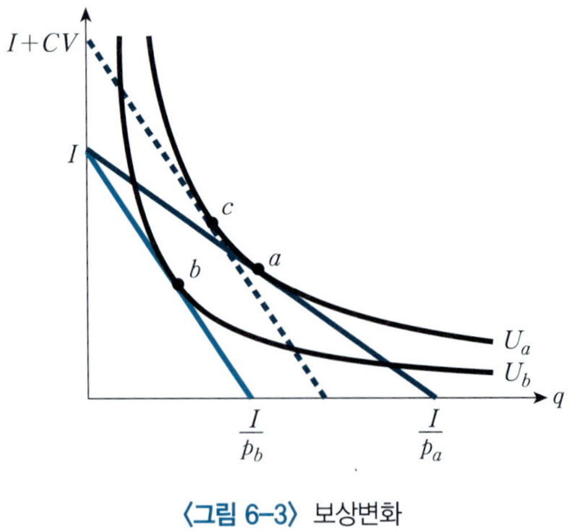

〈그림 6-3〉 보상변화

한 재화의 가격이 변화할 때 소비자후생의 변화를 측정하는 또 다른 개념으로 **대등변화**(equivalent variation)가 있다. 대등변화란 소비자의 만족에 가격변화와 대등한 효과를 가져 오는 소득의 변화이다.

〈그림 6-4〉에서 가격이 p_a일 때 소비자는 a를 선택하여 U_a의 효용을 누리고 있다. 가격이 p_b로 상승하면 소비자의 효용은 U_b로 감소한다. 원래의 가격 p_b에서 소비자의 효용이 U_b가 되도록 만드는 소득이 대등변화(EV)이다.

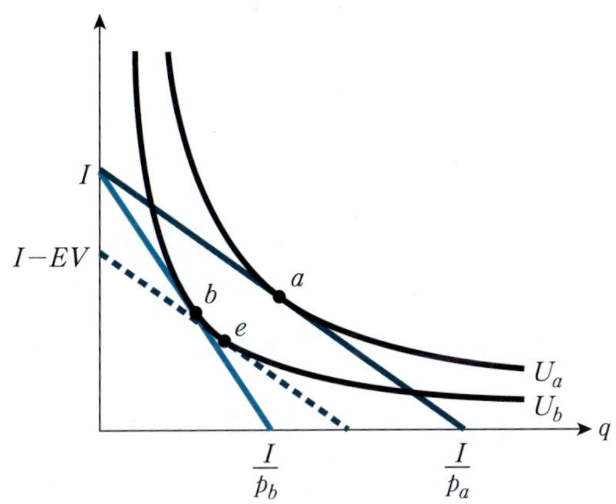

〈그림 6-4〉 대등변화

즉 소득이 I, 재화 2의 가격이 p_2로 고정된 상태에서 재화 1의 가격이 p_a에서 p_b로 상승하는 것은 재화 1, 2의 가격이 각각 p_a, p_2로 고정된 상태에서 소득이 I에서 EV만큼 감소한 것과 대등하다는 것이다.

소비자 후생 지표들의 비교 〈그림 6-5〉를 통해 세 후생지표들을 비교할 수 있다. 가격이 p_a일 때 소비자는 a를 선택하여 U_a의 효용을 누리고 있다. 가격이 p_b로 상승하면 소비자는 b를 선택하고 소비자의 효용은 U_b로 감소한다. 소비자잉여의 변화(ΔCS)는 수요곡선 D의 왼쪽 부분 가격 p_a와 p_b 사이의 면적, 즉 $p_a ab p_b$이다.

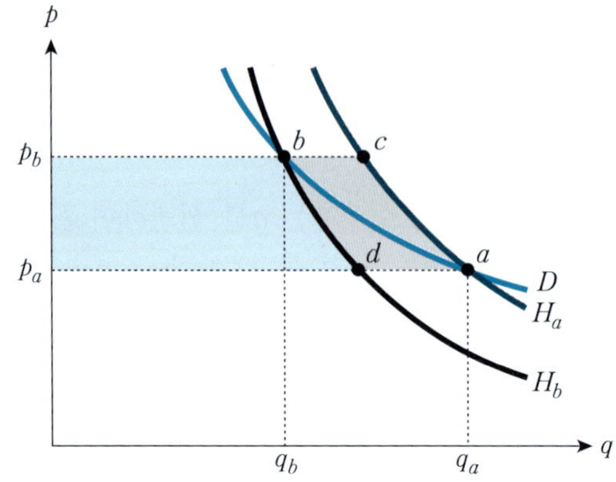

〈그림 6-5〉 소비자 후생 지표들의 비교

이 때의 보상변화는 이 장의 부록: 보상변화와 대등변화의 수리적 도출에 설명된 것처럼 가격변화 전에 소비자가 누리고 있었던 효용수준 U_a 에서 도출한 보상수요곡선 H_a 의 p_a 로부터 p_b 까지의 적분이다. 즉 $p_a acp_b$ 이다.

한편, 대등변화는 역시 이 장의 부록에 설명된 것처럼 가격변화 후에 소비자가 누리게 된 효용수준 U_b 에서 도출한 보상수요곡선 H_b 의 p_a 로부터 p_b 까지의 적분이다. 즉 $p_a dbp_b$ 이다.

만일 가격이 p_b 에서 p_a 로 하락했다면 소비자의 효용 수준은 U_b 에서 U_a 로 높아질 것이다. 이 때 낮아진 가격 p_a 에서 처음 효용 수준 U_b 를 얻게 하려면 보상변화를 통해 소득을 감소시켜야 할 것이다. 즉 가격이 p_b 에서 p_a 로 하락할 때의 보상변화는 가격이 p_a 에서 p_b 로 상승할 때 p_a 의 가격에서 U_b 의 효용 수준을 얻게 하는 소득의 변화인 대등변화 $p_a dbp_b$ 와 같다.

한편, 가격이 p_b 에서 p_a 로 하락한 경우의 대등변화는 가격변화 후에 소비자가 얻는 효용 수준 U_a 에서 도출한 보상수요곡선 H_a 의 p_a 로부터 p_b 까지의 적분이다. 즉 $p_a acp_b$ 이다. (물론 이때에는 부호가 반대로 된다.)

이상을 종합하면 다음과 같은 부등호 관계가 성립함을 알 수 있다.

가격이 상승할 때 ($p_a \rightarrow p_b$):

대등변화($p_a dbp_b$) < 소비자잉여의 변화($p_a abp_b$) < 보상변화($p_a acp_b$)

가격이 하락할 때 ($p_b \rightarrow p_a$):

$$\text{보상변화}(p_a dbp_b) < \text{소비자잉여의 변화}(p_a abp_b) < \text{대등변화}(p_a acp_b)$$

보상변화와 대등변화는 가격이 한 수준에서 다른 한 수준으로 오를 때와 내릴 때 소비자가 얻는 피해와 이익을 정확히 측정한다. 그런데 이 측정치는 직접 관찰이 불가능한 보상수요곡선에 근거한 것이므로 구체적 수치를 얻을 수 없는 개념에 그칠 뿐이다.[1)]

이에 반해 소비자잉여의 변화는 관찰 가능한 수요곡선에 근거한 측정치이면서 가격의 변화 방향에 영향을 받지 않으므로 경제학에서 소비자의 후생 변화를 측정하는 지표로 널리 활용되고 있다.

비용편익분석과 소비자잉여 〈그림 6-2〉의 수요곡선이 어느 지역의 상수도 물 수요곡선으로 현재 수돗물 가격이 p_b라고 하자. 이제 공사비 C를 들여서 댐을 쌓고 정수시설을 갖추면 수돗물 가격을 p_a까지 낮출 수 있다고 하자. 이 공사의 시행을 결정하려면 공사 결과 그 지역 주민들이 얻는 편익의 크기를 알아야 한다.

이 편익의 크기는 보통 소비자잉여의 증가 ΔCS로 측정한다. 예컨대 $\Delta CS > C$이면 편익이 비용보다 더 크다고 판단하고 공사를 시행한다. 이처럼 소비자잉여는 각종 공공사업의 시행을 결정하는 비용편익분석에서 편익을 측정하는 가장 중요한 수단으로 사용된다.

제2절 물가지수와 소비자 후생

물가지수 재화별 가격은 시간이 흐르면 변한다. 모든 재화의 가격이 일제히 2배로 되면 우리는 전반적 물가수준도 2배로 오른다고 말할 수 있을 것이다. 반대로 일제

1) 물론 슬루츠키 방정식에 의해 수요의 가격탄력성과 소득탄력성을 통해 간접적으로 추정이 가능하다(제5장 부록 참조).

히 절반으로 떨어지면 물가수준에 대해서도 같이 말할 수 있다. 그러나 재화별 가격 변화율은 일반적으로 서로 다르다. 일반적 물가변화를 하나의 수치로 측정하여 파악하는 일은 결코 간단한 작업이 아니다.

기준년도의 물가를 1로 두고 연도별 물가수준을 이와 비교 가능한 수치로 나타내는 지표를 **물가지수**(price index)라고 한다.

먼저 지출함수를 이용하여 물가가 소비자의 후생에 어떤 영향을 미치는지 생각해 보자. 기준년도의 가격과 소비벡터를 각각 $p^a=(p_1^a,p_2^a)$와 $q^a=(q_1^a,q_2^a)$, 비교년도의 가격과 소비벡터를 각각 $p^b=(p_1^b,p_2^b)$와 $q^b=(q_1^b,q_2^b)$로 표시하자. 그리고 기준년도와 비교년도의 효용수준을 각각 $U^a=U(q_1^a,q_2^a)$, $U^b=U(q_1^b,q_2^b)$라 하자. $q^a=(q_1^a,q_2^a)$와 $q^b=(q_1^b,q_2^b)$는 각각 기준년도와 비교년도의 수요, 즉 소비자가 선택한 소비벡터이다.

비교년도의 가격 $p^b=(p_1^b,p_2^b)$에서 기준년도의 효용수준을 그대로 유지하도록 해주는 소득의 크기를 지출함수로 표시하면 $E(p_1^b,p_2^b,U^a)$이다. 그런데 기준년도에서는 같은 효용을 얻는데 예산 $p_1^aq_1^a+p_2^aq_2^a$를 지출하였다. 동일한 효용을 주는 두 지출액이 다르다면 이는 가격의 변화로 인한 것이며 더 많은 지출액이 필요하다면 이는 물가가 그만큼 상승했음을 의미한다. 따라서 이 두 지출액의 비율

$$\alpha := \frac{E(p_1^b,p_2^b,U^a)}{p_1^aq_1^a+p_2^aq_2^a} = \frac{p_1^bx_1^a+p_2^bx_2^a}{p_1^aq_1^a+p_2^aq_2^a}$$

은 비교년도의 가격에서 기준년도의 효용수준을 그대로 유지하는 데 드는 예산이 기준년도에 비해 몇 배인지를 나타낸다.[2)] 예산이 α배 든다면 물가가 α배 올랐다고 말할 수 있는 근거가 된다. 그러므로 α는 물가지수로 손색이 없다.

문제는 보상수요가 관찰 불가능하여 지수 α는 관측되는 통계자료를 이용하여 계산할 수 없다는 점이다. 그러므로 관찰이 불가능한 보상수요대신 관찰 가능한 수요 $q^a=(q_1^a,q_2^a)$를 사용하는 방법을 이용하여 계산한 물가지수

2) 여기서 x_1^a와 x_2^a는 각각 비교년도의 가격 $p^b=(p_1^b,p_2^b)$ 하에서 최소의 지출로 U^a의 효용을 얻게 하는 보상수요이다. 즉 $x_1^a=H_1(p_1^b,p_2^b,U^a)$, $x_2^a=H_2(p_1^b,p_2^b,U^a)$, x_1^a 이다(제5장 부록 참조).

$$\pounds := \frac{p_1^b q_1^a + p_2^b q_2^a}{p_1^a q_1^a + p_2^a q_2^a}$$

를 사용한다. 이 물가지수 $\pounds$을 **라스파이레스지수**(Laspeyres index)라고 한다.

라스파이레스지수는 비교년도의 가격에서 기준년도와 동일한 소비벡터 q^a를 구입하는 예산을 기준년도의 예산과 비교한 것이다.[3] 그런데 $p_1^b q_1^a + p_2^b q_2^a \geq p_1^b x_1^a + p_2^b x_2^a$이므로 $\pounds \geq \alpha$로서 라스파이레스 물가지수 $\pounds$는 효용수준을 기준으로 한 물가지수 α보다 비교년도의 물가를 과대평가한다.

라스파이레스지수는 기준년도의 소비수준을 유지하는 예산을 기준으로 물가를 평가한다. 그런데 같은 통계자료를 놓고 비교년도의 소비수준 유지를 기준으로 삼는 물가지수도 생각할 수 있다. 기준년도의 가격에서 비교년도의 소비벡터 q^b를 구입하는 데 드는 예산은 $p_1^a q_1^b + p_2^a q_2^b$이고 비교년도에 q^b를 구입하는 데 지출한 예산은 $p_1^b q_1^b + p_2^b q_2^b$이다. 이 두 예산의 비율

$$\text{Þ} := \frac{p_1^b q_1^b + p_2^b q_2^b}{p_1^a q_1^b + p_2^a q_2^b}$$

은 비교년도에 소요된 예산이 기준년도 가격에서 비교년도 소비벡터를 구입하는 데 필요한 예산의 몇 배인지를 나타낸다. 이 물가지수 Þ를 **파셰지수**(Paasche index)라고 부른다.

기준년도의 가격에서 비교년도와 동일한 효용을 주는 보상수요벡터를 사용한다면 기준년도의 지출은 $E(p_1^a, p_2^a, U^b)$일 것이다. $E(p_1^a, p_2^a, U^b) \leq p_1^a q_1^b + p_2^a q_2^b$이므로 파셰지수는 효용을 기준으로 한 물가지수보다 물가상승을 과소평가한다.

동일한 통계자료로 계산하더라도 일반적으로 라스파이레스지수와 파셰지수는 그 크기가 서로 다르다. 효용을 기준으로 한 물가를 라스파이레스지수 $\pounds$은 과대평가하고 파셰지수 Þ는 과소평가하므로 두 지수의 산술평균 $(\pounds + \text{Þ})/2$, 또는 기하평균 $\sqrt{\pounds \text{Þ}}$을 이용하여 효용을 기준으로 한 물가수준을 추정할 수 있다.

3) 동일한 효용대신 동일한 소비벡터를 기준으로 한다는 점에서 보상변화의 기준을 소비벡터로 삼은 슬루츠키의 견해와 일맥상통한다.

물가연동제의 후생 효과 임금계약이나 정부의 복지 프로그램 등에서 임금이나 복지혜택이 물가에 연동되어 있는 경우가 있다. 복지혜택이 소비자 물가지수에 연동되어 있는 경우에는 수혜자에게 과다한 지출이 이루어지는 경향이 있다. 소비자 물가지수는 평균적인 소비재의 구성을 기준연도에 정해 놓고, 이를 구입하는데 들어가는 비교년도의 비용을 지수로 표시하는 대표적인 라스파이레스 지수이다.

과다한 지출이 이루어지는 이유는 라스파이레스 지수가 효용수준을 기준으로 한 물가지수보다 비교년도의 물가를 과대평가하기 때문이다. 이를 〈그림 6-6〉를 통해 알아보자. 예를 들어 임금 계약이 소비자 물가지수에 연동되어 있다고 가정하자. 만일 소비자의 물가가 5% 상승하였다면 임금도 5% 인상된다. 5% 인상된 임금으로 소비자는 예전과 동일한 소비벡터 a를 소비할 수 있게 된다. 즉 $\frac{p_1^b a_1 + p_1^b a_2}{p_1^a a_1 + p_1^a a_2}$이고 임금 인상을 통해 다음 연도의 소득 I^b가 $1.05I^a$와 같으므로 새로운 가격 $p^b = (p_1^a, p_2^b)$하에서도 여전히 예전과 동일한 소비벡터 a를 소비할 수 있는 것이다.

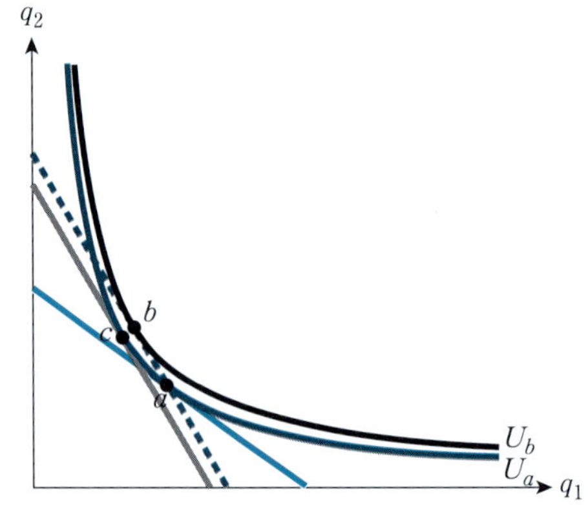

〈그림 6-6〉 물가연동제의 후생 효과

이러한 상황이 〈그림 6-6〉에 예시되어 있다. 기준연도에 평균 소비자는 a를 소비하여 U_a의 효용을 얻는다. 다음 해에 두 재화의 물가상승률이 동일하지 않으면 예산선의 기울기는 기준연도와 달라진다. 소비자는 물가연동제로 인해 여전히 a를 소비할 수 있으나 a 대신 b를 선택할 것이고 U_a보다 더 높은 효용 U^b를 얻는다.

효용을 유지하는 데에는 $Y^* = E(p_1^b, p_2^b, U^a)$의 소득이면 충분하다. 즉 a가 아니라

c를 구입할 수 있도록 보장해 주면 충분하다. 소비자 물가지수 연동에 의해 지불되는 소득을 Y^b, 기준년도의 소득을 Y^a라 하면

$$\frac{Y^b}{Y^a} = \frac{Y^b}{Y^*}\frac{Y^*}{Y^a}$$

이다. 즉 Y^*만 지불하면 충분한데 Y^b를 지불함으로 인해 $\frac{Y^b}{Y^*}$배의 과다 지출이 이루어진 것이다. 소비자가 가격이 상대적으로 하락한 재화를 더 많이 소비하는 대체 현상($a \to b$)에 의해 효용이 증가하였으므로 이 비율 $\frac{Y^b}{Y^*}$를 **대체편차**(substitution bias)라 한다.

제3절 선호관계의 시현

시현된 선호 지금까지 우리는 가격 및 소득의 크기가 주어지면 소비자는 자신이 가장 선호하는 소비벡터를 선택한다고 전제하였다. 이중에서 외생변수인 가격, 소득 및 소비자가 선택한 소비벡터(즉 개별수요) 등의 변수는 모두 제3자가 직접 관찰할 수 있는 변수들이지만 소비자의 선호관계는 그렇지 않다. 다만 관측 가능한 가격 및 소득과 역시 관측 가능한 개별수요는 선호관계 $\succsim$의 직접적인 영향을 받으므로 이들의 관계는 소비자의 선호관계에 대한 정보를 어느 정도 시현할 것으로 기대할 수 있다.

우선 소비자가 선택한 소비벡터에서 한계대체율($MRS_{X,Y}$)은 상대가격 $\frac{p_X}{p_Y}$와 같으므로 한계대체율 정도의 정보는 제3자에게 시현된다. 또 가격이 $p^0=(p_X^0, p_Y^0)$일 때 개별수요가 $a^0=(x^0, y^0)$이면 이 소비자선택은 예산제약 $p_X^0 x + p_Y^0 y \leq p_X^0 x^0 + p_Y^0 y^0$을 만족하는 어떠한 소비벡터 $a=(x, y)$도 $a^0=(x^0, y^0)$보다 결코 더 선호될 수 없음을 보여준다.

〈그림 6-7(a)〉에서 가격벡터가 p'일 때 소비자가 주어진 예산집합에서 소비벡터

a'을 선택하였고, 가격벡터가 p^0일 때 주어진 예산집합에서 소비벡터 a^0을 선택했다고 하자. 가격벡터가 p^0일 때에는 a'를 선택할 수 있었음에도 불구하고 a^0을 선택했으므로 이 소비자선택은 소비자가 a^0을 a'보다 더 선호함을 보여준다. 그러나 그림의 (b)처럼 가격벡터가 p'일 때에는 비록 a'를 선택했지만 a^0는 예산집합 밖에 있었고, 가격벡터가 p^0일 때에는 비록 a^0을 선택했지만 a'는 예산집합 밖에 있었다면 이 소비자의 선택은 두 소비 a^0과 a' 사이에 어떤 선호관계도 시현하지 않는다. 실제 관찰되는 소비자선택으로부터 소비 사이의 선호관계를 추출하고자 하는 연구가 **시현된 선호**(revealed preference)의 이론이다.

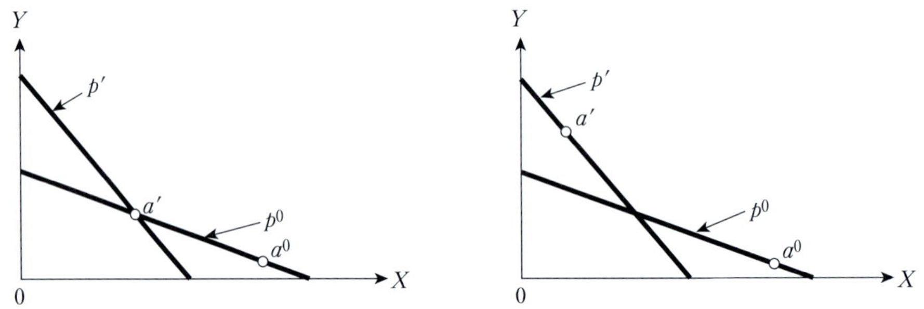

(a) 시현 (b) 불시현

〈그림 6–7〉 선호관계의 시현

시현된 선호의 이론에서는 가격 $p^0=(p_X^0, p_Y^0)$에서 소비자선택이 $a^0=(x^0, y^0)$일 때 만약 어떤 소비벡터 (x, y)에 대해 부등식

$$p_X^0 x^0 + p_Y^0 y^0 \geq p_X^0 x + p_Y^0 y$$

이 성립하면 $(x^0, y^0)\ R\ (x, y)$로 표기하고 '소비 (x^0, y^0)가 소비 (x, y)보다 **더 선호됨이 시현**(revealed to be preferred)된다'라고 파악한다. 즉 가격 p^0에서 소비 (x^0, y^0)을 선택하는 소비자는 이 가격에서 소비 (x, y)도 구입할 수 있었는데도 (x, y) 아닌 (x^0, y^0)을 선택했기 때문에 이 소비자는 소비 (x^0, y^0)을 소비 (x, y)보다 더 선호함을 행동으로 드러냈다고 본다.

이제 소비 $a'=(x', y')$를 가격 $p'=(p_X', p_Y')$에서의 소비자선택이라고 하자. 〈그림 6–7(a)〉는 $a^0\ R\ a'$인 경우를 보여준다. 만약 소비행위 a^0과 a' 사이의 관계가 〈그림 6-7(b)〉와 같이 $p_X^0 x^0 + p_Y^0 y^0 < p_X^0 x' + p_Y^0 y'$ 이면서 $p_X' x^0 + p_Y' y^0 > p_X' x' + p_Y' y'$ 라면 소비자선택은 이들 간의 선호관계를 직접적으로 드러내지 않는다.

그런데 만약 가격이 $p'' = (p_X'', p_Y'')$ 일 때의 소비자의 선택이 $a'' = (x'', y'')$ 여서 〈그림 6-8〉처럼 $p_X^0 x^0 + p_Y^0 y^0 \geq p_X^0 x'' + p_Y^0 y''$ 및 $p_X'' x'' + p_Y'' y'' \geq p_X'' x' + p_Y'' y'$ 의 관계를 보인다면 $a^0 \ R \ a''$ 이면서 동시에 $a'' \ R \ a'$ 이므로 이 소비자는 소비 a^0 을 소비 a' 보다 더 선호함을 행동으로 보인 셈이다.

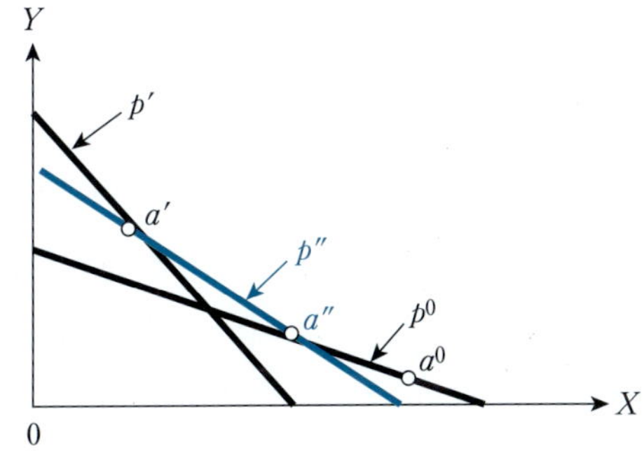

〈그림 6-8〉 선호의 간접적 시현

두 소비 a^0 과 a' 사이에서 선호관계가 직접 시현되지 않을 경우, 만약 소비 a'' 가 존재하여 $a^0 \ R \ a''$ 이면서 동시에 $a'' \ R \ a'$ 의 관계를 시현한다면 '소비 a^0 이 소비 a' 보다 **더 선호됨이 간접적으로 시현**(indirectly revealed to be preferred)된다.'고 말하고, $a^0 \ R^* \ a'$ 로 표기한다.

시현된 선호의 공리 소비 a^0 이 소비 a' 보다 더 선호되는 것으로 시현된 경우, 즉 $p_X^0 x^0 + p_Y^0 y^0 \geq p_X^0 x' + p_Y^0 y'$ 일 경우, 만일 어떤 다른 가격 p' 에서 소비 a' 를 선택했는데 부등식 $p_X' x^0 + p_Y' y^0 \leq p_X' x' + p_Y' y'$ 의 관계를 보인다면, 즉 소비 a' 가 a^0 보다 거꾸로 더 선호됨이 시현된다면, 이 소비자선택이 시현하는 선호관계는 일관성을 상실한다. 이 소비자에게는 자신이 할 수 있는 행동 가운데 최상의 것을 선택한다는 미시경제학 원리를 적용하기 어렵고 앞장의 소비자 선택이론도 설명력을 잃을 것이다.

그러므로 개별수요로부터 일관성 있는, 최소한 이행적인, 선호관계를 추출해낼 수 있으려면 선호시현이 이처럼 도착되지는 말아야 한다. 이 조건은 그대로 다음의 공리로 요약된다.

[공리 1] 만약 a^0 ℟ a' 의 관계가 일단 시현되면 a' ℟ a^0 의 관계는 결코 시현될 수 없다.

이 [공리 1]을 **시현된 선호의 약공리**(weak axiom of revealed preference)라고 하는데 한번 직접적으로 시현된 선호관계는 뒤집히지 않을 것을 요구한다.

그런데 선호시현의 일관성은 간접적 선호시현에 대해서도 요구된다. 약공리가 요구하는 것은 직접적 선호시현의 일관성뿐이므로 이 약공리만으로 간접적 선호시현의 일관성까지 보장되는지는 밝혀져야 한다. 그 동안의 연구결과는 재화의 가짓수가 둘(n=2)이면 약공리만으로도 충분하지만 셋 이상이면 약공리를 충족하더라도 간접적 선호시현이 뒤집힐 수 있음을 보였다. 즉 약공리만으로는 모든 선호시현의 일관성을 보장하기에 미흡하므로 더 강한 조건이 필요하다.

[공리 2] 만약 a^0 ℟* a' 의 관계가 일단 시현되면 a' ℟* a^0 의 관계는 결코 시현될 수 없다.

[공리 2]는 약공리보다 강한 조건이므로 이것을 **시현된 선호의 강공리**(strong axiom of revealed preference)라고 한다. 고급 경제이론은 수요함수 $a^*(p_X, p_Y, w)$가 시현된 선호의 강공리를 충족할 때 이로부터 (소비자균형으로 선택될 수 있는) 소비행위들 사이의 선호관계를 올바르게 추출할 수 있다는 사실을 논증한다.

제4절 가수요, 베블렌 효과 및 소비외부성

선호관계의 변화 지금까지 우리는 가격과 소득이 변할 때 소비자 선호는 변하지 않는다고 가정하였다. 이 절에서는 선호의 변화가 수요에 끼치는 영향에 대하여 고찰해 보기로 한다. 소비 (x, y)의 효용지표를 $u(x, y)$로 표기할 때 그 의미는 소비자의 만족도가 그 자신의 소비 (x, y)에만 의존할 뿐 다른 사람들의 소비와는 무관하다는 것이다. 이러한 선호를 **이기적 선호**(selfish preference)라고 한다.

만약 소비 (x, y) 이외에도 소비자의 만족도에 영향을 끼치는 요인 α가 있다면 그의 효용지표는 $u(x, y; \alpha)$로 표기함으로써 효용지표 y가 α의 영향을 받음을 나타내야 옳다. 이 요인 α의 변화는 일반적으로 선호관계의 변화를 부른다. 이를테면 $u(x, y; \alpha) > u(x', y'; \alpha)$로서 $(x, y) \succ (x', y')$이지만 α가 α'로 바뀌면 $u(x, y; \alpha') < u(x', y'; \alpha')$로 대소관계가 바뀌어 선호관계가 $(x', y') \succ (x, y)$로 역전될 수도 있다. 즉 소비 $a = (x, y)$를 $a' = (x', y')$보다 더 좋아하다가도 α가 α'로 바뀌면 거꾸로 $a' = (x', y')$를 $a = (x, y)$보다 더 좋아하도록 바뀐다. α의 변화는 〈그림 6-9〉와 같이 무차별곡선의 구조를 바꾸어 결과적으로 다른 소비자균형을 실현한다.

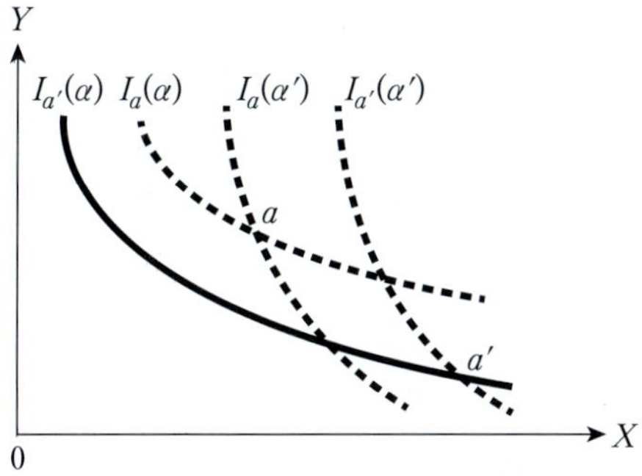

〈그림 6-9〉 선호관계의 변화

기업의 광고는 소비자들이 자사 제품을 더 좋아하도록 벌이는 선전으로서 선호관계를 바꾸는 α의 대표적 예다. 재화의 가격이나 다른 소비자들의 소비행태 등도 α의 중요한 예가 된다. 특히 소비자 선호가 다른 소비자들의 소비로부터 영향을 받을 때 이러한 선호를 **비이기적 선호**(non-selfish preference)라고 한다.

가수요와 베블렌 효과 재화 가격의 변화가 소비자 선호를 바꾸는 경우를 고찰해 보자. 가격 p_X가 오를 때 소비자가 다른 재화에 비하여 재화 X를 상대적으로 전보다 더 높이 평가하도록 선호가 변하는 경우가 있다.

현재 재화의 가격이 오를 때 이 가격의 상승세가 지속되리라고 믿는 소비자는 가격이 더 오르기 전인 지금 이 재화를 많이 사 두었다가 오른 다음에 되팔아서 매매차익을 남기는 것이 유리하다고 느낄 것이다. 따라서 소비자는 현재 필요한 것보다 더 많은 수량의 재화를 수요하는데, 이러한 수요를 **가수요** 또는 **투기적수요**(speculative demand)라고 한다. 우리의 생활 주변에서 자주 관측된 가수요 현상으로는 아파트 열풍이 있었다.

또 어떤 재화의 가격이 상승할 때 일부 소비자들은 값이 비싸진 이 재화를 소비할 정도로 재력이 막강함을 남들에게 과시하고 싶은 욕망에 사로잡히기도 한다. 이러한 소비자는 평시에는 이 재화를 거의 수요하지 않다가도 그 가격이 세간의 관심을 끌 정도로 오르면 오히려 그 소비를 늘리는 성향을 보인다. 이 현상을 **베블렌효과**(Veblen effect)라고 한다. 진주 등 보석류의 경우에 베블렌효과는 종종 나타난다. 결국 가수요나 베블렌효과는 가격이 상승함에 따라 소비자가 다른 재화에 비해 이 재화를 상대적으로 더 높이 평가하도록 선호가 바뀌기 때문에 나타나는 현상이다.

가격 p_X가 오를 때 재화 X를 상대적으로 더 높이 평가하도록 선호가 바뀐다는 말은 동일한 소비 $a=(x, y)$에서 재화 X 한 단위와 맞먹는 재화 Y의 수량, 즉 한계대체율 $MRS_{X,Y}(x, y)$가 가격 p_X의 상승에 따라 증가한다는 말이다. 이제 재화 X의 가격이 p_X일 때 소비자균형을 $a^*=(x^*, y^*)$라고 하자. 〈그림 6-10〉의 실선 $I_{a^*}(p_X)$는 이 가격 p_X에서 소비 a^*와 무차별한 소비들로 구성된 무차별곡선이다. 가격 p_X가 $p_X{}'$로 오를 때 소비자가 재화 X를 재화 Y보다 더 소중하게 평가하도록 바뀐다면 소비 a^*가 속하는 새 무차별곡선 $I_{a^*}(p_X{}')$는 가격상승 이전의 옛 무차별곡선 $I_{a^*}(p_X)$보다 점 a^*에서 더 큰 기울기, 즉 한계대체율 $MRS_{X,Y}(x, y)$를 보인다.

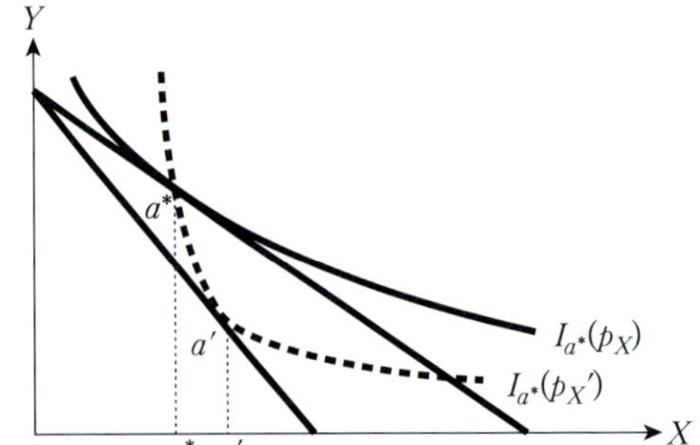

〈그림 6-10〉 가격 변화와 선호관계의 변화

〈그림 6-10〉의 소비 $a' = (x', y')$는 가격이 $p_X{}'$로 오른 뒤 새로 결정되는 소비자 균형이다. 가수요나 베블렌효과는 가격 p_X가 오르는데 재화 X의 수요가 그림처럼 오히려 x^*에서 x'로 증가하는 현상이다. 아파트나 진주가 저소득자나 찾는 열등재가 아닌 만큼 기펜재일 수는 없다. 즉 정상재라고 하더라도 그 가격이 상승할 때 선호관계가 그림처럼 바뀌면 수요가 증가하는 가수요나 베블렌 효과가 나타난다. 이에 비해 기펜재는 선호가 불변일 때 가격상승이 수요증가를 부르는 재화다.

소비외부성 어느 경제주체의 선택이 소비자의 선호를 바꾸는 효과를 총칭하여 **소비외부성**(consumption externalities)이라고 한다. 전염병이 창궐할 때 예방주사를 맞는 행위는 다른 소비자들의 전염 위험을 낮춤으로써 그 만족도를 높인다. 공기 맑은 공원을 좋아하는 소비자는 사람들이 공원에서 마구 흡연해대면 금연이 보장된 자기 집 정원을 오히려 더 좋아하도록 바뀐다.

유행은 대표적 소비외부성이다. 내가 찢어진 청바지를 즐겨 입는 것은 그것이 패션이기 때문이다. 남들이 너도나도 그렇게 입고 다니기 때문에 나도 그렇게 입는데 남들이 바뀌면 나도 바뀐다. 너나없이 유행을 따르는 것이 마치 역마차가 줄을 잇는 것 같다고 해서 **역마차효과**(bandwagon effect)라고 부른다. 어떤 재화가 지금 막 유행을 타기 시작하면 역마차효과가 본격화하면서 그 수요곡선은 우측으로 이동한다.

다른 소비자의 선택 이외에 기업의 광고도 소비자의 선호를 바꾼다. 어떤 재화를 생산 판매하는 기업의 광고 활동이 성공적이면 소비자들의 선호는 이 재화를 다른 재화보다 상대적으로 더 중시하도록 바뀌어 같은 값에서도 더 많이 구매하려고 한다. 그 결과 이 재화에 대한 수요곡선도 우측으로 이동할 것이다.

이 밖에도 민담에 나오는 흥부의 효용지표는 놀부의 생활 형편이 좋아지면 높아지며, 놀부의 효용지표는 흥부의 상활형편이 좋아지면 낮아지는 것으로 풀어볼 수 있다. 이처럼 소비외부성의 사례는 우리 생활주변에서 흔히 찾아 볼 수 있다.

부록: 보상변화와 대등변화의 수리적 도출

보상변화(CV)란 가격변화로 인한 소비자 만족의 변화를 원래대로 회복시키는데 필요한 소득의 변화이다(〈그림 6-3〉 참조).

p_b, p_2의 가격에서 U_a의 효용을 얻는데 필요한 소득을 지출함수로 표시하면 $E(p_b, p_2, U_a)$이고 $I = E(p_a, p_2, U_a)$이므로

$$CV = E(p_b, p_2, U_a) - I = E(p_b, p_2, U_a) - E(p_a, p_2, U_a)$$

이다.

제5장 부록에서 설명한 셰퍼드의 정리에 의하면 $\frac{\partial E}{\partial p_1} = H_1$이므로 결국 보상변화는 다음과 같이 쓸 수 있다.

$$CV = \int_{p_a}^{p_b} H_1(p, p_2, U_a)dp$$

즉 보상변화는 가격변화 전에 소비자가 누리고 있었던 효용수준 U_a에서 도출한

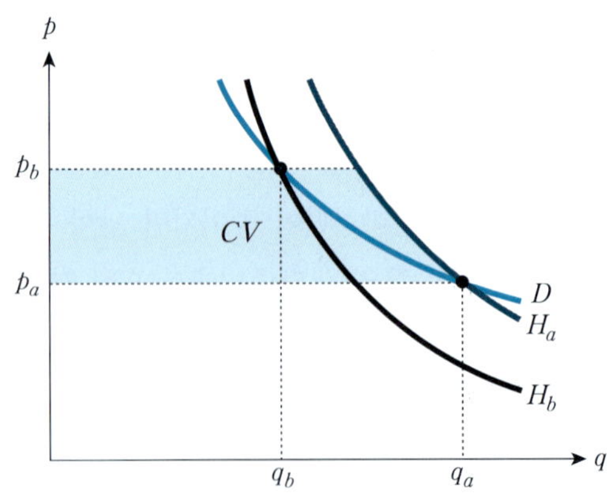

〈그림 6-A1〉 보상수요함수와 보상변화

보상수요곡선 H_a의 p_a로부터 p_b까지의 적분이다. (적분에 대해서는 이 책의 부록: 기초 미적분을 참조하라. 단 여기서는 독립변수가 수직축에 표시되므로 적분은 그래프 아래쪽이 아니라 그래프의 왼쪽 면적이 된다. 〈그림 6-A1〉 참조)

또한 p_a, p_2의 가격에서 U_b의 효용을 주는 소득을 지출함수로 표시하면 $E(p_a, p_2, U_b)$이고 $I = E(p_b, p_2, U_b)$이므로

$$EV = I - E(p_a, p_2, U_b) = E(p_b, p_2, U_b) - E(p_a, p_2, U_b)$$

이다. 따라서 역시 셰퍼드의 정리에 의해 대등변화는 다음과 같이 쓸 수 있다.

$$EV = \int_{p_a}^{p_b} H_1(p, p_2, U_b)dp$$

즉 대등변화는 가격변화 후에 소비자가 누리게 된 효용수준 U_b에서 도출한 보상수요곡선 H_b의 p_a로부터 p_b까지의 적분이다. (역시 여기서도 적분은 그래프 아래쪽이 아니라 그래프의 왼쪽 면적이 된다. 〈그림 6-A1〉 참조)

연습문제

1. 두 재화를 소비하는 어떤 소비자의 효용함수가 $u(x, y) = \sqrt{xy}$ 라고 한다.

   1) 소득이 10, y재의 가격이 1일 때, x재의 가격만 1에서 2로 상승한다면, 소비자잉여의 변화(ΔCS)는 얼마인가? (단, $\int \frac{1}{x} dx = \ln x$ 이다.)

   2) 소득이 10, y재의 가격이 1일 때, x재의 가격만 1에서 2로 상승한다면 보상변화와 대등변화는 각각 얼마인가? (단, $\int \frac{1}{\sqrt{x}} dx = 2\sqrt{x}$ 이다.)

2. 두 재화를 소비하는 어떤 소비자의 효용함수가 $u(x, y) = 4\sqrt{x} + y$ 라고 한다. 소득이 10, y재의 가격이 1일 때, x재의 가격만 1에서 2로 상승한다면, 소비자의 효용은 얼마에서 얼마로 변화하는가? 보상변화는 얼마인가? 대등변화는 얼마인가?

3. 두 재화의 가격과 소비량이 각각 다음 표와 같다고 한다.

	가격벡터	소비벡터
기준년도	(2, 2)	(2, 3)
비교년도	(1, 3)	(4, 1)

   1) 라스파이레스 물가지수와 파셰 물가지수를 각각 구하라.

   2) 모든 소비자가 동일한 소득과 동일한 선호를 갖고 있다고 가정하고, 기준년도와 비교년도의 소비자 후생을 비교하라.

4. 10년 전 감자는 한 개에 10원 빵은 한 개에 20원이었고, 경수는 330원의 소득을 가지고 감자 9개 빵 12개를 소비하였다. 지금은 감자는 한 개에 22원 빵은 한 개에 17원이고, 경수는 452원의 소득을 가지고 있다. 경수의 선호가 바뀌지 않았다고 할 때, 경수의 후생은 10년 전과 비교하여 어떻게 되었는가?

5. 다음은 어떤 소비자가 선택한 소비벡터와 그 때의 가격벡터이다.

소비벡터 (q_1, q_2, q_3)	가격벡터 (p_1, p_2, p_3)
$A = (3, 4, 5)$	$(1, 1, 1)$
$B = (2, 4, 5)$	$(2, 1, 1)$
$C = (3, 3, 4)$	$(1, 2, 1)$
$D = (4, 4, 3)$	$(1, 1, 2)$
$E = (2, 3, 6)$	$(2, 2, 1)$

1) 이 소비자의 선택은 시현된 선호의 약공리를 만족하는가?

2) 가격벡터가 (2, 1, 2)이고 소득이 18일 때 이 소비자가 D를 선택했다고 한다. 이 소비자의 시현된 선호의 강공리를 만족한다고 가정하고, 가격벡터가 (2, 2, 2)이고 소득이 22일 때 이 소비자가 A, B, C, D, E 중 하나를 선택했다면 그것은 어떤 벡터이겠는가?

6. 가격이 각각 P_X, P_Y 인 두 재화 X, Y를 소비하는 소비자에게 일정한 금액($=T$)의 소득세를 부과한 결과 소비자는 (X_0, Y_0)를 선택하였다. 소득세 대신 X재에 1단위에 t만큼의 간접세(물품세)를 부과하였더니 소비자는 (X_1, Y_1)을 선택하였고 정부의 조세수입은 먼저와 같이 T가 되었다고 한다. (단, $X_0 \neq X_1$ 이라 한다.)

1) 시현된 선호의 약공리가 성립한다고 가정할 때, $P_X X_1 + P_Y Y_1 = P_X X_0 + P_Y Y_0$ 인 것을 이용하여 $(X_0, Y_0)\ \mathrm{R}\ (X_1, Y_1)$임을 증명하라.

2) 시현된 선호의 약공리를 이용하여 소비자는 T만큼의 소득세가 부과되는 것을 X재 1단위에 t만큼의 간접세가 부과되는 것보다 더 선호한다는 것을 설명하라.

PART III

생산 및 비용이론

생산의 주체인 기업은 생산요소들을 이용하여 소비자들이 필요로 하는 여러 재화와 용역을 만들어 시장에 공급한다. 기업의 선택은 기술적 요인과 경제적 요인에 의해 결정된다.

제7장에서는 기술적 요인들에 대해 살펴본다. 생산기술이란 여러 생산요소들의 투입량과 이로부터 얻어지는 산출량과의 관계를 말한다. 이로부터 기업이 취할 수 있는 선택의 범위가 결정된다. 즉, 주어진 생산량을 달성하기 위해 기술적으로 어떤 생산요소의 조합들을 사용할 수 있는지를 알 수 있게 된다.

생산기술에 따라 결정된 여러 선택 가능성 중에서 실제로 기업이 어떤 선택을 하는가는 경제적 요인, 즉 이윤에 의해 결정된다. 이윤을 결정하는 것은 수입과 비용이다. 제8장에서는 이윤을 결정하는 하나의 요인인 비용에 대해 알아본다. 이윤을 크게 하기 위해서는 주어진 생산량을 적은 비용으로 생산해야 한다. 각 생산량에 대해 최소의 비용으로 생산하는 방법은 무엇이며 그 때의 비용은 얼마인가를 살펴본다.

기업의 선택은 생산량을 결정함으로써 종결된다. 얼마나 생산하는 것이 기업에게 가장 유리한가 하는 문제는 다음 단원에서 다루게 되는데 그 대답은 시장의 구조에 따라 달라진다.

CHAPTER 07 생산기술

제1절 생산과 기업행동

생산과 기업 석유에서 합성섬유를 뽑고 이 섬유를 엮어서 옷감을 만든다. 논에 기른 벼에서 쌀을 거두고 목장에서 사육한 소로부터 고기를 얻는다. 철광산에서는 지하에 묻힌 철광석을 채굴하고 제철소에서는 철광석을 녹여 철을 만들어내며, 여러 공장에서는 이 철을 사용하여 칼, 수저, 그릇 등 수많은 일상 생활용품을 만들어낸다. 길을 닦아서 차량이 달리게 하고 휴대전화기를 만들어서 멀리 있는 사람과 실시간으로 교신하게 한다. 발전기를 돌려서 전기를 생산하고 영상 콘텐트를 제작하여 공중파로 송출한다. 이처럼 재화 또는 용역을 만들어내는 활동은 인간의 생존과 번영에 필수적인 가장 중요한 경제생활로서 우리 일상의 도처에서 벌어지고 있다.

경제학에서는 몇 가지의 재화 또는 용역 및 생산요소를 사용하여 다른 몇 가지의 재화 또는 용역을 만들어내는 경제활동을 **생산**(production)이라고 하고, 생산에 사용되는 재화와 용역 및 생산요소를 **투입**(input)이라고 하며 생산의 결과 만들어지는 재화와 용역을 **산출**(output)이라고 한다. 원료, 노동, 기계 및 건물 등은 투입의 예가 되며, 이들을 사용하여 만들어지는 각종 재화는 산출이다. 결국 생산은 몇 가지의 투입을 결합하여 몇 가지의 산출로 전환시키는 행위라고 말할 수 있다.

예컨대 철광석의 채굴에는 광산, 채굴장비, 노동력 등의 투입이 사용되며, 제철소에서는 철광석, 용광로 및 각종 제련장비, 노동력 등이 투입되어 철을 생산한다. 수송 서비스 또한 생산행위로 볼 수 있다. 예를 들어 울산의 비료를 김포평야로 수송하는 행위는 울산의 비료, 트럭, 도로, 그리고 운전사의 인력을 투입으로 하여 김포평야의 비료를 산출해내는 생산으로 인식할 수 있다. 물리적으로 같은 비료이지만 존재하는 위치에 따라 다른 상품으로 간주한다. 같은 장소에 존재하는 상품도 존재하는 시각에 따라 다른 상품으로 간주한다. 농협창고에 쌀을 1년간 저장하는 행위는 올해의 쌀, 창고 그리고 창고 관리인의 인력을 투입으로 하여 1년 후의 쌀을 산출하는 생산으로 이해할 수 있다.

시장경제의 생산을 수행하는 경제주체를 **기업**(firm)이라고 한다. 기업의 형태에는 개인기업에서 주식회사에 이르기까지 다양한 종류가 있으나 모두가 생산행위를 수행한다는 점에서는 공통된다. 기업은 요소를 구입하고 이로부터 산출을 생산하여 판매한다. 어떤 요소를 얼마나 사용하여 어떤 산출을 얼마나 생산 판매할 것인가는 기업의 기술과 시장요인이 허용하는 범위 이내에서 기업 스스로 독자적으로 결정한다. 기업의 의사결정을 담당하는 사람을 **기업가**(entrepreneur)라고 한다.

기업행동과 제약조건 기업 또는 기업가의 생산에 대한 의사결정은 무엇보다도 기업의 **생산기술**(production technology)에 의하여 제약을 받는다. 이를테면 투입을 전혀 사용하지 않고 산출을 얻을 수는 없으며 일정량의 투입에 대해서는 한정된 양 이상의 산출을 얻을 수도 없다. 즉 여러 투입물의 사용량에 따라 이로부터 얻을 수 있는 각 재화나 용역의 산출량은 생산기술의 제약을 받는다. 생산기술은 공학적 기술뿐만이 아니라 경영적 노하우까지도 반영한다.

기업의 행위는 또한 가격, 수요 및 요소공급 등의 시장요인에 의해서 제약을 받는다. 어떤 기업도 현행가격에서 시장이 수요하는 수량 이상으로 판매할 수는 없으며 투입도 시장이 공급하는 수량 이상으로 구입하지 못한다. 광고 등의 활동을 통하여 상품에 대한 시장수요를 어느 정도 증대시킬 수는 있지만 여기에는 비용이 들어가며, 많은 비용을 들여도 수요를 무한정 늘릴 수는 없다.

생산규모가 시장수요에 비하여 매우 왜소한 기업은 현행가격을 주어진 것으로 받아들이고 이 가격에서 무제한으로 판매 또는 구입할 수 있다고 믿는다. 경제학에서는 이러한 기업을 **가격수용자**(price-taker) 또는 **경쟁기업**(competitive firm)이라고 한다. 반면에 생산규모가 방대한 기업은 판매 또는 구입하는 수량을 조절함으로써 그 가격을 변경시킬 수 있다. **가격설정자**(price-maker)는 이러한 대기업을 지칭한다. 나중에 다룰 독과점기업이나 특정 요소에 대한 수요독점기업은 가격설정자의 예가 된다.

기업행동의 목표 자급자족의 경우에는 생산을 담당하는 경제주체가 스스로 소비 또는 사용할 재화를 얻기 위하여 생산한다. 그러나 시장경제의 기업은 기업가 또는 기업주가 필요로 하는 재화를 직접 생산하는 것이 아니고 남에게 판매할 **상품**(commodities)을 생산한다는 점이 특징이다. 생산요소나 다른 투입물을 구입하기 위하여 지출하는 금액을 **비용**(cost)이라고 하고 산출을 판매하여 벌어들이는 금액을 **수입**(revenue)이라고 하며 수입에서 비용을 공제한 나머지는 생산에서 얻는 **이윤**(profit)이 된다. 생산 활동을 잘하여 더 많은 이윤을 얻는 기업가 또는 기업주는 시장교환을 통하여 원하는 재화를 더 많이 구입할 수 있다. 그러므로 기업의 생산 동기는 최대한의 이윤을 추구하는 것이라고 가정할 수 있다. 이 가정을 보통 **이윤최대화 원칙**(principle of the profit maximization)이라고 한다.

이윤최대화 원칙에 의하면 기업은 기술 및 시장요인에 의한 제약조건이 허용하는 범위 내에서 최대의 이윤을 얻을 생산행위를 선택한다. 그러므로 기술 및 시장요인에 의한 제약조건과 이에 의해 결정되는 이윤은 기업행동을 결정하는 핵심 요인이다.

기업 이윤은 상대가격체계의 구조에 직결되어 있다. 이를테면 요소의 가격이 오르거나 산출의 가격이 내려가면 같은 생산행위라도 기업의 이윤은 하락한다. 또 제품에 대한 수요나 요소의 공급에 변화가 생기면 기업 이윤도 이에 따라 영향을 받는다. 기업이 이윤최대화 원칙에 따라 행동할 때, 경쟁기업(가격수용자)의 생산량 선택은 기술과 상대가격체계의 영향을 받고, 가격설정자인 기업의 생산량 선택은 기술, 요소공급 사정 및 제품에 대한 수요에 따라 경쟁기업과는 다르게 결정된다.

이윤최대화 원칙에 대한 비판 시장경제의 기업은 돈벌이가 목적이므로 그 생산결정을 이윤최대화 원칙에 따라서 설명하는 것이 가장 자연스럽다. 그런데 현실의 기업은 현재의 생산 활동에서 얻을 이윤이 얼마인지를 모르면서 이미 조업에 들어가 있다. 어떤 투입을 얼마만큼 사용할 때 어떤 상품을 얼마만큼 생산할지는 기술 매뉴얼로 어느 정도 가늠할 수 있다. 그러나 생산에는 시간이 걸리는데 최종 산출이 나오는 미래에 상품의 가격 또는 수요가 어떻게 실현될지는 확정되어 있지 않다. 생산을 시작하는 시점에서 기업은 이윤의 크기를 짐작만 할 뿐 확실하게 알지 못하는 일이 잦다. 이윤의 크기가 어떻게 실현될지 모른다면 이것을 최대화하도록 생산행위를 선택하는 일 자체가 사실상 불가능하다.

이에 따라 바몰(Baumoul) 또는 갤브레이드(Galbraith) 등과 같이, 기업은 불확실한 이윤 그 자체를 최대화하도록 생산하기보다는 판매량을 최대로 늘림으로써 기업의 장기적 존재 기반을 강화하도록 행동한다고 주장하는 학자들이 나타나게 되었다. 다른 학자들은 기업가가 이윤으로부터 누리는 효용지표의 기댓값, 즉 기대효용을 최대로 하도록 생산한다고 보기도 한다. 기업가는 미래의 여러 여건을 확실하게 알고 이윤을 제대로 가늠한다면 당연히 이윤최대화를 추구하고, 그렇지 않아서 여러 가지가 불확실하면 장기적 이윤기반을 공고히 하도록 판매량최대화를 추구할 수도 있다.

그러나 패러다임을 바꾸는 새로운 혁신상품이 등장하여 기존 상품이 무용지물이 되어버리면 현재의 판매량최대화에 성공한 기업의 장기적 존재 기반도 속절없이 무너진다. 그리고 이윤최대화가 이론적으로는 불가능하더라도 기업이 더 많은 이윤을 원함은 엄연한 사실이다. 그 때문에 기업행동의 동기에 대한 가정으로 가장 널리 채택되고 있는 것은 이윤최대화 원칙이다. 그리고 불확실성으로 인하여 실현될 이윤을 정확하게 파악할 수 없는 것을 전제로 하는 투자이론에서는 기업이 불확실한 위험에 대처하는 행동을 감안하여 행동을 결정하는 것으로 처리한다.

제2절 생산기술

생산함수 기업은 여러 가지 투입을 사용하여 몇 가지의 산출을 생산해낸다. 여기에서는 두 가지 생산요소를 투입하여 한 가지 산출을 생산한다고 단순하게 설정한다. 투입되는 두 가지 생산요소 가운데 하나를 **노동**(labor)이라고 하고 그 투입량을 L로 표시한다. 노동은 기계 등 장비를 가동하여 생산을 하는데 기계 및 장비를 많이 사용할수록 노동을 절약할 수 있다. 이처럼 노동을 절약할 수 있는 모든 기계와 장비를 일컬어 **자본**(capital)이라고 하고 자본의 투입량은 K로 표시한다.[1] 그러므로 생산에 투입되는 전체 생산요소는 **투입조합**(input combination) (L, K)로 표시한다. 투입조합 (L, K)를 일정 기간 사용하여 생산해내는 산출량을 Q로 표시한다.

생산함수(production function) f는 각 투입조합이 생산해낼 수 있는 최대 산출량을 나타낸다. 즉 등식

$$Q = f(L, K) \tag{7-1}$$

가 성립하면 투입조합 (L, K)는 산출량을 Q만큼 생산할 수 있다. 생산함수 f의 구조는 기업의 생산기술에 의하여 결정된다. 현재의 기술로써 노동 10과 자본 3을 투입하여 산출량을 최대 5만큼 생산할 수 있다면 $f(10, 3)=5$가 성립하고, 7만큼의 산출량은 생산하지 못하므로 $f(10, 3)<7$이 성립한다.

생산함수 식 (7-1)의 그래프는 3차원의 곡면으로 그릴 수 있다. 밑면의 가로축을 노동, 그리고 세로축을 자본으로 잡으면 밑면 상의 한 점은 특정한 투입조합을 나타낸다. 그리고 이 투입조합으로 생산할 수 있는 최대산출량은 해당 점의 높이로 표

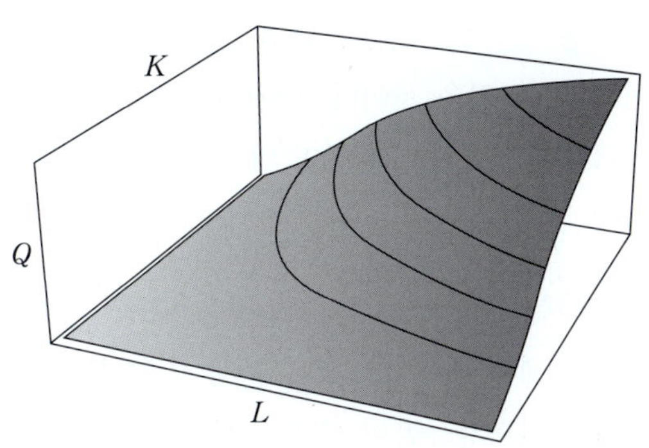

〈그림 7-1〉 생산곡면

1) 모든 생산 활동에 공통된 모습은 노동이 원자재를 가공하는 것이다. 그러므로 생산에는 노동과 자본 외에 반드시 원자재가 포함되어야 할 것이다. 그러나 원자재는 목표로 하는 생산량에 따라 기계적으로 결정되므로 주어진 수량을 생산할 때 생산자가 결정해야 하는 것은 노동과 자본을 어떻게 조합하여 생산할 것인가 하는 것이다.

시한다. 이렇게 그린 그래프를 **생산곡면**(production surface)이라고 부른다. 〈그림 7-1〉은 생산곡면의 예를 보여준다.

평균생산과 한계생산 생산함수는 노동이나 자본의 투입량을 증가시킬 때 산출량이 어떻게 변하는지를 보여준다. 생산이론은 생산함수의 핵심적 특성을 몇 가지로 요약하여 기업행동의 분석에 활용한다. 가장 기초적 개념은 총생산, 평균생산, 그리고 한계생산이다. **총생산**(total product)은 각 투입조합 (L, K)이 생산하는 총산출량 Q를 말하고 어떤 요소의 **평균생산**(average product)은 총생산을 그 요소의 투입량으로 나눈 값으로서 단위 투입량 당 산출을 나타낸다. 예컨대 노동의 평균생산은 $\frac{Q}{L}$이다. 그리고 어떤 요소의 **한계생산**(marginal product)은 현재의 투입조합에서 그 요소의 투입량을 한 단위 더 늘릴 때 추가로 얻는 산출량을 뜻한다.

이 가운데에서도 특히 중요한 개념은 한계생산인데 기업행동 분석에서 한계생산의 개념을 폭넓게 활용하려면 다음과 같은 기술적 가정이 필요하다. 우리는 기업의 생산함수에 대하여 다음과 같이 가정하기로 한다.

[가정 1] 생산함수 f는 각 투입 L과 K에 대하여 연속적이며 2차 미분가능하다.

이 가정에 대해 약간의 설명이 필요하다. 먼저 요소 투입량은 양의 실수로 표시된다. 노동의 투입량을 노동시간으로 측정한다면 투입량이 어떤 실수값을 가질 수 있다는 말의 의미를 이해할 수 있을 것이다. 마찬가지로 자본의 투입량도 기계 한 단위를 1년간 임대하는 것을 한 단위로 한다면 반 년 간 사용하는 것은 0.5 단위가 될 것이다.[2)]

생산함수가 연속적이라는 말의 의미는 투입량을 '조금' 변화시키면 산출량도 '조금' 변한다는 것이다. 다음에는 미분가능성을 문제 삼을 수 있는데 수학적으로 연속함수는 거의 모든 점에서 미분가능함이 증명되어 있다. 즉 일단 연속성을 수용하면 미분가능성은 함께 수용해도 무방하다.

이제 평균생산과 한계생산의 개념을 수식으로 명확하게 표현해 보자. 노동과 자

2) '노동'을 투입 노동자의 숫자가 아니라 노동력 투입 시간으로 표시할 때 그 단위를 **인시**(man-hours)라고 한다. 기계시(machine-hours)도 같은 개념이다.

본의 평균생산을 각각 AP_L과 AP_K로 표시할 때 이는 각각

$$AP_L \equiv \frac{Q}{L}, \qquad AP_K \equiv \frac{Q}{K}$$

로 정의된다. 그리고 한계생산 MP_L과 MP_K는 각각 각 요소의 투입량에 대한 1계 편도함수

$$MP_L \equiv \frac{\partial f(L, K)}{\partial L}, \qquad MP_K \equiv \frac{\partial f(L, K)}{\partial K}$$

로 정의된다.

등량곡선 투입조합 (L, K)는 가로축을 노동, 세로축을 자본으로 잡은 평면상의 한 점 (L, K)로 표시할 수 있다. 특정 산출량 $\overline{Q}$에 대하여 $\overline{Q} = f(L, K)$의 관계를 유지하는 투입조합의 궤적을 이 평면상에 그리고 이것을 $I(\overline{Q})$로 표시하자(〈그림 7-2〉). 곡선 $I(\overline{Q})$ 위의 점들은 각각 동일한 산출량 $\overline{Q}$를 생산해내는 요소결합이므로 이것을 **등량곡선**(isoquant)이라고 부른다. 이렇게 그린 등량곡선은 결국 생산곡면의 등고선이다.

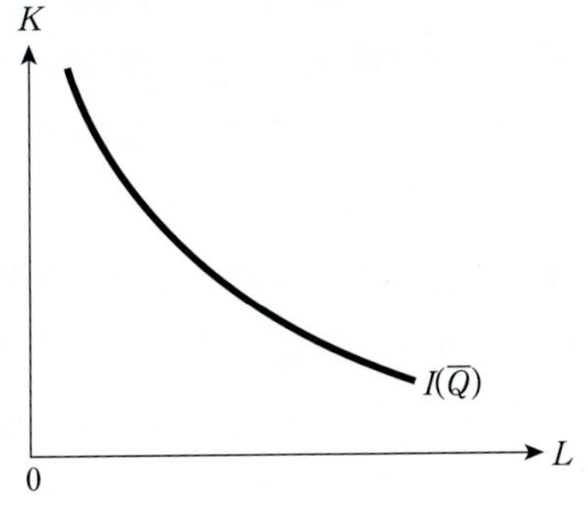

〈그림 7-2〉 등량곡선

산출량 Q'와 Q''의 크기가 서로 다르면 등량곡선 $I(Q')$와 $I(Q'')$도 서로 다르다. 서로 다른 2개의 등량곡선이 서로 교차하지 못한다는 사실은 쉽게 증명할 수 있

다. 그러므로 가로축을 노동, 세로축을 자본으로 잡은 평면의 제1상한 위에는 무수히 많은 서로 만나지 않는 등량곡선들을 빽빽하게 그려 넣을 수가 있다. 이 그림을 **등량지도**(isoquant map)라고 한다.

요소별 한계생산의 크기는 등량곡선의 구조에 결정적인 영향을 끼친다. 우리는 요소별 한계생산에 대하여 다음과 같이 가정하기로 한다.

> **[가정 2]** 노동과 자본의 한계생산은 모두 양(+)의 부호를 가진다.

이 가정은 다른 요소의 고용량을 일정한 수준에 두고 한 요소의 고용량을 늘릴 때 산출량이 항상 증대할 것을 요구하는 **단조성**(monotonicity)의 가정이다. 단조성을 충족하는 생산기술의 등량곡선은 항상 우하향하기 때문에 다음의 결과를 얻을 수 있다.

> **[결과 7-1]** 단조성의 가정 아래 등량곡선은 항상 우하향한다.

예제 7-1

현실의 등량곡선은 〈그림 7-3〉처럼 우상향하는 부분을 가질 수도 있다. 등량곡선 $I(Q')$를 보면 점 B'의 오른쪽과 점 A'의 위쪽에서는 $I(Q')$의 기울기가 우상향한다. 산출량 Q^0, Q'와 Q''의 크기가 $Q^0 < Q' < Q''$라고 하자. 점 A'의 투입조합에서 자본 K를 한 단위 더 고용하면 산출량은 오히려 Q'보다 더 줄어든다. 그러므로 점 A'의 위쪽에서는 자본의 한계생산 MP_K의 부호가 음(−)이다. 그림에서 곡선 $OA^0A'A''$의 위쪽의 요소결합에서는 자본의 한계생산성 MP_K의 부호는 음(−)이며 곡선 $OB^0B'B''$의 오른쪽의 요소결합에서는 노동의 한계생산성 MP_L의 부호가 음(−)이다.[3] 어느 생산요소의 한계생산이 음(−)이라면 이 요소의 고용량을 줄임으로써 산출량은 오히려 증대한다. 즉 더 많은 이윤을 추구하는 기업은 한계생산이 음(−)의 부호를 가지도록 요소를 과다고용하지는 않을 것이다. 따라서 기업이 결과적으로 선택하는 투입조합은 곡선 $OB^0B'B''$과 곡선 $OB^0B'B''$의 사이에 위치하게

3) 어느 요소의 한계생산성이 음(−)의 부호를 갖는 영역을 특히 생산의 제3단계(third stage)라고 한다.

된다. 이 영역에서는 각 요소의 한계생산이 모두 양(+)의 부호를 가지기 때문에 등량곡선은 항상 우하향한다. 그러므로 희소한 생산요소의 낭비를 배제하는 투입조합 선택의 분석에서는 [가정 2]의 타당성을 수용할 수 있다. 곡선 $OA^0A'A''$와 $OB^0B'B''$를 **분계선**(ridge line)이라고 한다.

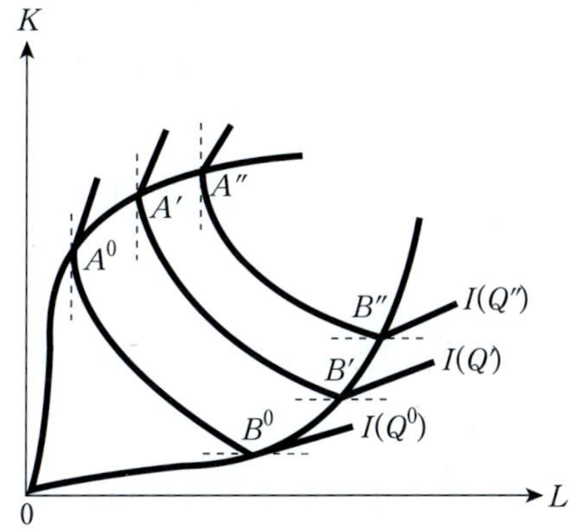

〈그림 7-3〉 우상향하는 등량곡선

참고 소비이론과 생산이론 사이에는 많은 공통점이 있다. 즉 효용함수 u의 수학적 특성과 생산함수 f의 수학적 특성은 여기까지는 완전히 동일하다. 한계효용과 한계생산은 수학적으로 동일한 개념이며 무차별곡선과 등량곡선은 각각 효용함수와 생산함수에 대응하는 등고선이다. 따라서 무차별곡선과 등량곡선이 각각 서로 교차하지 않고 우하향하는 이유는 논리적으로 완전히 일치한다. 앞으로도 이와 같은 유사점을 염두에 두고 읽으면 본문의 내용을 훨씬 쉽게 이해할 수 있을 것이다.

기술적 대체율 생산함수의 식 (7-1)은 결국 등량곡선 $I(Q)$의 방정식을 음함수적으로 표시한 것이다. 노동의 고용 L을 몇 단위 줄이고 그 대신 자본의 고용 K를 늘림으로써 여전히 동일한 산출량 Q를 생산할 수 있을 때 우리는 투입간 대체가 가능하다고 말한다. 〈그림 7-3〉의 구조와 같은 등량곡선 $I(Q)$에서는 투입간 대체가 가능하다.

등량곡선의 기울기 $\left.\frac{dK}{dL}\right|_{\overline{Q}=f(L,K)}$는 해당 산출 $\overline{Q}$의 생산에 노동 한 단위와 같

은 정도로 기여하는 자본의 수량을 나타낸다. 이 비율의 절댓값을 그 투입조합에서 노동의 자본에 대한 **기술적 대체율**(technical rate of substitution) 또는 **한계 기술적 대체율**(marginal rate of technical substitution)이라고 하며 $TRS_{L,K}$, 또는 $MRTS_{L,K}$로 표기한다. 이를 수학적으로 구하는 방법은 다음과 같다.

등량곡선 $I(\overline{Q})$의 K 값은 L 값에 따라 달라진다. 즉 등량곡선 $I(\overline{Q})$의 K 값은 L의 함수로서 K와 L의 관계는 방정식 $\overline{Q}=f(L,K)$에 의해 주어진다. 노동 L을 ΔL 만큼 변화시킬 때 생산량을 여전히 $\overline{Q}$로 유지하려면 자본 K가 변화해야 한다. 자본 투입량을 ΔK 만큼 변화시켜야 한다면 ΔL과 ΔK는 다음 관계를 갖는다.

$$\frac{\partial f(L,K)}{\partial L}\Delta L+\frac{\partial f(L,K)}{\partial K}\Delta K=0$$

위 식의 양변을 ΔL로 나누고 ΔL을 0에 수렴시키면 다음 식이 얻어진다.

$$0=\frac{\partial f(L,K)}{\partial L}+\frac{\partial f(L,K)}{\partial K}\frac{dK}{dL}\Big|_{\overline{Q}=f(L,K)} \qquad (7\text{-}2)$$

이로부터

$$\frac{dK}{dL}\Big|_{\overline{Q}=f(L,K)}=-\frac{\frac{\partial f}{\partial L}}{\frac{\partial f}{\partial K}}=-\frac{MP_L}{MP_K} \qquad (7\text{-}3)$$

의 관계를 얻는다. 따라서 요소별 한계생산의 부호가 양(+)이면 등량곡선 $I(Q)$의 그래프가 우하향하는 기울기를 가진다는 [결과 7-1]의 내용을 다시 확인할 수 있다. 식 (7-3)을 정리하면 다음의 결과를 얻는다.

[결과 7-2] $TRS_{L,K}=\frac{MP_L}{MP_K}$

생산이론의 기술적 대체율 $TRS_{L,K}$와 소비자 선택이론의 한계대체율 $MRS_{X,Y}$의 수학적 구조는 서로 완전히 일치한다.

이제 등량곡선 $I(Q)$의 형태를 고찰하여 보자. 자본 투입량 K는 상대적으로 적은데 노동 투입량 L이 매우 크다면 자본 한 단위의 생산기여도는 많이 사용하는 노동 한 단위의 기여도보다 더 클 것이다. 즉 자본 투입량을 한 단위 감소시킬 때 산출수준을 종전의 Q로 유지하려면 상대적으로 많은 노동을 추가로 투입해야 할 것이다. 이 말은 자본 K는 적고 노동 L은 많은 투입조합에서는 노동의 자본에 대한 기술적 대체율 $TRS_{L,K}$가 상대적으로 작다는 뜻이다. 같은 설명을 자본 K가 많고 노동 L은 작은 투입조합에 적용하면 노동의 자본에 대한 기술적 대체율 $TRS_{L,K}$가 상대적으로 클 것이다. [가정 3]은 이 내용을 요약한 것이다.

> **[가정 3]** 동일 등량곡선상에서 기술적 대체율 $TRS_{L,K}$의 크기는 노동 투입량 L이 증가함에 따라 체감한다.

이 가정은 등량곡선이 원점을 향하여 볼록함을 의미하기 때문에 **볼록성**(convexity)의 가정으로 알려져 있다. 이러한 모양을 갖는 이유는 주어진 산출량을 생산할 때 한 요소의 단위당 생산기여도가 그 요소를 많이 고용할수록 상대적으로 낮아지기 때문이다.

투입의 대체와 생산공정 투입간 대체가 이루어질 수 없는 생산함수 가운데 대표적인 것이 고정투입계수 생산기술(fixed input-coefficient technology)을 나타내는 **레온체프 생산함수**(Leontief production function)이다. 레온체프 생산함수는

$$Q = \min\left\{\frac{L}{a},\ \frac{K}{b}\right\},\ a>0,\ b>0 \qquad (7\text{-}4)$$

와 같이 정의된다. 이 생산기술로 투입조합 (L, K)를 고용할 때 산출량 Q의 크기는 $\frac{L}{a}$와 $\frac{K}{b}$ 가운데 작은 값으로 결정된다.

레온체프 생산함수의 등량곡선을 그려보면 〈그림 7-4〉와 같다. 원점 O로부터 뻗어 나오는 점선으로 표시된 방사선의 방정식은 $K = \frac{b}{a}L$이다. 이 직선상의 투입조

합에서는 $\frac{L}{a}=\frac{K}{b}$ 이므로 그 위쪽의 투입조합에서는 $\frac{L}{a}<\frac{K}{b}$ 이고 아래쪽에서는 $\frac{L}{a}>\frac{K}{b}$ 이다. 투입조합 (L', K')를 고용하면 생산량이 $Q'=\frac{L'}{a}=\frac{K'}{b}$ 로 결정되는데(〈그림 7-4〉의 점 A), 투입조합 (L', K')의 오른쪽 반직선과 위쪽 반직선상의 모든 투입조합의 생산량도 Q'로 같다. 그러므로 산출량 Q'의 등량곡선 $I(Q')$는 〈그림 7-4〉와 같이 결정된다. 이 설명을 일반적 생산량 Q에 적용하면 그림의 $I(Q)$와 같은 등량곡선을 얻는다.

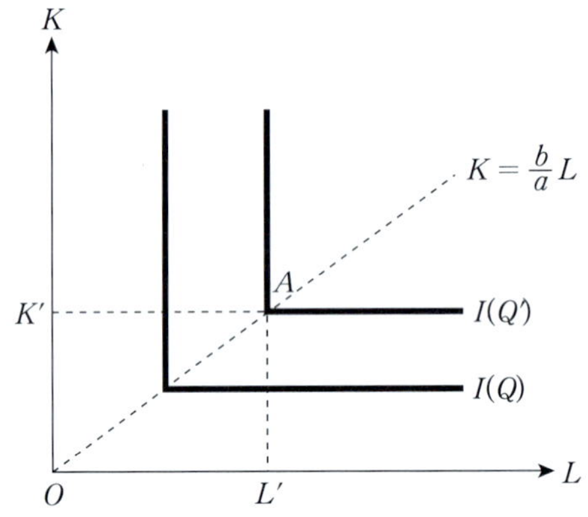

〈그림 7-4〉 레온체프 생산함수의 등량곡선

〈그림 7-4〉의 점 A에서는 노동의 고용을 약간 감소시킬 때 자본의 고용을 아무리 증가시키더라도 원래의 산출량 Q'를 생산할 도리가 없다. 즉 점 A에서는 요소 사이의 대체가 전혀 불가능한 것이다. 그러므로 원점 O로부터 뻗어나오는 직선 $K=\frac{b}{a}L$은 레온체프 생산함수에서 요소간 대체가 불가능한 투입조합들을 연결한 궤적이다.

또 점 A는 산출량 Q'를 생산하는데 필요한 최소한의 노동과 자본을 나타낸다. 더 많은 이윤을 추구하는 기업이라면 산출량 Q'를 생산할 때 $I(Q')$상의 여러 투입조합 가운데 항상 점 A의 투입조합 (L', K')를 고용할 것이 분명하다. 그러므로 기업은 산출량 Q를 늘려나갈 때 직선 $K=\frac{b}{a}L$을 따라서 각 요소의 고용을 증가시킴으로써 항상 고정된 자본-노동비율 $\frac{b}{a}$를 유지한다. 이처럼 생산량이 변하더라도 요소의 배합비율을 일정하게 유지하는 생산과정을 하나의 **생산공정**(production process, production activity)이라고 한다. 하나의 레온체프 생산함수는 직선 $K=\frac{b}{a}L$로 표시되는 하나의 생산공정과 일대일로 대응한다.

생산기술이 하나의 생산공정으로만 구성된 경우에는 요소간 대체가 불가능하지만 2개 이상의 생산공정을 포괄하면 사정이 다르다. 이제 기업의 생산기술이 $Q=\min\left\{\frac{L}{a}, \frac{K}{b}\right\}$ 및 $Q=\min\left\{\frac{L}{c}, \frac{K}{d}\right\}$[4] 의 두 생산공정으로 구성되었다고 하자. 〈그림 7-5〉의 직선 OA_1과 OA_2는 각각 이 공정들을 나타낸다. 등량곡선 $I_1(\overline{Q})$와 $I_2(\overline{Q})$는 생산공정 OA_1과 OA_2를 각각 단독으로 사용하여 산출량 $\overline{Q}$를 생산하려고 할 때의 등량곡선들이다.

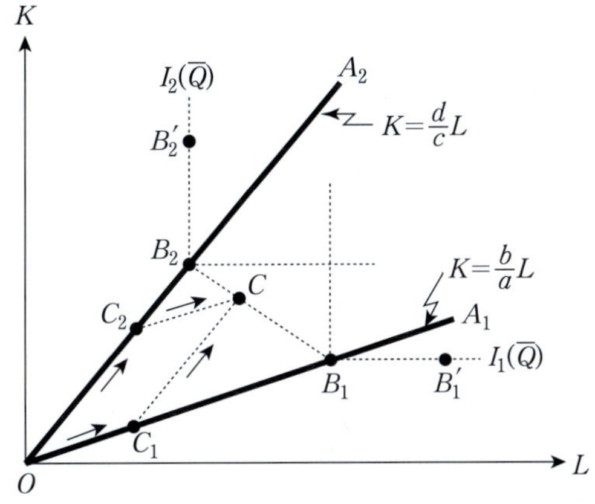

〈그림 7-5〉 2개의 생산공정에 대한 등량곡선

이제 선분 B_1B_2 상의 한 투입조합 C를 고려하자. 선분 $\overline{CC_1}$과 OA_2가 평행하고 또한 선분 $\overline{CC_2}$와 OA_1이 평행이라고 하면 점 C의 투입조합은 점 C_1과 C_2의 두 투입조합으로 분해할 수 있다. 즉 점 C_1의 투입조합을 생산공정 OA_1에 투입하고 점 C_2의 투입조합을 OA_2에 사용하면 결과적으로 점 C의 투입조합을 고용하는 셈이 된다. 투입조합 B_1을 생산공정 OA_1에 사용하면 산출량 $\overline{Q}$를 생산하므로 점

4) 물론 $c>0$ 및 $d>0$를 가정한다.

C_1을 OA_1에 사용하면 $\frac{\overline{OC_1}}{\overline{OB_1}}\overline{Q}$의 산출량을 생산한다. 마찬가지로 점 C_2를 공정 OA_2에 사용하면 $\frac{\overline{OC_2}}{\overline{OB_2}}\overline{Q}$의 산출량을 생산한다. 그런데 $\overline{OC_2}=\overline{CC_1}$이며 두 삼각형 OB_1B_2과 C_1B_1C는 서로 닮은꼴이기 때문에 $\frac{\overline{OC_2}}{\overline{OB_2}}=\frac{\overline{CC_1}}{\overline{OB_2}}=\frac{\overline{B_1C_1}}{\overline{OB_1}}$의 관계를 얻는다. 즉 투입조합 C_2는 산출량 $\frac{\overline{B_1C_1}}{\overline{OB_1}}\overline{Q}$를 생산한다. 그러므로 두 투입조합 C_1과 C_2의 생산량을 합치면 $\overline{Q}$가 되고 따라서 이 기업은 투입조합 C로부터 산출량 $\overline{Q}$를 생산해낸다. 같은 방법으로 선분 $\overline{B_1B_2}$ 상의 각 투입조합은 모두 동일한 산출량 $\overline{Q}$를 생산함을 보일 수 있다.

결국 이 기업의 등량곡선은 〈그림 7-5〉처럼 점 B_1', B_1, B_2 및 B_2'를 잇는 꺾은 금으로 결정된다. 흥미로운 것은 선분 $\overline{B_1B_2}$ 상에서는 투입 간 대체가 가능하다는 점이다. 즉 여러 개의 생산공정을 배합하여 생산할 때 투입 간 대체는 가능해진다.

생산기술이 포괄하는 생산공정이 많아지면 투입간 대체의 폭은 더욱 커진다. 〈그림 7-6〉은 5개의 생산공정 OA_1, OA_2, ⋯, OA_5로 구성된 생산기술의 등량곡선을 보여준다. 사실 〈그림 7-2〉의 완곡한 등량곡선은 생산공정이 무수히 많이 개발된 경우의 것이라고 할 수 있다.

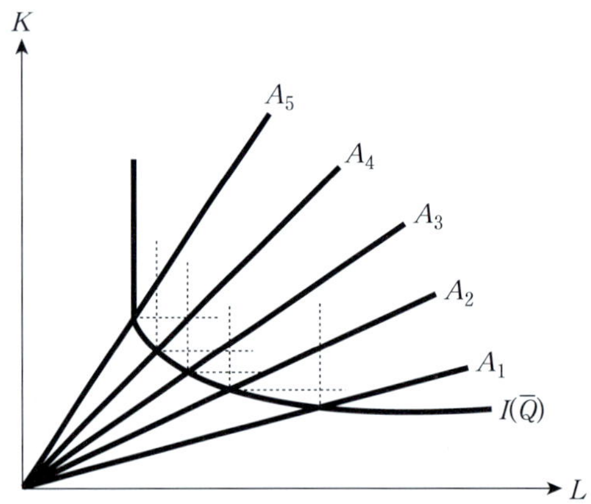

〈그림 7-6〉 5개의 생산공정에 대한 등량곡선

참고 〈그림 7-6〉의 등량곡선은 항상 원점을 향하여 볼록하다. 이제 그 이유를 알아보자. 〈그림 7-7〉의 OA_1, OA_2 및 OA_3는 3개의 생산공정을 나타낸다. 꺾어진 점선으로 표시된 곡선은 각 공정 하나만을 사용할 때의 등량곡선이다. 이제 투입조합 C를 공정 OA_2에 투입하면 생산량 $\overline{Q}$를 생산한다. 그러나 노동과 자본을 더 적게 쓰는 요소결합 C'를 공정 OA_1과 OA_2에 적절히 나누어 사용해도 기업은 역시 생산량 $\overline{Q}$를 생산한다. 즉 공정 OA_2는 버리고 OA_1과 OA_2에 적절히 나누어 사용하는 것이 기업에게 유리하다. 〈그림 7-7〉에서 공정 OA_2는 전혀 사용되지 않는다. 따라서 기업의 등량곡선 $I(\overline{Q})$는 꺾은금 $B'BCDD'$의 형태가 아니고 원점을 향하여 볼록한 꺾은금 $B'BC'DD'$의 형태로 결정된다.

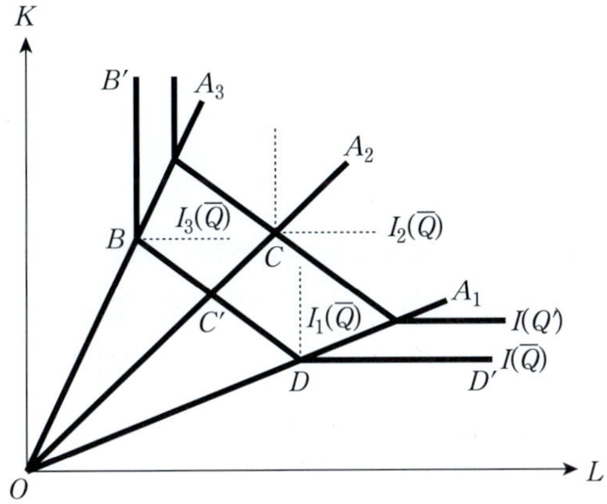

〈그림 7-7〉 3개의 생산공정에 대한 등량곡선

제3절 생산함수와 여러 측면

단기와 장기 생산량 Q를 생산하려면 $Q = f(L, K)$의 관계를 충족하는 투입조합 (L, K)를 고용해야 한다. 생산자는 등량곡선 $I(Q)$ 상에서 가장 적은 비용으로 Q를 생산하는 투입조합을 이용하려고 할 것이다.

그런데 생산요소의 고용량을 당장 마음대로 조절하지 못하는 경우가 있다. 예컨대 기계가 2대 더 필요하지만 갖추는 데 시간이 걸리면 기계가 설치될 때까지는 기계 대신 사람을 더 써야 한다. 공장 건물이 하나 더 필요할 때도 마찬가지다. 또 인력을 줄일 필요가 있더라도 정규직의 해고에는 제한이 따른다. 이처럼 생산요소에 따라서는 고용 수준을 즉각 바꿀 수 있는 것도 있지만 변경에 시간이 걸리는 것도 많다.

미시경제학에서는 고용수준을 즉각 바꿀 수 있는 투입을 **가변투입**(variable inputs)이라고 하고 변경에 시간이 걸리는 투입을 **고정투입**(fixed inputs)이라고 한다. 그런데 고정투입이라고 하더라도 시간만 충분하다면 고용량을 결국 원하는 수준으로 바꿀 수 있다. 그러므로 모든 투입이 가변투입으로 되는 충분히 긴 기간을 **장기**(long run)라고 하고 고정투입의 사용량을 바꿀 수 없는 짧은 기간을 **단기**(short run)라고 한다. 즉 투입을 가변투입과 고정투입으로 나누어 고찰해야 하는 기간이 단기이다. 우리는 투입을 노동 L과 자본 K만으로 한정했기 때문에 K가 단기에 고정투입이라고 가정한다.

단기생산함수 고정투입인 자본을 K만큼 고용하고 있는 기업이 산출량을 변경하고자 할 경우에 단기에서는 자본 K의 투입량을 바꿀 수 없으므로 우선 노동의 투입량을 변경시킴으로써 산출량을 조정하게 된다. 따라서 기업의 단기적 생산기술은 식 (7-1)의 생산함수에서 K를 $\overline{K}$의 수준으로 일정하게 둔 함수

$$Q = f(L, \overline{K}) \qquad (7\text{–}5)$$

로 표현할 수 있다. 식 (7-5)를 **단기생산함수**(short-run production function)라고 한다.

자본을 $\overline{K}$의 수준으로 일정하게 두고 노동 L을 늘리면 단조성의 가정 아래 산출량 Q는 증가하며 매 순간 그 증가율은 노동의 한계생산 MP_L로 결정된다. 노동 L이 증가할 때 한계생산 MP_L이 어떻게 변하는가를 고찰하기 위하여 다음의 예를 생각해 보자.

예제 7-2

전체 쪽수가 3페이지인 팸플릿을 만드는 생산활동을 예로 들어 생각해 보자.

한 사람이 PC로 한 페이지의 원고를 타자치는 데는 15분이 걸리고, 복사기를 이용하여 이를 1,000매 복사하는 데는 5분이 걸린다고 한다. 고정투입으로서 PC와 복사기가 각각 1대씩 설치되어 있다. 만약 노동자를 한 사람만 고용한다면, 1시간 일하는 경우 세 쪽의 원고를 타자치는 데 45분, 그리고 페이지 당 복사시간을 5분씩 ((60−45)÷3=5) 배정할 것이다. 이 시간에 각 쪽을 1,000매씩 복사하므로, 1시간 동안에 모두 1,000권을 생산할 수 있다.

이제 두 사람을 고용하여 한 사람은 타자 일을 전담하고 나머지 사람은 복사 일을 전담한다고 하자. 복사는 첫 페이지의 타자가 끝나야 비로소 가능하므로 첫 쪽의 타자가 진행 중인 처음 15분 동안에는 복사를 시작할 수 없다. 따라서 복사 작업에는 45분만 가능하다. 총 쪽수가 3쪽이고 쪽 당 타자 시간은 15분이므로 쪽 당 배정되는 복사시간은 15분씩((60−15)÷3=15)이므로, 쪽 당 3,000장을 복사한다. 즉 두 사람을 고용하면 1시간에 3,000권을 생산한다.

여기에 한 사람을 더 고용하여 타자 일과 복사 일을 돕게 하면 1시간에 600권을 더 생산한다. 즉 3사람을 고용하면 1시간에 3,600권을 생산한다. 이 관계를 그림으로 나타낸 것이 〈그림 7-8〉이다. 그림은 PC 1대와 복사기 1대를 가지고 한 사람을 고용할 경우 1시간 동안 팸플릿을 1,000권, 2사람을 고용하면 3,000권, 그리고 세 사람을 고용하면 3,600권으로 증가함을 보여준다.

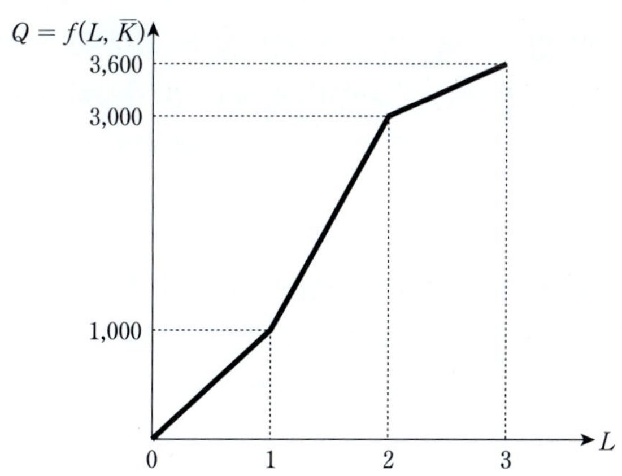

〈그림 7-8〉 노동투입과 팸플릿 산출량

이 예는 PC 1대와 복사기 1대의 고정투입을 갖춘 상태에서 가변투입 노동의 고용을 1인시에서 출발하여 2인시, 그리고 3인시로 늘려나갈 때 산출인 팸플릿 생산이 증가하는 동향을 다루고 있다. 최초 투입노동 1인은 산출 증가 1,000권, 추가 투입 1인은 산출량 증가 2,000권, 그리고 마지막 투입 1인은 산출량 증가 600권을 각각 불러왔다. 각 수준의 노동 고용에서 노동의 한계생산과 평균생산을 요약하면 다음 표와 같다.

노동투입(인시)	0	1	2	3
평균생산	–	1,000	1,500	1,200
한계생산	–	1,000	2,000	600

표에서 보듯이 노동의 한계생산은 노동투입을 늘림에 따라서 1,000에서 2,000으로 늘어났다가 마지막에는 600으로 감소하였다. 특히 한 사람이 일하다가 한 사람을 더 쓰면 두 사람이 타이프가 끝나는 즉시 복사에 돌입하는 분업방식을 도입함으로써 업무 능률을 크게 개선한다. 그런데 한 사람을 더 써서 세 사람이 일하면 추가 투입된 인력의 작업능률개선 기여가 크지 않아서 그 한계생산 600은 두 번째 투입된 인력의 그것 2,000보다 작다.

이는 노동의 고용량에 따라 고정투입으로 설치되어 있는 PC 1대와 복사기 1대의 활용정도가 달라지기 때문에 나타나는 현상이다. 고정투입 $\overline{K}$ 에 비하여 상대적으로 적은 수량의 가변투입이 고용되면 고정투입 $\overline{K}$ 는 최대한으로 가동되지 못한다. 앞의 예에서 한 사람만 고용하는 경우에 PC는 45분간 가동하지만 복사기는 15분밖에 가동하지 못하고 있다. 그러나 두 사람을 고용하게 되면 복사기도 45분간 완전가동하게 된다.

그러므로 고정투입 $\overline{K}$ 가 충분히 가동될 수 있는 수준까지 가변투입 L이 증가하는 동안에는 가변투입의 한계생산 MP_L 은 증가한다. 그러나 L이 어느 수준에 이르러 고정투입 $\overline{K}$ 가 이미 최적 수준으로 가동되고 나면 추가 투입되는 노동이 고정투입의 가동률 증대에 기여하는 효과는 둔화할 수밖에 없으므로 가변투입의 한계생산 MP_L 은 감소하는 것이다.

〈그림 7-9〉는 이 예가 보여주는 특성을 갖춘 일반적 단기 생산함수의 그래프이다. 가로축은 가변요소 노동의 투입량을, 그리고 세로축은 산출량을 나타낸다. 그래

프는 현재 고정요소 투입량이 $\overline{K}$로 고정된 상태에서 각 수준의 노동투입량으로부터 얻어지는 산출량을 보여주는 단기 생산함수의 그래프인데 이 곡선을 **총생산곡선**(total product curve)이라고 부른다. 총생산곡선은 처음에는 아래에서 볼 때 볼록한 모양을 하다가 변곡점(B점)을 지나면서 오목한 모양을 갖는다. 즉 자본을 일정한 수준에 고정시킨 채 노동 투입량을 늘려나가면 노동 투입량이 과소할 때에는 추가로 투입되는 노동이 고정요소의 활용을 가속적으로 촉진하므로 노동의 한계생산(MP_L)이 증가하다가, 노동 투입이 충분히 증가하여 고정요소 가동률이 최대에 이르는 변곡점을 지나면 노동의 한계생산이 감소함을 나타낸다. 이러한 단기 생산함수의 특성은 연역적 추론으로 도출한 결론이 아니라 수많은 생산과정에 대한 관찰을 통해 발견한 일종의 귀납적인 결론이다.

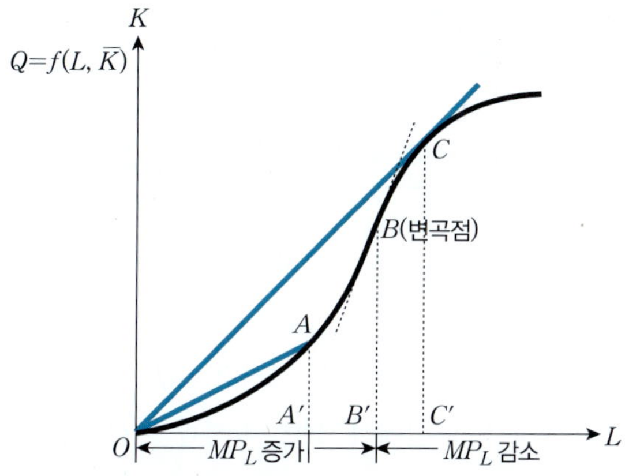

〈그림 7-9〉 단기총생산, 평균생산, 한계생산

이제 이 총생산곡선을 토대로 노동 투입이 증가할 때 노동의 평균생산(AP_L)과 한계생산(MP_L)이 어떻게 변화하는지를 살펴보자. 먼저 총생산곡선 위의 한 점 A에서 노동의 평균생산은 어떻게 측정할 수 있을까? A점에서는 그림에서 보는 바와 같이 OA' 만큼의 노동을 투입하여 AA' 만큼의 산출량을 얻고 있으므로 노동의 평균생산은 AA'/OA' 이고, 이는 A점과 원점을 잇는 직선의 기울기와 같다.

이를 일반화하면 총생산곡선 위의 한 점과 원점을 잇는 직선의 기울기는 그 생산에서 노동의 평균생산이다. 이 사실을 이용하면 노동투입이 증가함에 따라 노동의 평균생산은 그림의 C점에 이를 때까지 계속 커지다가 그 이후에는 감소함을 알 수 있다. 노동의 한계생산은 정의에 의하여 각 노동투입에서 총생산곡선에 접하는 접선의 기울기다. 노동투입이 상대적으로 적어 총생산곡선이 아래에서 보아 볼록한 모양일 때는 노동의 투입량이 증가함에 따라 접선의 기울기가 증가하다가, 변곡점 B를 지나 오목한 모양으로 되면 기울기가 감소하기 시작한다. 〈그림 7-10〉은 노동의 한계생산과 평균생산의 그래프다.

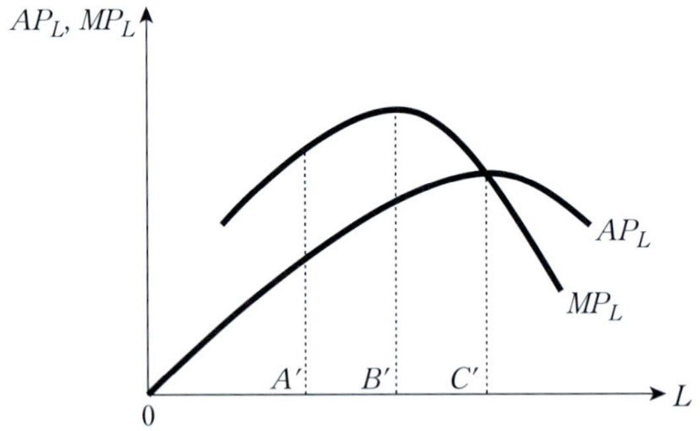

〈그림 7-10〉 노동의 한계생산과 평균생산

그림에서 보는 바와 같이 평균생산은 C점까지는 증가하다가 이후에는 감소하는 역 U자 모양을 하고 있다. 한계생산곡선(MP_L)도, 그림에서 보는 바와 같이 평균생산곡선과 마찬가지로 역 U자 모양이다. 그리고 AP_L이 최대가 되는 C점에서는 MP_L과 AP_L이 같고 따라서 이 점에서 MP_L 곡선과 AP_L 곡선은 서로 교차한다.

평균생산곡선 AP_L와 한계생산곡선 MP_L의 관계를 유심히 살펴보면 AP_L 곡선이 증가할 때는 MP_L 곡선이 AP_L 곡선보다 위에 있지만, 감소할 때는 아래에 놓임을 볼 수 있다. 즉 AP_L이 증가할 때는 MP_L이 AP_L보다 더 크고, 반대로 감소할 때는 작다. 이는 평균과 한계개념에서 항상 성립하는 일반 원리다.

예를 들어 국어, 영어, 수학 세 과목의 평균점수 보다 사회 한 과목을 추가한 네 과목의 평균점수가 증가하였다면, 추가된 사회과목의 점수는 세 과목의 평균보다 높았을 것이고, 반대로 평균점수가 감소하였다면 사회과목의 점수가 세 과목의 평균보다 낮았을 것이다. 여기서 국, 영, 수 세 과목의 평균점수를 평균값 AP로 그리고 추가된 사회과목의 점수를 한계값 MP로 보면, 위의 원리가 평균값과 한계값 사이에 적용되는 일반적인 원리라는 점은 쉽게 이해할 수 있을 것이다.

생산규모와 산출량 투입조합 (L, K)를 $(2L, 2K)$로 확대하면 원래의 생산규모를 2배로 늘린 것이다. 일반적으로 각 요소의 투입량을 같은 비율 α로 늘릴 때 생산규모를 α배로 확대시킨다고 말한다. 생산규모의 변화에 따라 산출량이 변하는 모습은 생산기술의 중요한 특성 가운데 하나다.

이제 $\alpha>1$이라고 하자. 투입조합 (L, K)의 생산규모를 투입조합 $(\alpha L, \alpha K)$로 α배 확대할 때 만약

$$\alpha f(L, K) < f(\alpha L, \alpha K) \tag{7–6}$$

라면 생산규모를 α배 확대할 때 산출량 $f(\alpha L, \alpha K)$가 처음 생산규모의 산출량의 α배인 $\alpha f(L, K)$보다 더 크다. 즉 부등식 (7–6)과 같은 생산기술에서는 예컨대 생산규모를 두 배로 확대할 때 산출량이 두 배 이상으로 증가한다. 이러한 특성을 **규모수익증가**(increasing returns to scale)라고 한다. 규모수익증가의 경우 단일공장의 규모를 두 배로 늘리면 같은 규모의 공장을 두 개 설립하여 운영할 때보다 같은 투입으로 더 많은 양을 생산할 수 있다.

만약

$$\alpha f(L, K) > f(\alpha L, \alpha K) \tag{7–7}$$

라면 생산규모를 α배 확대할 때의 산출 $f(\alpha L, \alpha K)$는 원래 산출량의 α배인 $\alpha f(L, K)$에 미치지 못한다. 이러한 특성을 **규모수익감소**(diminishing returns to scale)라고 한다. 규모수익감소의 경우에는 단일공장의 규모를 늘리는 것보다 작은 공장을 여러 개 운영하는 것이 더 낫다.

만약

$$\alpha f(L, K) = f(\alpha L, \alpha K) \tag{7–8}$$

라면 생산규모를 α배로 키울 때의 산출 $f(\alpha L, \alpha K)$는 정확히 원 산출량의 α배인 $\alpha f(L, K)$와 같다. 즉 식 (7–8)이 성립하는 생산기술은 규모를 두 배로 확대하면

산출량도 정확히 두 배로 커진다. 이러한 특성을 **규모수익불변**(constant returns to scale)이라고 한다.

예제 7-3

임의의 양수 α에 대하여 $\alpha^m f(L, K) = f(\alpha L, \alpha K)$가 성립할 때 우리는 생산함수 f가 투입조합 (L, K)에 대하여 m**차동차**(homogeneous of degree m)라고 말한다. 만약 $m = 1$이면 1차 동차인데 이것을 **선형동차**(linearly homogeneous)라고 하기도 한다. 생산함수 f가 m차 동차이고 $\alpha > 1$일 때 $m < 1$이면 $\alpha f(L, K) > \alpha^m f(L, K) = f(\alpha L, \alpha K)$이므로 규모수익감소이고, $m > 1$이면 $\alpha f(L, K) < \alpha^m f(L, K) = f(\alpha L, \alpha K)$이므로 규모수익증가다. 생산함수 f가 1차 동차이면 규모수익불변이다.

예제 7-4

생산함수 $Q = AL^{\alpha}K^{\beta}$는 경제학의 각 분야에서 널리 쓰이는 생산함수로서 이것을 **컵더글라스 생산함수**(Cobb–Douglas production function)라고 한다. A, α 및 β는 모두 양수이다. 임의의 양수 c에 대하여 항상 $A(cL)^{\alpha}(cK)^{\beta} = Ac^{\alpha+\beta}L^{\alpha}K^{\beta} = c^{\alpha+\beta}AQ$의 관계가 성립하므로 컵더글라스 생산함수는 투입조합 (L, K)에 대하여 $(\alpha+\beta)$차 동차이다. 따라서 컵더글라스생산함수는 $\alpha+\beta > 1$이면 규모수익증가, $\alpha+\beta = 1$이면 규모수익불변, 그리고 $\alpha+\beta < 1$이면 규모수익감소의 특성을 보인다. 컵더글라스 생산함수의 등량곡선은 방정식

$$K = \frac{\left(\frac{Q}{A}\right)^{\frac{1}{\beta}}}{L^{\frac{\alpha}{\beta}}}$$

로 결정되므로 생산기술의 규모특성에 구애됨이 없이 항상 원점을 향하여 볼록한 쌍곡선으로 나타난다. 다만 〈그림 7-11〉의 (a), (b) 및 (c)처럼 투입조합을 직선 OB를 따라 변경시킬 때, 즉 생산규모 B를 변경할 때, 빗금친 단면의 모습은 $\alpha+\beta > 1$, $\alpha+\beta = 1$ 또는 $\alpha+\beta < 1$인 경우에 각각 그림과 같이 나타난다. 그림 (a)는 규모의

확대비율보다 산출량 증가비율이 더 큼을 보여주며 그림 (b)는 규모의 확대비율이 산출량증가비율과 동일한 경우, 그리고 그림 (c)는 규모의 확대비율보다 산출량 증가비율이 더 작은 경우를 보여준다.

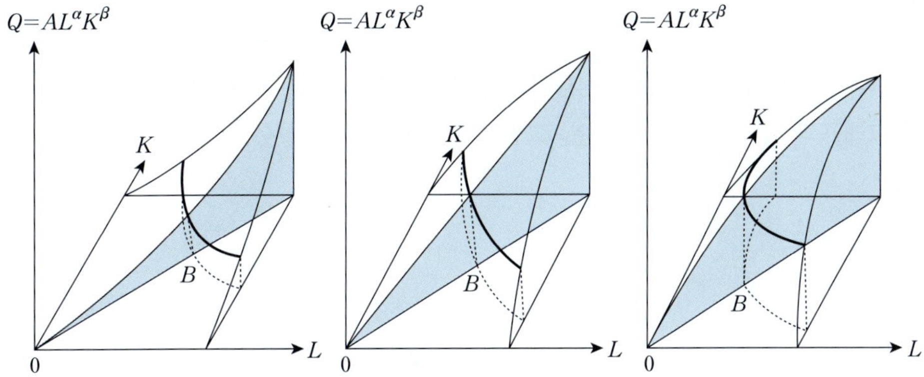

(a) $\alpha+\beta>1$　　(b) $\alpha+\beta=1$　　(c) $\alpha+\beta<1$

〈그림 7-11〉 컵더글라스 생산함수 $Q = AL^{\alpha}K^{\beta}$

일반적 규모특성　생산함수는 각 투입조합이 생산해낼 수 있는 산출량을 결정한다. 즉 $Q = f(L, K)$는 투입조합 (L, K)가 산출 Q를 생산함을 뜻한다. 그런데 생산현장에서는 인력 L을 기계 K 곁에 세워두는 것만으로 산출 Q를 얻는 것이 아니고 기계 작동을 익힌 인력이 실제로 기계를 작동해야 한다. 그리고 기계별 작동이 생산과정에서 수미일관하게 이루어져야 한다. 이렇게 되도록 투입의 활용을 조정 관리하는 주체가 기업가다. 기업가의 관리능력은 그 기업만이 보유하고 있는 고유한 생산요소지만 투입결합 (L, K)와 대등한 또 하나의 독립변수가 아니라 생산함수의 구조를 결정하는 제3의 변수로 존재한다.

기업별로 생산관리능력은 천차만별이지만 그 능력에 따라 효과적으로 감당할 수 있는 최적 생산규모가 있다는 점에서는 공통적이다. 생산규모가 이 최적규모보다 작거나 크면 고용한 투입의 활용이 최적규모일 때보다 효과적이지 못할 것은 당연하다. 그러므로 관리능력의 효과는 투입결합의 고용규모가 아주 작은 수준에서 최적규모로 확대되어가는 단계에서는 가속적으로 발휘되다가 최적규모를 지나치면 점차 둔화될 것으로 보는 것이 합리적이다.

실제로 생산규모를 확대하거나 축소할 때 노동과 자본의 고용량을 같은 비율로 증가 또는 감소시킨다. 그러나 기업가의 생산관리능력이라고 하는 제3의 투입은 일정한 수준으로 고정된 요소다. 그러므로 생산규모 (L, K)를 확대하는 과정에서 제3의 투입이 고정투입으로 남아 있으므로 생산함수의 구조는 단기 생산함수와 유사할 것이다. 즉 생산규모와 산출량 사이의 관계는 〈그림 7-9〉에 묘사된 단기 생산함수의 그래프와 같은 특성을 보이는 〈그림 7-12〉와 같이 그릴 수 있다.

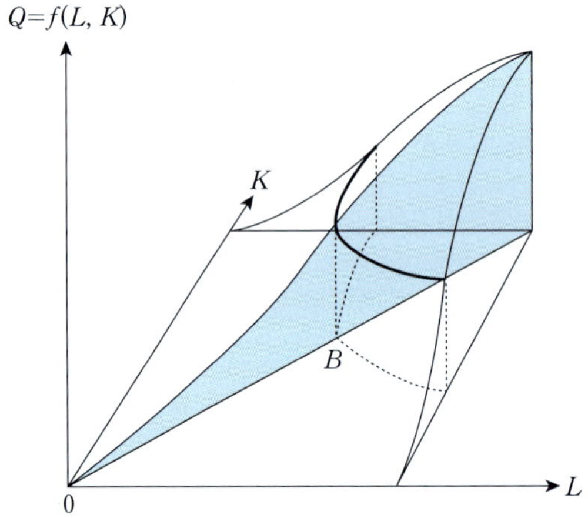

〈그림 7-12〉 생산함수와 규모특성

즉 생산규모가 기업의 생산관리능력에 비하여 상대적으로 왜소할 때 생산규모를 확대하면 관리능력의 발휘를 가속적으로 촉진하여 규모수익증가를 나타낸다. 반면에 생산규모가 상대적으로 방대하여 기업가의 한정된 능력이 효율적으로 관리하지 못하는 상태라면 생산규모의 확대는 규모수익감소를 불러온다. 이처럼 생산규모의 확장은 초기에는 규모수익증가를 시현하지만 어느 수준을 넘어서면 규모수익감소로 전환되는 것이 생산기술의 일반적 규모특성이라고 할 수 있다. 다만 어느 수준의 규모에서 규모수익감소가 나타나기 시작하는가는 업종별 기업별로 다르다.

규모의 탄력성과 요소의 산출탄력성 요소결합 (L, K)의 생산규모를 1로 본다면 생산규모 s는 요소결합 (sL, sK)가 된다. **규모의 탄력성**(elasticity of scale)은 생산규

모 $s=1$에서

$$\epsilon_s \equiv \left[\frac{\partial f(sL, sK)}{\partial s}\frac{s}{f(sL, sK)}\right]_{s=1} = \frac{\frac{\partial f}{\partial L}L + \frac{\partial f}{\partial K}K}{f(L, K)} \tag{7-9}$$

로 정의된다. 이 탄력성 ϵ_s는 생산규모가 1% 변할 때 산출량이 몇 % 변하는가를 나타내는 지표다.

예제 7-5

생산함수 f가 요소결합 (L, K)에 대한 m차 동차 함수라고 하면 임의의 양수 α에 대하여 $\alpha^m f(L, K) = f(\alpha L, \alpha K)$의 관계가 성립한다. 이것을 α에 대하여 미분하면 1계편도함수는 $\alpha=1$에서

$$m\alpha^{m-1} f(L, K)|_{\alpha=1} = \frac{\partial f(L, K)}{\partial L}L + \frac{\partial f(L, K)}{\partial K}K$$

이 성립하여

$$mf(L, K) = \frac{\partial f(L, K)}{\partial L}L + \frac{\partial f(L, K)}{\partial K}K \tag{7-10}$$

의 관계가 도출된다. 식 (7-10)의 관계는 **오일러의 정리**(Euler's theorem)라고 알려져 있다. 생산함수가 m차 동차이면 식 (7-9)와 식 (7-10)으로부터 규모의 탄력성은 $\epsilon_s = m$의 관계를 보인다. 즉 규모의 탄력성 ϵ_s의 값은 규모수익증가$(m>1)$일 때 1보다 크며 규모수익불변$(m=1)$일 때 1이 되며 규모수익감소$(m<1)$일 때 1보다 작게 결정된다.

자본의 고용 K를 일정하게 두고 노동의 고용 L을 1% 변화시킬 때 산출량이 몇 % 변하는가를 나타내는 지표를 **노동의 산출탄력성**(output elasticity of labor)이라고 한다. 노동의 산출탄력성 ϵ_L은

$$\epsilon_L \equiv \frac{MP_L L}{f(L, K)} \tag{7-11}$$

로 정의된다. 자본의 산출탄력성 ϵ_K 도 같은 방법으로 정의된다. $\epsilon_s = \epsilon_L + \epsilon_K$ 임을 유념하라.

예제 7-6

컵더글라스생산함수 $Q = AL^{\alpha}K^{\beta}$ 의 경우 노동의 산출탄력성을 계산하면 $\frac{\partial Q}{\partial L} = \alpha AL^{\alpha-1}K^{\beta} = \frac{\alpha Q}{L}$ 이므로 $\epsilon_L = \frac{\alpha Q}{L}\frac{L}{Q} = \alpha$ 를 얻는다. 마찬가지로 $\epsilon_K = \beta$ 임도 보일 수 있다. 규모의 탄력성은 $\alpha+\beta$ 가 된다.

생산가능곡선 이제 산출이 재화 1과 2 두 가지라고 하자. 재화 1을 산출 Q_1 만큼 생산하는 투입.조합을 (L_1, K_1), 그리고 재화 2를 산출 Q_2 만큼 생산하는 투입조합을 (L_2, K_2) 로 각각 표시하자. 각 재화의 생산함수는

$$Q_1 = f(L_1, K_1), \qquad Q_2 = g(L_2, K_2) \tag{7-12}$$

로 주어져 있다. 노동과 자본의 총량이 각각 $\overline{L}$ 와 $\overline{K}$ 로 정해져 있으면 각 재화의 생산에 투입되는 생산요소는

$$\overline{L} = L_1 + L_2, \qquad \overline{K} = K_1 + K_2 \tag{7-13}$$

의 관계를 충족한다. 여기에서는 투입조합 $(\overline{L}, \overline{K})$ 로부터 두 재화를 각각 얼마나 생산해낼 수 있는지를 알아보기로 한다.

재화 1 생산에 투입조합 (L_1, K_1) 을 사용한다면 재화 2 생산에 배정되는 투입은 각각

$$L_2 = \overline{L} - L_1 \text{ 및 } K_2 = \overline{K} - K_1 \tag{7-14}$$

으로 결정된다. 그런데 $Q_1 = f(L_1, K_1)$를 충족하는 산출 Q_1은 (L_1, K_1) 이외에 같은 등량곡선 $I_1(Q_1)$[5)]상의 다른 투입조합으로도 생산할 수 있는데, Q_1 생산에 어느 투입조합을 사용하는가에 따라 재화 2 생산에 배정되는 투입조합이 달라지므로 그 생산량 Q_2도 다르다. 그러므로 주어진 투입조합 $(\overline{L}, \overline{K})$로 두 재화 1과 2를 생산한다면 재화 1의 각 생산량 Q_1마다 가장 많은 재화 2의 산출 Q_2를 얻을 수 있도록 각 투입을 재화별로 적절하게 배정하는 것이 바람직하다.

주어진 투입을 두 재화의 생산에 이렇게 배정하면 재화 1의 각 산출 Q_1마다 함께 얻을 수 있는 재화 2의 최대산출 Q_2가 결정되는데 이 관계를 함수

$$Q_2 = \Psi(Q_1, \ \overline{L}, \ \overline{K}) \tag{7-15}$$

로 표시하자. 〈그림 7-13〉은 가로축을 Q_1, 세로축을 Q_2로 잡은 평면 위에 그린 식 (7-15)의 그래프로서 주어진 투입조합 $(\overline{L}, \overline{K})$로부터 생산해낼 수 있는 두 재화의 조합 (Q_1, Q_2)를 나타낸다. 이 곡선을 **생산가능곡선**(production possibility frontier) 또는 **변환곡선**(transformation curve)이라고 한다.

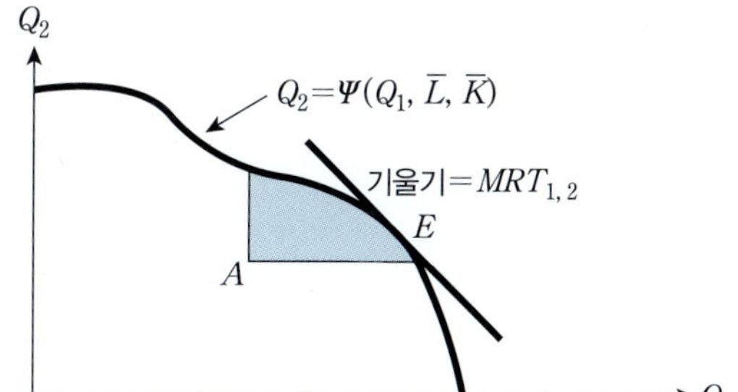

〈그림 7-13〉 생산가능곡선

그림의 점 A는 한정된 생산요소로 두 재화를 더 많이 생산할 수 있는 여지, 즉 우상측 빗금 영역을 남겨 두고 있는 점이므로 기술적으로 비효율적이다. 그러므로 생산가능곡선은 기술적으로 효율적인 산출조합의 궤적이다. 생산가능곡선의 기울기는 수량이 정해진 생산요소를 두 재화의 생산에 투입할 때 재화 1을 추가로 한

5) I_1의 하첨자 1은 재화 1을 뜻한다.

단위 더 생산하기 위하여 포기해야 하는 재화 2의 수량이다. 이것을 **한계변환율**(marginal rate of transformation)이라고 하고 $MRT_{1,2}$로 표기한다. 〈그림 7-13〉은 점 E에서 생산가능곡선에 접하는 접선의 기울기로 한계변환율을 보여준다. 한계변환율은 등량곡선의 기울기를 나타내는 기술적 대체율과 대조되는 개념이다.

생산가능곡선은 두 가지 재화를 생산할 때 한정된 투입 $(\overline{L}, \overline{K})$로부터 생산해낼 수 있는 두 재화의 최대 산출량 간의 관계를 나타내며, 등량곡선은 두 가지 투입을 사용하는 경우에 주어진 산출량을 생산해낼 수 있는 두 투입의 고용량 간의 관계를 나타낸다. 즉 두 곡선은 산출과 투입 사이에서 서로 대칭을 이루는 개념이다.

연습문제

1. 산출량 Q_1 과 Q_2 가 서로 다를 때 2개의 등량곡선 $I(Q_1)$ 과 $I(Q_2)$ 는 서로 만나지 않음을 증명하라.

2. 단조성의 가정 아래 등량곡선 $I(Q)$ 는 항상 우하향함을 보여라.

3. 〈그림 7-5〉에서 B_1 과 B_1' 의 요소결합 중 일부를 공정 OA_2 에 이전하여 사용할 때 생산되는 산출량 Q는 항상 $Q < \overline{Q}$ 의 관계를 유지하게 됨을 보여라.

4. $Q = f(L, K)$ 이 1차동차이면 노동의 평균생산성 $\frac{Q}{L}$ 은 요소집약도 $k\left(= \frac{K}{L}\right)$ 만의 함수로 나타남을 보여라. $\frac{Q}{L} = g(k)$ 로 놓고 $\frac{dg}{dk}$ 및 $\frac{d^2g}{dk^2}$ 를 구하여라. 또한 $\frac{Q}{L} = g(k)$ 의 그래프를 그려라.

5. $Q = \min\left\{\frac{L}{a}, \frac{K}{b}\right\}$, $a > 0$, $b > 0$ 일 때 $K = \overline{K}$ 의 경우 단기 생산함수를 도출하고 이것의 그래프를 그려라.

6. 어느 기업이 2개의 공장을 보유하고 있다. 첫 번째 공장은 생산함수 $X = f(L_1, K_1)$ 에 의하여 상품 X를 생산하며 두 번째 공장은 $Y = g(L_2, K_2)$ 에 의하여 상품 Y를 생산한다. 이 기업이 고용하고 있는 요소의 총량은 $\overline{L}$ 및 $\overline{K}$ 로서 일정한 수준에 고정되어 있다. 한 공장이 모든 요소를 다 사용할 때 첫 번째 공장은 $\overline{X}$ 를 생산하며 두 번째 공장은 $\overline{Y}$ 를 생산한다.
   1) 생산함수 f와 g가 규모의 불경제이면 이 기업이 $\frac{\overline{X}}{2}$ 및 $\frac{\overline{Y}}{2}$ 를 생산할 수 있음을 보여라.
   2) 기업이 1)과 같이 조업하면 기술적 효율성을 이루고 있는가?

7. 생산함수 $Q = f(L, K)$ 가 1차 동차이다. 투입의 산출탄력성을 각각 ϵ_L 및 ϵ_K 라고 하면 $\epsilon_L + \epsilon_L = 1$ 임을 증명하라.

8. 생산함수 $Q = f(L, K)$ 가 1차 동차이고 또한 단조적이면 어떤 투입의 평균생산성도 (산출량이 증가함에 따라) 증가할 수 없음을 보여라.

CHAPTER 08

비용이론

제1절 비용의 개념

기회비용 재화의 생산은 항상 자원을 소모하므로 생산비용의 문제가 발생한다. 생산에 소모된 요소 또는 자원의 수량은 생산비용을 구성하는 출발점이다. 생산비용에 해당하는 자원을 포기하지 않고서는 재화생산이 불가능하다. 사람이 생산 활동을 벌이는 까닭은 생산한 재화가 비용으로 소모하는 자원보다 더 소망스럽기 때문이다. 즉 생산물과 그 생산에 소모되는 자원에 대한 가치평가가 전제되어 있다. 그러므로 생산 활동을 이해하려면 이 가치평가를 먼저 이해해야 한다.

생산비용의 개념으로 가장 기본적인 것은 **기회비용**(opportunity cost)이다. 댐(dam) 건설에 원목 2톤, 철근 4톤, 시멘트 10톤, 물 1톤 및 노동 500단위가 소요된다고 하자. 그런데 같은 자원으로 교량 1기를 건설할 수도 있다고 하자. 만약 댐을 건설한다면 교량 1기를 포기하는 셈이므로 교량 1기를 댐 건설 비용으로 간주해도 무방하다. 반대로 교량 건설에는 댐 하나가 비용으로 들어간다. 이 자원으로 건물 한 동도 지을 수 있다면 건물 한 동을 비용으로 간주할 수도 있다.

같은 자원으로 댐을 건설할 수도 있고 교량을 건설할 수도 있고 건물을 지을 수도 있는데 댐을 건설한다면 그 까닭은 댐의 가치를 교량이나 건물보다 더 높게 평가하기 때문이다. 댐, 교량, 그리고 건물은 각각 원목 2톤, 철근 4톤, 시멘트 10톤, 물

1톤 및 노동 500단위로 생산할 수 있는 대안들이다. 생산은 이 대안 가운데 가장 가치 있는 대안을 선택하는 행위로서 이 대안의 선택은 다른 대안의 포기를 뜻한다. 포기된 각 대안은 선택된 대안의 기회비용인데 보통 그 가운데 가장 가치 있는 것을 추려서 기회비용이라고 말한다.

생산이 사회적으로 소망스럽게 이루어지고 있는가를 가늠하는 데 기회비용의 개념은 대단히 유용하다. 현재 생산하는 재화는 그 기회비용보다 사회적으로 더 소망스럽다고 보면 된다.

사회적 비용과 사적 비용 생산에 투입되는 모든 자원은 그 생산 활동의 비용을 구성한다. 그런데 시장경제의 생산비용 가운데에는 생산자가 부담하지 않는 비용도 있다. 예컨대 과수원은 꿀벌의 노고를 사과 생산에 자원으로 활용하지만 그 비용을 부담하지 않는다. 생산에 투입되는 모든 자원을 포괄하는 비용을 **사회적 비용**(social cost)이라고 하고 이 가운데 생산자가 실제로 부담하는 비용을 **사적 비용**(private cost)이라고 한다. 이 밖에 공해를 일으키는 행위는 사적비용과 사회적 비용의 차이를 빚는 좋은 예다. 어떤 생산행위가 하천을 오염한다면 이 생산은 필요한 투입의 소모는 물론이고 맑은 하천까지 희생시킨다. 따라서 희생된 맑은 하천은 생산의 기회비용의 일부로서 사회적 비용에 가산된다. 그러나 기업으로서는 하천이 어느 개인의 소유가 아니기 때문에 이것을 오염시키는(즉 사용하는) 데 대한 대가를 지불할 필요가 없다. 따라서 희생된 맑은 하천은 기업의 사적비용에는 가산되지 않는다. 이 문제는 나중에 외부성을 논의할 때 더 자세히 다룬다.

사회적 후생과 관련된 비용의 개념은 사회적 비용이지만 기업의 이윤추구에 직접 관련된 비용은 사적비용이다. 앞으로 별다른 언급이 없는 한 기업행동을 분석하는 논의에서는 비용의 의미를 사적비용에만 국한시킨다.

양성비용과 음성비용 생산에서 기업이 부담하는 (사적) 비용은 일차적으로 두 가지 성분으로 분류된다. 하나는 생산요소를 고용하기 위하여 기업이 실제로 화폐적 대가를 지불하는 비용으로 이것을 **양성비용**(explicit cost) 또는 **명시적 비용**이라고 한다. 양성비용은 기업의 회계장부에 명시적으로 기재되기 때문에 이것을 달리 **회계적 비용**(accounting cost)이라고도 한다.

다른 하나는 기업이 이미 보유하고 있는 생산요소를 생산에 사용함으로써 발생하는 비용으로서 이것을 **음성비용**(implicit cost) 또는 **암묵적 비용**이라고 한다. 이미 보유하고 있는 요소를 자신의 생산에 사용하지 않고 다른 기업에 임대한다면 그 화폐적 대가를 소득으로 얻을 수 있다. 즉 기업이 이 생산요소를 자신의 생산에 사용하면 임대료만큼의 대가를 포기한 셈이고 이 희생된 대가가 바로 음성비용을 구성한다. 기업주의 (자가) 노동은 음성비용의 대표적인 예다. 양성비용과 음성비용을 합한 비용은 기업의 이윤추구와 직접 관련된 사적비용으로서 이것을 **경제적 비용**(economic cost)이라고 한다.

대가로 돈을 지불하는 생산요소의 고용은 생산을 위하여 그만큼의 금전적 가치를 포기하는 행위다. 또 보유하고 있는 요소를 자신의 생산에 사용하는 행위도 이 생산요소를 남에게 팔거나 임대함으로써 얻을 수 있는 화폐적 대가를 포기한다. 그러므로 생산의 사적비용은 기업의 시각에서 보면 화폐 단위로 표시한 기회비용으로 볼 수 있다. 이처럼 기회비용의 개념은 사회적 비용에서나 사적비용에서나 비용을 정의하는 데 핵심 기능을 수행한다.

실물자본과 인간자본 건물이나 기계와 같은 생산시설은 일정 기간 생산에 사용되더라도 어느 정도의 감모는 불가피하나 여전히 생산능력을 발휘한다. 승용차나 구두 같은 소비재도 한 번의 소비행위로 사라지는 것이 아니라 상당 기간 계속 사용할 수 있다. 이처럼 한 번의 사용으로 소멸되지 않고 두고두고 쓸 수 있는 재화를 **내구재**(durables)라고 한다. **실물자본**(physical capital)은 원래 건물이나 기계처럼 내구재적 특성을 보유하는 물적 생산요소를 가리키는 말이다. 실물자본은 생산과정에서 모두가 소모되는 것은 아니며 생산력으로 전환되어 현재 생산에 기여하는 만큼만 감모된다.[1)]

오늘 일한 노동은 오늘로 소모되지만 같은 사람이 내일도 일한다. 즉 사람이 보유한 노동능력은 노동과 달리 일종의 내구재적 특성을 보인다. 그러므로 사람이 보유한 노동능력을 **인간자본**(human capital)이라고 하고 그날그날 소모되는 **노동**(labor)을 인간자본이 창조하는 생산력, 즉 용역(services)으로 파악한다.

1) 실물자본도 품목별 수명은 서로 다르다. 수명으로만 고찰하면 원료와 같은 소모성 투입도 생산기간 내 감모율이 100%인 '실물자본'이다. 그렇지만 실제로 실물자본은 감모율이 100% 미만인 투입만을 뜻한다.

실물자본과 인간자본은 장기간 발휘할 생산력의 집적체로서 그 수량은 어느 주어진 시점에서 기계 15대, 또는 노동자 20인 등과 같이 측정된다. 이처럼 그 수량을 어느 주어진 시점에서 측정하는 변수를 **저량**(stock)이라고 한다. 반면에 실물자본과 인간자본이 풀어내는 생산력의 수량은 기계의 가동시간(machine-hour) 또는 노동시간(man-hour) 등으로 측정되는데 이처럼 그 수량이 일정 기간에 걸쳐서 측정되는 변수를 **유량**(flow)이라고 한다. 생산 활동에 고용되는 요소는 외면적으로는 저량인 실물자본과 인간자본이다. 그러나 실질적으로 각 기간 생산에 기여하는 것은 실물자본과 인간자본이 창조하는 유량으로서의 용역이다.

임금과 임대가격 구입가격이 P_M인 기계 한 대를 생산에 사용하는 경우를 생각하자. 기업은 이 기계를 매년 임대료 r을 지불하고 빌릴 수도 있고 가격 P_M을 지불하고 구입할 수도 있다. 금액 P_M을 은행에 예금할 때 얻는 금리수입이 임대료 r보다 높다면 기계를 구입하지 않고 임대받는 것이 기업에게 유리할 것이다. 반대로 대출금리가 임대료 r보다 낮다면 임대받는 것보다 은행에서 금액 P_M을 대출받아서 기계를 구입하는 것이 더 나을 것이다. 그러므로 기계의 임대와 구입이 공존하는 현실은 금액 P_M의 이자와 임대료 r이 서로 일치함을 뜻한다(여기에서 예금금리와 대출금리는 같다고 가정한다).

기계를 임대하든 구입하든 관계없이 이 기계를 한 대 사용하는 기업이 매년 부담하는 비용은 기계의 가격 P_M이 아니라 r만큼의 임대료 또는 금리다. 여기에서 기계의 가격 P_M은 저량인 실물자본의 시장가치이며 이 실물자본이 1년 동안에 창조하는 유량의 시장가치가 임대료 r이다. 일반적으로 (실물)자본 한 단위에 대하여 생산기간 동안에 기업이 부담하는 비용을 **임대가격**(rental price) 또는 **이자**(interest)라고 하며 보통 r로 표기한다. 그리고 인간자본이 풀어내는 노동서비스 한 단위의 가격을 **임금**(wage)이라고 하며 보통 w로 표기한다. 이때 임금은 인간자본에 대한 임대가격이 된다.[2] 그러므로 투입조합 (L, K)를 고용하는 생산에 소요되는 사적 비용은 $wL+rK$로 표시할 수 있다.

2) 일당을 지급하는 인력 고용은 그 인력의 노동능력을 하루만 임대하는 것일 뿐 평생 노예화하는 것이 아니다.

제2절 단기비용함수와 비용함수

단기비용함수 임금과 자본의 임대가격이 각각 w와 r일 때 산출 Q의 생산비용이 얼마로 결정되는가를 고찰하여 보자. 산출 Q를 생산하려면 등량곡선 $I(Q)$에 속하는 투입조합 (L, K)를 고용해야 한다. 이때 부담하는 비용을 C라고 하면

$$C = wL + rK \tag{8-1}$$

로 표시할 수 있다. 이 등식 (8–1)를 **비용식**(cost equation)이라고 한다.

제8장 제3절에서 논의한 바와 같이 단기에서는 자본이 고정투입이므로 그 고용수준은 $\overline{K}$로 고정되어 있다. 산출량 Q의 변화는 가변투입 L의 변화로 대응해야 하는데 그 관계를 나타내는 것이 식 (7–5)의 단기생산함수 $Q = f(L, \overline{K})$다. 단기생산함수의 그래프는 〈그림 7–9〉에 이미 소개하였다.

노동의 한계생산성 MP_L의 부호가 〈그림 7–9〉처럼 항상 양(+)이라면 단기생산함수 $Q = f(L, \overline{K})$를 충족하는 Q와 L의 관계는 1대1 대응이다. 그러므로 자본 $\overline{K}$와 함께 산출 Q를 생산해내는 노동 L은 식 (7–5)를 풀어서

$$L = L(Q, \overline{K}) \tag{8-2}$$

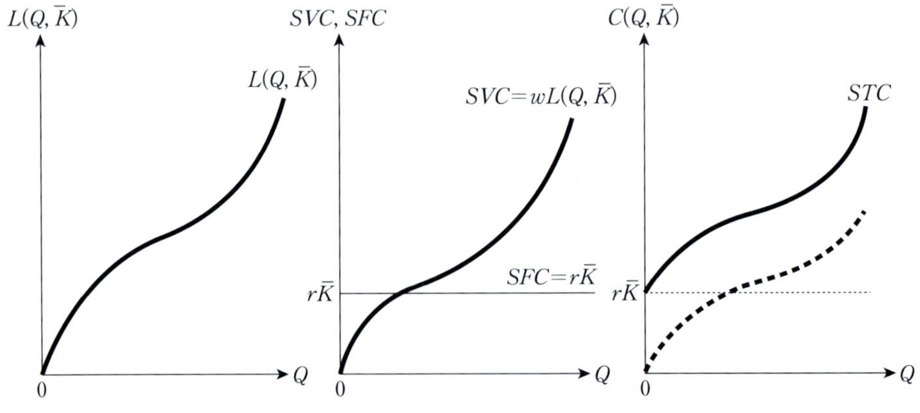

(a) 단기 조건부 요소수요함수 (b) 가변비용과 고정비용 (c) 단기 총비용

〈그림 8–1〉 단기비용함수의 그래프

로 묘사할 수 있다. 식 (8–2)는 단기 생산함수 (7–5)의 역함수인데 이것을 **단기 조건부 노동수요함수**(short–run conditional labor demand function)라고 한다. 단기 조건부 노동수요함수의 그래프는 단기 생산함수의 그래프 〈그림 7–9〉에서 〈그림 8–1(a)〉와 같은 모습으로 도출된다.

그러므로 고정자본 $\overline{K}$ 를 가지고 산출 Q를 생산할 때 기업이 부담하는 **단기총비용**(short–run total costs, STC)은

$$C_S(w, r, Q, \overline{K}) = wL(Q, \overline{K}) + r\overline{K} \tag{8–3}$$

로 결정된다. C_S를 **단기비용함수**(short–run cost function)라고도 부르는데 $C_S(w, r, Q, \overline{K})$의 표현은 단기총비용이 임금 w, 자본임대가격 r, 산출 Q 및 고정자본 $\overline{K}$ 의 함수임을 뜻한다. 요소가격 (w, r)이 불변이면 단기비용함수는 간단히 $C_S(Q, \overline{K})$로 표기된다.

단기총비용은 Q의 변화에 따라 변하는 성분 $wL(Q, \overline{K})$과 변하지 않는 성분 $r\overline{K}$ 의 합으로 나타난다. 산출 Q의 함수인 $wL(Q, \overline{K})$는 가변투입인 노동 $L(Q, \overline{K})$을 고용하는 데 지출하는 비용으로서 이것을 **가변비용**(variable costs), 또는 **단기 가변비용**(short–run variable costs)이라고 하고 간단히 SVC로 표기한다. 산출 Q가 변하더라도 변하지 않는 성분 $r\overline{K}$ 는 고정투입 $\overline{K}$ 를 고용하는 데 드는 비용으로서 이것을 **고정비용**(fixed costs), 또는 **단기고정비용**(short–run fixed costs)이라고 하고 간단히 SFC로 표기한다. 〈그림 8–1(b)〉는 가변비용과 고정비용의 그래프이며 (c)는 이들의 합인 단기총비용의 그래프이다.

고정비용은 기업이 당장 생산하지 않더라도 고정투입 $\overline{K}$ 를 보유하고 있는 한 지출해야 하는 비용이다. 기업이 생산을 중단하더라도 고정투입을 그대로 유지하면 고정비용의 부담은 그대로 남는다. 그 사업에서 철수하기로 하고 이미 보유한 고정투입 $\overline{K}$ 를 매각하거나 다른 신사업에 전용하는 경우에만 고정비용을 0으로 줄일 수 있다. 이렇게 고정비용을 0으로 줄일 수 있을 때 그 고정투입을 **회수가능**(recoverable)하다고 말한다. 현재 임대하여 사용 중인 고정투입은 대체로 회수가능하다. 임대 장비를 사용 중지하고 소유주에게 돌려주면 해당 고정비용은 그 즉시 소멸하기 때문이다.

그런데 고정투입 가운데에는 특정 생산에만 사용되는 고유설비도 있다. 산골 광산의 자원을 개발하기 위하여 뚫은 도로, 갱구 버팀목, 채굴한 광석을 실어나르는 갱내 레일 등 광석 채굴에 필요한 현장 설비 등이 이에 해당한다. 이들 고유설비는 대체로 임대할 수 없으므로 생산자 스스로 모두 구입해서 설치해야 한다. 그런데 기업이 해당 사업을 접을 때 이렇게 설치한 고정투입은 대체로 회수 불가능하다. 이처럼 회수 불가능한 고정투입을 **매몰설비**(sunk facility), 그리고 그에 들인 비용을 **매몰비용**(sunk costs)이라고 한다.

비용최소화와 비용함수 장기에서는 단기와 달리 모든 투입이 가변투입이다. 그러므로 기업은 산출 Q를 생산하기 위하여 등량곡선 $I(Q)$상의 어떠한 투입조합이라도 선택할 수 있다. 가능한 한 더 많은 이윤을 추구한다면 당연히 이 가운데에서 최소의 비용을 유발하는 투입조합을 선택할 것이다.

최소화 문제

$$\min_{L,K} \ wL + rK \quad s.t. \quad Q = f(L, K) \tag{8-4}$$

의 해를 (L^0, K^0)라고 하면, 산출 Q를 최소비용으로 생산하려는 기업은 이 투입조합 (L^0, K^0)을 고용한다. 최소화 문제 (8-4)로부터 임금 w, 자본임대가격 r, 그리고 산출 Q의 값이 달라지면 그 해인 L^0 및 K^0의 값도 달라짐을 알 수 있다. 따라서 L^0과 K^0은 임금 w, 자본임대가격 r 및 산출량 Q의 함수가 되고,

$$L^0 = L^0(w, r, Q), \qquad K^0 = K^0(w, r, Q) \tag{8-5}$$

로 표기된다. 물론 생산함수 f도 L^0 및 K^0의 결정 요인이지만 생산기술은 불변인 것으로 가정한다. 임금 w와 자본임대가격 r이 주어지면 기업은 산출량 Q를 생산하기 위하여 노동 $L^0(w, r, Q)$와 자본 $K^0(w, r, Q)$를 고용할 것이므로 $L^0(w, r, Q)$와 $K^0(w, r, Q)$를 각각 해당 요소의 **조건부 요소수요함수**(conditional factor demand function)라고 한다. 요소가격이 변하지 않는 경우를 분석할 때는 간단히 $L^0(Q)$와 $K^0(Q)$로 표기하기로 한다.

조건부요소수요 $L^0(w, r, Q)$와 $K^0(w, r, Q)$를 고용하면 산출 Q의 생산비용은

$$C(w, r, Q) = wL^0(w, r, Q) + rK^0(w, r, Q) \tag{8-6}$$

로 결정된다. 식 (8−6)의 $C(w, r, Q)$를 **비용함수**(cost function)라고 한다. 비용함수는 산출 Q를 생산할 때 부담하는 비용이 임금 w와 자본임대가격 r 및 산출 Q에 의존함을 나타낸다. 비용함수 $C(w, r, Q)$는 산출 Q의 생산이 소요하는 **장기총비용**(long−run total costs, LTC)으로서 요소가격이 불변일 때에는 $C(Q)$로 표기하기도 한다.

참고 비용최소화 문제 (8−4)의 수학적 구조는 소비자 선택이론의 지출 최소화문제(제5장 부록 제2절)와 동일하다. 조건부 요소수요함수와 보상수요함수는 수학적으로 동일한 개념이며, 비용함수 $C(w, r, Q)$는 지출함수 $E(p_X, p_Y, u)$와 동일한 개념이다. 이 점을 유의하면 본문의 이해가 좀 더 쉬울 것이다.

도면적 분석 이제 비용최소화 문제 (8−4)를 도면상으로 분석해 보자. 임금과 자본임대가격이 각각 w와 r로 주어져 있을 때 일정한 비용 $\overline{C}$를 지출하여 고용할 수 있는 투입조합 (L, K)는

$$\overline{C} = wL + rK \tag{8-7}$$

의 관계를 충족해야 한다. 식 (8−7)을 만족하는 (L, K)는 현 요소가격에서 같은 비용을 유발하는 투입조합의 궤적으로서 그 그래프는 가로축을 노동 L, 세로축을 자본 K로 책정한 평면 위에서 〈그림 8−2(a)〉와 같이 기울기가 $-\frac{w}{r}$인 직선이다. 이 직선을 **등비용선**(isocost curve)이라고 한다. 등비용선은 비용 $\overline{C}$가 증대하면 바깥쪽으로, 그리고 감소하면 안쪽으로 각각 평행 이동한다.

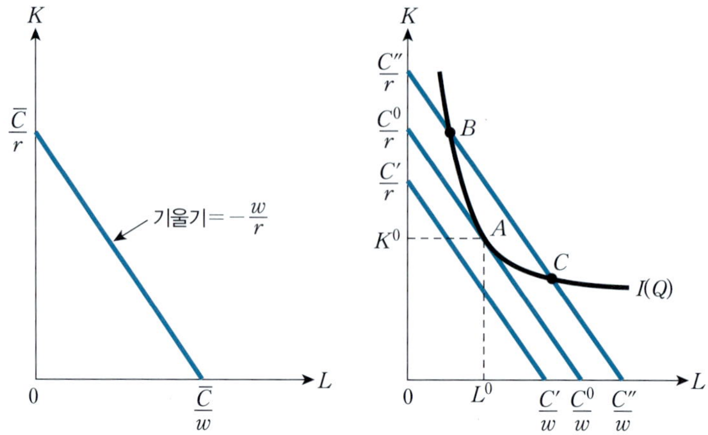

(a) 등비용선 (b) 비용최소화

〈그림 8-2〉 등비용선과 비용최소화

〈그림 8-2(b)〉는 등비용선의 개념을 이용하여 비용최소화 문제 (8-4)의 해를 설명한다. 지출비용 C'는 C''보다 작다. 그림 (b)에서 비용 C'에 해당하는 등비용선은 등량곡선 $I(Q)$의 아래쪽에 위치한다. 따라서 비용 C'로는 산출 Q를 생산하는 투입조합을 고용할 수 없다. 반면에 더 큰 비용 C''로는 점 B 또는 C의 투입조합을 고용함으로써 산출 Q를 생산할 수 있다. 그런데 비용 C''를 약간 줄여서 안쪽으로 조금 평행 이동시킨 등비용선도 여전히 등량곡선 $I(Q)$와 교차하므로 역시 산출 Q를 생산한다.

비용 C^0을 지출하는 경우에는 해당 등비용선이 등량곡선 $I(Q)$와 점 A에서 접한다. 따라서 비용 C^0을 지출하면 투입조합 A를 고용하여 산출 Q를 생산할 수 있는데, 비용을 C^0보다 조금이라도 더 줄이면 해당 등비용선이 등량곡선 $I(Q)$의 아래쪽으로 내려가므로 Q의 생산이 불가능하다. 그러므로 비용 C^0은 산출 Q의 생산에 필요한 최소비용이고 점 A의 투입조합 (L^0, K^0)은 Q 생산의 조건부 요소수요다.

일반적으로 요소가격이 (w, r)로 주어졌을 때 임의의 산출 Q를 생산하는 데 필요한 최소비용은 그 등비용선이 등량곡선 $I(Q)$와 접하는 수준으로 결정되며 접점의 투입조합이 조건부요소수요가 된다. 그리고 등량곡선과 등비용선이 서로 접하는 조건부요소수요에서는

$$\frac{w}{r} = TRS_{L,K} = \frac{MP_L}{MP_K} \tag{8-8}$$

의 관계가 성립한다.

또한 〈그림 8-2(b)〉에서 보듯이 요소가격 (w, r)과 산출 Q가 변할 때 조건부요소수요 A도 변하기 때문에 식 (8-5)의 관계를 재확인할 수 있다. 그러나 요소가격 (w, r)이 변하더라도 같은 비율로 변하면 등비용선의 기울기는 변하지 않으므로 조건부요소수요는 여전히 변하지 않고 점 A로 남는다. 즉 임의의 양수 λ에 대하여 등식

$$L^0(w, r, Q) = L^0(\lambda w, \lambda r, Q), \qquad K^0(w, r, Q) = K^0(\lambda w, \lambda r, Q) \tag{8-5'}$$

이 항상 성립한다. 이처럼 조건부요소수요는 요소가격에 대하여 **영차동차성** (homogeneity of degree zero)의 특성을 보인다. 이제 $\lambda = \frac{1}{w}$ 로 놓으면 조건부요소수요는 산출 Q와 등비용선의 기울기를 결정하는 요소의 상대가격 $\frac{r}{w}$ 의 함수로 표시될 수 있으며, 따라서

$$l^0\left(\frac{r}{w}, Q\right) \equiv L^0(w, r, Q), \qquad k^0\left(\frac{r}{w}, Q\right) \equiv k^0(w, r, Q) \tag{8-9}$$

와 같이 표현하기도 한다. 이상의 논의를 요약하면 다음의 결과를 얻는다.

> **[결과 8-1]** 조건부요소수요 (L^0, K^0)의 결정요인은 임금 w, 자본임대가격 r 및 산출 Q이다. 그러나 요소가격 (w, r)이 같은 비율로 변하는 경우 조건부요소수요 (L^0, K^0)는 변하지 않는다. 조건부요소수요에서 최소비용의 등비용선과 등량곡선 $I(Q)$는 서로 접하며 $\frac{w}{r} = TRS_{L,K}$ 의 관계가 성립한다.

한편 요소가격 (w, r)이 같은 비율 λ 배로 변하면 비용함수는

$$\begin{aligned} C(\lambda w, \lambda r, Q) &= (\lambda w)L^0(\lambda w, \lambda r, Q) + (\lambda r)K^0(\lambda w, \lambda r, Q) \\ &= \lambda[wL^0(w, r, Q) + rK^0(w, r, Q)] = \lambda C(w, r, Q) \end{aligned} \tag{8-10}$$

으로 결정된다. 즉 비용함수는 요소가격에 대해 1차동차이다. 식 (8-10)으로부터 다음의 결과를 얻는다.

[결과 8-2] $C(\lambda w, \lambda r, Q) = \lambda C(w, r, Q), \qquad (\lambda > 0)$

식 (8-8)의 의미는 다음과 같이 설명될 수 있다. 투입조합 (L^0, K^0)에서 노동 고용을 한 단위 줄이면 비용을 w만큼 절약한다. 그러나 노동을 한 단위 줄일 때 산출량을 여전히 Q의 수준으로 유지하려면 자본의 고용을 기술적 대체율 $TRS_{L,K}$만큼 늘려야 한다. 따라서 동일한 산출 Q를 생산하면서 노동의 고용을 한 단위 줄이는 경우 기업이 절약하는 비용은 w인데 그 때문에 자본을 더 고용해야 하는 추가 부담 비용은 $rTRS_{L,K}$가 된다. 만약 $w > rTRS_{L,K}$, 즉 $\frac{w}{r} > TRS_{L,K}$이면 노동을 한 단위 줄이고 $TRS_{L,K}$만큼의 자본으로 대체함으로써 더 적은 비용으로 Q를 생산할 수 있다. 만약 $w < rTRS_{L,K}$, 즉 $\frac{w}{r} > TRS_{L,K}$이면 자본을 $TRS_{L,K}$만큼 줄이고 그 대신 노동을 한 단위 더 늘림으로써 더 적은 비용으로 Q를 생산한다. 그러므로 투입조합 (L^0, K^0)에서 산출량 Q의 생산비용이 최소화된다면 $w = rTRS_{L,K}$, 즉 $\frac{w}{r} = TRS_{L,K}$의 관계가 성립해야 한다.

예제 8-1

자본의 임대가격 r이 상대적으로 높으면 조건부요소수요는 〈그림 8-3〉처럼 자본을 전혀 고용하지 않는 (등량곡선 $I(Q)$의) 끝점 A로 결정될 수 있다. 점 A에서는 물론 식 (8-8)의 관계 $\frac{w}{r} = TRS_{L,K}$가 성립하지 않는다. 그러나 현실에서는 어떠한 생산에서도 노동이 반드시 도구, 즉 자본을 사용하므로 점 A의 투입조합을 고용하는 경우는 나타나기 어렵다. 따라서 현실 생산의 대부분은 〈그림 8-2(b)〉 및 식 (8-8)이 성립하는 경우로 보아도 좋다.

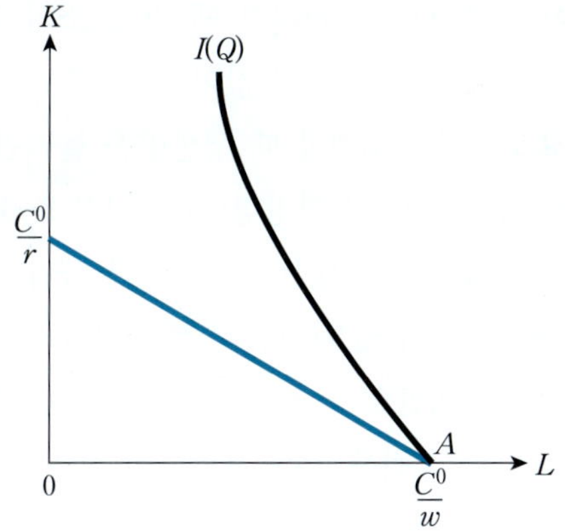

〈그림 8-3〉 $\frac{w}{r} \neq TRS_{L,K}$ 인 조건부요소수요

비용최소화와 그에 따른 조건부요소수요의 특성은 수리적으로 분석할 수도 있다. 이 분석은 부록에서 다루기로 한다.

확장경로와 요소집약도 임금 w와 자본임대가격 r이 일정하게 주어진 상태에서 각 산출 Q를 최소비용으로 생산하는 투입조합, 즉 조건부요소수요가 Q의 변화에 따라 변하는 궤적을 구하면 〈그림 8-4〉처럼 등량곡선과 등비용선이 접하는 점들을 연결한 곡선 OA를 얻는다. 요소가격 (w, r)이 일정한 가운데 기업이 산출 Q를 증가시킬 때 고용하는 투입조합은 이 곡선 OA를 따라서 바깥쪽으로 이동하므로 곡선 OA를 기업의 **확장경로**(expansion path)라고 한다.

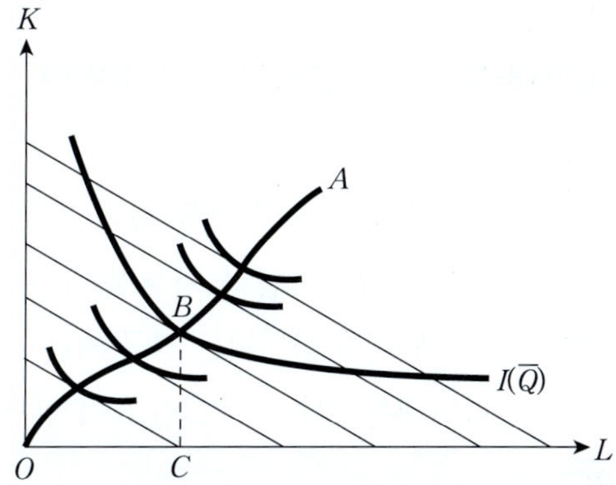

〈그림 8-4〉 확장경로

대부분의 경우 기업이 산출 Q를 증가시킬 때 각 요소의 고용량은 증가한다. 산출 Q의 증가에 따라 조건부요소수요함수의 값이 증가하는 요소를 **정상투입**(normal input)이라고 한다. 즉 요소가격이 일정할 때 생산량을 늘리면 정상투입의 사용량은 늘어난다. 모든 요소가 정상투입일 때 확장경로는 〈그림 8-4〉와 같이 항상 우상향하는 기울기를 갖는다. 그런데 현실의 생산에서 어떤 노동기능은 소량생산에만 필요하고 어떤 숙련기능은 대량생산에 필요하다. 자본 설비도 마찬가지다. 그러므로 생산규모가 커지면 소량생산에 적합한 노동과 설비는 그 수요가 줄어들기 마련이다. 이처럼 산출 Q의 증가에 따라 조건부요소수요함수의 값이 감소하는 요소를 **하급투입**(inferior input)이라고 한다.

〈그림 8-5〉는 자본이 하급투입일 경우의 확장경로를 보여준다. 특정 요소가 정상투입인가 하급투입인가는 해당 요소의 물리적 속성보다는 등량곡선의 구조, 즉 생산기술의 특성에 의하여 결정된다.

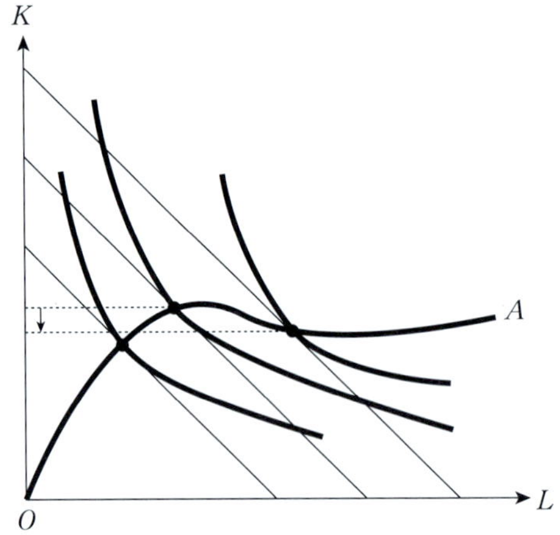

〈그림 8-5〉 자본이 하급투입일 경우의 확장경로

〈그림 8-4〉를 보면 요소가격이 (w, r)일 때 산출 $\overline{Q}$ 의 생산에 점 B의 투입조합, 즉 선분 $\overline{OC}$ 만큼의 노동과 선분 $\overline{BC}$ 만큼의 자본을 고용한다. **1인당자본**(per capita capital)은 고용된 노동 한 단위에 장비되는 평균 자본으로서 해당 생산의 **요소집약도**(factor intensity)를 나타내는 지표다. 〈그림 8-4〉에서 산출 $\overline{Q}$ 를 생산할 때의 요소집약도는 $\dfrac{\overline{BC}}{\overline{OC}}$ 다. 요소가격 (w, r)이 일정한 상태에서 산출 Q가 증가할

때 자본이 정상투입이면 요소집약도는 늘 수도 있고 줄 수도 있지만, 하급투입이면 반드시 감소한다.

예제 8-2

생산함수 $Q=f(L,K)$가 m차 동차로서 임의의 양수 α에 대하여 $\alpha^m f(L,K)=f(\alpha L,\alpha K)$의 관계가 성립하며 등량곡선이 원점을 향해 볼록하다고 하자. 이 예에서는 생산함수가 동차함수이면 확장경로의 모습이 원점에서 뻗어 나오는 방사선임을 보인다. 〈그림 8-6〉의 점 A는 요소가격이 (w,r)일 때 산출 $\overline{Q}$에 대한 조건부 요소수요다. 이때의 비용을 $\overline{C}$로 표시하자. 직선 OA의 연장 상에 $\frac{\overline{OA'}}{\overline{OA}}=\alpha$ 되는 점 A'를 잡으면 투입조합 A'의 생산규모는 점 A의 규모를 α배 확장한 것으로서 산출 $\alpha^m\overline{Q}$를 생산할 수 있다. 이 투입조합 A'의 고용에 필요한 비용은 $\alpha\overline{C}$이다. 이제 등량곡선 $I(\overline{Q})$상에서 임의의 점 B를 정하여 원점 O와 연결하고 그 연장상에 $\frac{\overline{OB'}}{\overline{OB}}=\alpha$ 되는 점 B'를 잡으면, 투입조합 B'로도 산출 $\alpha^m\overline{Q}$를 생산할 수 있다. 따라서 점 A'와 점 B'는 동일한 등량곡선 $I(\alpha^m\overline{Q})$상에 위치한다. 선분 $\overline{OB'}$가 비용 $\overline{C}$의 등비용선과 교차하는 점을 C, 그리고 비용 $\alpha\overline{C}$의 등비용선과 교차하는 점을 C'라고 하자. 투입조합 B를 고용하는 비용은 B가 생산 $\overline{Q}$의 최소비용 투입조합이 아니므로 $\overline{C}$보다 더 크다. 그러므로 생산규모가 B의 α배인 B'를 고용하는 비용도 $\alpha\overline{C}$보다 더 크다. 즉 투입조합 B'를 고용하는 비용은 점 A'를 고용할 때의 비용 $\alpha\overline{C}$보다 더 크다. 그러므로 산출 $\alpha\overline{Q}$를 생산하는 최소비용 투입조합은 점 A'다. 이 결과는 생산함수가 동차함수일 때 그 확장경로가 〈그림 8-6〉과 같이 원점 O에서 뻗어 나오는 반직선임을 뜻한다.

임의의 요소가격 (w,r)에 대하여 확장경로가 항상 원점 O에서 뻗어 나오는 반직선인 생산함수를 **동조적 생산함수**(homothetic production function)라고 한다. 동차함수인 생산함수는 동조적 생산함수의 한 예다.

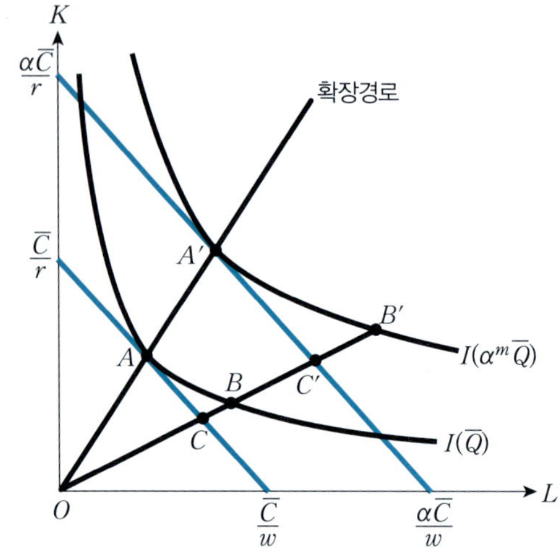

〈그림 8-6〉 동차적 생산함수의 확장경로

대체탄력성 요소가격 (w, r)이 변하면 등비용선의 기울기가 변하고 동일한 산출 Q에 대한 최소비용 요소결합, 즉 조건부요소수요도 변한다. 〈그림 8-7〉에서 요소가격 (w, r)이 (w', r')로 변할 때 조건부요소수요는 점 A에서 점 A'로 변한다. 이 조건부요소수요의 변화는 결국 요소가격의 변화에 따라 요소 간 대체가 일어난 결과다.

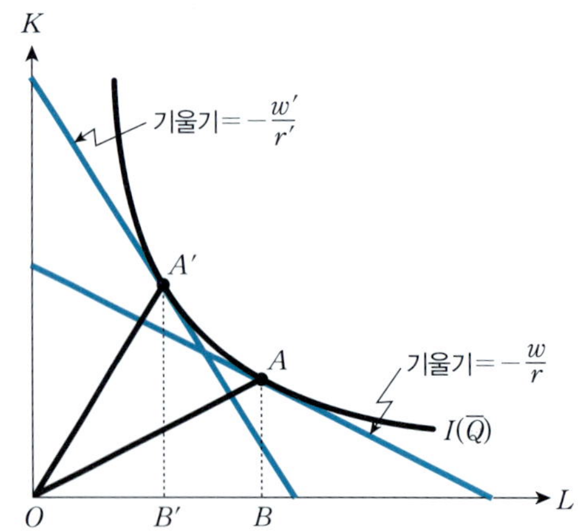

〈그림 8-7〉 요소가격의 변화와 요소집약도의 변화

〈그림 8–7〉처럼 우하향하는 등량곡선 $I(Q)$에서는 투입조합과 그 요소집약도는 일대일 대응관계를 보인다. 따라서 요소 간 대체 폭의 크기는 대체에 따른 요소집약도의 변화 정도로 표시할 수 있다. 〈그림 8–7〉은 요소의 상대가격 $\frac{r}{w}$가 $\frac{r'}{w'}$로 변할 때 조건부요소수요의 요소집약도가 $\frac{\overline{AB}}{\overline{OB}}$에서 $\frac{\overline{A'B'}}{\overline{OB'}}$로 변함을 보여준다.

요소의 상대가격 $\frac{r}{w}$이 변할 때 이에 따라 요소집약도 $\frac{K^0}{L^0}$이 변하는 정도는 생산기술에 내포된 요소 간 대체 폭의 크기를 나타내는 지표로 사용될 수 있는데 이 지표로 고안된 개념이 **대체탄력성**(elasticity of substitution) 이다.

대체탄릭성 σ는 일정한 산출 Q의 생산에서 상대가격 $\frac{r}{w}$이 1% 변함에 따라 그 요소집약도 $\frac{K^0}{L^0}$이 몇 %나 변하는가를 나타내는 지표로서

$$\sigma \equiv \frac{\partial\left(\frac{K^0(w,r,Q)}{L^0(w,r,Q)}\right)}{\partial\left(\frac{r}{w}\right)} \frac{\frac{r}{w}}{\frac{K^0(w,r,Q)}{L^0(w,r,Q)}} \tag{8–11}$$

로 정의된다.

등량곡선이 우하향하는 〈그림 8–7〉에서는 요소의 상대가격 $\frac{r}{w}$이 증가하면 노동 L^0은 증가하고 자본 K^0이 감소하므로 요소집약도 $\frac{K^0}{L^0}$은 감소한다. 따라서 식 (8–11)로부터 등량곡선이 우하향하는 생산기술의 대체탄력성 σ의 부호는 항상 음(–)임을 알 수 있다.

레온체프 생산함수는 요소의 상대가격 $\frac{r}{w}$이 아무리 변하더라도 조건부요소수요가 변하지 않으므로 항상 $\sigma=0$다(〈그림 8–8(a)〉). 등량곡선 $I(Q)$가 직선이면 요소의 상대가격 $\frac{r}{w}$의 미소한 변화에도 조건부요소수요가 불연속적으로 급격하게 변할 수가 있다. 이 경우 대체탄력성 σ는 $-\infty$다(〈그림 8–8(b)〉).

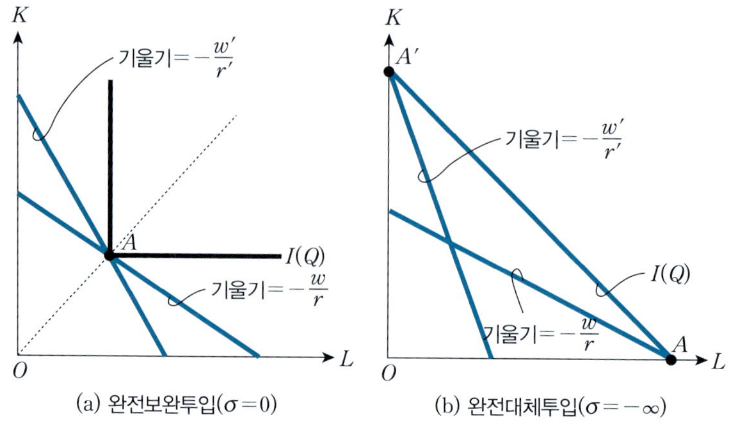

〈그림 8-8〉 등량곡선의 형태와 대체탄력성

식 (8-11)에 등장하는 편도함수 $\dfrac{\partial\left(\dfrac{K^0(w,r,Q)}{L^0(w,r,Q)}\right)}{\partial\left(\dfrac{r}{w}\right)}$ 는 실제로 계산하기에 매우 불편한 형태다. 그러나 조건부요소수요함수를 식 (8-9)와 같이 표현하면 대체탄력성 σ는

$$\sigma \equiv \frac{\partial\left(\dfrac{k^0\left(\frac{r}{w},Q\right)}{l^0\left(\frac{r}{w},Q\right)}\right)}{\partial\left(\dfrac{r}{w}\right)} \frac{\dfrac{r}{w}}{\dfrac{k^0\left(\frac{r}{w},Q\right)}{l^0\left(\frac{r}{w},Q\right)}} \tag{8-11'}$$

와 같이 단일 변수 $\frac{r}{w}$의 함수로 귀결되기 때문에 미분연산이 가능하다. 또한 식 (8-11')는 대체탄력성 σ가 요소가격의 함수이지만 상대가격의 형태로만 의존함을 보여준다.

제3절 총비용, 평균비용 및 한계비용

단기평균비용과 단기한계비용 단기총비용 STC를 산출 Q로 나눈 평균을 단기 **평균비용**(short-run average cost)이라고 하고 SAC 로 표기한다. 식 (8-3)으로부터 단기 평균비용 SAC는

$$SAC \equiv \frac{STC}{Q} = \frac{wL(Q, \overline{L})}{Q} + \frac{r\overline{K}}{Q} \tag{8-12}$$

로 결정된다. 식 (8-12)에서 $\frac{wL(Q, \overline{K})}{Q}$ 를 **단기 평균가변비용**(short-run average variable cost)이라고 하고 $SAVC$로 표기하며 $\frac{r\overline{K}}{Q}$ 를 **단기 평균고정비용**(short-run average fixed cost)이라고 하고 $SAFC$로 표기한다.

〈그림 8-9〉는 단기총비용(STC), 단기가변비용(SVC) 및 단기고정비용(SFC)의 그래프가 〈그림 8-1〉와 같을 때 단기평균비용(SAC), 단기평균가변비용($SAVC$) 및 단기평균고정비용($SAFC$)이 산출 Q의 변화에 따라 각각 어떻게 변하는가를 보여준다. 먼저 단기평균고정비용 $SAFC = \frac{r\overline{K}}{Q}$ 는 산출량 Q가 증가할 때 〈그림 8-9(b)〉처럼 쌍곡선을 그리면서 감소한다. 그림의 (a)에서 산출량 Q'를 생산할 때의 단기가변비용은 선분 $\overline{AQ'}$ 의 길이이므로 단기 평균가변비용은 $SAVC = \frac{\overline{AQ'}}{Q'}$ 로 결정된다. 산출 Q가 증가할 때 $SAVC$는 점점 감소하며 $\overline{Q}$ 의 수준에 이를 때 최소가 되고 Q가 그 이상으로 증가하면 점점 증가한다. 산출 Q가 증가할 때 단기평균비용 SAC도 처음에는 점점 감소하다가 $\check{Q}$에 이를 때 최소가 되고 그 이상 증가하면 SAC도 점점 증가한다. 그러므로 단기평균가변비용곡선과 단기평균비용곡선의 형태는 〈그림 8-9(b)〉처럼 모두 각각 U자형의 모습을 보인다. 그리고 SAC곡선은 각 산출에서 $SAVC$곡선과 $SAFC$곡선의 높이를 합한 만큼의 높이에 위치한다.

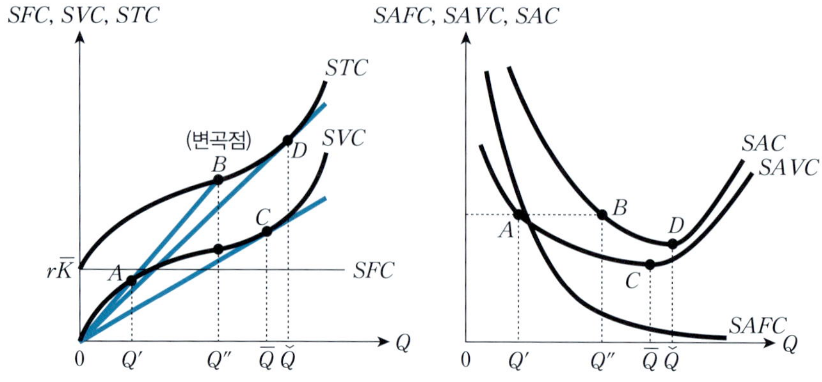

(a) *SFC*, *SVC* 및 *STC* (a) *SAFC*, *SAVC* 및 *SAC*

〈그림 8-9〉 평균비용곡선의 도출

단기 평균비용(SAC) 및 단기 평균가변비용($SAVC$) 곡선의 그래프가 〈그림 8-9(b)〉와 같이 U자형의 모습을 갖는 이유는 단기총비용(STC) 및 단기가변비용(SVC) 곡선의 그래프가 〈그림 8-1〉 또는 〈그림 8-9(a)〉의 모습을 가지기 때문이다. 그리고 〈그림 8-1〉의 단기총비용 및 단기가변비용의 모습은 〈그림 7-9〉의 모습을 갖춘 단기 생산함수의 그래프에서 비롯한다. 그러므로 단기 평균비용(SAC) 및 단기 평균가변비용($SAVC$)곡선의 형태가 U자형의 모습으로 나타나는 근원적 이유는 단기 생산함수의 구조가 가변투입인 노동의 고용을 증가시킬 때 노동의 한계생산성 MP_L이 초기에는 체증하다가 어느 수준에 이르면 다시 체감하는 특성을 보이기 때문이다.

산출 Q를 미소하게 증가시킬 때 단기총비용이 변화하는 비율을 **단기 한계비용**(short-run marginal cost)이라고 하고 간단히 SMC로 표기한다. 식 (8-3)으로부터 단기 한계비용 SMC는

$$SMC(Q, \overline{K}) \equiv \frac{\partial C_S(Q, \overline{K})}{\partial Q} = w\frac{\partial L(Q, \overline{K})}{\partial Q} = \frac{\partial SVC(Q, \overline{K})}{\partial Q} \qquad (8\text{-}13)$$

로 결정된다. 그래프 상으로 단기한계비용은 각 산출 Q에서 단기총비용곡선의 기울기, 즉 단기 가변비용곡선의 기울기와 같다.

단기한계비용 SMC가 산출 Q의 변화에 따라 변하는 모습은 단기총비용곡선의

그래프로부터 쉽게 도출할 수 있다. 〈그림 8-9(a)〉를 보면 산출 Q가 증가함에 따라 단기총비용곡선의 기울기, 즉 한계비용 SMC는 체감하다가 변곡점 B(산출 Q'')에 이르러 최소가 되며 그 이후에는 다시 체증함을 알 수 있다.

또 단기 평균비용이 최소가 되는 산출 $\check{Q}$에서 직선 OD의 기울기는 단기평균비용이면서 동시에 단기 한계비용이기도 하므로 $SAC(\check{Q}) = SMC(\check{Q})$의 관계가 성립한다. 그리고 $\check{Q}$보다 약간 작은 Q에서는 STC의 기울기, 즉 SMC가 그 산출의 SAC보다 더 작다. $\check{Q}$보다 약간 큰 Q에서는 반대다.

각 산출 Q에서 단기총비용곡선은 단기가변비용곡선과 항상 같은 기울기를 가진다는 사실을 이용하면 단기평균가변비용이 최소가 되는 산출 $\overline{Q}$에서도 $SAVC(\overline{Q}) = SMC(\overline{Q})$의 관계가 성립함을 알 수 있다. 지금까지의 논의를 요약하여 〈그림 8-9(a)〉의 STC, SVC 및 SFC곡선으로부터 도출되는 SAC, $SAVC$, $SAFC$ 및 SMC곡선의 그래프를 그려보면 〈그림 8-10〉과 같다. 8장 부록 제3절은 이 관계를 수학적으로 도출한다.

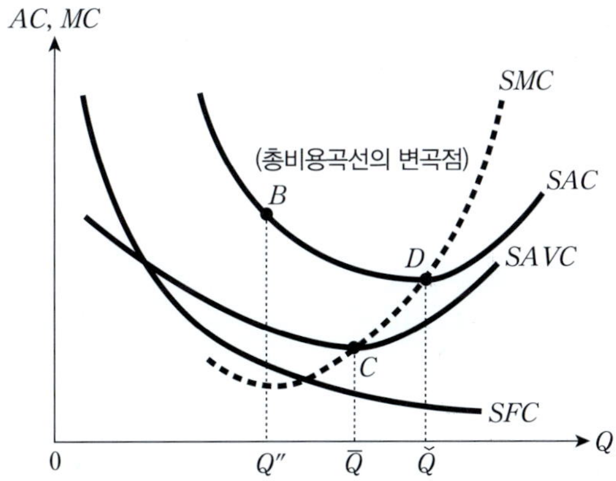

〈그림 8-10〉 단기한계비용과 단기평균비용

장기평균비용과 장기한계비용 장기총비용 LTC를 산출 Q로 나눈 평균을 **장기평균비용**(long-run average cost)이라고 하고 LAC로 표기한다. 또 산출 Q를 미소하게 증가시킬 때 장기총비용 LTC가 변화하는 비율을 **장기한계비용**(long-run marginal cost)이라고 하고 LMC로 표기 한다. 장기평균비용 LAC와 장기한계 비용 LMC를

수식으로 표시하면

$$LAC(Q) \equiv \frac{C(Q)}{Q}, \quad LMC(Q) \equiv \frac{dC(Q)}{dQ} \tag{8-14}$$

와 같다.

8장 부록 제3절의 단기 평균 및 한계비용 사이의 관계처럼 장기평균비용 LAC와 장기한계비용 LMC 사이에서도

$$\frac{dLAC(Q)}{dQ} = \frac{1}{Q}[LMC(Q) - LAC(Q)] \tag{8-15}$$

가 성립함을 보일 수 있다. 식 (8–15)로부터 $\frac{dLAC(Q)}{dQ} \lesseqgtr 0$ 이면 $LMC(Q) \lesseqgtr LAC(Q)$가 성립하고 동시에 그 역도 성립함을 알 수 있다. 이 결과를 요약하면 다음과 같다.

> **[결과 8–3]** 산출 Q를 늘릴 때 장기평균비용 LAC가 증가하면 $LMC(Q) > LAC(Q)$, 불변이면 $LMC(Q) = LAC(Q)$, 그리고 감소하면 $LMC(Q) < LAC(Q)$의 관계가 성립하며 그 역도 성립한다.

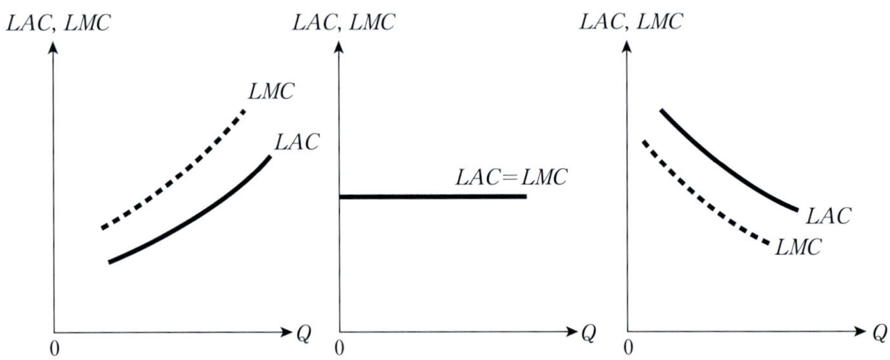

(a) $\frac{\partial(LAC)}{\partial Q} > 0$　(b) $\frac{\partial(LAC)}{\partial Q} = 0$　(c) $\frac{\partial(LAC)}{\partial Q} < 0$

〈그림 8–11〉 장기평균비용과 장기한계비용

[결과 8-3]의 내용을 그림으로 나타낸 것이 〈그림 8-11〉이다.

산출 Q가 증가할 때 평균비용 LAC가 감소하면 대량생산으로 생산단가를 하락시킬 수 있다. 그러므로 산출을 늘릴 때 평균비용이 감소하는 특성을 **규모의 경제**(economies of scale)라고 하고 반대로 증가하는 특성을 **규모의 불경제**(diseconomies of scale)라고 한다. 기술 측면의 규모특성은 투입조합을 규모의 기준으로 삼지만 비용 측면의 규모특성은 산출의 크기로 규모를 측정한다. 뒤에서 보듯이 규모수익증가는 '규모의 경제'와, 그리고 규모수익감소는 '규모의 불경제'와 사실상 일치하므로 같은 용어로 사용해도 무방하다.

장기 한계비용과 요소별 한계생산 산출을 한 단위 더 늘리려면 노동이건 자본이건 투입을 그만큼 더 고용해야 한다. 노동이나 자본을 한 단위 더 고용하면 그 한계생산성만큼 산출이 늘지만 동시에 비용도 요소가격만큼 더 들어간다. 노동을 더 써서 한 단위 더 생산하는 데 드는 추가비용은 $\frac{w}{MP_L(L^0, K^0)}$ 이다.[3] 자본을 더 쓴다면 같은 추가비용이 $\frac{r}{MP_K(L^0, K^0)}$ 이다. 이 추가비용은 각 요소 사용을 줄여서 산출을 한 단위 줄일 때 절약하는 비용이기도 하다. 만약 $\frac{r}{MP_K(L^0, K^0)} > \frac{w}{MP_L(L^0, K^0)}$ 이면 같은 산출 Q를 생산하는 데 자본을 줄이고 노동을 늘리는 방식의 비용절감이 가능하다. 부등호 방향이 반대이면 자본을 늘리고 노동을 줄인다. 즉 조건부 요소수요에서는 비용이 최소이므로 $\frac{r}{MP_K(L^0, K^0)} = \frac{w}{MP_L(L^0, K^0)}$ 가 성립한다. 노동을 더 쓰건 자본을 더 쓰건 한 단위 산출을 더 얻는 데 드는 추가비용은 한계비용 $LMC(Q)$ 이므로 다음의 결과를 얻는다. 수학적 도출은 8장 부록 제4절(결과 8A-3)을 보라.

> **[결과 8-4]** (L^0, K^0) 이 산출 Q의 조건부요소수요이면 $\frac{r}{MP_K(L^0, K^0)} = \frac{w}{MP_L(L^0, K^0)} = LMC(Q)$ 이다.

3) 산출량 한 단위를 더 늘리는데 필요한 노동의 추가 투입량은 $\frac{1}{MP_L}$ 이고 여기에 임금 w를 곱하여 추가비용을 산출한 것이다.

생산기술의 규모 특성과 장기평균비용 주어진 요소가격 (w, r)에서 산출 Q의 변화가 장기평균비용에 끼치는 영향은 생산기술의 규모특성별로 다르다. 일반 생산기술의 규모특성은 일률적이지 않으므로 먼저 규모수익감소, 규모수익불변 및 규모수익증가 등 세 가지 기본 규모특성에 따른 장기평균비용 곡선의 형태를 각각 고찰해보기로 한다.

먼저 규모수익감소의 경우다. 〈그림 8-12〉에서 점 A와 B는 현재의 요소가격 (w, r)에서 각각 산출 Q^0과 $Q'(>Q^0)$에 대한 조건부 요소수요다. 점 B와 원점 O를 연결하고 이 선분과 등량곡선 $I(Q^0)$의 교점을 C라고 하자. 이제 $\alpha \equiv \frac{\overline{OB}}{\overline{OC}}$라고 하면 점 B는 점 C의 규모를 $\alpha(>1)$배로 확장한 투입조합이다. 따라서 점 C의 투입조합을 (L'', K'')로 표기하면 투입조합 B는 $(\alpha L'', \alpha K'')$가 된다. 점 C가 등량곡선 $I(Q^0)$ 상의 투입조합이므로 $Q^0 = f(L'', K'')$이며, 생산기술이 규모수익감소이므로 $\alpha Q^0 = \alpha f(L'', K'') > f(\alpha L'', \alpha K'') = Q'$가 성립한다. 따라서

$$\begin{aligned} LAC(Q') &= \frac{C(Q')}{Q'} > \frac{w(\alpha L'') + r(\alpha K'')}{\alpha Q^0} \\ &= \frac{wL'' + rK''}{Q^0} \geq \frac{C(Q^0)}{Q^0} = LAC(Q^0) \end{aligned} \tag{8-16}$$

의 관계가 도출된다. 첫 번째 부등호는 $C(Q') = w(\alpha L'') + r(\alpha K'')$ 및 $Q' < \alpha Q^0$의 관계로부터 도출되며, 두 번째 부등호는 $wL'' + rK'' \geq C(Q^0)$이기 때문에 성립한다. 생산함수가 동조적이면 점 A는 점 C와 같은 점이므로 두 번째 부등호는 등호로 성립한다. 이제 $Q' > Q^0$이므로 식 (8-16)은 규모수익감소일 때 산출 Q가 증가하면 장기평균비용 LAC는 증가함을, 즉 '규모의 불경제'가 성립함을 의미한다.[4] 그러므로 〈그림 8-11(a)〉는 생산기술이 규모수익감소인 경우의 장기평균비용과 한계비용의 그래프를 보여준다.

4) 고급과정에서는 '규모의 불경제'적 평균비용을 낳는 생산기술은 반드시 규모수익감소임을 보인다. 규모수익증가와 '규모의 경제'가 일치하는 것도 마찬가지다.

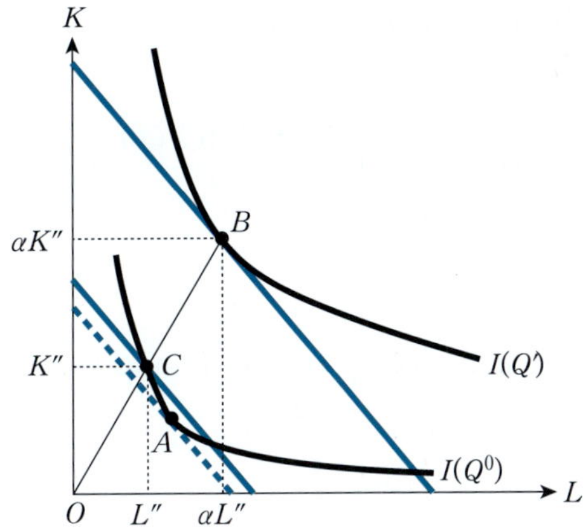

〈그림 8-12〉 규모수익감소의 경우

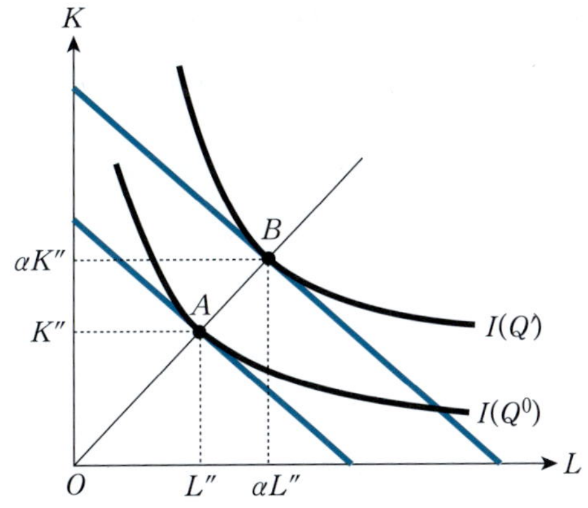

〈그림 8-13〉 규모수익불변의 경우

생산기술이 규모수익불변이면 생산함수가 1차 동차이므로 [예제 8-2]에서 본 바와 같이 확장경로는 원점 O로부터 뻗어 나오는 직선이다. 그러므로 〈그림 8-13〉에서 점 A가 산출량 Q^0에 대한 조건부요소수요이면 점 B는 산출량 Q'에 대한 조건부요소수요다. 이제 $\alpha = \dfrac{\overline{OB}}{\overline{OA}}$라고 하면 점 B는 점 A의 생산규모를 α배로 확장한 투입조합이며, 생산기술이 규모수익불변이므로 $\alpha Q^0 = \alpha f(L^0, K^0) = f(\alpha L^0, \alpha K^0) = Q'$의 관계가 성립한다. 따라서

$$LAC(Q') = \frac{C(Q')}{Q'} = \frac{w(\alpha L^0) + r(\alpha K^0)}{\alpha Q^0} = \frac{wL^0 + rK^0}{Q^0} = \frac{C(Q^0)}{Q^0} = LAC(Q^0) \tag{8-17}$$

의 관계가 도출된다.

식 (8-17)은 규모수익불변일 경우에 산출 Q가 변하더라도 장기평균비용 LAC는 변하지 않음을 의미한다. 〈그림 8-11(b)〉는 생산기술이 규모수익불변일 경우의 장기평균 및 한계비용곡선의 모습을 나타낸다.

이제 생산기술이 규모수익증가라고 하자. 〈그림 8-14〉에서 점 A는 산출 Q^0에 대한 조건부요소수요 (L^0, K^0)다. 점 A의 생산규모를 α배로 확장한 투입조합 $(\alpha L^0, \alpha K^0)$을 점 B로 표시하고 점 B로 산출 Q'를 생산한다고 하자. 점 C는 산출 Q'에 대한 조건부요소수요다. 생산기술의 규모수익증가이므로 $\alpha Q^0 = \alpha f(L^0, K^0) < f(\alpha L^0, \alpha K^0) = Q'$의 관계가 성립한다. 그러므로

$$LAC(Q') = \frac{C(Q')}{Q'} \leq \frac{w(\alpha L^0) + r(\alpha K^0)}{Q'} < \frac{\alpha(wL^0 + rK^0)}{\alpha Q^0} = \frac{C(Q^0)}{Q^0} = LAC(Q^0) \tag{8-18}$$

의 관계가 도출된다. 첫 번째 부등호는 $C(Q') \leq w(\alpha L^0) + r(\alpha K^0)$이기 때문에 성립한다(생산함수가 동조적 생산함수이면 점 B와 점 C가 같은 점이므로 등호가 성립한다). 두 번째 부등호는 $\alpha Q^0 < Q'$이기 때문에 성립한다. 이제 $Q' > Q^0$이므로 식 (8-18)은 규모수익증가의 경우에 산출 Q가 증가하면 장기평균비용 LAC는 감소함을 의미한다. 즉 '규모의 경제'를 뜻한다. 〈그림 8-11(c)〉는 생산기술이 규모수익증가일 때의 장기 평균 및 한계비용곡선의 모습을 나타낸다.

지금까지의 논의를 정리하면 다음의 결과로 요약된다.

> **[결과 8-5]** 생산기술의 규모특성이 규모수익감소, 규모수익불변, 그리고 규모수익증가일 경우에 산출 Q가 증가함에 따라 장기평균비용은 각각 체증, 불변 또는 체감한다.

우리는 앞 제8장 제3절에서 기업의 생산관리능력이 장기에서도 실질적인 고정투입이므로 일반적 생산기술의 규모특성은 〈그림 7–12〉처럼 처음에는 규모의 경제를 보이다가 산출량이 어느 수준을 넘어서면 규모의 불경제로 이행함을 고찰한 바 있다. [결과 8–5]의 내용을 종합하면 일반적 장기평균비용곡선 LAC의 모습은 〈그림 8–15〉처럼 산출 Q가 증가함에 따라 처음에는 체감하다가 어느 수준을 넘어서면 체증함을 알 수 있다. 또한 [결과 8–3]에 의하여 장기한계비용 LMC는 장기평균비용 LAC가 체감하는 동안에는 $LMC < LAC$의 부등관계를 유지하다가, LAC가 최소로 되는 산출 $\overline{Q}$ 에서 $\frac{dLAC(\overline{Q})}{dQ}=0$ 이므로 $LMC=LAC$로 되며, LAC가 체증하

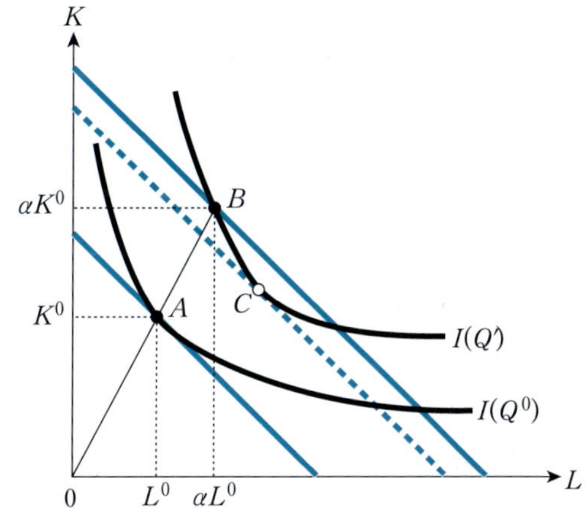

〈그림 8–14〉 규모수익증가의 경우

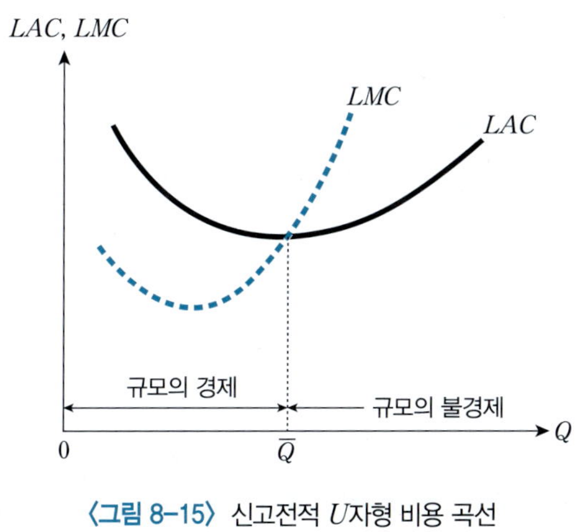

〈그림 8–15〉 신고전적 U자형 비용 곡선

는 동안에는 $LMC > LAC$의 관계를 보이기 때문에 〈그림 8-15〉의 형태를 갖춘다. 〈그림 8-15〉의 모습은 소위 신고전파 비용이론의 정수로서 〈그림 8-10〉의 단기비용곡선과 마찬가지로 U자형의 형태를 가지기 때문에 이 비용곡선을 **신고전적 *U*자형 비용곡선**(neo-classical U·shaped cost curve)이라고 한다.

장기총비용곡선은 〈그림 8-15〉의 U자형 비용곡선에서 도출된다. 단기에서는 총비용곡선의 모습이 먼저 결정되고 평균 및 한계비용곡선은 이 총비용곡선의 모습으로부터 U자형으로 도출되었다. 그러나 장기에서는 거꾸로 평균 및 한계비용곡선에서 총비용곡선을 구한다.

〈그림 8-16〉은 이렇게 도출한 장기총비용곡선이다. 그림에서 산출 Q'의 생산비용은 c'이므로 평균비용은 $LAC(Q') = \frac{c'}{Q'}$이다. 산출이 $\overline{Q}$에 이를 때까지는 LAC가 감소하므로 총비용 LTC의 그래프는 그림과 같은 모습을 가진다. 그러나 산출이 $\overline{Q}$에 이르면 평균비용 LAC는 최소치에 이르고 그 산출에서 한계비용 LMC와 같아진다. 산출이 $\overline{Q}$를 초과하면 평균비용 LAC가 증가하므로 총비용은 그림의 그래프 모습을 보인다.

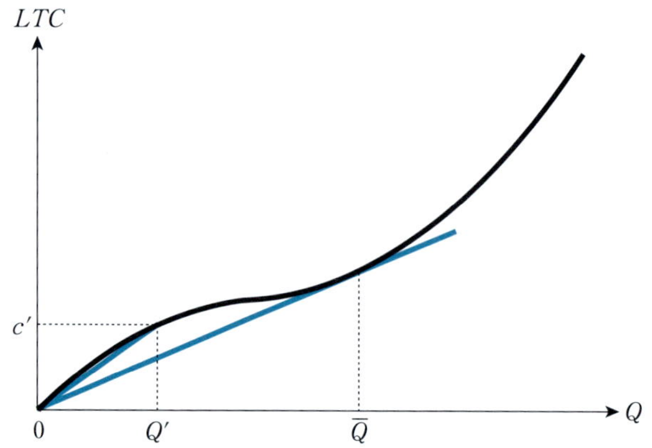

〈그림 8-16〉 장기총비용곡선

예제 8-3

제7장 제3절의 식 (7-9)로 정의된 규모의 탄력성 ϵ_s는 생산기술의 규모특성을 비용측면에서 흥미롭게 재현한다. 식 (8-8)로부터 $MP_K(L^0, K^0) = \frac{r}{w} MP_L(L^0, K^0)$이므로

조건부요소수요 (L^0, K^0) 에서는

$$MP_L(L^0, K^0)L^0 + MP_K(L^0, K^0)K^0 = \frac{MP_L(L^0, K^0)}{w}[wL^0 + rK^0]$$

이고, $\epsilon_s = \dfrac{MP_L L + MP_K K}{f(L, K)}$ 이므로 $\epsilon_s = \dfrac{MP_L(L^0, K^0)}{w} \cdot \dfrac{wL^0 + rK^0}{Q}$ 이다. 그러므로 [결과 8-4]로부터

$$\epsilon_s = \frac{LAC(Q)}{LMC(Q)} \qquad (8\text{-}19)$$

의 관계를 얻는다. [결과 8-3]와 [결과 8-5]에 의하면 규모수익감소, 규모수익불변, 그리고 규모수익증가일 때 각각 $LAC(Q) < LMC(Q)$, $LAC(Q) = LMC(Q)$ 및 $LAC(Q) > LMC(Q)$ 의 관계를 보이는데 '규모의 탄력성' ϵ_s 의 크기는 위의 경우 각각 $\epsilon_s < 1$, $\epsilon_s = 1$ 및 $\epsilon_s > 1$로 결정된다. 〈그림 8-15〉에서 산출 Q가 $Q < \overline{Q}$, $Q = \overline{Q}$ 그리고 $Q > \overline{Q}$ 일 때 각각 $\epsilon_s < 1$, $\epsilon_s = 1$ 및 $\epsilon_s > 1$을 시현하므로 생산기술의 국지적 규모특성(local scale properties)은 '규모의 탄력성' ϵ_s 의 크기와 일대일 대응관계에 있음을 알 수 있다.

다각화와 범위의 경제 단일 산출의 생산에 집중하지 않고 몇 가지 산출을 함께 생산하는 기업 전략을 생산의 **다각화**(diversification)라고 한다. 다각화는 생산하는 품목들이 생산기술이나 판매과정에서 서로 긴밀하게 관련된 경우에 발생한다. 예컨대 소 도축장은 쇠고기와 소가죽을 함께 생산한다.

다각화에 맞서는 개념은 한 기업이 한 가지 품목만 생산하는 **전문화**(specialization)다. 다각화와 전문화 중 어느 것이 더 좋은 전략인지는 사안별로 다르다. 예컨대 우유와 치즈의 생산은 다각화가 유리하지만, 가구와 커피의 생산은 전문화가 더 유리할 듯하다. 이제 다각화와 전문화 중 어떤 전략이 더 유리한지 판단하는 근거 기준을 살펴보자.

두 재화 X와 Y의 정해진 수량 Q_X와 Q_Y를 생산하는 데 드는 최소비용은 단일 산출의 생산비용과 같은 방식으로 도출할 수 있다. 이렇게 도출한 비용함수를 $C(Q_X, Q_Y)$라고 하자. 만약 $Q_Y = 0$이면 기업은 X재 생산에 전문화하고, 그 때 부담하는 비용은 $C(Q_X, 0)$이다. 기업이 Y재 생산에 전문화한다면 $C(0, Q_Y)$의 비용을 부담한다. 그러므로 산출조합 (Q_X, Q_Y)를 다각화한 단일 기업이 생산하면 비용이 $C(Q_X, Q_Y)$로 결정되고, 전문화한 두 개의 기업이 생산한다면 비용은 $C(Q_X, 0) + C(0, Q_Y)$로 결정된다.

만약

$$C(Q_X, Q_Y) \leq C(Q_X, 0) + C(0, Q_Y) \tag{8-20}$$

라면 다각화는 전문화보다 더 많은 비용을 요구하지 않는다. 그러므로 전문화는 다각화보다 더 유리한 전략이 아니고 부등호가 $\leq$ 아닌 $<$라면 다각화가 단연 더 유리하다. 부등식 (8-20)을 충족하는 비용함수를 **부분가산적**(subadditive)이라고 하는데 비용의 **부분가산성**(sub-additivity)은 다각화를 정당화하는 중요한 근거다. 그리고 비용함수가 부분가산적일 때 생산기술의 특성을 **범위의 경제**(economies of scope)라고 한다. 산출의 범위 확장이 비용상 더 유리하다는 뜻이다.

장기비용과 단기비용의 관계 자본의 고용수준이 $\overline{K}$일 때 산출 Q의 생산에 필요한 단기총비용 $C_S(Q, \overline{K})$와, 같은 산출 Q를 생산하는 데 필요한 장기총비용 $C(Q)$ 사이의 관계를 고찰해 보자. 단 요소가격 (w, r)은 일정하다. 단기에서 고용하는 투입조합 $(L(Q, \overline{K}), \overline{K})$와 장기에서 고용하는 투입조합 $(L^0(Q), K^0(Q))$는 각각 모두 산출 Q를 생산해낼 수 있으며 특히 장기에서 고용하는 투입조합 $(L^0(Q), K^0(Q))$는 비용을 최소화한다. 따라서 모든 Q에 대하여

$$C_S(Q, \overline{K}) = wL(Q, \overline{K}) + r\overline{K} \geq wL^0(Q) + rK^0(Q) = C(Q) \tag{8-21}$$

의 관계가 성립한다. 식 (8-21)에서 등호(=)는 $\overline{K} = K^0(Q)$, 즉 현재의 고정투입 $\overline{K}$가 장기적으로 비용을 최소화하는 자본의 고용 $K^0(Q)$와 일치할 때 성립한다. 따라서 식 (8-21)의 관계를 그림으로 보이면 〈그림 8-17〉과 같다.

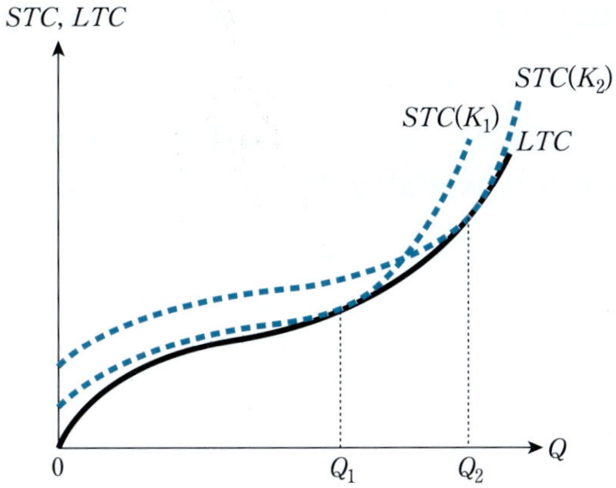

〈그림 8-17〉 단기총비용과 장기총비용

산출 $\overline{Q}$ 에서 $\overline{K} = K^0(\overline{Q})$의 관계가 성립한다고 하자. 그러면 두 비용 STC와 LTC의 차이 $C_S(Q, \overline{K}) - C(Q)$는 산출 $\overline{Q}$ 에서 최소가 되고 그 최소값은 0이다. 최소화의 1계조건은

$$\frac{\partial C_S(Q, \overline{K})}{\partial Q} - \frac{\partial C(\overline{Q})}{\partial Q} = 0 = SMC(\overline{Q}, \overline{K}) - LMC(\overline{Q}) \tag{8-22}$$

이며 2계조건을 적어보면

$$\frac{\partial^2 C_S(Q, \overline{K})}{\partial Q^2} - \frac{\partial C(\overline{Q})}{\partial Q} = \frac{\partial SMC(\overline{Q}, \overline{K})}{\partial Q} - \frac{\partial LMC(\overline{Q})}{\partial Q} \geq 0 \tag{8-23}$$

이다. 그러므로 $\overline{K} = K^0(\overline{Q})$는 산출 $\overline{Q}$ 에서는

$$\begin{aligned} &STC(\overline{Q}, \overline{K}) = LTC(\overline{Q}), \\ &SMC(\overline{Q}, \overline{K}) = LMC(\overline{Q}) \text{ 그리고} \\ &\frac{\partial SMC(\overline{Q}, \overline{K})}{\partial Q} \geq \frac{\partial LMC(\overline{Q})}{\partial Q} \end{aligned} \tag{8-24}$$

의 세 조건이 성립한다. 산출 $\overline{Q}$ 에서 장기와 단기의 총비용이 같으면 그 평균비용도 같으므로 식 (8-24)를 다음의 결과로 요약할 수 있다.

[결과 8-6] 산출 $\overline{Q}$ 에서 $\overline{K}=K^0(\overline{Q})$ 이면 $SAC(\overline{Q},\overline{K})=LAC(\overline{Q})$, $SMC(\overline{Q},\overline{K})=LMC(\overline{Q})$, 그리고 $\dfrac{\partial SMC(\overline{Q},\overline{K})}{\partial Q}\geq\dfrac{\partial LMC(\overline{Q})}{\partial Q}$ 의 관계가 성립한다.

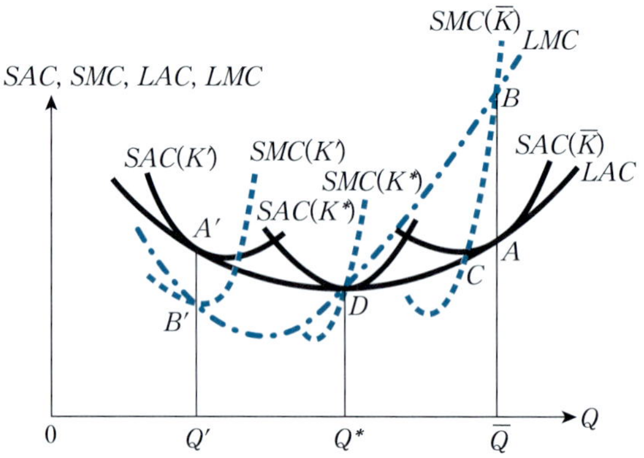

〈그림 8-18〉 장기비용과 단기비용

〈그림 8-18〉은 [결과 8-6]의 내용을 도면으로 요약하고 있다. 그림을 보면 산출 $\overline{Q}$ 에서 $SAC(\overline{Q},\overline{K})=LAC(\overline{Q})$ 및 $SMC(\overline{Q},\overline{K})=LMC(\overline{Q})$의 관계가 성립하는 상황을 한눈에 알 수 있다. 점 B에서는 $\dfrac{\partial SMC(\overline{Q},\overline{K})}{\partial Q}>\dfrac{\partial LMC(\overline{Q})}{\partial Q}$ 이므로 SMC곡선의 기울기가 LMC곡선의 기울기보다 더 크다. 일반적 산출 Q에서는 $SAC(Q,\overline{K})\geq LAC(Q)$이므로 $SAC(\overline{Q},\overline{K})=LAC(\overline{Q})$ 되는 산출 $\overline{Q}$ 에서는 점 A와 같이 $SAC(\overline{K})$곡선과 LAC곡선이 서로 접해야 한다. $SAC(\overline{K})$곡선이 최소가 되는 점 C와 LAC와의 접점 A가 일반적으로 서로 일치하지 않음을 주의하여라.

SAC곡선의 최소점과 LAC 그래프와 접점이 서로 일치하는 경우는 언제일까? 〈그림 8-18〉에서 최소의 LAC를 누리는 산출은 Q^* 다. 고정투입 K^* 가 $K^*=K^0(Q^*)$로 주어진 경우라면 그때의 두 그래프 $SAC(Q,K^*)$는 $LAC(Q)$와 그림의 최소점 D에서 서로 접한다. 이 경우에는, 그리고 이 경우에만, SAC와 LMC가

접하는 접점은 SAC곡선의 최소점으로 결정된다.

고정투입 $\overline{K}$ 의 크기에 따라 그에 따른 단기비용곡선도 달라진다. 그러므로 〈그림 8-18〉에는 자본 K의 크기에 따라 $SAC(K')$ 및 $SAC(K^*)$와 같이 장기평균비용곡선 위에 위치하는 무수히 많은 단기평균비용곡선을 그릴 수 있다. 각각의 SAC 곡선은 LAC곡선과 한 점에서 접하므로 장기평균비용(LAC)곡선은 단기평균비용(SAC)곡선들의 **포락선**(envelope curve)을 형성한다.

제4절 산출량 결정의 일반원리

최대이윤추구의 산출량 결정 각 산출수준 별 생산비용은 각 수준 별 생산에 어떤 생산요소를 얼마만큼 고용할지에 따라 결정된다. 지금까지 우리는 정해진 산출수준 Q를 생산하는데 드는 비용의 여러 측면을 살펴보았다. 그렇다면 산출수준 Q는 어떻게 결정되는 것일까?

기업생산의 목적은 생산물을 팔아서 이윤을 얻기 위함이다. 현실 세계의 기업은 당장 팔리지 않더라도 적정수준의 재고를 유지하기 위하여 생산하기도 한다. 그러나 여기에서는 기업생산의 핵심인 이윤최대화에 초점을 맞추도록 단순화하여 지금 팔릴 물량만 생산한다고 설정한다. 판매 목적이 이윤획득이므로 판매물량과 판매가격은 기업이 생산량 결정과정에서 고려해야 할 가장 중요한 변수다.

산출 Q를 생산하는 데 드는 총비용은 $C(Q)$이고 이것을 시장에 판매하면 총수입 $TR(Q)$를 벌어들인다. 그 결과 기업이 얻는 이윤은 $TR(Q)-C(Q)$다. 이윤최대화 가설은 기업이 최대이윤을 얻도록 산출량 Q를 결정한다고 상정한다. 그러므로 총수입 $TR(Q)$와 총비용 $C(Q)$의 구조는 기업의 산출량 결정을 좌우하는 핵심 요인이다. 이 가운데 총비용 $C(Q)$에 대해서는 이 장에서 상세히 살펴보았다. 그러므로 산출량 결정의 이론을 완결하기 위해서는 총수입 $TR(Q)$의 구조를 알아야 한다.

한계원리 총수입 $TR(Q)$는 결국 판매량, 즉 생산량을 판매가격으로 곱한 값이다. 그런데 얼마나 많은 물량을 얼마의 가격을 받고 팔 수 있는지는 시장상황에 따라 다르다. 그중 같은 상품을 생산하는 경쟁자들의 숫자와 그 상품을 구입하는 수요자의 숫자는 판매전망을 결정하는 데 매우 중요한 역할을 하는 요인이다. 미시경제학에서는 이 기준에 따라 시장을 완전경쟁과 독과점 등으로 분류한다. 상품별 시장을 이렇게 분류하고 각 유형의 시장에서 기업이 어떻게 산출량을 결정하는지, 그리고 그 결과 경제적 성과가 어떠한지를 분석하는 이론을 시장조직이론이라고 한다.

일단 시장조직에 의해 총수입 $TR(Q)$의 구조가 결정되면 산출은 이윤을 최대화하는 수준 Q^*로 결정된다. 즉 Q^*에서는 모든 Q에 대하여 부등식 $TR(Q^*) - C(Q^*) \geq TR(Q) - C(Q)$가 성립한다. 총수입 TR과 총비용 C가 미분가능하면 이윤최대화의 1계조건과 2계조건은 각각

$$MR(Q^*) = MC(Q^*), \qquad \frac{\partial MR(Q^*)}{\partial Q} \leq \frac{\partial MC(Q^*)}{\partial Q} \tag{8-25}$$

로 정리된다. 즉 이윤을 최대화하는 산출 Q^*에서 한계수입은 한계비용과 같고 한계수입곡선의 기울기는 한계비용곡선의 기울기보다 크지 않다. 조건 (8-25)의 함의를 음미해보자.

만약 $MR(Q^*) > MC(Q^*)$라면 산출을 한 단위 더 늘릴 때 추가로 지출하는 비용(한계비용)보다 벌어드리는 수입(한계수입)이 더 크므로 산출을 늘리면 이윤은 늘어난다. 반대로 $MR(Q^*) < MC(Q^*)$이면 산출을 줄이는 것이 이윤을 늘리는 방법이다. 그러므로 산출 Q^*에서 최대이윤을 얻고 있다면 (8-25)의 첫째 등식이 성립해야 한다. 만약 $\frac{\partial MR(Q^*)}{\partial Q} > \frac{\partial MC(Q^*)}{\partial Q}$라면 산출이 Q^*로부터 증가할 때 이윤증가율이 양이 되므로 $MR(Q^*) = MC(Q^*)$이 성립하는 Q^*에서 이윤이 최대일 수 없다.[5] 이 한계원리는 산출 결정의 일반원리로서 시장조직마다 그 총수입의 구조에 합당한 한계수입을 대입하면 그 시장조직의 산출량 결정조건으로 된다. 다음 제4부에서는 시장조직별 산출 결정 이론을 본격적으로 살펴볼 것이다.

5) 이 조건은 최소화의 조건이다.

제5절 매몰비용

탄광을 발견하면 채굴용 갱도를 뚫고, 캐낸 석탄을 운반하기 위하여 길을 닦고 차량을 운행한다. 그러나 매장량을 모두 캐내고 나면 탄광은 폐광 처리된다. 폐광 후 차량은 다른 용도에 전용할 수 있는데 비해 길과 갱도는 아직도 사용 가능하지만 그대로 버려 둘 수밖에 없다. 즉 차량구입에 들인 비용은 회수 가능하나 길과 갱도 건설에 투하한 비용은 회수 불가능한 매몰비용이다. 매몰비용은 해당 사업을 접는 동시에 그대로 버릴 수밖에 없는 비용이다. 그러므로 한번 지출하면 회수할 수 없는 매몰비용을 투하할 때는 각별히 신중하게 결정해야 옳다. 매몰비용 구성 비율이 높은 설비를 폐쇄할 때도 마찬가지다.

발전소 건설에는 5조원 가량의 천문학적 비용이 소요되는데 그 비용은 대체로 매몰비용이다. 미세먼지와 온실가스를 많이 배출하기 때문에 이 석탄화력 발전소를 폐쇄하기로 결정하면 5조원의 비용이 매몰되어 사라진다. 이제 이 발전소와 같은 발전 능력을 가진 최신 저공해 발전소를 건설하는 데는 4조원이 든다고 하자. 그런데 기존 석탄발전소에 3조원을 더 투자하면 신형 발전소와 동일한 공해절감효과를 거둔다고 하자. 같은 발전능력과 공해절감효과를 거두는 두 발전소를 비교하면 구형에는 8조원을 들여야 하는 데 비하여 신형은 그 절반인 4조원만으로도 건설 가능하다. 얼핏 구형을 폐쇄하고 신형으로 교체하는 것이 경제적인 것처럼 보인다.

신형도 구형도 아직 건설되어 있지 않은 상태라면 이 판단은 옳다. 그러나 현재 구형이 건설되어 가동 중이라면 사정이 다르다. 이미 매몰비용 5조원이 투하된 상태에서 3조원을 더 투하할 것인지, 아니면 매몰비용 5조원을 버리고 새로 4조원을 들여 신형을 건설할 것인지를 결정하는 문제로서 경제적 해법은 구형을 유지하면서 3조원을 더 투하하는 것이다. 단순하게 8조원과 4조원을 비교할 일이 아니라 8조원 가운데 5조원이 이미 지출한 매몰비용임을 고려해야 한다.

매몰비용은 한번 지출하면 회수할 수 없는 비용이다. 그러므로 지출할 때는 신중을 기해야 한다. 동시에 일단 지출하여 매몰설비를 갖추었다면 그 폐쇄도 신중하게 결정해야 한다. 폐쇄하고 신형으로 교체하는 것보다 이미 투하해버린 매몰비용은 무시하고 기존 설비를 고쳐 쓰는 것이 훨씬 더 유리할 경우가 많기 때문이다.

부록

제1절 비용최소화의 수학적 분석

생산함수 $Q = f(L, K)$를 자본 K에 대한 양함수 $K = \kappa(L, Q)$로 정리하면 비용최소화 문제 (8-4)의 해는 조정된 최소화문제

$$\min_L wL + r\kappa(L, Q) \tag{8A-1}$$

의 해 L^0, 그리고 그로부터 도출하는 $K^0 = \kappa(L^0, Q)$로도 얻을 수 있다.

최소화 문제 (8A-1)의 1계조건

$$w + r\frac{\partial \kappa(L^0, Q)}{\partial L} = 0 \tag{8A-2}$$

으로부터

$$\frac{w}{r} = -\frac{\partial \kappa(L^0, Q)}{\partial L} = -\frac{dK}{dL}\bigg|_{I(Q)} = TRS_{L,K} \tag{8A-3}$$

의 관계를 얻는다.

제5장 부록: 소비자 선택의 수리적 분석에서 살펴본 지출함수 $E(p_1, p_2, U)$의 특성은 비용함수 $C(w, r, Q)$에 대해서도 그대로 성립한다. 따라서 지출함수 $E(p_1, p_2, U)$의 경우와 마찬가지로 우리는 다음 결과를 얻는다.

[결과 8A-1] $\frac{\partial C(w,r,Q)}{\partial w} = L^0(w,r,Q)$, $\frac{\partial C(w,r,Q)}{\partial r} = K^0(w,r,Q)$

[결과 8A-2] $\frac{\partial^2 C(w,r,Q)}{\partial w^2} = \frac{\partial L^0}{\partial w} \le 0$, $\frac{\partial^2 C(w,r,Q)}{\partial r^2} = \frac{\partial K^0}{\partial r} \le 0$

제2절 CES 생산함수의 대체탄력성

생산함수가 $Q = (L^\rho + K^\rho)^{\frac{1}{\rho}}$ 일 때의 대체탄력성을 구해 보자. 단 $0 < \rho \le 1$이다. 이 함수는 **불변대체탄력성**(CES) **생산함수**(CES (constant elasticity of substitution) production function)의 한 유형이다. 산출 Q에 대한 등량곡선의 방정식은 $K = (Q^\rho - L^\rho)^{\frac{1}{\rho}}$ 이다. 조건부 요소수요는 최소화 문제

$$\min_L \; wL + r(Q^\rho - L^\rho)^{\frac{1}{\rho}}$$

의 해로서, 최소화의 1계조건

$$w + \frac{r}{\rho}\{Q^\rho - (L^0)^\rho\}^{\frac{1}{\rho}-1}\{-\rho(L^0)^{\rho-1}\} = 0$$

으로부터

$$\frac{w}{r}(L^0)^{(1-\rho)} = (Q^\rho - (L^0)^\rho)^{\frac{1-\rho}{\rho}} \text{ 를 거쳐서 } \left(\frac{w}{r}\right)^{\frac{\rho}{1-\rho}}(L^0)^\rho = Q^\rho - (L^0)^\rho$$

이므로

$$L^0 = \frac{Q}{\left[1 + \left(\frac{w}{r}\right)^{\frac{\rho}{1-\rho}}\right]^{\frac{1}{\rho}}} \text{ 와 } K^0 = \frac{Q\left(\frac{w}{r}\right)^{\frac{1}{1-\rho}}}{\left[1 + \left(\frac{w}{r}\right)^{\frac{\rho}{1-\rho}}\right]^{\frac{1}{\rho}}}$$

를 각각 얻는다. 그런데 $\frac{K^0}{L^0}=\left(\frac{w}{r}\right)^{\frac{1}{1-\rho}}=\left(\frac{r}{w}\right)^{\frac{1}{\rho-1}}$ 이므로 $\frac{\partial\left(\frac{K^0}{L^0}\right)}{\partial\left(\frac{r}{w}\right)}=\frac{1}{\rho-1}\left(\frac{r}{w}\right)^{\frac{1}{\rho-1}-1}$

을 얻고, 따라서 대체탄력성은

$$\sigma=\frac{1}{\rho-1}\left(\frac{r}{w}\right)^{\frac{1}{\rho-1}-1}\cdot\frac{\frac{r}{w}}{\left(\frac{r}{w}\right)^{\frac{1}{\rho-1}}}=\frac{1}{\rho-1}$$

로 결정된다.

생산함수 $y=(L^\rho+K^\rho)^{\frac{1}{\rho}}$ 의 대체탄력성은 요소가격의 수준에 구애받지 않고 항상 상수 $\frac{1}{\rho-1}$ 임을 유의하라. 레온체프 생산함수와 컵더글라스 생산함수도 *CES*생산함수의 일종이다. *CES*생산함수는 응용분야에서 매우 널리 쓰이는 생산함수이다.

제3절 최소 평균비용 산출에서 평균비용과 한계비용

단기평균비용 *SAC*곡선이 *U*자형이면 그 최소점 $\check{Q}$ 에서는 $\frac{\partial SAC(\check{Q})}{\partial Q}=0$ 이다. 이제

$$\frac{\partial SAC(Q)}{\partial Q}=\frac{\partial}{\partial Q}\left(\frac{C_S(Q,\overline{K})}{Q}\right)=\frac{1}{Q^2}\left[\frac{\partial C_S(Q,\overline{K})}{\partial Q}Q-C_S(Q,\overline{K})\right]$$

$$=\frac{1}{Q}\left[\frac{\partial C_S(Q,\overline{K})}{\partial Q}-\frac{C_S(Q,\overline{K})}{Q}\right]=\frac{1}{Q}\left[SMC(Q,\overline{K})-SAC(Q,\overline{K})\right]$$

이므로 $\frac{\partial SAC(\check{Q})}{\partial Q}=0$ 의 관계가 성립하는 산출 $\check{Q}$ 에서는 $SMC(\check{Q},\overline{K})=$

$SAC(\check{Q}, \overline{K})$ 이어야 한다. 같은 방법으로 $\dfrac{\partial SAVC(\overline{Q}, \overline{K})}{\partial Q} = 0$ 의 조건으로부터 $SMC(\overline{Q}, \overline{K}) = SAVC(\overline{Q}, \overline{K})$ 의 관계를 얻는다.

제4절 한계비용과 한계생산

장기한계비용 LMC는 생산요소의 한계생산과 밀접한 관련이 있다. 조건부 요소수요 $(L^0(w, r, Q),\ K^0(w, r, Q))$를 투입하면 산출량이 Q이므로 다음 항등식이 성립한다.

$$Q \equiv f(L^0(w, r, Q),\ K^0(w, r, Q))$$

이 항등식을 산출량 Q에 대하여 미분하면

$$1 = MP_L(L^0, K^0)\frac{\partial L^0}{\partial Q} + MP_K(L^0, K^0)\frac{\partial K^0}{\partial Q} \tag{8A-4}$$

의 관계를 얻는다. 이 식의 양변을 $\dfrac{r}{MP_K(L^0, K^0)}$ 로 곱하면

$$\frac{r}{MP_K(L^0, K^0)} = \frac{r}{MP_K(L^0, K^0)}MP_L(L^0, K^0)\frac{\partial L^0}{\partial Q} + r\frac{\partial K^0}{\partial Q}$$

인데 식 (8–8)로부터 $r\dfrac{MP_L}{MP_K} = w$ 이므로 조건부요소수요 (L^0, K^0) 에서는

$$\frac{r}{MP_K(L^0, K^0)} = w\frac{\partial L^0}{\partial Q} + r\frac{\partial K^0}{\partial Q} \tag{8A-5}$$

가 성립한다. 식 (8A-4)의 양변을 $\dfrac{w}{MP_L(L^0, K^0)}$ 로 곱하면 같은 방식으로

$$\frac{w}{MP_L(L^0, K^0)} = w\frac{\partial L^0}{\partial Q} + r\frac{\partial K^0}{\partial Q} \tag{8A-5'}$$

를 얻는다. 그런데 $C(Q) = wL^0 + rK^0$ 로부터

$$LMC(Q) \equiv \frac{dC(Q)}{dQ} = w\frac{\partial L^0}{\partial Q} + r\frac{\partial K^0}{\partial Q}$$

이므로 다음의 [결과 8A-3]이 성립한다.

[결과 8A-3] $LMC(Q) = \dfrac{r}{MP_K(L^0, K^0)} = \dfrac{w}{MP_L(L^0, K^0)}$

연습문제

1. 다음 표의 빈칸을 채워라.

생산량	고정비용	가변비용	SAVC	SAC	SMC
0	100	0			
1		900			
2			850		
3					700
4			800		
5				900	
6					1,500

2. 어느 기업주의 생산함수는 $Q = f(L, K)$이다. 상품의 가격은 p, 임금은 w, 자본의 임대가격은 r이다. 이 기업주는 하루 24시간을 보유하고 있으므로 스스로 자기 기업의 생산활동에 노동 L_1을 제공할 수 있다. 다른 사람들이 제공하는 노동의 총량을 L_2로 표현한다면 생산함수는 $Q = (L_1 + L_2, K)$로 표현될 것이다. 총수입에서 요소 고용이 따른 대가를 지불하고 남는 금액은 기업주에게로 귀속되므로 이 기업주는

$$\max_{L_1, L_2, K} pf(L_1 + L_2, K) - wL_2 - rK \quad s.t. \quad L_1 \leq 24$$

의 해가 되는 (L_2^*, K^*)의 요소를 고용하고 L_1^*만큼 일하기로 하였다. 이 기업주의 행위가 타당한가를 논하라. 이 때 기업의 양성비용과 음성비용은 일마인가? 이 기업주의 행위가 부적당하다면 어떻게 하여야 타당하겠는가?

3. 생산함수가 $Q = \min\{2L, K\}$이라고 한다. 장기와 단기에 대하여 총비용, 평균비용 및 한계비용을 구하라.

4. 생산함수가 $Q=\begin{cases}\sqrt{12K+3L}, & K \le \frac{2}{3}L \\ \sqrt{3K+9L}, & K > \frac{2}{3}L\end{cases}$

인 경우 장기와 단기에 대하여 총비용, 평균비용 및 한계 비용을 구하여라. (힌트: 먼저 조건부수요함수를 도출하라.)

5. 생산함수가 $Q=AL^{\alpha}K^{\beta}$ 일 때 장기와 단기에 대하여 총비용, 평균비용 및 한계 비용을 구하라.

6. 아래 그림을 보자. 등비용선의 기울기가 선분 AB의 기울기로 나타날 때 기업이 산출량 Q를 생산함으로써 이윤을 최대화하고 있다. 이제 임금 w가 하락하여 등비용선의 기울기는 선분 AC의 기울기와 일치하도록 변하였다. "소비자 선택이론에서와 같은 이유로 기업은 이윤을 최대화하기 위하여 산출량 Q'를 생산할 것이다." 이 명제에 대해 논하라.

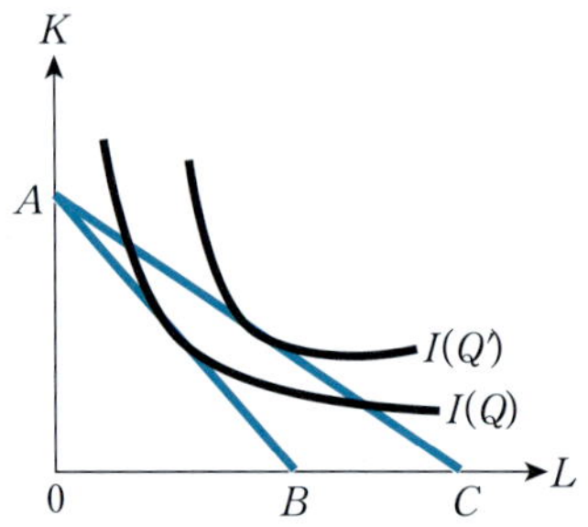

7. 생산함수가 동조적이면 각 투입은 모두 정상투입임을 보여라.

8. 임금 w가 오를 때 장기한계비용이 감소하면 노동은 하급투입임을 보여라. (힌트: [결과 8A-1]을 이용하라.)

9. 단기평균비용곡선 $SAC(\overline{K})$가 장기평균비용곡선 LAC와 두 점에서 서로 접하며 이 때의 산출량이 각각 Q_1과 Q_2라고 한다(단, $Q_1 < Q_2$). 요소가격이 불변일 때 이 생산함수의 확장경로는 어떠한 특성을 보이는가?

10. 생산함수 $Q=AL^{\alpha}K^{\beta}$의 대체 탄력성을 계산하라. (식 (8-11′)를 이용하라.)

11. 주어진 비용 $\overline{C}$ 를 가지고 산출량 Q를 최대로 하고자 할 때를 도면적 및 해석적으로 분석하여라. 또한 $\overline{Q}$ 를 생산하는 최소비용이 $\overline{C}$ 이면 비용 $\overline{C}$ 를 가지고 최대로 생산할 수 있는 산출량이 $\overline{Q}$ 임을 보여라.

12. 일반적 CES 생산함수 $Q=(a_0+a_1x_1^{\rho}+a_2x_2^{\rho})^{\frac{1}{\rho}}$ 가 동조적 생산함수임을 보여라.

13. 자본이 정상투입인데에도 요소집약도가 감소하는 경우의 확장경로를 그려라.

14. 생산함수 $Q=f(L, K)$가 동조적 생산함수이면 $TRS_{L, K}$ 의 값은 해당 요소결합(L, K)의 요소집약도 $k=\dfrac{K}{L}$ 에만 의존함을 보여라.

PART IV

시장조직이론

기업의 궁극적인 선택은 생산량의 결정이라 할 수 있다. 생산량의 결정이 중요한 이유는 이에 따라 이윤이 결정되기 때문이다. 이미 Part III에서 각 생산량을 최소의 비용으로 생산하는 방법에 대해 배웠다. Part IV에서는 생산량이 또한 수입에 어떤 영향을 미치는지, 따라서 이윤이 생산량에 따라 어떻게 결정되는지 배운다.

생산량이 수입에 미치는 영향은 시장구조에 따라 달라진다. 시장구조는 완전경쟁시장과 불완전경쟁시장으로 구분된다. 이를 구별하는 기준은 개별기업의 생산량이 시장가격에 영향을 미칠 수 있는가 여부이다. 완전경쟁시장은 개별기업의 시장에서의 영향력이 미미하여 개별기업의 생산량이 시장가격에 영향을 미치지 못하는 시장을 가리킨다. 제9장에서 완전경쟁시장을 다룬다.

제10장에서는 불완전경쟁시장을 살펴본다. 불완전경쟁시장은 개별기업의 생산량이 시장가격을 변화시킬 수 있는 시장을 가리킨다. 독점시장은 하나의 기업이 시장 전체의 공급을 담당하는 시장이다. 여기서는 시장가격이 독점기업의 생산량에 따라 시장수요곡선에 의해 결정된다.

과점시장은 소수의 기업이 공급을 분할하고 있는 시장을 말한다. 시장가격은 개별기업들의 생산량의 합에 의해 결정되므로 개별기업들은 높은 가격을 받기 위해 생산량을 제한할 공통의 목표를 갖고 있으면서도 자신의 생산량은 증가시키고자 하는 상반된 이해관계를 갖고 있다. 이에 따라 가장 복잡한 분석이 요구된다.

마지막으로 분석할 시장형태는 독점적 경쟁이다. 이는 다수의 기업이 각자 차별화된 제품을 공급하는 시장이다. 이는 완전경쟁과 독점의 특성을 혼합한 듯한 시장형태이다.

기업의 산출물이 판매되는 시장을 산출시장이라 한다. 이에 대해 생산요소들이 판매되는 시장을 요소시장이라 한다. Part IV에서는 산출시장을 다루고 요소시장은 Part V에서 다룬다.

CHAPTER 09

완전경쟁적 산출시장

제1절 완전경쟁시장

현 가격을 주어진 것으로 그대로 받아들이고, 이 가격에서 각자 원하는 만큼의 상품을 판매 또는 구입할 수 있다고 믿는 거래자를 **가격수용자**(price-taker)라고 한다. 한 상품에 대해서는 하나의 가격만이 통용되고, 원하기만 하면 누구나 시장교환에 참여할 수 있고, 모든 참여자가 가격수용자인 시장을 **완전경쟁**(perfect competition)시장이라고 한다. 미시경제학에서는 현실의 시장이 다음 네 가지 조건을 충족하면 완전경쟁시장의 요건을 갖춘다고 본다.

1) 상품의 동질성(homogeneity) 상품의 품질은 생산자별로 차이가 없이 동일하고, 모든 경제주체는 이 품질을 정확하게 파악하고 있다.

2) 수많은 공급자와 수요자 같은 상품을 많은 기업이 생산·공급하고 이것을 많은 수요자가 구입한다. 현재의 가격에서 각자 원하는 만큼 사고판다면 구태여 더 싸게 팔거나 더 비싸게 살 까닭이 없다. 그리고 어느 공급자가 값을 올린다면 고객이 모두 다른 공급자에게 가버릴 것이고 어느 수요자가 더 싼 값을 요구한다면 어느 공급자도 응하지 않을 것이다. 그러므로 수많은 공급자와 수요자가 함께 있으면 각자 가격수용자로 행동하기 마련이다.

3) 가격에 대한 완전정보(perfect information) 경제주체들이 시장거래가격의 현황을 완

전히 알지 못한다면 상품가격은 거래마다 다를 수가 있다. 가격에 대한 완전정보는 같은 시점에서 같은 상품의 가격은 오직 한 가지로 통용될 수밖에 없도록 만든다.

4) 자원의 완전이동성(perfect mobility) 기업이 현재 공급 중인 상품생산을 접고 다른 상품의 공급활동을 새로 시작하려고 할 때 사용 중인 자원을 그대로 새로운 용도에 전용할 수 있을 조건이다. 개별 상품생산에 항상 수많은 공급자가 활동하도록 보장하는 데 필요하다. 즉 그 산업으로의 **진입**(entry)과 그 산업으로부터의 **퇴출**(exit)이 자유롭다는 가정이다.

제2절 생산물의 공급에 관한 의사결정

경쟁기업 완전경쟁시장에서 공급하는 기업은 수없이 많다. 개별기업의 생산 규모는 시장수요에 비교할 수 없을 만큼 상대적으로 왜소하여 생산량의 변화가 시장가격에 영향을 미칠 수 없다. 즉 개별기업은 시장가격을 주어진 것으로 간주한다(가격수용자). 경제학에서는 이런 기업을 **경쟁기업**(competitive firm)이라고 한다.

어느 상품에 대한 시장수요곡선이 〈그림 9-1〉의 dd'로 주어져 있고 현행 시장가격이 p라고 하자. 그러면 이 상품에 대한 시장수요는 Q_D로 결정된다. 개별 경쟁기업은 현행가격 p에서 이 상품을 얼마든지 판매할 수 있다고 믿지만 실제 판매하기를 원하는 수량은 Q^*로서 시장수요 Q_D보다 훨씬 작다. 이 기업이 Q^*를 실제 판매하면서 현행가격 p에서 얼마든지 판매할 수 있다고 느끼면 이 기업이 인식하는 수요곡선은 실제의 우하향하는 시장수요곡선 dd'와 다른 수평선 pp'가 된다. 개별기업으로서는 산출량을 제법 크게 늘리더라도 시장전체에서 차지하는 비중이 워낙 작아서 마치 큰 바다에 작은 물방울을 몇 방울 더 떨어뜨리는 정도이므로 시장가격에 끼치는 영향은 무시할만하다.

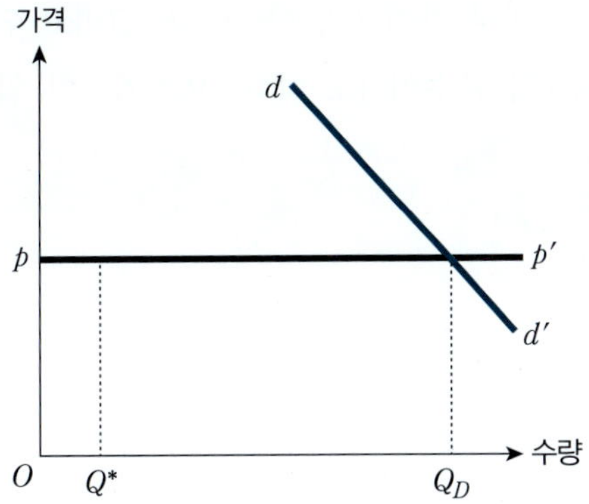

〈그림 9–1〉 경쟁기업이 인식하는 수요곡선과 실제의 수요곡선

일반적으로 현행가격에서 판매하기를 원하는 수량이 시장수요에 비하여 두드러지게 왜소한 경쟁기업은 자신의 제품에 대한 수요곡선을 〈그림 9–1〉의 수평선 pp'와 같이 완전탄력적인 형태로 인식한다.[1] 즉 시장조직이 완전경쟁이면 기업이 당면하는 수요곡선은 실효적으로 현행가격 p 높이의 수평선이고 그 결과 한계수입 $MR(Q)$는 모든 산출수준에서 현행가격 p와 일치한다. 경쟁기업은 이 인식을 토대로 최대이윤을 주는 산출량을 결정한다.

단기 산출량 결정 〈그림 9–2〉는 시장가격 p에서 경쟁기업의 이윤을 최대화하는 산출량을 보여준다. 경쟁기업이 인식하는 수요곡선은 가격 p 높이의 수평선이다. 그리고 산출을 한 단위 늘릴 때 추가로 늘어나는 수입이 모든 산출수준에서 p로 일정하므로, 한계수입곡선(MR)도 바로 그 수평선과 일치한다.

따라서 경쟁기업의 단기적 이윤은 조건 (8–25) $MR(Q)=MC(Q)$에 따라 가격 p 높이의 수평선(=한계수입곡선)과 단기한계비용곡선 SMC가 만나면서 SMC의 기울기가 한계수입곡선의 기울기 0보다 큰 점 A의 산출량 Q_S^*에서 최대로 실현된다. 그러므로 고정투입의 사용량을 변경시킬 수 없는 단기에서 가격이 p일 때 경쟁기업은 산출 Q_S^*를 생산하여 공급할 것이다. 이 산출 Q_S^*를 **단기균형산출**(short-run equilibrium output)이라고 한다.

1) 수요의 탄력성이 1보다 작으면 비탄력적, 1이면 단위 탄력적, 1보다 크면 탄력적, 무한대이면 완전탄력적이라 한다.

단기균형산출 Q_S^*는 당연히 가격 p의 함수이다. 그리고 단기한계비용곡선 SMC를 결정하는 $(w,\ r,\ \overline{K})$의 함수이기도 하다. 요소가격이 일정하다는 전제 하에서 단기균형산출 Q_S^*를 함수

$$Q_S^* \equiv Q_S^*(p,\ \overline{K}) \tag{9-1}$$

로 표기한다.

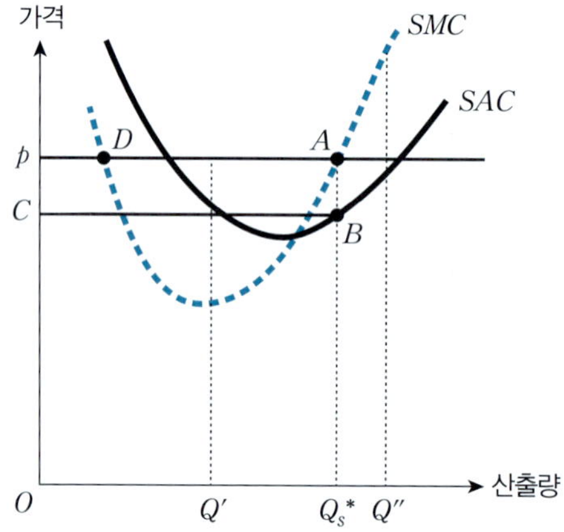

〈그림 9-2〉 단기의 산출량 결정

〈그림 9-2〉에서 사각형 pAQ_S^*O의 면적은 기업의 총수입 TR이고, 선분 OC의 길이는 산출 Q_S^* 생산에 지출된 평균비용이므로 사각형 CBQ_S^*O의 면적은 기업의 총비용이다. 따라서 사각형 $PABC$의 면적은 총수입과 총비용의 차액으로서 기업이 얻는 최대이윤의 크기를 나타낸다.

단기균형산출 Q_S^*의 의미를 좀 더 자세히 이해하기 위하여 기업이 산출 Q'를 생산하는 경우를 생각하여 보자. 산출 Q'에서는 $p = MR(Q') > SMC(Q')$로서 단기한계비용은 한계수입보다 더 작다. 즉 산출 Q'보다 한 단위 더 많이 생산하면 기업이 추가로 벌어들이는 수입 p가 추가로 부담하게 되는 비용 $SMC(Q')$보다 더 크기 때문에 산출을 늘리면 이윤은 더 커진다. 산출 Q''에서는 반대로 $p = MR(Q'') < SMC(Q'')$이므로 산출을 줄이면 더 큰 이윤을 얻는다.

단기한계비용곡선이 U자형이면 한계수입 $MR(Q)$와 단기한계비용 $SMC(Q)$가 같아지는 점으로 그림의 점 A이외에 점 D도 있다. 이 점에서는 한계비용곡선의 기울기가 음(−)으로서 한계수입곡선의 기울기 0보다 작으므로 이윤이 최대화되지 못한다. 즉 점 D의 산출보다 작은 산출에서는 $p = MR < SMC$이므로 산출량을 줄이면 이윤을 오히려 더 크게 할 수 있다. 마찬가지로 점 D의 산출보다 더 큰 산출에서는 산출을 더 늘리면 이윤이 커진다. 즉 점 D의 산출은 이윤을 최소화, 또는 손실을 최대화함을 주의하여야 한다.

경쟁기업의 단기공급곡선 다른 조건이 일정할 때 단기에서 고정투입 K를 갖춘 기업은 가격 p가 변함에 따라 그에 맞추어 단기균형산출량 Q_S^*를 조정한다. 이 공급 조정을 나타내는 곡선을 경쟁기업의 **단기공급곡선**(short-run supply curve)이라고 한다. 〈그림 9-3〉에서 보는 바와 같이 경쟁기업의 단기공급곡선은 이 기업의 단기비용곡선으로부터 바로 도출된다.

〈그림 9-3〉의 (a)에서 상품가격이 p_B보다 낮으면 모든 산출에서 단기평균비용도 회수하지 못한다. 그러나 p_B보다 높으면 비용을 회수하는 생산이 가능하고 최대이윤은 플러스 이윤으로 실현된다. 그러므로 가격이 p_B보다 높은 영역에서 변할 때 기업이 단기한계비용곡선을 따라서 공급량을 결정하면 그때마다 최대이윤을 얻는다. 즉 가격이 p_C이면 단기한계비용이 p_C로 되는 산출 Q_C가 최대이윤을 주는 산출이다.

가격이 p_B라면 점 B에서 $p_B = SMC(Q_B)$의 관계가 성립하므로 기업은 산출 Q_B를 생산한다. 이 경우에는 $p_B = SAC(Q_B)$의 관계가 동시에 성립하므로 최대이윤이 0이다. 가격이 p_B보다 낮아지면 기업생산은 손해를 부르지만 단기평균가변비용의 최솟값 p_A보다 높은 한 기업생산은 계속될 수도 있다. 이 적자생산의 판매수입으로 단기가변비용은 물론 단기고정비용의 일부까지도 회수할 수 있기 때문이다.

즉 가격 p'에서 $p' = SMC(Q')$되는 산출 Q'를 생산하면 이때의 수입은 사각형 $p'CQ'O$의 넓이와 같다. 이 수입은 사각형 $DC'Q'O$의 넓이와 같은 단기가변비용을 충당하고도 사각형 $p'CC'D$의 넓이만큼 남게 된다. 지금 가격은 p'로 적자생산을 강요하지만 곧 p_B 이상으로 오를 것이 기대된다면 사업을 접을 필요는 없다. 그런데 사업을 계속 유지하려면 단기고정비용을 지출하더라도 건물이나 기계 등 고

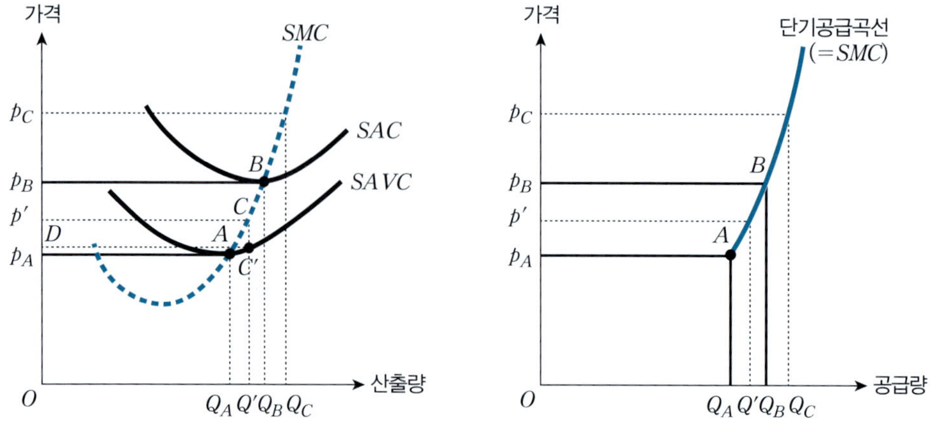

(a) 단기 비용과 산출량 (b) 단기공급곡선

〈그림 9-3〉 단기공급곡선의 도출

정투입을 매각 처분하지 말고 보유하고 있어야 한다. 생산을 중단하더라도 설비를 계속 보유해야 한다면 고정비용 전체를 계속 부담해야 하는데 산출 Q'의 적자생산은 사각형 $p'CC'D$의 넓이만큼 벌어들여서 고정비용의 지출을 그만큼 감경한다.

따라서 가격이 p_A의 수준보다 높은 수준에서 변한다면 기업은 가격과 한계비용(SMC)이 일치하는 수준의 공급을 계속할 것이고 p_A 미만으로 하락하면 생산을 전면 중단할 것이다. 그러므로 경쟁기업의 단기공급곡선은 p_A 위쪽의 단기한계비용곡선과 아래쪽의 세로축으로 구성된다. 〈그림 9-3〉의 (b)는 (a)의 단기비용곡선을 가진 기업의 단기공급곡선을 나타낸다.

경쟁기업의 장기공급곡선 장기에는 모든 투입이 가변투입이고 경쟁기업은 장기한계비용 $LMC(Q)$와 한계수입 $MR(Q)$가 일치하는 수준의 산출을 선택한다. 장기평균비용 LAC는 산출 Q^0에서 최솟값을 가지고 $LAC(Q^0) = p^0$이다. 가격 p가 p^0보다 높다면 완전경쟁시장에서 경쟁기업이 인식하는 수요곡선은 현행가격 p 높이의 수평선이므로 장기적 이윤을 최대로 하는 산출 Q_L^*는 조건

$$MR(Q_L^*) = p = LMC(Q_L^*) \tag{9-2}$$

를 충족한다. 이 산출 Q_L^* 를 **장기균형산출**(long-run equilibrium out-put)이라고 한다. 〈그림 9-4〉는 경쟁기업의 장기 산출 선택을 설명한다. 물론 $p < p^0$ 이라면 $Q_L^* = 0$ 이다.

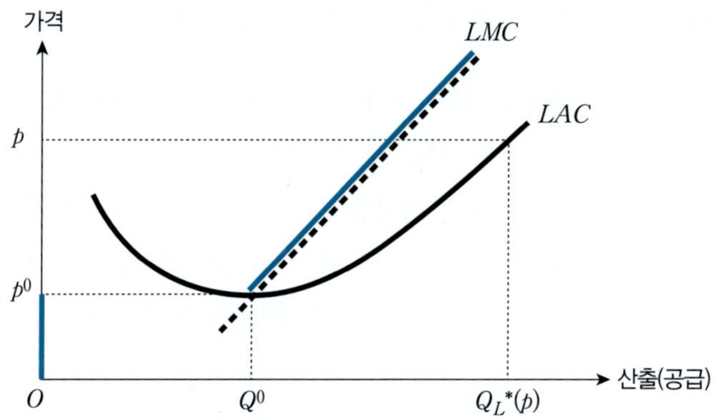

〈그림 9-4〉 장기산출선택과 장기공급곡선

장기균형산출은 가격 p와 요소가격 (w, r)의 함수다. 요소가격이 일정하다는 전제 하에서 장기균형산출 Q_L^* 을 함수

$$Q_L^* \equiv Q_L^*(p) \tag{9-2'}$$

로 표기한다. 함수 $Q_L^*(p)$를 일반적으로 경쟁기업의 장기공급함수, 또는 그냥 간단히 **공급함수**(supply function)라고 부른다.

공급함수의 그래프는 곧 경쟁기업의 장기공급곡선이다. 〈그림 9-4〉는 이 장기공급곡선의 그래프도 보여준다. 가격 p가 p^0 이상의 수준에서 변하면 장기산출선택은 식 (9-2)를 따르고 그 미만에서 움직이면 $Q_L^* = 0$ 으로서 사업을 접는다. 그러므로 장기공급곡선은 평균비용곡선의 위쪽에서는 장기한계비용곡선 LMC와 일치하고 아래쪽에서는 세로축의 Op^0 와 일치한다(그림의 파란색 곡선). 앞의 〈그림 9-2〉에서 SAC곡선과 SMC곡선을 각각 LAC곡선과 LMC곡선으로 바꾼 것 이외에는 모두 동일하다.

장단기 산출결정의 관계 어떤 경쟁기업이 현재의 시장가격 $\overline{p}$ 에서 $\overline{Q}$ 를 생산하여 장기적으로 최대이윤을 얻고 있다고 하자. 이때 기업이 고용하고 있는 자본이 $\overline{K}$ 라면 $\overline{K}$ 는 장기조건부자본수요 $K^0(w, r, \overline{Q})$와 같다. [결과 8-6]에 의하면 산출 $\overline{Q}$ 에서 고정투입이 $\overline{K}$ 인 단기한계비용은 장기한계비용과 같고 단기평균비용도 장기평균비용과 같다. 그리고 단기한계비용 $SMC(\overline{K})$곡선의 기울기는 장기한계비용 LMC 곡선의 기울기보다 더 크다. 〈그림 9-5〉는 이 상황을 보여준다.

이제 가격이 p' 로 상승한다고 하자. 단기적으로 기업은 고정투입 $\overline{K}$ 를 그대로 유지할 수밖에 없으므로 단기공급곡선 $SMC(\overline{K})$를 따라서 산출을 $p' = SMC(Q_S', \overline{K})$ 조건을 충족하는 Q_S' 까지 늘린다. 가격상승이 일시적인 것이어서 다시 $\overline{p}$ 로 돌아온다면 기업은 기다렸다가 가격이 $\overline{p}$ 로 되면 다시 $\overline{Q}$ 를 생산하면 된다. 그러나 상승이 항구적이면 고정투입의 고용 $\overline{K}$ 를 조정하는 문제가 뒤따른다.

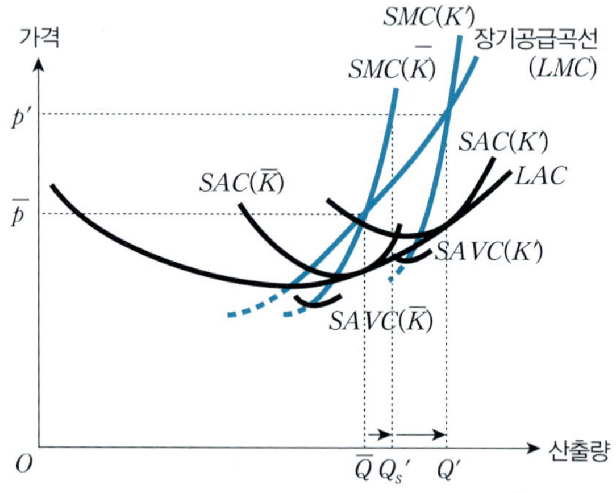

〈그림 9-5〉 가격 상승에 따른 단기 및 장기의 반응

산출 $\overline{Q}$ 의 생산비용을 최소화하는 자본고용 $\overline{K}$ 는 산출 Q_S' 의 생산비용을 최소화하지는 못하므로 시간이 흐르면 기업은 늘어난 산출생산에 적합하도록 자본고용을 바꾼다. 그리고 〈그림 9-5〉에서 보는 바와 같이 $p' > LMC(Q_S')$ 이므로 Q_S' 보다 더 많은 산출을 생산하는 것이 장기적으로 유리하다. 그 결과 단기공급곡선 $SMC(\overline{K})$는 (우향) 이동하기 시작하고 이 이동은 산출이 $p' = LMC(Q')$를 충족하는 Q' 에 이를 때까지 계속된다. 즉 가격상승이 항구적일 때 경쟁기업의 공급은 증가하지만 고정투입 조정에 시간이 걸리므로 공급증가는 시차를 두고 점진적으로 나타난다.

가격 p가 하락할 때 이윤최대화 산출은 장·단기 모두에서 줄어드는데, 장기의 감소폭이 단기 보다 더 크다. 그림에 명시적으로 표시하지는 않았지만 독자여러분 스스로 확인해보기 바란다. 결국 경쟁기업의 단기공급곡선은 장기공급곡선보다 더 큰 기울기를 가지는데, 이는 단기한계비용곡선의 기울기가 장기한계비용곡선의 기울기보다 더 크다는 사실에서 비롯한다.

예제 9-1

기업에 부과되는 세금에는 이윤세, 정액세 및 판매세 등 여러 종류가 있다. 이윤세(profit tax)는 이윤 1원에 대하여 t원$(0<t<1)$을 징수하는 세금이며, 정액세(lumpsum tax)는 생산량이나 이윤의 크기에 관계없이 일정한 금액 T원을 징수하는 세금이다. 그리고 판매세(sales tax)는 판매되는 상품 1단위당 s원씩 징수하는 세금을 말한다.

기업에게 특정한 세금이 부과된다면 기업이 최대화하고자 하는 목표함수는 세금을 차감한 납세 후 이윤으로 변할 것이다. 목표함수가 달라지면 선택하는 산출 수준도 달라지므로 각종 세금은 기업의 생산 의사결정에 직접적으로 영향을 끼친다. 먼저 이윤세를 부과하는 경우에 대하여 살펴보자.

이윤세가 부과되면 납세 후 이윤은 $(1-t)(pQ-C(Q))$로 된다. 그런데 납세 전 이윤 $(pQ-C(Q))$를 최대화하는 산출이 그대로 납세 후 이윤 $(1-t)(pQ-C(Q))$까지 최대화함은 명백하고, 또 그 역도 성립한다. 즉 이윤을 최대화하는 생산량은 납세 전후가 마찬가지다. 따라서 세금을 이윤세의 형식으로 부과한다면 세금을 부과하더라도 기업의 생산량의 크기는 변하지 않는다. 다만 납세 전 이윤의 t%만큼이 이윤세로 징수될 뿐이다.

정액세의 경우에는 납세 후 이윤이 $pQ-C(Q)-T$로 결정된다. 그러므로 납세 후 이윤 $pQ-C(Q)-T$는 납세 전 이윤 $pQ-C(Q)$가 최대로 될 때 최대로 되며 그 역도 성립한다. 즉 정액세도 기업이 산출 결정에 영향을 끼치지 못한다. 이윤세나 정액세처럼 기업의 생산활동에 아무런 변화도 부르지 않는 세금을 총괄하여 중립세(neutral tax)라고 한다.

그러나 판매세의 부과는 다르다. 판매세를 부과하면 납세 후 이윤은 $(p-s)Q-C(Q)$로 된다. 이것을 납세 전 이윤 $pQ-C(Q)$와 비교하여 보면 판매세의 부과는 상품가격을 $(p-s)$로 낮춘 것과 같은 효과를 거둔다. 기업의 공급곡선은 장단기를 막론하고 항상 우상향하므로 가격이 하락한 것처럼 느끼는 기업은 산출을 줄여서 공급을 감소시킬 것이다. 그러므로 판매세는 중립세가 아니다. 판매세를 보통 간접세라고도 하며 시장 균형을 고려한 간접세의 효과에 대해서는 [예제 9-2]에서 상세히 다룬다.

생산자잉여와 이윤 소비자가 시장교환에 참여하여 얻는 이익이 소비자잉여라면 기업이 얻은 이익은 이윤이다. 그런데 기업이 시장교환에 참여하여 얻는 이윤을 소비자잉여에 대칭되는 생산자잉여의 개념으로 묘사할 수가 있다. 〈그림 9-6〉은 현재의 가격 $\overline{p}$ 에서 $\overline{Q}$ 를 생산하여 판매하는 기업의 시장교환 참여이익을 그래프로 보여준다.

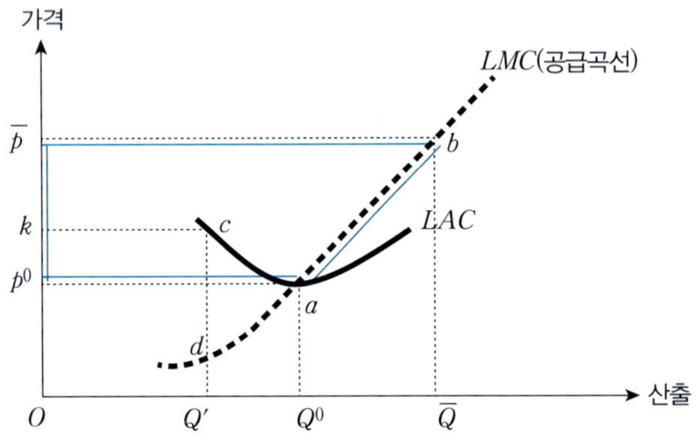

〈그림 9-6〉 기업 이윤과 생산자잉여

산출을 Q_0 에서 $\overline{Q}$ 로 늘리려면 기업은 비용을 더 부담한다. 그림의 공급곡선은 한계비용곡선이므로 이 추가비용은 사다리꼴 $Q^0\overline{Q}ba$ 의 면적으로 나타낼 수 있다. 그리고 사각형 OQ^0ap^0 의 면적은 산출 Q^0 생산에 지출된 총비용이다. 그러므로 산출 $\overline{Q}$ 생산에 기업이 지출하는 총비용은 그림에서 사각형 OQ^0ap^0 와 사다리꼴 $Q^0\overline{Q}ba$ 를 합친 도형의 면적으로 나타낼 수 있다.

반면에 산출 $\overline{Q}$ 를 생산하여 $\overline{p}$ 의 가격으로 시장에 내다팔면 이 기업의 판매수입은 사각형 $O\overline{Q}b\overline{p}$ 의 면적으로 결정된다. 그러므로 그림에서 파란 둘레로 표시한 사다리꼴 $p^0ab\overline{p}$ 의 면적은 가격 $\overline{p}$ 에서 산출 $\overline{Q}$ 를 생산하는 기업의 이윤이다. 그런데 이 면적은 가격 $\overline{p}$ 높이의 수평선과 기업의 장기공급곡선 사이의 면적이다. 가격 $\overline{p}$ 높이의 수평선과 수요곡선 사이의 면적으로 결정되는 소비자잉여는 소비자의 시장교환 참여이익을 나타낸다. 흥미롭게도 같은 수평선과 공급곡선 사이의 면적은 기업이윤으로서 기업의 시장교환 참여이익과 같다. 이런 연유로 사다리꼴 $p^0ab\overline{p}$ 의 면적을 **생산자잉여**(producer surplus)라고 부른다.

같은 생산자잉여의 표시방법은 여러 가지다. 〈그림 9-6〉에서 산출 $\overline{Q}$ 생산의 총비용은 사각형 $OQ'ck$ 와 '사다리꼴' $Q'\overline{Q}bd$ 를 합친 도형의 면적으로도 표시할 수 있다. 이 경우 가격 $\overline{p}$ 에서 산출 $\overline{Q}$ 를 생산 공급하는 기업의 이윤, 즉 생산자잉여는 도형 $kcdb\overline{p}$ 의 면적으로 나타난다. 물론 이것의 크기는 위 사다리꼴 $p^0ab\overline{p}$ 의 면적과 같다.

산업공급곡선 현행가격에서 상품을 생산 공급하는 개별기업의 공급량을 모두 합하면 이 가격에서 산업전체가 공급하는 총 공급량이 된다. 가격이 변할 때 개별기업의 공급량이 변하므로 그 총합인 총 공급량도 변한다. 생산요소의 가격과 각 기업의 생산기술 등 다른 조건이 일정한 상태에서 가격이 변함에 따라 상품의 총 공급량이 어떻게 변하는가를 나타내는 곡선을 **산업공급곡선**(industry supply curve)이라고 한다. 개별 수요곡선들을 수평적으로 합하여 시장수요곡선을 얻듯이 개별 공급곡선들을 수평적으로 합한 것이 산업공급곡선이다.

단기산업공급곡선은 개별기업의 단기공급곡선의 수평적 합이다. 장기산업공급곡선도 개별 장기공급곡선의 수평적 합으로 결정되지만 여기에 기존 기업의 퇴출과 신규기업의 진입을 추가로 반영해야 한다. 단기에서나 장기에서나 개별 기업의 공급곡선은 항상 우상향하므로 산업공급곡선도 우상향한다. 개별기업의 경우 단기공급곡선의 기울기는 장기공급곡선의 기울기보다 크기 때문에 산업공급곡선의 경우에도 단기의 기울기가 장기의 기울기보다 더 크다. 이에 더하여 장기산업공급곡선은 가격이 오르면 새로운 기업이 시장에 진출하여 공급량을 늘리고 내리면 불량기업의 퇴출로 공급자 수가 줄어드는 효과까지도 포함하기 때문에 그 기울기는 더욱 작아진다. 〈그림 9-7〉은 이와 같은 장기 및 단기 산업공급곡선의 특성을 보여준다.

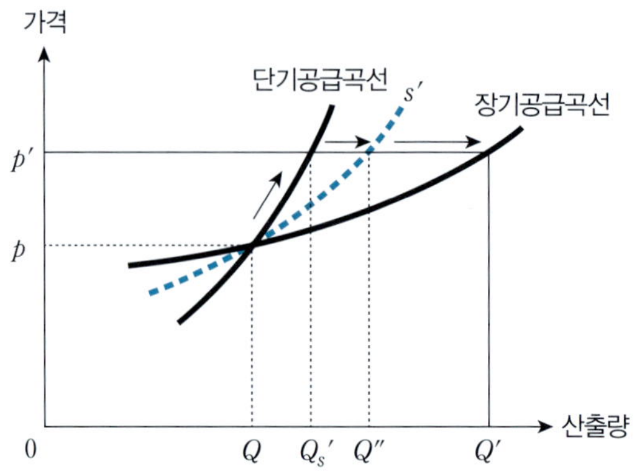

〈그림 9-7〉 장기와 단기의 산업공급곡선

가격 p에서 산업 전체의 공급량을 Q로 표기하자. 가격이 p'로 오르면 기존기업들은 함께 단기적으로 산출량을 Q_S'까지 확대한다. 가격 p'가 오랜 기간 지속하면 기존기업은 고정투입 K를 조정하면서 더 많은 산출량 Q''를 생산 공급한다. 여기서 점선으로 표시한 곡선 s'는 가격 p에서 이미 생산에 참여하고 있던 기존기업들의 장기공급곡선을 수평적으로 합한 것이다. 그러나 가격 p에서는 이윤을 누릴 수 없기때문에 생산에 참가하지 않던 기업들 가운데 가격 p'에서는 이윤을 얻을 수 있게 되어 신규로 생산에 참가한 기업이 있다면 이들의 생산량만큼 산업공급도 증가하여 Q'의 수준까지 이른다.

공급의 가격탄력성 시장가격이 1% 변할 때 공급량이 몇 %나 변하는가를 나타내는 지표가 **공급의 가격탄력성**(price elasticity of supply)이다. 공급의 가격탄력성 η는

$$\eta = \lim_{\Delta p \to 0} \frac{\dfrac{\Delta Q(p)}{Q(p)}}{\dfrac{\Delta p}{p}} = \frac{\partial Q(p)}{\partial p} \frac{p}{Q(p)} \tag{9-3}$$

로 정의된다. 수요의 가격탄력성과 마찬가지로 p와 $Q(p)$가 일정하다면 공급곡선의 기울기가 완만할수록 공급의 가격탄력성 η는 커지며 반대로 공급곡선의 경사가 급해질수록 η는 작아진다. $\eta = \infty$인 공급곡선은 완전탄력적 공급곡선, 그리고 $\eta = 0$인 공급곡선은 완전비탄력적 공급곡선이라고 하며 〈그림 9-8〉과 같이 그 그

래프가 각각 수평선, 그리고 수직선으로 나타난다.

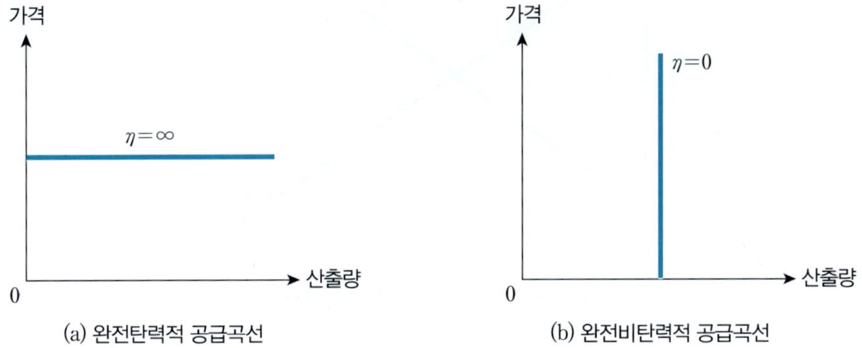

〈그림 9-8〉 완전탄력적 공급곡선과 완전비탄력적 공급곡선

제3절 완전경쟁시장의 가격결정

경쟁과 시장균형 완전경쟁시장의 수요자와 공급자는 모두 가격수용자로서 현행 시장가격을 주어진 것으로 받아들인다. 현 가격에서 각자 선택한 결과는 시장수요와 산업공급으로 집계되어 시장에서 만난다. 〈그림 9-9〉는 한 시장의 시장수요곡선과 산업공급곡선을 보여준다. 그림의 시장가격 p'' 에서는 공급량 Q'' 가 수요량 Q_D'' 보다 더 적다. 이 경우 $Q_D'' - Q''$ 를 **초과수요**(excess demand)라고 한다. 초과수요의 상황에서는 상품이 부족하고 **부족**(shortage)은 **경쟁**(competition)을 부른다. 완전경쟁시장의 경쟁은 어떠한 모습일까?

시장경제의 토대는 사유재산권과 경제적 자유다. 각자 자유롭게 상대방을 찾아서 물건을 사고파는데 이 매매행위는 상품 주인인 공급자가 대금을 받고 상품 소유권을 구매자에게 이전하면 완결된다. 그러므로 초과수요 상태에서 구매자들이 벌이는 경쟁은 공급자의 소유권 이전을 얻으려는 경쟁이다. 공급자는 더 비싼 값을 지불하는 구매자에게 판매할 것이므로 구매자 간 경쟁은 **호가경쟁**(bidding competition) 형태로 전개된다. 초과수요의 부족사태가 계속되는 한 남보다 더 높은 값을 호가하는 경쟁도 계속될 것이고 그에 따라 가격은 계속 오를 것이다.

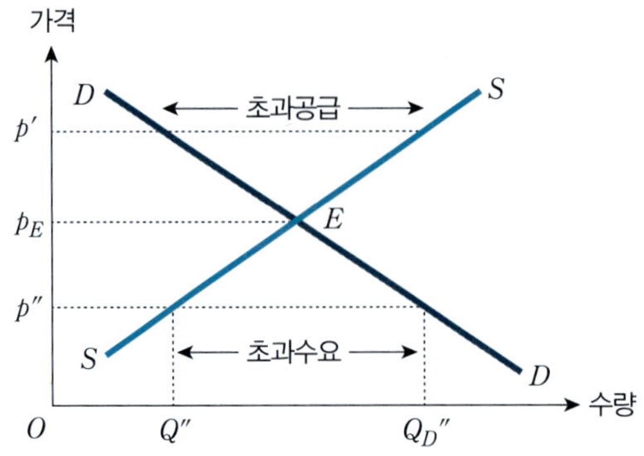

〈그림 9-9〉 호가경쟁과 시장균형

가격이 p' 이면 이번에는 공급이 수요를 초과하는 **초과공급**(excess supply)사태가 벌어진다. 초과공급 상태에서 부족한 것은 상품이 아니라 상품의 판매기회다. 판매기회의 소유주는 구매자들이므로 부족한 판매기회를 서로 얻으려는 공급자들은 값을 낮춰 부르는 호가경쟁을 벌인다. 초과공급이 해소되지 않는 한, 이 경쟁도 유지될 것이므로 가격하락 역시 계속된다.

그런데 현재 시장가격이 p_E 라면 수요와 공급이 정확하게 일치한다. 부족현상이 나타나지 않으므로 경쟁도 없다. 가격은 계속 p_E 로 유지된다. 이 상황을 **시장균형**(market equilibrium)이라고 하고 가격 p_E 를 **균형가격**(equilibrium price)라고 한다. 각 시장별 호가경쟁이 가격을 올리고 내린다면 그에 따라 상품별 수요곡선과 공급곡선의 위치 이동도 멈추지 않을 것이므로 시장균형에 이를 수 있을지가 불분명하다. 즉 〈그림 9-9〉에서 가격이 p' 또는 p'' 일 때 경쟁이 이 상품의 가격을 최종적으로 그림의 균형가격 p_E 로 실현한다는 보장은 없다. 그러나 수많은 수요자와 공급자가 만나는 현실 시장에서 가격이 현 수준을 유지하고 있다면 이 가격을 올리거나 내리는 호가경쟁이 없다는 말이다. 이 경우 시장가격은 수요와 공급이 일치하는 시장균형가격 p_E 일 수 밖에 없다.

완전경쟁시장의 가격이 〈그림 9-9〉의 p_E 와 같은 시장균형가격이라는 명제는 **수요공급의 법칙**(The Law of Demand and Supply)으로 알려져 있다. 초과수요는 가격을 올리고 초과공급은 내린다는 명제도 수요공급의 법칙에 속한다.

예제 9-2

거래 상품 단위마다 t원의 판매세(sales tax)를 부과한다고 하자. 판매세는 간접세로서 소득세와는 달리 납세의무자를 직접 지정하지 않고 다만 상품의 교환에 대하여 부과되는 세금이다. 구매자는 자신이 지불하는 가격에 판매세가 포함되어 있음을 알고 있고, 판매자는 자신이 수령한 판매수입에서 간접세에 해당하는 만큼을 세금으로 납부해야 한다. 그러므로 판매자는 판매자대로, 그리고 구매자는 구매자대로 제각기 자신이 간접세를 전액 부담하는 것으로 느낀다.

〈그림 9-10〉의 (a)에서 SS는 간접세 부과이전의 공급곡선이고 이때의 시장균형가격은 점 E의 p_0 다. 만약 가격이 순간적으로 변하면 기업이 즉각적으로 생산을 확대 또는 축소시키지 못하므로 순간적인 공급량과 가격의 관계는 수직선 S_i 로 주어지는 셈이다. 이제 정부가 이 상품의 거래에 단위당 t원의 간접세를 부과한다고 하자. 시장균형가격이 p_0 원이므로 기업이 간접세를 납부하고 나면 상품 단위당 벌어들이는 실질가격은 (p_0-t) 원이 된다.

그러므로 간접세 부과에 대한 즉각적 효과는 그림 (a)의 빗금친 사각형의 넓이만큼의 간접세 전액을 기업이 부담하는 결과로 된다. 그러나 일단 간접세가 부과되면 기업의 한계비용이 t원만큼 증가한다. 즉 한 단위 더 생산하여 판매할 때 기업은 생산요소를 추가 고용하는 비용 이외에 별도로 t원만큼의 간접세를 더 지출해야 한다.

상품을 생산 공급하는 모든 기업의 한계비용이 t원 만큼 증가하면 산업공급곡선 SS는 t의 거리만큼 위쪽으로 평행이동한다. 그림 (b)의 점선으로 표시된 $S'S'$ 는 간접세 부과로 인하여 이동한 산업공급곡선을 나타낸다. 그 결과 간접세 부과 이후의 시장균형가격은 점 E' 의 p' 로 결정된다. 수요자가 지불하는 새로운 시장균형가격은 p' 이지만 기업이 단위당 벌어들이는 실질가격은 간접세를 제한 p'' 다. 그러므로 단위당 t원의 간접세는 수요자가 $(p'-p_0)$ 원, 그리고 기업이 (p_0-p'') 원씩 분담하여 납부하게 되는 셈이다. 일반적으로 시장수요 및 산업공급곡선의 기울기의 크기는 수요자와 기업이 각각 부담하는 간접세의 크기에 영향을 끼친다. 예컨대 수요가 완전탄력적이면 기업이, 공급이 완전탄력적이면 수요자가 각각 간접세의 전부를 부담한다.

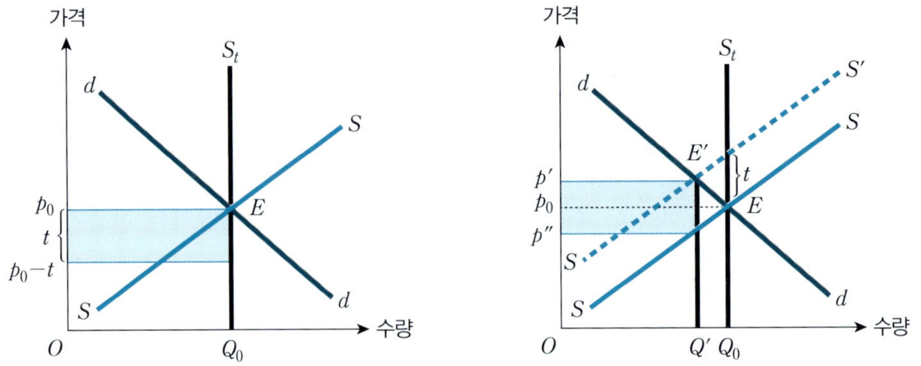

(a) 즉각적인 효과 (b) 간접세의 효과

〈그림 9-10〉 간접세의 효과

경쟁과 가격기능 기업 간 생산기술의 차이는 기업 경쟁력의 근간인 비용구조를 달리 결정한다. 〈그림 9-11〉은 같은 상품을 생산하면서도 비용곡선이 서로 다른 세 기업 간의 경쟁을 보여준다. 그림에서 *SS*는 현 시점의 장기산업공급곡선이다. 만약 시장수요가 d_1d_1 이라면 시장균형 가격은 p_1 이다. 가격 p_1 에서 기업 2와 3은 어떠한 산출을 생산하더라도 손실을 당하므로 생산을 중단한다. 그러나 기업 1은 양(+)의 이윤을 얻으면서 생산을 계속한다. 시장수요곡선이 d_2d_2 로 확대되고 시장균형가격이 p_2 라면 기업 2도 생산을 시작하지만 기업 3의 생산 중단 상태는 계속된다. 시장수요가 곡선 d_3d_3 로 더욱 확대되면 가격이 p_3 로 오르고 기업 1, 2 및 3은 모두 생산에 참여한다. 이처럼 산업 내 어느 기업이 생산을 계속하고 어느 기업이 도태되는가는 결국 시장균형가격의 수준에 달려 있다. 현행가격에서 양(+)의 이윤을 얻는 기업만 살아남는다.

〈그림 9-11〉에서 같은 수량을 생산하는 평균비용은 기업 1이 제일 작고 기업 3이 제일 크다. 즉 기술적으로 기업 1이 제일 우수하고 기업 3이 제일 열등하다. 시장가격이 p_3 이면 세 기업 모두 생산에 참여하지만 시장수요가 d_2d_2 로 위축되어 가격이 p_2 로 내려가면 기업 3이 퇴출당한다. 수요가 d_1d_1 으로 더욱 위축되면 기업 2도 퇴출당하고 가장 우수한 기업 1만 생산을 계속한다. 시장가격에서 채산을 맞출 만큼 기술적으로 우수한 기업은 생산에 참여하고 그렇지 못한 불량 기업은 스스로 물러난다.

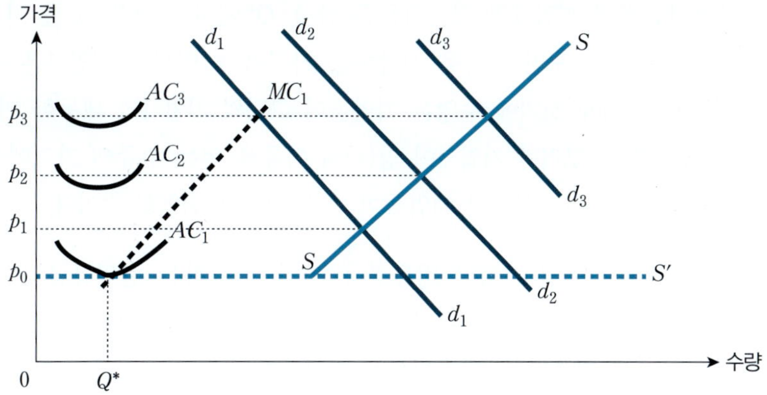

〈그림 9-11〉 완전경쟁시장의 경쟁과 장기공급

완전경쟁시장은 산업의 공급능력을 그때그때의 시장수요에 맞추어 가동하도록 균형가격을 결정하고 가격수용자인 기업은 이 가격에 채산을 맞출 경우에만 스스로 생산에 참여한다. 이처럼 시장은 불필요하게 더 많은 자원을 소모해야하는 열등 기업들은 자발적으로 퇴출시키고 자원을 보다 적게 소모하면서 시장수요를 충족하는 우수 기업들만 남아서 생산하도록 유도한다. 완전경쟁시장의 이 기능을 **시장기능**(market mechanism) 또는 **가격기능**(price mechanism)이라고 한다.

현실의 기업들은 선전, 광고 및 판매촉진 등 서로 치열한 경쟁을 벌이면서 기업활동을 하는 것이 보통이다. 그러나 완전경쟁시장에서는 각 상품의 품질은 모두 동일하고 개별 경제주체들이 상품의 가격에 대한 완전정보를 보유하고 있기 때문에 기업들이 이와 같은 불필요한 경쟁을 벌일 까닭이 없다. 완전경쟁시장에서 나타나는 기업 간의 경쟁은 외면적으로는 초과공급 상태에서 벌이는 호가경쟁이다. 기업이 더 낮은 가격을 제시하려면 원가가 그만큼 낮아야 한다. 그러므로 완전경쟁의 본질은 기술개발을 통한 원가 절감의 경쟁이다. 즉 완전경쟁시장의 경쟁은 생산기술상의 경쟁이며 이와 무관한 선전, 광고 및 판매촉진 활동은 **불완전경쟁**(imperfect competition)시장에서 나타나는 현상이다. 불완전경쟁시장은 제10장에서 다룬다.

비용절감과 신상품개발 호가경쟁의 경쟁력은 기본적으로 비용경쟁력이다. 비용절감에 성공함으로써 더 낮은 판매가를 제시할 수 있어야 경쟁을 견디고 끝까지 살아남는다. 그런데 시간이 흐르면 비용절감의 비법은 결국 많은 사람들이 터득하기 마련이다. 〈그림 9-11〉에서 기업 1의 평균비용은 산출 Q^* 에서 최저값 p_0 를 기록한다. 장기산업공급곡선 SS를 보면 공급을 시작하는 가격이 p_0 이므로 기업 1은 이 산업의 최우량기업이다. 이제 장기에 수많은 기업들이 그림의 기업 1과 대등한 비용경쟁력을 터득한다고 하자. 그러면 기업 1이 양(+)의 이윤을 얻는 수준의 가격이라면 같은 비용경쟁력을 갖추는 데 성공한 기업들이 속속 시장에 진입할 것이다.

그렇게 되면 현재 주어진 기업별 비용경쟁력만을 반영하는 산업공급곡선 SS는 시간이 흐름에 따라서 계속 우측으로 이동할 것이고 그에 따라 가격도 하락할 것이므로 기업이윤도 점차 감소한다. 기술적으로 기업 1과 대등한 기업들이 자꾸 생겨나면 이윤이 +인 한 이들의 시장진입은 계속될 것이고 결국 이윤이 0으로 하락해야 신규진입도 멈출 것이다. 그러므로 기업들이 장기에 최우량기업의 기술까지 습득하면 장기산업공급곡선은 곡선 SS가 아니고 〈그림 9-11〉에서 점선으로 표시한 수평선 p_0SS' 로 될 것이다. 그 결과 장기의 시장균형가격은 p_0, 그리고 기업이윤은 0으로 결정될 것이다. 장기에는 모든 투입이 가변투입으로 될 뿐만 아니라 비용절감 기술의 습득까지도 이루어진다고 본 초기 경제학자들은 이 설명을 내세워 완전경쟁시장의 장기 기업이윤은 0이라고 결론지었다. 이 명제를 **장기무이윤정리**(longrun zero profit theorem)라고 부른다.

그러나 현실 경제에서는 기존 상품 생산의 비용절감 경쟁뿐만 아니라 새로운 상품개발의 경쟁이 더 활발하게 펼쳐진다. 신아이디어 상품이 속속 출현하고 그 가운데 많은 종류가 한 동안 호황을 구가하다가도 금방 소멸해 간다. 많은 기업이 최우수기술까지 터득할 때까지 오랜 생명을 누리는 상품은 오히려 별로 많지 않고, 또 그런 상품을 생산하는 개별기업들의 수익성은 이미 낮아질 대로 낮아졌기 때문에 시장경쟁도 안정되어 열기를 잃는다. 그러나 신상품 개발 경쟁은 역동적이고 치열하다.

새로운 상품을 개발하는 주체는 기업이지만 이것을 이끌어가는 힘은 시장수요다. 〈그림 9-11〉을 이용하여 이 사실을 설명해 보자. 기업 1이 개발한 신상품에 대한 시장의 즉각적 반응이 시장수요 d_1d_1 이라고 하자. 개발기업 1이 당장 이윤을 얻고 있더라도 이 수요가 금방 시들해지면 개발은 실패다. 시장수요가 d_2d_2 를 거쳐서 d_3d_3 로 계속 확대되어야 성공한 상품개발로 대접받는다. 개발이 성공하면 기업 2와 3 같은 후발 기업들이 잇달아 시장에 진입하지만, 개발기업 1은 한 동안 높은 이윤을 즐기면서 개발자의 이익을 거두어들인다.

시장의 기업들은 누구나 신상품개발에 성공함으로써 큰돈을 벌기 위하여 치열하게 경쟁한다. 그런데 신상품 개발 프로젝트는 많은 비용을 요구하면서도 실패할 가능성이 크다. 신상품에 대한 시장수요가 계속 $d_1 d_1$ 에 머무는 것으로 그친다면 비록 이윤을 얻더라도 개발프로젝트에 투입한 비용 회수에 턱없이 부족하기 마련이다. 그러므로 많은 기업들이 신상품개발로 큰돈을 벌고 싶더라도 개발비용을 못 갚고 도산할 위험이 두려워 개발프로젝트 시동을 주저한다.

그러나 만약 신상품 출하 초기에 정부가 특허 인가 등의 방법으로 다른 기업들이 모방생산하지 못하도록 금지한다면 사정이 달라진다. 산업공급곡선은 기업 1의 한계비용곡선 MC(그림의 점선)과 일치할 것이고, 따라서 시장가격이 p_3 의 높은 수준으로 결정되어 기업 1의 개발비용 회수에 도움이 될 것이다. 다만 이 경우 개발기업 1이 산업공급을 독점하므로 시장의 경쟁은 더 이상 완전경쟁일 수 없고 산출 결정도 $p = MC$ 규칙을 따르지 않으므로 완전경쟁이론으로 설명할 수 없는 상황으로 되고 만다.

결국 완전경쟁의 이론은 신상품개발의 경쟁보다는 호가경쟁을 중심으로 하는 비용경쟁의 분석에 치중할 수밖에 없다. 신상품개발의 경쟁은 다음 독점시장을 공부할 때 더 자세히 살피기로 한다. 이 단계의 결론은 모든 상품에는 각각 생애주기가 있는데 출현 초기에는 상품개발에 성공한 개발기업이 상품을 독점적으로 공급하다가 이 상품이 시장에서 성공하면 점점 더 많은 기업들이 생산에 참여하여 비용경쟁이 치열해진다는 것이다. 그러다가 상품 생애주기가 성숙 단계를 넘어 사양단계에 돌입하면 시장수요가 위축되고 기업 간 비용절감경쟁이 불량 기업부터 도태시키면서 그 상품의 시장이 소멸해 간다.

완전경쟁시장의 기업이윤 기업의 평균비용곡선이 우상향하는 영역에서는 항상 한계비용이 평균비용보다 더 크다. 그러므로 기업이 이 영역에서 $p = MC(Q^*)$ 되는 산출 Q^* 를 생산한다면 이 기업의 이윤은 항상 +이다. 경쟁기업의 이윤이 0 아닌 +일 경우에 이것은 어떤 의미를 지닐까?

기업의 장기평균비용곡선이 우상향한다면 그 기업은 자신의 생산능력을 적정수준 이상으로 가동하는 중이다. 그러므로 시장수요가 평균비용곡선이 우상향하는 영역의 산출을 생산하도록 요구한다면 이 기업의 생산능력은 국가적 차원에서 상대적으로 희소하다는 뜻이다. 평균비용곡선이 우상향하는 기업의 한계비용은 평균비용보다 더 높을 수밖에 없고 따라서 기업이윤은 +수준을 기록한다. 즉 완전경쟁시장의 +기업이윤은 그 기업의 생산능력이 상대적으로 희소하기때문에 발생한다. 이 문제는 뒤 요소시장이론에서 소득분배의 문제를 다룰 때 다시 심층적으로 다룰 것이다.

규모특성과 완전경쟁 〈그림 9-11〉은 표준적 U자형 비용곡선을 가진 기업들 간의 비용절감경쟁을 분석한다. 그런데 현실적으로 많은 기업들이나 규모수익불변이나 증가의 특성을 보이는 영역에서 생산한다. 생산기술이 규모수익불변이라면 장기평균비용은 상수이고 따라서 평균비용곡선은 그 높이의 수평선으로 결정된다. 그리고 시장경쟁은 가장 낮은 평균비용의 기업만 생산에 참여하도록 하고 나머지 불량 기술의 기업들은 도태시킬 것이다.

〈그림 9-12〉는 전체 평균비용곡선은 U자형이지만 시장수요 DD가 '규모의 경제' 영역에 머무르는 상황을 보여준다. 가격이 p일 때 기업이 가격수용자라면 $p = LMC(Q)$ 되는 산출 Q를 생산할 것이다. 〈그림 9-12〉에서 이 조건을 충족하는 점은 a와 c다. 그러나 점 a의 Q를 생산하면 사각형 $pabp'$의 면적만큼 손실을 입고 점 c의 Q'는 가격 p의 시장수요 Q^0보다 더 크다. 그러므로 현재 '규모의 경제'를 누리는 기업은 현행가격을 주어진 것으로 받아들이고 이 가격에서 얼마든지 팔 수 있다고 믿는 가격수용자로 행동할 수가 없다. 달리 말하면 '규모의 경제'를 누리는 시장에서는 가격수용자들 간의 완전경쟁이 불가능하다.

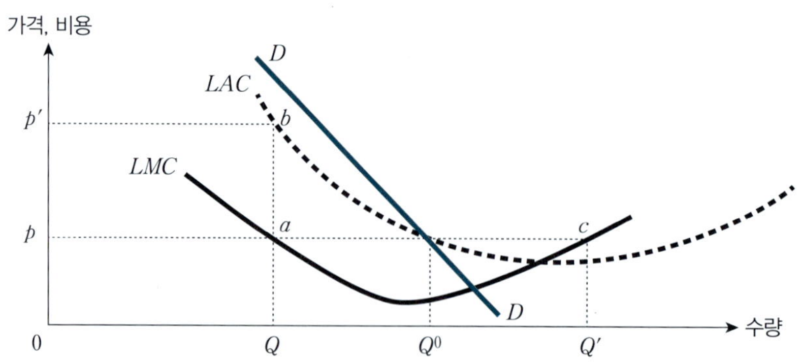

〈그림 9-12〉 규모의 경제와 완전경쟁

'규모의 경제'에서는 대량생산으로 생산단가를 낮출 수 있다. 이러한 비용절감의 이점을 누리는 상품의 사례는 철도수송이나 화학제품 등 다양하지만 그 본질을 보면 생산활동을 시작하는 시점에 대형설비부터 갖추어야 생산이 가능한 경우가 대부분이다. 철도수송은 우선 긴 거리에 걸쳐서 철로를 깔아야 하고 화학공업에는 특수금속으로 제작되는 반응로(reactor)가 있어야 그 안에서 원료의 장기간 화학반응을 일으킬 수 있다. 이들 산업에서 생산을 시작하려면 초기에 방대한 금액을 지출하여 먼저 그 설비를 갖춘다. 그리고 이 지출금액(저량)의 금리는 이후 생산과정에서 비용(유량)으로 환산되어 전체 생산비용의 일부가 된다. 생산규모가 커질수록 이 비용의 산출단위당 몫이 감소하면서 대량생산의 단가 절감을 불러온다.

'규모의 경제'에서는 시장수요 전체를 단일 기업이 생산할 때 그 생산비용을 최소화한다. 〈그림 9-12〉에서 하나의 기업이 산출 Q^0을 생산한다면 그 생산비용이 pQ^0이다. 이 물량을 두 기업이 나누어서 생산한다면 각 생산단가가 p보다 더 높으므로 Q^0 생산에 드는 비용이 pQ^0보다 더 크다. 그러므로 한 기업이 생산을 독점하는 것이 사회적으로 자원을 가장 절약하는 방법이다. 또 더 이상 가격수용자로 행동할 수 없는 두 기업 간 경쟁은 가격인하 경쟁이다. 더 많이 생산하는 기업의 생산단가가 더 낮으므로 서로 더 많이 생산하는 경쟁으로 이어진다. 그 결과는 시장수요보다 더 큰 과잉생산으로 두 기업 모두 공멸할 것이다. 이 상황에서는 한 기업에 의한 독점이 여러모로 바람직한데 이 독점을 **자연독점**(natural monopoly)이라고 한다. 자연독점에 대해서는 독점시장을 분석할 때 자세히 살필 것이다.

완전경쟁의 경제적 잉여 완전경쟁의 시장성과는 수요와 공급이 일치하는 수준에서 가격과 생산-소비량이 결정된다는 것이다. 이 시장성과가 사회적으로 바람직한 것인지를 살펴보자. 시장성과를 평가하는 기준은 여러 가지이지만 그 중 가장 중요한 것으로는 **경제적 잉여**(economic surplus)를 들 수 있다.

우리는 앞에서 소비자와 기업이 시장교환에 참여하여 얻는 이익을 각각 소비자잉여와 생산자잉여로 표시할 수 있음을 알았다. 경제적 잉여는 소비자잉여(CS)와 생산자잉여(PS)를 합한 것을 말한다. 〈그림 9-13〉의 분리된 굵은 선 $Op''S'S$는 공급곡선이다. 그림의 (a)는 완전경쟁이 실현하는 경제적 잉여를 보여준다. 삼각형 p_EED는 소비자잉여이고 사다리꼴 $p_EES'p''$는 생산자잉여다. 그러므로 완전경쟁의 경제적 잉여는 이 두 도형을 합한 큰 도형 $DES'p''$ 의 면적이고 이 면적은 국가경제의 가계와 기업들이 완전경쟁 시장의 거래에 참여함으로써 얻는 이익의 총계를 나타낸다.

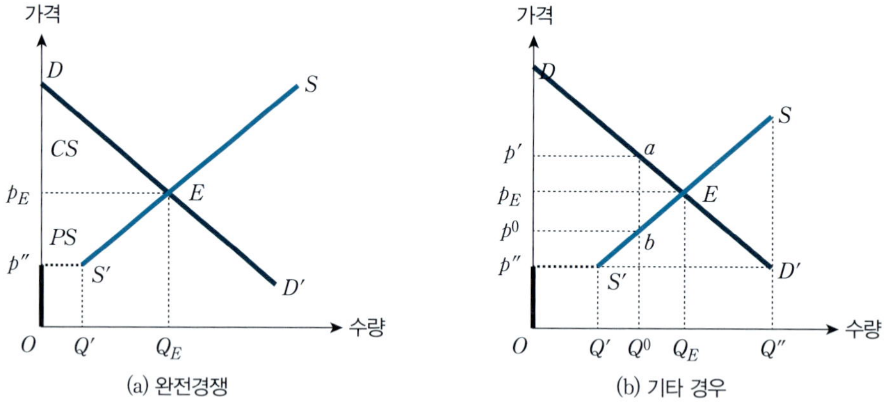

〈그림 9-13〉 완전경쟁의 경제적 잉여

그림 (b)는 완전경쟁이 실현하는 경제적 잉여가 최대임을 보여준다. 만약 어느 시장조직이 산출 Q^0 을 생산-소비량으로 결정하고 가격을 p' 로 책정한다면 소비자잉여는 삼각형 $p'aD$ 의 면적이고 생산자잉여는 도형 $p'abS'p''$ 의 면적이다. 그러므로 이 경우 전체 경제적 잉여는 도형 $DabS'p''$ 의 면적으로 결정된다. 만약 가격이 p^0 로 책정된다면 소비자잉여는 사다리꼴 p^0baD, 그리고 생산자잉여는 사다리꼴 $p^0bS'p''$ 로 전과 달리 결정되지만, 전체 경제적 잉여는 역시 도형 $DabS'p''$ 의 면적으로서 가격이 p' 일 때와 다르지 않다.

가격을 p' 와 p^0 사이의 어느 수준으로 책정하든 소비자잉여와 생산자잉여는 달라지지만, 이들을 합한 경제적 잉여는 변함없이 도형 $DabS'p''$ 의 면적으로 일정하다. 가격이 p^0 보다 더 낮거나 p' 보다 더 높아도 이 결과는 마찬가지다. 그리고 이 경제적 잉여는 완전경쟁이 실현하는 경제적 잉여인 삼각형 $DES'p''$ 의 면적보다 작다. 이 분석은 산출이 Q_E 보다 더 작으면서 Q' 보다는 더 큰 모든 경우에 그대로 적용된다. 산출이 Q' 보다 더 작으면 생산자잉여의 표현을 적절히 바꾸면 같이 설명할 수 있다. 이에 대한 분석은 독자들에게 맡긴다.

만약 책정된 생산-소비량이 Q_E 보다 더 큰, 예컨대 Q'' 라면 어떨까? 가격이 p''

라면 소비자잉여는 삼각형 $p''D'D$의 면적으로 결정된다. 그러나 생산자잉여는 삼각형 $S'D'S$의 면적의 마이너스 값이다. 그 결과 전체 경제적 잉여는 소비자잉여에서 삼각형 $S'D'S$의 면적만큼을 뺀 값인데 그림 (b)에서는 도형 $DES'p''$의 면적에서 삼각형 $ED'S$의 면적을 뺀 값이다. 이 값은 명백히 완전경쟁 시의 경제적 잉여보다 더 작다. 가격이 달리 책정되더라도 소비자잉여와 생산자잉여는 달라지지만, 그 합인 경제적 잉여는 동일하므로 분석결과도 같다. 그러므로 완전경쟁은 최대의 경제적 잉여를 실현한다고 결론지을 수 있다.

연습문제

1. '규모의 불경제'가 아닌 기술을 보유한 기업에 대하여 그 공급곡선은 어떻게 결정되겠는가를 생각하여 보라.

2. 생산요소의 가격 $(w,\ r)$이 일제히 20%씩 인상된다면 경쟁기업의 공급량은 어떻게 변하는가? 또한 임금 w만 20% 상승한다면 공급량은 어떻게 변하겠는가?

3. 어느 기업의 생산함수가 $Q=\left(\min\left\{\frac{K}{2},\ \frac{L}{3}\right\}\right)^{\frac{1}{2}}$으로 주어져 있다. 요소가격이 $(w,\ r)$로 일정할 때 이 기업의 장기 및 단기$(K=\overline{K})$ 공급곡선을 도출하라.

4. 기업의 생산함수가 $Q=(2K+2L)^{\frac{1}{2}}$로 주어진 경우에 대하여 문제 3과 같이 이 기업의 장단기 공급곡선을 도출하라.

5. 노동과 자본이 모두 부족한 상태에 있다고 판단하여 정부가 비전략적 산업에 대해 노동과 자본에 대해 각각 s의 세율로 세금을 부과하기로 하였다. 비전략적 산업의 산출량은 어떻게 변하겠는가?

CHAPTER 10

불완전경쟁적 산출시장

제1절 불완전경쟁

우리는 제9장에서 개별기업이 가격수용자, 즉 경쟁기업으로서 행동하는 시장에서 더 많은 이윤을 추구하는 기업 간 경쟁은 기본적으로 생산비용을 더 줄이는 방향으로 전개됨을 보았다. 그러나 현실의 시장에서는 기업들 사이에 선전, 광고, 가격책정, 판매촉진 및 신규기업 진입의 저지 등 여러 가지 형태의 경쟁이 치열하게 일어난다. 이러한 경쟁은 모든 기업이 가격수용자로 행동할 수밖에 없는 완전경쟁 시장에서는 관찰되지 않는 활동으로서 불완전경쟁(imperfect competition) 시장에서만 나타난다.

현실의 시장에서 각종 활동이 관찰되는 이유는 무엇보다도 개별기업이 당면하는 수요곡선이 완전경쟁시장의 경우와는 달리 우하향하기 때문이다. 가격별 판매량이 다르면 더 많은 이윤을 얻도록 가격을 책정하려 할 것이고, 동시에 수요곡선을 우측으로 확대하여 시장을 늘리거나 좌측 이동을 막아서 자신의 시장을 지키려고 한다. 선전, 광고, 판매촉진, 그리고 진입 저지 등은 확보한 시장을 지키고 확대하기 위한 전략이다. 즉 불완전경쟁시장에서는 라이벌 기업들을 겨냥한 시장쟁탈 경쟁이 나타난다. 불완전경쟁시장이 발생하는 요인들은 품질의 다양성, 소수의 공급자 및 진입장벽 등 크게 세 가지로 분류된다.

품질 다양성 같은 용도의 상품이라도 생산기업별로 그 품질이 조금씩 따른 것이 보통이다. 예컨대 삼성 갤럭시 폰과 애플 아이폰, 현대 차와 토요다 차, 그리고 농심라면과 삼양라면 등 사람들이 제조사 별로 품질을 달리 평가하는 상품은 많다. 각 기업의 제품은 엄밀하게 말하여 상호 긴밀한 대체재일 뿐 별개의 상품이다. 그러므로 각 기업이 당면하는 수요곡선은 그 제품에 대한 시장수요곡선으로서 우하향하는 기울기를 가진다. 각 기업은 자신의 제품이 시장 내에서 가장 우수한 제품이라고 주장하는 선전, 광고 및 판매촉진 등 비가격경쟁을 전개한다. 심한 경우에는 A기업과 B기업 제품의 품질이 완전히 동일한데도 명칭과 포장 등 실제의 용도와는 무관한 부분을 조금씩 달리하여 자신의 제품이 더 우수하다고 선전하기도 한다. 이러한 행위를 **제품분화**(product differentiation)라고 한다.

소수의 공급자 상품을 생산 공급하는 기업이 소수이면 기업별 공급량은 시장수요에서 무시할 수 없는 비율을 점한다. 점유율이 높은 기업은 자신의 공급량을 조절하여 시장수요에 영향을 끼침으로써 가격설정자로서 행동하려고 한다. 단일 기업이 공급을 전담하면 이 기업은 시장수요곡선의 구조를 알고 자신에게 가장 유리한 가격을 책정한다. 이 경우를 **순수독점**(pure monopoly)이라고 한다. 소수의 기업이 공급을 분담하는 경우를 **과점**(olgopoly)이라고 하며 특히 두 기업이 공급하는 과점을 **복점**(duopoly)이라고 한다.

독과점기업들은 자신들에게 유리한 가격을 책정할 뿐만 아니라 이미 확보한 시장을 빼앗기지 않기 위하여 신규기업의 진입을 저지하는 데 다양한 수단을 동원한다. 또 과점기업들은 담합을 통하여 공동행동을 취하거나 반대로 상대방을 도태시키기 위하여 경쟁적 가격인하와 엄청난 광고공세 등 격렬한 경쟁을 벌이기도 한다.

진입장벽 신규진입을 저해하는 요인은 여러 가지다. 완전경쟁시장도 시장균형가격에서 항상 손실을 입는 열등 기업들은 진입할 수 없고 진입했더라도 퇴출당한다. 이처럼 열등 기술의 진입을 막는 진입장벽은 국가적 자원 낭비를 막기 때문에 바람직하다. 그러나 기술적으로 우수한 기업의 진입을 전략적으로 막는 사태도 가능하다. 이 사례는 아래에서 심층 검토할 것이다. 미시경제학에서 **진입장벽**(barriers to entry)은 기술적으로 우수한 기업의 시장진입을 봉쇄하는 요인을 총괄하는 용어로 사용된다.

어느 상품시장에 진입장벽이 존재하면 이 상품의 공급은 기존기업들의 몫이고 시장진입에 실패한 외부 우수기업들은 배제 당한다. 외부 라이벌의 위협을 배제한 기존기업들은 이미 확보한 시장에서 진입장벽을 더욱 강화하면서 최대한의 독과점 이윤을 추구하는 데 주력한다. 기존기업들의 상표가 명성을 획득하게 되면 신규기업의 진입은 더욱 어렵게 된다. 상표의 명성은 제품의 우수한 품질에서도 나오지만, 선전, 광고 등 홍보활동으로도 강화된다.

진입장벽은 여러 형태로 구축되는데 그 중 중요한 것은 의도적 제품분화, 절대비용우위 및 규모의 경제 등 세 가지다.

1) **제품분화(product differentiation)** 기업이 자신의 제품을 다른 기업제품으로부터 분화하기 시작하면 자사 제품의 우수성을 홍보하는 선전, 광고 및 판매촉진 등은 필수사항이다. 그런데 그 결과로 몇 개 기업의 상표가 시장을 장악해버리면 외부 신규기업은 고객 확보에 실패하기 때문에 시장진입기회가 봉쇄당한다.

2) **절대비용우위(absolute cost advantage)** 신규진입은 초기 설비투자와 기업소개 홍보 등 진입비용을 부담해야 하지만 기존기업에게는 그런 부담이 없다. 비용이 근소하다면 문제가 되지 않으나, 신규기업이 감당하기 어려울 만큼 과다하다면 기존기업은 비용 면에서 진입기업보다 유리한데 이것을 **절대비용우위**라고 한다. 신규기업이 진입비용을 감당하지 못할 정도로 절대비용우위가 크면 신규진입은 봉쇄당한다. 발명특허가 좋은 예다. 특허권을 사든가 적어도 라이센스를 받아야 시장에 진입할 수 있는 경우 그 매입 금액이나 로열티가 너무 높다면 특허권자의 절대비용우위는 효과적 진입장벽으로 작동한다.

   필수 생산요소의 독점 또한 절대비용우위를 낳는다. 알루미늄 제련업체인 알코아(ALCOA)는 미국 내 알루미늄 원광인 보옥사이트광산의 거의 전부를 소유하고 있었다. 알코아는 다른 제련업체에게 보옥사이트 가격을 무척 높게 책정함으로써 알루미늄제련업계에 대한 신규진입을 완벽하게 봉쇄할 수 있었다. 신규기업이 감당하지 못하는 보옥사이트 구입비용이 알코아의 절대비용우위를 조성하여 진입장벽을 구축한 것이다.

   정부의 각종 인허가제도 또한 진입장벽을 형성하는 요인이다. 특히 과거 우리나라와 같이 전략산업을 선별적으로 보호육성한 경제개발정책은 매우 효과적인 진입장벽을 형성하였다. 특정 산업을 단기간 내에 성장시키기 위하여 이 산업에 종사하는 기업은 외자, 선진기술 및 은행대출 등의 지원과 세금 감면의 특혜를 받았다. 이들 기업은 급속히 성장하는 가운데 자본과 기술을 보급받지 못한 다른 산업의 기업들은 개발사업에 진입할 기회를 봉쇄당하였다. 만약 뇌물을 썼다면 지원을 받았을 터인데 필요한 뇌물 액수가 너무 컸거나 반대로 정부가 부패하지 않아서 신규진입이 어려웠다면 이 또한 절대비용우위에 의한 진입장벽이라고 할 수 있다.

3) 규모의 경제(increasing returns of scale) 현재 '규모의 경제'가 나타나는 시장에서 기업은 이미 가격수용자로서 행동하지 않는다. 모든 기업의 생산기술이 우열 없이 동일하더라도 '규모의 경제'는 신규진입에 큰 위험을 부담시킨다. 진입기업과 기존기업은 기술적으로 대등한 상태에서 서로 격렬한 시장쟁탈전을 벌여야 하는데 결국 양자 모두 공멸할 가능성이 높다. 이 위험이 신규진입을 막는 진입장벽으로 작동한다.

불완전경쟁의 시장조직 불완전경쟁 시장조직은 대체로 **독점**(monopoly), **과점**(oligopoly) 및 **독점적 경쟁**(monopolistic competition) 등 세 가지로 분류된다. 독점은 단일기업, 그리고 과점은 소수의 기업이 공급을 전담하는 시장조직으로서 진입장벽이 존재한다는 점이 특징이다. 독점적 경쟁은 다수의 기업이 공급에 참여하고는 있으나 각자 분화된 상품을 생산 공급하는 시장조직이다. 신규진입의 기회는 열려있지만 분화된 상품에 대한 선전, 광고 등의 비가격경쟁이 벌어진다.

완전경쟁과 비교할 때 불완전경쟁은 기업별 공급량이 그 기업제품의 가격을 달리 결정한다는 점에서 다르다. 독과점 시장에서는 한 기업의 공급량 조절이 시장수요곡선을 따라서 가격의 변화를 초래한다. 수많은 기업이 생산 공급하는 독점적 경쟁도 제품분화가 개별기업 제품의 수요곡선을 각각 완만하게나마 우하향하게 만든다. 그러므로 불완전경쟁 시장에서 기업의 핵심 관심사는 시장가격의 수용이 아니라 자기제품의 가격을 스스로 책정하는 일이다.

가격 책정의 불완전경쟁은 가격 수용의 완전경쟁보다 기업에게 더 많은 자유를 준다. 그러므로 불완전경쟁 시장의 기업들은 한편으로는 자신에게 최대이윤을 주는 가격을 책정하는 데 몰두하면서 다른 한편으로는 이 유리한 입장을 계속 유지하고 강화하기 위하여 선전 및 광고활동을 전개한다.

제2절 독점

독점의 배경과 독점행위 생산기술이 '규모의 경제'적 특성을 보이면 이 특성이 진입장벽으로 되어 자연독점이 조성될 가능성이 커진다. 자연독점이 아니더라도 진입장벽이 완벽하면 시장은 독점화된다. 독점기업이 보유한 특허권이나 생산기술 상의 비법 등은 효과적인 진입장벽의 수단으로서 기업의 독점적 지위를 강화한다.

일단 독점적 위치를 확보한 기업의 행동은 두 가지 방향으로 전개된다. 첫째, 자신이 공급하는 상품에 대한 시장수요곡선을 파악하고 자신의 이윤을 최대화하도록 독점가격을 책정한다. 둘째 시장수요의 확대를 도모하고 나아가서는 신규기업의 진입을 봉쇄함으로써 자신의 독점적 위치를 계속 유지 강화한다. 얼핏 독점기업의 경쟁이라는 표현은 말이 안 되는 것 같지만 사실은 독점기업도 시장진입을 노리는 외부의 잠재적 진입기업들과 끊임없이 경쟁하고 있다.

독점기업의 가격 책정 독점기업은 과거 판매실적으로부터 자신이 공급하는 상품에 대한 시장수요곡선을 도출한다. 이 시장수요곡선을 제대로 파악해야 독점기업은 최대의 독점이윤을 얻도록 가격을 책정할 수가 있다. 독점 상품에 대체재 또는 보완재가 많다면 이들의 가격변화는 독점 상품의 수요를 교란함으로써 그 수요곡선을 파악하기 어렵게 만들 것이다. 그러나 우리는 독점기업이 자신이 공급하는 상품에 대한 시장수요 곡선을 잘 파악하고 있다고 가정한다.

최대이윤을 추구하는 기업은 현재의 판매량에서 받아낼 수 있는 가격 가운데 최고의 가격을 받아낼 것이다. 이 최고가격은 각 생산량에서 수요곡선의 높이와 같다. 즉 생산량 Q에서 수요곡선의 높이 $P(Q)$는 생산량 Q를 공급하는 기업이 받아낼 수 있는 최고가격이다. 독점기업이 선택하는 공급량 Q_M은 최대화문제

$$\max_Q \; P(Q)Q - C(Q) \tag{10-1}$$

의 해로 볼 수 있다. 최대화의 1계조건은

$$P(Q_M) + \frac{\partial P(Q_M)}{\partial Q} Q_M - \frac{\partial C(Q_M)}{\partial Q} = 0 \tag{10-2}$$

로 나타난다. 여기에서 $P(Q_M) + \frac{\partial P(Q_M)}{\partial Q} Q_M$ 은 산출 Q_M 을 공급할 때의 한계수입 $MR(Q_M)$ 이므로 이 조건은 이미 잘 알고 있는 이윤최대화 산출의 조건

$$MR(Q_M) = MC(Q_M) \tag{10-3}$$

으로 귀결된다. 최대화의 2계조건은

$$\frac{\partial MR(Q_M)}{\partial Q} - \frac{\partial MC(Q_M)}{\partial Q} \leq 0 \tag{10-4}$$

이다. 이 조건은 MR곡선의 기울기가 MC곡선의 기울기보다 더 작을 것을 요구한다. 그러므로 독점기업의 산출 Q_M 은 조건

$$MR(Q_M) = MC(Q_M), \quad \frac{\partial MR(Q_M)}{\partial Q} \leq \frac{\partial MC(Q_M)}{\partial Q} \tag{10-5}$$

을 충족한다. 즉 독점기업이 최대의 독점이윤을 얻으면서 생산 공급하는 산출 Q_M 에서는 한계수입과 한계비용이 서로 일치하고 이 산출 Q_M 의 근방에서 한계비용곡선은 한계수입곡선보다 더 큰 기울기를 가진다. 〈그림 10-1〉은 이 결과를 보여준다.

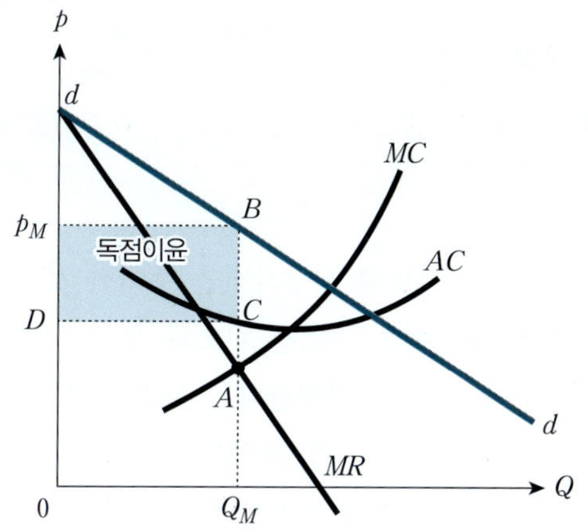

〈그림 10-1〉 독점가격의 책정

독점공급량 Q_M 에서 $MR = MC$가 성립하고 독점가격은 $P_M = P(Q_M)$으로 결정된다. 그리고 사각형 P_MBCD의 면적은 독점이윤의 크기를 나타낸다. 식 (10-5)는 독점 산출 Q_M 보다 적은 산출에서는 한계수입이 한계비용보다 높다가 산출이 Q_M을 초과하면 거꾸로 한계비용이 한계수입보다 커짐을 의미한다. 즉 Q_M 보다 적은 산출에서는 한 단위 더 공급할 때 추가로 벌어들이는 수입(MR)이 추가 지출 비용(MC)보다 더 크므로 산출 증가는 이윤을 증대시킨다. 반면에 Q_M 보다 더 큰 산출에서는 산출을 줄임으로써 절감되는 비용(MC)이 이로 인하여 감소하는 수입(MR)을 능가하기 때문에 산출 감소가 이윤을 증대시킨다. 결론적으로 독점이윤을 최대화하는 산출 Q_M 에서 한계수입과 한계비용은 일치하며 그 근방에서 한계비용곡선은 한계수입곡선을 아래에서 위로 꿰뚫는 형태로 교차한다.

식 (10-5)는 산출 Q_M 에서 독점이윤이 최대로 된다는 사실을 의미하지만 그렇다고 해서 이윤이 항상 양(+)의 수준임을 보장하는 것은 아니다. 이윤이 양(+)의 수준으로 결정되려면 산출 Q_M 에서 $P(Q_M) > AC(Q_M)$ 이어야 한다. 만약 $P(Q_M) < AC(Q_M)$ 이면 식 (10-5)의 이윤최대화 조건은 산출량 Q_M 에서 손실이 최소로 됨을 의미한다. 그러므로 독점기업이 산출 Q_M을 생산 공급하고 있다면 독점 산출 Q_M 에서 식 (10-5)의 관계는 물론이고 $P(Q_M) \geq AC(Q_M)$의 관계도 성립해야 할 것이다.[1] 이상의 논의를 요약한 것이 [결과 10-1]이다.

1) 이 조건은 장기에 대한 것이다. 단기에서는 $P(Q_M) < AC(Q_M)$ 이더라도 $P(Q_M) \geq SAVC(Q_M)$ 이면 생산을 계속할 수도 있다. 제9장 제2절 단기공급곡선에 대한 논의를 참조하라.

[결과 1] 독점기업은 $MR(Q_M) = MC(Q_M)$, $\frac{\partial MR(Q_M)}{\partial Q} \le \frac{\partial MC(Q_M)}{\partial Q}$ 및 $P(Q_M) \ge AC(Q_M)$의 관계를 충족하는 산출 Q_M을 생산 공급하여 독점가격 $P_M = P(Q_M)$를 책정한다.

독점기업은 가격수용자가 아니므로 시장가격을 주어진 것으로 보고 생산량을 결정하는 것이 아니라 시장수요곡선을 주어진 것으로 보고 이에 따라 독점이윤을 최대로 보장하는 독점가격과 산출량을 결정한다. 그러므로 독점기업에게는 가격과 공급량의 관계인 공급곡선이 아예 없다. 즉 독점기업은 가격별 공급량을 결정하는 것이 아니고 각 수요곡선별로 독점가격을 결정한다.

지금까지의 분석은 독점기업이 공급량을 먼저 결정하고 독점가격은 그 결과로 결정된다고 설정한다. 수요곡선이 우하향하는 한 가격과 공급량 가운데 어느 것을 먼저 결정하더라도 결과는 같다. 다만 '공급량 먼저' 결정의 분석과정은 간명하지만 '독점가격 책정 먼저'로 설정하면 좀 지저분해진다. 이 경우 실제 독점기업은 독점가격을 먼저 책정하고 그에 따라서 산출을 결정하더라도 독점이윤 최대화를 분석하는 경제학자는 공급량을 먼저 결정한다고 설정하는 것이 본질은 왜곡하지 않으면서 더 편리하다.

예제 10-1

제7장에서 우리는 한계수입 $MR(Q)$가 '수요의 가격탄력성' ϵ의 함수로서

$$MR(Q) = P(Q)\left[1 - \frac{1}{\epsilon}\right]$$

으로 표현될 수 있음을 보았다. 그러므로 식 (10-3)은 독점 산출 Q_M에서

$$MR(Q_M) = P(Q_M)\left[1 - \frac{1}{\epsilon}\right] = MC(Q_M)$$

임을 뜻한다. 한계비용 $MC(Q)$의 값은 양(+)이므로 독점산출 Q_M에서는 $P(Q_M)\left[1 - \frac{1}{\epsilon}\right] > 0$, 즉 $\epsilon > 1$의 관계가 성립해야 한다. 다시 말하면 독점기업이 공급하는 산출량 주위에서는 시장수요가 항상 탄력적($\epsilon > 1$)이다.

예제 10-2

제9장에서 우리는 경쟁기업에 이윤세 또는 정액세를 부과하면 기업의 생산행위에는 영향을 주지 않으나 판매세를 부과하면 공급량을 감소시킴을 고찰한 바 있다([예제 9-1] 참조). 독점기업에 대하여 '이윤 1원당 t원($0 < t < 1$)의 이윤세' 또는 'T원의 정액세'를 부과 한다면 독점기업이 산출 Q를 생산할 때 얻는 '납세 후 이윤'의 크기는 각각 $(1-t)(P(Q)Q-C(Q))$ 및 $P(Q)Q-C(Q)-T$로 결정된다. 세전 이윤 $P(Q)Q-C(Q)$를 최대로 하는 산출은 각 경우의 세후 이윤도 최대화하며 그 역도 성립한다. 그러므로 이윤세 및 정액세는 독점기업의 활동에도 영향을 끼치지 않는다.

그러나 판매 상품 1단위에 대하여 $sP(Q)$원($0 < s < 1$)의 판매세를 부과한다면 기업의 세후 이윤은 $(1-s)P(Q)Q-C(Q)$로 결정되기 때문에 독점기업은 수요곡선이 아래쪽으로 이동한 것처럼 느끼게 된다. 〈그림 10-2〉의 곡선 dd 및 MR은 원래의 시장수요곡선 및 한계수입곡선이다. 판매세를 부과하면 독점기업이 느끼는 수요곡선은 하방으로 이동하여 곡선 $d'd'$로 되는데 이 수요곡선 $d'd'$의 한계수입곡선이 MR'이다.

곡선 MR'의 방정식은

$$MR'(Q) = \frac{\partial}{\partial Q}(1-s)P(Q)Q = (1-s)\left[P(Q) + \frac{\partial P(Q)}{\partial Q}Q\right] = (1-s)MR(Q)$$

로 결정되므로 새로운 한계비용 곡선 MR' 역시 원래의 한계비용곡선 MR의 아래쪽에 위치할 것이다. 그리고 세후 이윤 최대화의 1계조건과 2계조건을 수학적으로 분석하면 판매세 s를 인상할 때 독점기업의 공급량이 감소함을 보일 수가 있다.

여기에서는 간단한 예로 이 문제를 확인하기로 한다. 시장수요가 방정식 $P(Q) = 10-Q$로 주어지고 독점기업의 비용함수는 $C(Q) = 2Q$라고 하자. 그러면 $MR(Q) = \frac{d[(10-Q)Q]}{dQ} = 10-2Q$ 및 $MC(Q) = 2$이므로 $MR(Q_M) = 10-2Q_M = 2 = MC(Q_M)$으로부터 $Q_M = 4$를 얻는다.

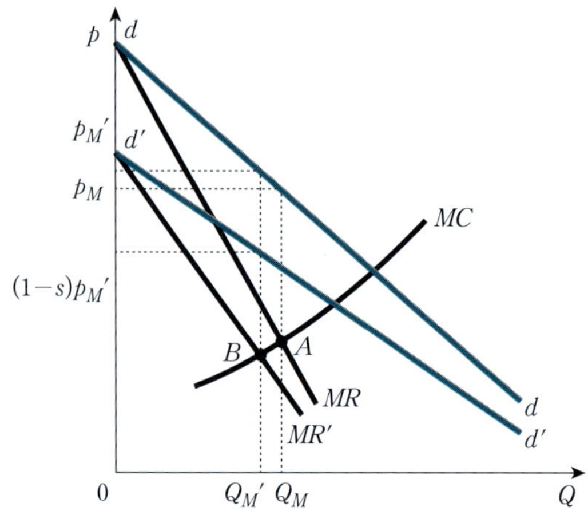

〈그림 10-2〉 판매세의 부과

판매세 $sP(Q)$원을 부과하면 기업이 느끼는 수요와 한계수입은 각각 〈그림 10-3〉의 파란 점선과 실선으로 결정된다. $MR'(Q)=(1-s)MR(Q)$이므로 세후 이윤 최대화의 산출 Q_S에서

$$MR'(Q_S)=(1-s)(10-2Q_S)=2=MC(Q_S)$$

가 성립한다. 이 방정식을 풀면 $Q_S=5-\frac{1}{1-s}$를 얻는다. 판매세율 s가 1보다 작으므로 세후 공급량 Q_S는 $4(=Q_M)$보다 더 적다. 그리고 s가 1을 향해 증가하면 더욱 적어진다. 즉 판매세율 s를 인상하면 독점공급량은 감소하고 소비자 가격 $P(Q_S)$는 오른다. 독점기업에 대한 판매세 부과는 독점이윤을 감소시킬 수는 있으나 이 성과는 공급을 줄여서 소비자 가격의 인상을 거쳐야 얻는다. 결론적으로 어떤 조세를 부과하더라도 이로써는 독점기업이 가격을 낮추고 공급량을 증가시키도록 유도할 수 없다.

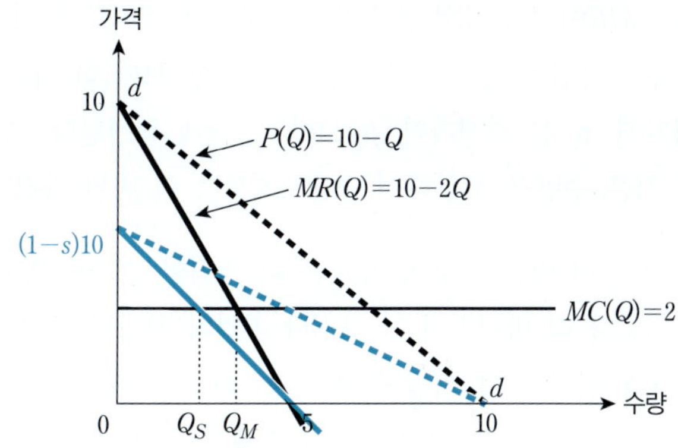

〈그림 10-3〉 풀이의 예

독점의 비효율 단일 기업이 공급을 독점하더라도 이 기업이 가격수용자로서 행동한다면 그 시장성과는 완전경쟁의 경우와 같다. 〈그림 10-4〉에서 독점기업의 평균비용곡선 AC의 위쪽에 나타나는 한계비용곡선 $c-E-MC$는 독점기업이 가격수용자로서 행동할 가상적인 경우의 공급곡선이다. 이 경우 경쟁가격은 수요곡선 dd'와 한계비용곡선 MC가 교차하는 점 E의 가격 p_E로 결정되며 이 가격에서 생산 공급되는 산출은 Q_E다.

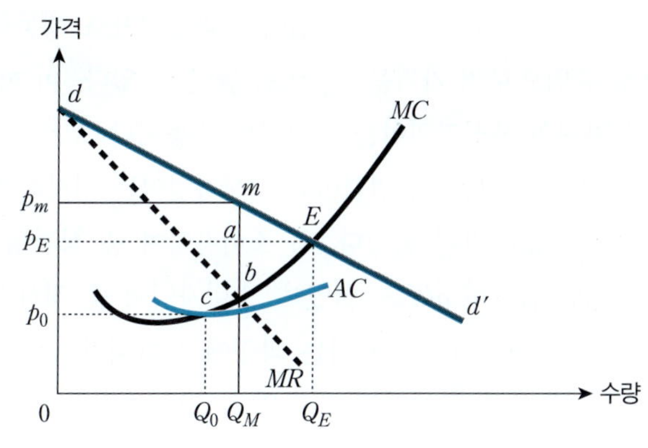

〈그림 10-4〉 독점과 완전경쟁

그러나 독점기업이 가격설정자로서 독점가격 책정에 나서면 한계수입곡선 MR과 한계비용곡선 MC가 교차하는 점 b의 산출 Q_M을 공급하여 독점가격 p_m을 책정한다. 한계수입곡선 MR이 수요곡선 dd'의 아래쪽에 위치하고 한계비용곡선 MC가 우상향하는 한[2] 독점 공급량 Q_M은 경쟁적 공급량 Q_E보다 더 적은 수준으로 결정되고 따라서 독점가격 p_m은 경쟁가격 p_E보다 더 높게 책정된다. 즉 독점기업은 경쟁적 산출보다 더 적은 수량을 생산하여 경쟁가격보다 더 비싼 가격으로 공급한다.

소비자 측에서 보면 더 많은 수량의 상품을 더 저렴한 염가로 공급하는 완전경쟁의 시장성과가 독점보다 더 바람직하다. 그러나 기업의 처지로는 더 높은 이윤을 얻을 수 있는 독점가격 책정이 더 바람직하다. 그렇다면 사회적으로는 어느 것이 더 바람직할까? 소비자잉여와 생산자잉여를 합친 경제적 잉여는 독점의 비효율성을 설명하는 데 매우 유용하다.

완전경쟁일 때 소비자잉여는 삼각형 p_EEd의 면적이고 생산자잉여는 사다리꼴 비슷한 도형 p_EEcp_0의 면적이다. 따라서 완전경쟁의 경제적 잉여는 이 둘을 합한 도형 p_0cEd의 면적으로 결정된다. 반면에 독점일 때 소비자잉여는 삼각형 p_mmd의 면적이고 생산자잉여는 도형 p_mmbcp_0의 면적이므로 독점의 경제적 잉여는 도형 p_0cbmd의 면적으로 결정된다. 그림이 분명히 보여주듯이 독점의 경제적 잉여는 완전경쟁의 그것보다 삼각형 mEb의 면적만큼 더 작다. 즉 독점은 비효율적이다. 이 비효율성을 분석한 경제학자의 이름을 따서 삼각형 mEb를 **하버거 삼각형**(Harberger triangle)이라고 부른다.

이제 이 분석결과를 음미해보자. 독점기업이 가격설정자로 행동하기로 마음먹으면 산출을 Q_M으로 줄임으로써 가격을 p_m으로 높일 수 있다. 이 행동은 결국 소비자잉여를 빼앗아서 자신의 생산자잉여를 늘리려는 행동이다. 그런데 그 결과 줄어든 소비자잉여는 사다리꼴 p_mmEp_E의 면적이고 생산자잉여는 직사각형 p_mmap_E만큼 늘었지만 동시에 삼각형 abE만큼 줄었다. 즉 소비자잉여 중 삼각형 amE는 소실되고 원래 생산자잉여이던 삼각형 abE도 잃었다. 소비자잉여 중 직사각형 p_mmap_E만큼을 가격인상을 통해 생산자잉여로 챙기는 과정에서 하버거 삼각형만큼의 잉여를 유실 당하는데 이 유실분은 누구에게도 가지 않고 그냥 소멸한다.

그림에서 소비자의 손실 중 직사각형 p_mmap_E는 생산자의 이익으로 돌아갔지만 하버거삼각형만큼의 손실은 누구의 이익으로도 귀속되지 않은 채 그냥 사라져버렸

2) 여기서는 독점과 완전경쟁을 비교하고 있으므로 완전경쟁적 시장가격이 형성되지 못하는 '규모의 경제'의 경우는 배제한다.

다. 이처럼 어느 누구의 것으로도 귀착되지 않은 채 사장되어 버리는 손실을 **사장손실**(dead–weight loss)이라고 한다. 독점이 빚는 손실인 하버거 삼각형은 대표적 사장손실이다.

독점의 동태적 측면 앞항의 정태적 분석은 독점이 하버거삼각형의 사장손실을 피하지 못하므로 비효율적이라고 말한다. 그런데 이 분석만으로 정부가 모든 독점을 규제하여 가격을 낮추고 산출을 늘려야 한다고 결론내릴 수는 없다. 수많은 현실 독점은 산업 발생과 소멸의 역동적 과정에서 으레 나타나는 시장조직이기 때문이다.

이제 어느 기업이 지금까지 없었던 신상품을 개발하였다고 하자. 그런데 이 상품을 처음 접하는 시장수요가 신통치 않아서 〈그림 10–5〉의 상황이 펼쳐졌다고 하자. 이 경우 독점가격과 산출은 각각 p^*와 Q^*로 결정되고 독점이윤은 0이다. 만약 정부가 독점가격이므로 낮추겠다고 나선다면 이 기업은 생산을 접을 수밖에 없고 실제 접으면 소비자잉여 Dap^*도 소멸한다. 그리고 시간이 흐르면 이 상품에 대한 수요가 확대되고 나아가서 대히트 상품이 되는 대박의 기회도 사라진다.

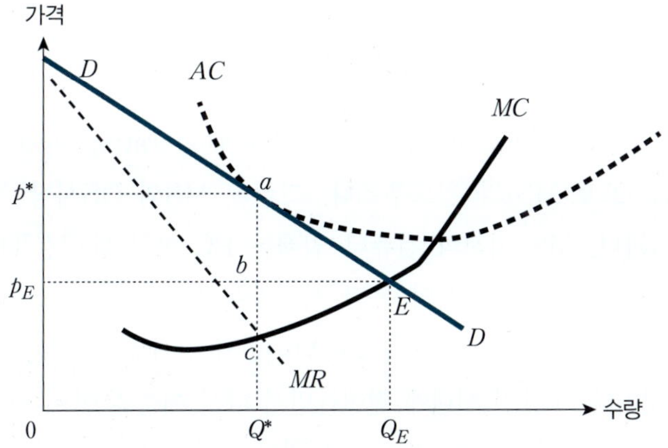

〈그림 10–5〉 신상품의 독점 공급

〈그림 10–5〉의 상황에서도 하버거삼각형의 후생 손실은 존재한다. 만약 이 기업이 가격 p_E에서 산출 Q_E를 생산 공급한다면 소비자잉여는 삼각형 p_EED다. 기업의 판매수입은 $p_E \times Q_E$이고 생산비용은 $p^* \times Q^*$(즉 사각형 Q^*dp^*O)에 사다리꼴 Q^*Q_EEC의 면적을 더한 것이다. 그러므로 생산자잉여는 삼각형 bcE에서 사각형

p^*abp_E 의 면적을 뺀 것으로 물론 음수(−)다. 여기에 소비자잉여를 더하면 경제적 잉여는 두 삼각형 Dap^* 와 acE를 합친 크기로 결정되는데 이 크기는 정확히 독점 공급시의 소비자잉여에 하버거삼각형을 더한 것이다. 즉 기업이 Q_E 를 생산하여 가격 p_E 에 판매하는 경우와 비교하면 독점이 하버거삼각형만큼의 후생손실을 불러오는 것은 명백하다.

그러나 기업으로서는 스스로 손실을 입으면서까지 가격 p_E 에서 산출 Q_E 를 생산 공급해야 할 까닭이 없다. 누군가 기업 손실을 보전해주면서 그렇게 하도록 유도해야 옳지만, 현실적으로 합당한 방안이 없고 보전방안을 마련하더라도 그 재원을 소비자들에게 분담시키는 등 시행과정에 적지 않은 비용이 발생한다. 그러므로 현실적으로는 독점가격 p^* 의 책정을 허용하는 것이 오히려 경제적일 수 있다. 섣부른 가격규제로 위대한 혁신의 시작일지도 모르는 싹을 자른다면 그 손실은 너무도 크다.

〈그림 10-5〉의 상황은 새로운 혁신의 출발뿐만 아니라 쇠퇴하는 사양산업에도 적용된다. 다른 기업들이 모두 퇴출되고 마지막 남은 기업이 조업하는 모습일 수도 있다. 만약 수요가 더 위축된다면 이 마지막 기업도 퇴출당할 것이다. 그러나 그 때까지는 마지막 기업이 계속 조업하면서 소비자들이 삼각형 p_EED 의 소비자잉여를 계속 누리도록 놓아두는 것이 사회적으로도 더 좋다. 이처럼 단순하게 하버거삼각형의 손실만으로 독점을 규제하기는 어렵다.

개인컴퓨터(personal computers, PC) 운영체계(operating system, OS)의 왕자는 마이크로소프트(MS)의 윈도우즈다. 그런데 MS의 OS시장 독점은 소비자들이 선택한 결과다. MS 이전의 컴퓨터 업계는 PC 아닌 대형컴퓨터(mainframe computers)가 주도하였는데 당시의 독점 사업자는 IBM이었다. 소비자들이 PC를 선호하고 운영체계로 애플보다 윈도우즈를 택하면서 전산업계의 주도권이 IBM에서 MS로 넘어간 것이다. 모바일 시대에 접어들면서 다시 애플의 아이폰OS가 안드로이드와 함께 부상하는 중이라 미래 OS의 주도권이 어떻게 될지는 아무도 모른다.

이 과정에서 나타난 IBM과 MS의 독점은 산업주기의 초기와 말기에 나타나는 현상이 아니라 관련 사업이 한창 호황을 보일 때 군림하는 독점이다. 그러므로 하버거삼각형이 빚는 손실은 막대하고 따라서 정부가 적절한 가격규제 등을 시행해야 한다고 보는 의견이 만만치 않다. 실제로 시장에서 여러 사업자들이 함께 생산에 참여하고 있어야 시장경쟁이 진행된다고 보는 유럽연합(EU)은 이 견해를 따른다.

그런데 핵심 OS의 개발에는 천문학적 비용을 들여야 하므로 이것을 회수하고도 남을 돈을 벌 기회가 보장되지 않으면 신 개발투자는 위축되기 쉽다. 그리고 과거 IBM이 독점하고 있을 때 시장 외곽에서 MS가 본격적 생산에는 참여하지 않았지만, IBM을 몰아낼 OS개발에 전념하고 있었다. 즉 외형상 IBM의 독점이지만 IBM과 MS–애플 간의 경쟁은 이미 진행 중이었다고 볼 수 있다. 진입장벽만 없다면 현재의 공급독점도 사실은 잠재적 진입기업과 경쟁 중이라고 보는 미국은 IBM–MS로 이어지는 독점을 규제대상으로 보지 않는다. 다만 불법적 수단을 동원하여 각종 진입장벽을 악용하면서 독점적 지위를 확보하고 유지하는 행위는 규제한다. 그러나 정상적 영업활동으로 소비자들의 호응을 이끌어 구축한 독점은 혁신투자의 위험을 줄여주기 위해서라도 그대로 방임한다는 자세다.

다공장독점 독점기업이 각각 비용구조가 다른 여러 개의 공장을 가동하여 독점상품을 생산 공급한다면 독점기업은 독점가격 및 생산량 결정에 더하여 생산량의 공장별 배정까지 결정해야 한다. 단순하게 공장 1과 2가 각각 산출 Q_1과 Q_2를 생산하는데 들이는 비용이 $C_1(Q_1)$과 $C_2(Q_2)$라고 하고 이 문제를 살펴보자.

시장수요곡선으로부터 한계수입곡선 $MR(Q)$는 앞서와 같이 얻는다. 그러므로 기업 전체의 한계비용곡선 $MC(Q)$만 얻으면 표준적 독점가격 책정 모형이 완성된다. 공장별 한계비용곡선을 각각 $MC_1(Q_1)$과 $MC_2(Q_2)$로 표시하고 이로부터 기업 전체의 한계비용곡선 $MC(Q)$를 도출해보자.

같은 산출 Q라도 이것을 공장별로 어떻게 배정하여 생산하는가에 따라서 생산비용은 달라진다. 공장별 배정량이 각각 Q_1과 Q_2일 때 공장 1의 생산량을 한 단위 줄이고 그 대신 공장 2의 생산량을 한 단위 늘리면 총생산량은 변함없이 Q다. 그런데 이 배정량 조정으로 생산비용은 $MC_2(Q_2)$만큼 늘고 $MC_1(Q_1)$만큼 준다. 만약 $MC_1(Q_1) > MC_2(Q_2)$라면 이 조정은 산출 Q의 생산비용을 줄인다. 반대로 $MC_1(Q_1) < MC_2(Q_2)$라면 공장 2의 배정량을 줄이고 그만큼 공장 1에 추가 배정함으로써 기업 차원의 생산비용을 줄인다. 그러므로 산출 Q가 기업의 생산비용을 최소화하도록 공장별로 배정되었다면 등식

$$MC_1(Q_1) = MC_2(Q_2) \tag{10-6}$$

가 성립한다.[3)]

등식 (10−6)을 이용하면 기업 전체의 한계비용곡선을 쉽게 도출할 수 있다. 〈그림 10−6〉의 MC_1과 MC_2는 각각 공장 1과 2의 한계비용곡선이다. 곡선 MC는 두 곡선 MC_1과 MC_2를 수평적으로 합친 것이다. 임의의 산출 Q의 MC 값 MC_1를 높이로 가지는 수평선을 그려서 MC_1 및 MC_2 곡선과 만나는 점의 산출을 각각 Q_1과 Q_2라고 하면 식 (10−6)의 $MC_1(Q_1) = MC_2(Q_2)$의 관계가 성립하고 MC곡선의 정의에 따라서 $Q = Q_1 + Q_2$의 관계도 성립한다. 즉 산출 Q를 공장 1과 2에 각각 Q_1과 Q_2로 배정하면 공장별 한계비용은 같고 따라서 기업의 생산비용은 최소화된다. 그리고 기업이 산출을 한 단위 더 생산하려면 두 공장을 어떤 배합 비율로든 가동해야 하는데 그때 소요되는 한계비용 $MC_1(Q_1) = MC_2(Q_2)$이 바로 기업 전체의 한계비용 $MC(Q)$이다. 그러므로 공장을 두 개 가동하는 독점기업은

$$MR(Q^*) = MC(Q^*) = MC_1(Q_1^*) = MC_2(Q_2^*)$$

를 충족하는 산출 Q^*를 선택하여 그 생산을 두 공장에 각각 Q_1^*와 Q_2^*씩 배정한다.

독점기업이 n개의 공장을 보유하는 경우도 각 공장의 한계비용곡선을 수평적으로 합하여 기업 전체의 한계비용곡선을 얻는 것은 마찬가지다.

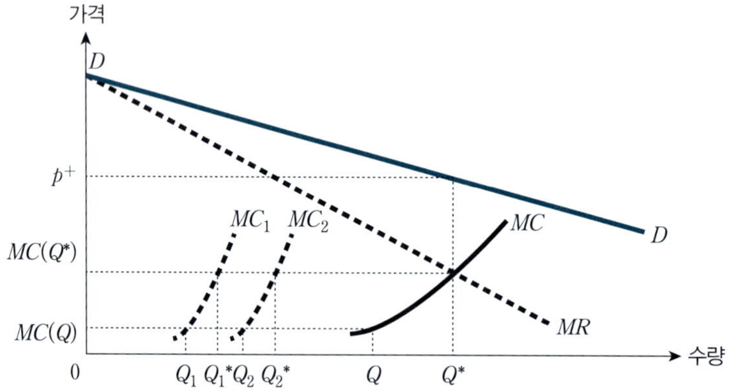

〈그림 10−6〉 다공장기업의 독점가격 책정

3) 이 결과는 최소화문제 $\min_{Q_1}\ c_1(Q_1) + c_2(Q - Q_1)$의 1계조건이다.

독점의 가격차별 독점기업은 같은 생산제품이라도 지역별 또는 고객별로 시장을 분리할 수 있다면 분리된 시장별로 각각 다른 가격을 책정하기도 한다. 애플이 아이폰의 가격을 나라별로 다르게 책정하는 것이 한 예다. 수요곡선은 시장별로 다르므로 각 시장의 한계수입곡선도 서로 다르다. 독점 산출 결정의 분석틀은 한계수입과 한계비용이 같다는 조건인데 이 경우에는 시장별 한계수입은 알지만 기업 전체의 한계수입은 모른다. 즉 다시장 독점은 정확하게 다공장 독점과 대칭되는 상황이라고 할 수 있다.

이제 분리된 시장이 두 개인 경우를 두고 독점적 차별가격의 특성을 살펴보자. 판매시장 1과 2의 한계수입곡선이 각각 $MR_1(Q_1)$과 $MR_2(Q_2)$로 주어져 있다. 산출 Q를 각 시장에 Q_1과 Q_2로 나누어 출하할 때 기업은 최대의 판매수입을 얻도록 출하량을 배정한다. 다공장 독점의 공장별 생산량 배정을 살피던 방식을 그대로 적용하면

$$MR_1(Q_1) = MR_2(Q_2) \tag{10-7}$$

의 조건을 충족하도록 배정할 때 판매수입이 최대화된다. 그리고 이 값은 바로 산출 Q를 생산 판매하는 기업의 한계수입 $MR(Q)$이기도 하다.

〈그림 10-7〉은 각 기업의 한계수입곡선 MR_1과 MR_2를 점선으로, 그리고 이들을 수평적으로 합한 기업의 통합 한계수입곡선 MR을 실선으로 표시한다.[4] 독점기업은 이 한계수입곡선과 한계비용곡선이 만나는 점의 산출 Q^*를 생산하여

$$MR(Q^*) = MR_1(Q_1^*) = MR_2(Q_2^*)$$

조건을 충족하도록 Q_1^*와 Q_2^*로 나누어 각 시장에 출하함으로써 최대의 독점이윤을 얻는다. 이때 시장별 차별가격은 그림의 p_m^1과 p_m^2으로 각각 책정된다. 이처럼 독점기업이 분리된 시장별로 각각 다른 가격을 책정하는 행위를 **가격차별화**(price discrimination)라고 한다.

4) 이 한계수입곡선은 두 시장의 수요곡선을 수평적으로 합친 전체 시장수요곡선에서 도출한 한계수입곡선과는 다르다.

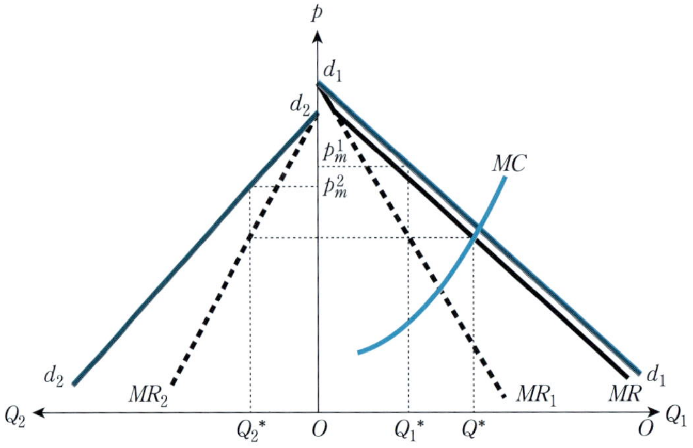

〈그림 10-7〉 가격차별

같은 상품에는 같은 하나의 가격을 책정하던 독점기업이 같은 조건에서 가격차별화를 시작하면 어떻게 될까? 흔히들 종전의 단일 독점가격에 비하여 한 시장의 가격은 낮아지고 다른 한 시장의 가격은 높아질 것으로 생각하기 쉬운데 그렇지 않다. 수요와 비용의 구조에 따라서 두 차별화 가격이 모두 더 높을 수도 있고 낮을 수도 있으며, 한 가격은 더 높고 다른 가격은 더 낮을 수도 있다.[5] 재미있는 경우는 두 차별화 가격이 모두 단일 독점가격보다 더 낮은 경우다. 이 경우 독점기업은 가격차별화를 통하여 지신의 독점이윤을 늘리면서도 소비자들의 후생까지도 늘린다. 그러므로 가격차별화는 금지해야 할 독점행위가 아니다.

독점의 장단점 독점의 폐해는 이것이 비효율적이라는 점 이외에도 여러 가지가 있다. 그 중에서도 많이 거론되는 것은 독점기업이 생산기술의 신규 개발보다는 이미 확보한 시장의 장기적 지배와 확대에 더 주력하기 쉽다는 점이다. 우수한 기술개발 또는 신상품 발명의 연구개발투자는 대체로 투자비는 방대한 데 비해 성공률이 낮고 투자의 회임기간도 길다. 독점 대기업은 위험도 높은 연구개발보다는 오히려 막대한 광고비를 지출하더라도 그 결과가 확실한 시장 확보 및 확대에 주력할 수도 있다. 사실 세계 전자공업을 주름잡던 쏘니가 자신이 지배하고 있던 아날로그 세계에 미련이 커서 디지털 투자를 미루다가 삼성전자에게 덜미를 잡힌 것이 불과 얼마 전이다.

5) B. Nahata 등, *The American Economic Review*

또 독점기업은 이미 대규모의 설비투자를 벌여 놓고 있는데 더 우수한 대체상품 또는 생산기술이 발명되면 큰돈을 투자하여 이미 갖춘 기존 설비를 폐기하는 궁지에 몰릴 수도 있다. 남들만이 아니라 나 스스로의 기술개발도 지금 잘 나가고 있는 내 사업에 방해가 되면 곤란하다. 그러므로 독점기업은 새 기술개발에 소극적일 뿐만 아니라 심지어는 자신의 사업에 위협이 되는 발명 특허를 고가로 매입하여 자신의 기존 시설이 노후화할 때까지 사장시키는 경우도 있다. 필름카메라 시절 필름업계의 왕자 이스트만 코닥은 디지털 카메라 기술을 남 먼저 개발해 놓고서도 필름사업에만 집착하다가 결국 디지털 카메라 물결에 휩쓸려 도산하고 말았다.

이런저런 이유로 시장경제를 채택하고 있는 대부분의 나라에서는 독점시장에 대하여 다양하게 법률적 규제를 가하고 있다. 독점시장에 대한 규제로는 자연독점산업의 규제독점이 대표적이지만 규제독점은 다음 항에서 살필 것이다. 각국은 독점적 시장구조 자체를 제한하는 것으로부터 특정한 불완전경쟁적 행위를 금지하는 조치 등 여러 가지 독점 규제 정책을 시행하고 있다. "산업조직론"은 각종 독과점 규제 문제를 심층적으로 다룬다.

미국의 공정거래법체계를 영어로 Anti-Trust Law라고 하는데 우리말로는 독점금지법, 또는 반독점법이라고 번역되고 있어서 적지 않은 오해를 야기한다. Anti-Trust Law는 독점을 금지하는 법이 아니다. 좀 단순하게 말하자면 기업합병(trust)을 통한 독점화를 금지한다는 법이다. 품질 좋은 제품을 소비자들이 많이 사주기 때문에 자연스럽게 형성된 독점까지 금지하는 것은 아니다. 다만 독점적 지위를 악용하여 진입장벽을 설치하는 등 공정한 경쟁질서를 해치는 각종 불법행위는 엄격하게 금지한다.

기업들이 더 많은 이윤을 창출하는 유일한 방법은 기술개발뿐이다. 자금력이 강한 독점기업이 위험도 높은 기술개발은 외면하고 현재의 시장에만 안주하다 보면 쏘니나 코닥처럼 된다. 중소기업도 스스로 기술개발에 노력하기보다는 정부 보조금에나 기대면 미래가 없다. 독점기업이나 중소기업이나 보호막 뒤에서 시장경쟁에 노출되지 않으면 반드시 망하고 치열한 시장경쟁에 능동적으로 대처할 때 융성한다. 현실의 독점기업은 대기업으로서 중소규모의 군소 경쟁기업과 비교할 때 대규모 연구개발투자에 필요한 자본 조달에서 우세를 보인다. 독점을 구조적으로 금지하기보다는 그 장점은 살리고 폐단은 시정하도록 시장경쟁만 공정하게 관리하면 된다.

자연독점의 규제 지금까지 살펴본 독점은 다른 기업들이 생산노하우를 터득하지 못한 신 혁신 기업, 기울어가는 산업의 마지막 기업에 의한 독점, 그리고 소비자들이 그 기업 제품을 선호하여 구매함으로써 시장수요가 선택 지원하는 독점이었다. 그러나 '규모의 경제'에 의한 자연독점은 다른 기업보다 우위를 점하는 기술력에 의한 독점이 아니라 동등한 기술력임에도 불구하고 '규모의 경제' 그 자체가 기존기업에 유리하게 작용하는 진입장벽이기 때문에 형성되는 독점이다.

'규모의 경제'는 19세기 후반 구미 각국에 철도, 통신, 화학 및 전력산업이 태동하면서 처음 나타난 현상이다. 이들 산업의 공통된 특징은 초기에 대형 설비투자를 시행한 이후에 생산 활동이 전개된다는 점이다. 방대한 고정비용은 매 기간 일정한데 그 기간 중 생산량이 많아질수록 평균고정비용은 낮아진다. 반면에 산출 한 단위 생산에 필요한 가변투입은 총생산량과 무관하게 비슷하므로 평균가변비용은 전 생산량에 걸쳐서 대체로 일정한 수준을 유지한다. 이러한 상황이 어우러지면 생산량이 많아질수록 평균단가가 낮아지는 '규모의 경제'가 나타난다.

물론 '규모의 경제'가 무한정 나타나는 것은 아니다. 설비투자의 규모가 아무리 방대하더라도 그 설비의 생산용량은 결국 유한하므로 생산량이 이 한계에 근접하면 평균비용 곡선도 급격하게 상승하기 마련이다. 예컨대 화학반응 탱크나 화력발전기 등은 용량이 클수록 생산단가가 낮아지지만, 이 '규모의 경제'는 용량 한계 이내에서만 나타난다. 그러므로 시장수요가 개별기기의 용량 한계보다 충분히 큰 시장이라면 이 '규모의 경제'는 시장경쟁으로 관리가능하다. 사실 화학산업은 반응로가 클수록 생산단가가 낮아지지만, 제품에 대한 시장수요가 반응로의 용량을 항상 웃돌기 때문에 생산부문에서 독점의 문제를 야기하지는 않는다.

그런데 철도망, 통신망, 그리고 송전망 등 망설비는 한 지역 전체를 포괄한다. 이 망설비를 먼저 갖추고 영업해야하는 네트워크 산업의 공통된 특징은 네트워크 용량이 항상 현실 시장수요를 능가한다는 점이다. 그러므로 시장수요에 맞는 공급활동 수준에서 '규모의 경제'가 실제로 작동하고 따라서 시장경쟁의 관리 범위를 벗어난다. 즉 '규모의 경제'는 한계비용을 평균비용보다 낮게 유지하므로 가격을 한계비용과 일치시키는 완전경쟁체제로는 해당 산업을 관리할 수 없다.

신규진입이 일어나더라도 진입기업이 시장을 일정 부분 점유하는 데는 시간이 걸린다. 그 기간 중 생산량의 규모는 작을 수밖에 없고 따라서 생산단가는 높을 수밖에 없다. 이에 비해 먼저 진출하여 시장을 차지한 사업자는 이미 대량생산 단계에 들어서 있으므로 생산단가가 그만큼 낮다. 선점 기업이 신규진입기업들을 상대로 하는 가격경쟁에서 절대적으로 유리하다. 그러므로 '규모의 경제'는 매우 유효한 진입장벽으로 기능한다. 다음 절 과점시장 분석에서 보겠지만 '규모의 경제' 산업의 경쟁이 반드시 독점으로 귀결되는 것은 아니지만, 기업 간 과당 경쟁은 공익서비스 공급의 중단 등 공급 불안을 유발할 수도 있다.

공익서비스 산업의 독점은 사회적으로도 허용하는 것이 좋은데 누구나 할 수 있는 사업을 과연 누가 하도록 허용할 것인가? 그런데 경쟁에 맡길 경우 일어날 수 있는 공급 불안 사태도 방치할 수 없다. 특정인에게 사업권을 허용하고 그 기업체가 독점이윤을 얻도록 허용한다면 특혜논란이 끝없이 제기될 것은 불문가지다. 민생에 필수적인 공익서비스에 특혜를 받을 명분도 없는 사업자가 독점가격을 책정하고 큰 돈을 벌도록 방임할 수는 없다.

공익서비스 공급의 산업화가 본격화하면서 이 딜레마의 해결책으로 등장한 것이 **규제독점**(regulated monopoly)체제다. 규제독점체제에서 정부는 사업자를 선정하여 독점사업권을 부여함으로써 해당 시장의 진입과 퇴출을 규제한다. 사업자가 독점 지위를 누리는 대신 공익서비스 요금은 반드시 정부의 인가를 받도록 하고 서비스의 품질도 정부가 책정한 기준을 충족하도록 감독받는다. 나라에 따라서는 규제와 감독을 전담하는 독립적 규제기관을 설립하여 정부의 규제 감독 권한을 행사하도록 위임하기도 한다.

규제독점의 문제 20세기 전반에 걸쳐 자연독점산업에 대하여 시행되어온 규제방안에는 여러 가지가 있었지만 가장 중요한 것은 **수익률규제**(rate of return regulation) 방식의 요금규제다. 요금변경의 필요가 발생했다고 판단하면 규제기관은 직전 해의 비용지출내역을 조사하여 적정비용과 그렇지 못한 비용을 가려낸다. 그 다음에 앞으로 한 해 동안 생산량을 전망하고 이 전망생산량을 생산할 때 적정비용으로 인정받은 항목의 지출이 각각 얼마나 될지를 계산한 다음 이들을 모두 합하여 **요금기저**(rate base)를 확정한다. 즉 요금기저는 전망생산량을 생산할 때 소요될 적정비용을 예측한 값이다. 그 다음 적정수익률을 정하고 이것을 요금기저에 곱하면 예상수익이 되는데 예상수익을 요금기저에 합하면 전망판매수입을 얻는다. 이 전망판매수입을 전망생산량으로 나눈 값을 **요금**(tariff rate)으로 최종 인가한다.

규제독점산업의 사업자에게 적정한 수익을 보장하지 않으면 공익서비스 공급이 교란당할 수 있다. 그렇다고 독점적 지위를 남용하도록 방치하면 소비자들의 피해가 크다. 그러므로 소비자와 사업자의 중간에서 이해관계를 나름대로 절충한 것이 수익률규제라고 말할 수 있다. 수익률과 수익률규제를 달리 각각 **투자보수율**과 **총괄원가보상규제**(cost-plus regulation)라고 부르기도 한다.

사업자는 공익서비스를 생산하여 총괄원가보상 요금으로 판매한다. 애초의 전망이 반드시 그대로 실현되지는 않으므로 적정수익률에 따른 수익을 얻는다는 보장은 물론 원가를 회수한다는 보장도 없다. 그러나 판매요금이 이미 정해진 만큼, 이 요금에서 이익을 남기도록 최선을 다 할 유인은 있다. 그런데 이번 기에 이익을 남기려면 알뜰 경영으로 비용을 줄여야 하는데 그렇게 하면 다음 해 요금기저가 낮게 책정되는 불이익을 받는다. 그러므로 이 불이익을 면하려는 유인이 작동하면 경영이 불필요하게 방만해진다. 이래저래 사업자는 요금기저가 조금이라도 높게 책정되도록 실적과 자료를 왜곡하고 싶다. 이 행태가 누적되면 규제기관이 사업자를 관리하는 것이 아니라 사업자가 규제기관을 포획하여 조종하는 꼴이 될 수도 있다. 결국 한 세기에 걸쳐서 규제독점체제를 운영해온 나라들은 공통적으로 그 한계를 인식하기에 이르렀다.

기본설비원칙과 접속개방 전통적으로 전력, 철도, 그리고 통신 등 공익서비스(public utilities)를 제공하는 산업은 송배전망, 철도망, 그리고 통신망을 활용하는 네트워크(연결망 또는 망) 산업들이다. 네트워크 산업이 '규모의 경제'를 시현하는 까닭은 네트워크 건설에 큰 비용을 지출해야하기 때문이다. 새 진입자마다 각각 자신의 네트워크를 따로 갖추어야 한다면 사회적 낭비가 엄청나다. 만약 이미 건설된 네트워크를 여러 사업자가 공동으로 이용하는 체제를 갖춘다면 네트워크를 이용하는 영업활동은 '규모의 경제'와 무관하므로 공익서비스 공급부문에서 시장경쟁이 작동할 수 있을 것이다. 고속도로 운송 사업이 좋은 예다.

고속도로는 도로공사가 건설과 운용 및 관리를 책임지는 도로공사 보유자산이다. 최근 등장한 민자 고속도로는 민간 사업자가 도로공사의 역할을 대신한다. 고속도로라는 자산의 특징은 그 자산을 보유한 사업자가 나서서 통행료를 지불한 다른 차량의 진입을 거부하지 못한다는 점이다.[6] 이 점에서 고속도로라는 자산은 생산기계나 건물처럼 소유주가 다른 사람들의 사용을 거부할 수 있는 다른 일반 자산들과 다르다.

만약 다른 일반 자산처럼 그 소유주가 다른 사람들의 고속도로 주행을 거부할 수 있다면 아마 육상 화물운송이나 고속버스 운행 등의 사업은 도로공사 독점체제로 바뀔 것이다. 일반 차량의 고속도로 주행을 도로공사가 거부할 수 없도록 해 놓았기 때문에 운송서비스 공급은 고속도로라는 네트워크를 공동 이용하는 여러 운송사업자들의 시장경쟁으로 관리할 수 있게 되었다. 물론 이 조치는 고속도로를 보유한 사업자의 재산권을 특정하게 제한한다는 점에서 논란을 불러일으킬 수 있다.

여러 사업자가 네트워크 설비를 공동이용하게 허용함으로써 중복투자의 낭비를 막자는 발상은 해당 설비를 소유한 사업자의 재산권 행사를 제한하지 않고서는 실현되기 어렵다. 서유럽 등 선진국들은 이 문제를 고민한 끝에 **기본설비원칙**(essential facility doctrine)과 **접속개방**(open access)의 개념을 사회적으로 수용하기에 이르렀다. 접속개방은 외부인이 사용료를 지불하고 특정 자산을 이용하고자 할 때 자산 소유주가 이를 거부하지 못하도록 하는 조치다. 그리고 기본설비원칙은 법으로 정한 기본설비의 소유주에게는 접속개방 조치를 의무화하는 원칙이다.

기본설비는 독점사업자가 보유한 필수설비로서 다른 라이벌 사업자들도 이 설비를 활용해야 시장에 진입할 수 있는 설비를 말한다. 기본설비의 접속개방을 허용하지 않으면 이 설비는 이것을 소유한 독점사업자에 우호적인 막강한 진입장벽이 된다. 예컨대 고속도로에 기본설비원칙을 적용했기 때문에 운송부문의 시장경쟁이 가능해졌다. 최근의 추세를 보면 각국은 통신망, 송배전망, 그리고 철도망 등 네트워크 설비들을 기본설비로 지정하고 개방접속을 의무화하고 있다.

그 결과 과거에는 통신, 전력, 그리고 철도운송사업을 각각 단일 독점사업자가 운영하였지만, 지금은 여러 사업자가 망설비를 공동 이용하면서 공익서비스 공급에 함께 참여하여 경쟁하고 있다. 이렇게 창출된 공익서비스 시장은 정부가 (기본설비원칙이라고 하는) 제도적 바탕을 마련하여 만든 것이기 때문에 특히 **인공시장**(contrived market)이라고도 부른다.

이처럼 시장경쟁이 공익서비스 공급을 관리하는 가운데 망설비 그 자체는 여전히

6) 물론 도로를 파손하는 과적 차량 등에 대한 진입은 제한할 수 있다.

독점사업자의 손에 남아 있다. 만약 망 개방과 운영을 자신에게 유리하고 라이벌에게 불리하도록 행사하면 경쟁질서가 무너지므로 **비차별적 공정접속**(非差別的 公正接續, nondiscriminatory fair access)은 망운영자의 기본의무다. 그러므로 정부는 망 개방과 운영을 엄격하게 관리하는데, 편파성을 원천 봉쇄하기 위하여 망 소유자가 아예 서비스 공급활동에는 참여하지 못하도록 규제하기도 한다.

네트워크 설비는 기본설비의 일종일 뿐이다. 특허권이 보호하는 상품을 생산 공급하는 시장에서는 특허권이 바로 기본설비다. 에이즈(HIV/AIDS) 백신을 개발하고 특허를 취득한 제약회사는 백신 값을 매우 비싸게 책정하는데 이 백신의 수요가 큰 아프리카의 빈곤 국가들은 이 가격을 감당하기 어렵다. 이들은 선진국에서 제조한 백신을 비싼 값을 지불하고 수입하기보다는 특허사용료를 싸게 지불하고 스스로 생산하고 싶어 한다. 그러나 이 특허권이 기본설비원칙의 적용을 받지 않는 한 제약사는 특허 사용을 거부할 수 있다. 제조방법이 비밀이 아닌 이상 개도국 정부는 국내용으로 특허이용에 대한 **강제면허**(强制免許, compulsory licensing)를 발급하지만, 특허 보유 제약사는 당연히 반발한다. 강제면허는 특허권에 기본설비원칙을 적용하는 조치인데 아직 국제적 합의가 이루어지지는 않은 상태다.

제3절 과점

과점시장의 특성 한 상품의 산업공급을 2, 3개 또는 그 이상 소수의 기업이 전담하는 시장조직을 **과점**(寡占, oligopoly)이라고 부른다. 과점시장의 가장 중요한 특징은 개별 과점기업의 행동이 서로 긴밀한 상호 의존성 속에서 펼쳐진다는 사실이다. 상품을 공급하는 기업의 숫자가 소수이므로 개별기업의 공급량이 충족하는 시장수요의 비중은 무시하지 못할 수준이고 따라서 어느 한 기업이라도 현재의 공급량을 늘리거나 줄이면 시장가격은 즉각적인 영향을 받는다. 그러므로 과점기업의 이윤은 그 자신의 생산활동을 일정하게 유지하더라도 다른 기업이 공급량을 어떻게 결정하는가에 따라서 그 크기가 달라진다. 시장가격이 달라지기 때문이다.

과점기업의 가격별 판매량은 다른 라이벌 기업들의 생산량과 가격 책정에 따라서 크게 영향을 받는다. 과점기업들이 공급하는 상품이 **동질적**(homogeneous)이라면 남보다 높은 가격을 책정하는 기업은 일시에 모든 고객을 잃게 될 것이며 낮은 가격을 책정하는 기업은 시장 내의 모든 고객을 끌어들일 것이다. 상품이 **분화**(differentiated)된 경우이면 과점기업이 가격을 좀 높인다고 해서 모든 고객을 잃지는 않겠지만 무시 못 할 수준의 수요 감소를 당할 것이며 가격을 낮추면 시장 내의 모든 고객을 유치하지는 못하더라도 급격한 수요 증대를 겪을 것이다. 따라서 더 많은 이윤을 노리는 과점기업의 행동은 다른 라이벌 기업들의 행동에 긴밀하게 대응하는 가운데 결정된다.

과점기업은 선전광고 활동 등을 통하여 더 우호적인 시장여건을 추구하고 자신의 시장점유율을 더욱 높이려고 한다. 그러나 경쟁기업이 시장가격을, 그리고 독점기업이 시장수요곡선을 주어진 것으로 받아들이고 각각 공급량 또는 공급량 및 가격을 결정하는 것과 마찬가지로 과점기업도 역시 그 나름대로 받아들여야 하는 현재의 시장여건이 있다. 특히 라이벌 기업들의 행태는 개별 과점기업의 행동을 결정하는 주요 변수다.

과점기업의 시장여건은 시장수요와 다른 기업들의 공급량 또는 책정 가격 등으로 구성된다. 개별 과점기업은 이 시장여건으로부터 각자 자신의 판매 전망을 도출함으로써 자기 제품에 대한 수요곡선을 구축한다. 구체적으로 말하자면 라이벌 기업들의 공급량 또는 가격 등을 감안하여 수요곡선을 파악한다. 그리고 과점기업은 이로부터 자신의 이윤을 최대로 보장하는 공급량과 가격을 결정한다.

개별 과점기업의 의사결정 결과는 바로 다른 라이벌 기업들의 시장여건이 되고 과점기업들은 각각 이 여건을 감안하여 자신의 이윤을 최대화하도록 생산행위를 결정한다. 과점기업 하나하나의 행동은 이처럼 각자 라이벌 기업들의 현재 생산행위를 감안하고 결정한 최선의 선택이다. 게임이론과 내쉬균형(Nash Equilibrium)의 개념은 과점시장 분석에 매우 유용하다.

과점시장에서 공급하는 기업의 숫자가 2인 과점을 **복점**(duopoly)이라고 한다. 이 절에서는 선명한 개념 이해를 위하여 주로 복점을 대상으로 설명을 전개할 것이다.

게임과 내쉬(Nash)균형 과점시장은 몇 개의 과점기업들로 구성된다. **게임이론**(game

theory)의 틀에서는 과점기업들의 어울림을 **게임**(game)이라고 부르고 이 게임에 참여하는 과점기업들을 **행위자**(行爲者, agents), 또는 **경기자**(競技者, players)라고 부른다. 그리고 행위자의 수가 N이면 그 게임을 **N인게임**(N-person game)이라고 한다. 여기서는 $N=2$인 2인게임으로 한정하여 서술하기로 한다.

각 행위자 i는 **전략**(strategy) a_i를 선택하는데 i가 선택할 수 있는 모든 전략의 집합을 A_i라고 하자. 즉 $a_i \epsilon A_i$, $i=1, 2$이다. 각 행위자 i가 전략 a_i를 선택할 때 얻는 **보수**(payoff), 또는 **효용**(utility)을 $U_i(a_1, a_2)$로 표시한다. 각 행위자 i는 자신의 보수 $U_i(a_1, a_2)$를 최대화하도록 전략 a_i를 선택한다. 이 단계에서 i의 보수를 결정하는 요인이 i의 전략만이 아니고 다른 행위자의 전략도 포함함을 주목해야 한다. 2인게임을 구성하는 3 요소는 (1) 행위자 $i=1, 2$, (2) 전략의 집합 A_i, 그리고 (3) 보수 U_i이다.

사회생활에서 개인이 얻는 보수는 자신의 노력뿐만 아니라 다른 이의 협력 또는 방해의 영향 속에서 결정된다. 게임은 각자의 보수가 자신의 선택은 물론 다른 사람들의 선택까지 포함한 요인의 영향을 받는 상황을 묘사하는 기본 틀이다. 이 틀을 이용하는 게임이론은 개인들의 이해관계가 서로 얼키고설킨 여러 형태의 사회생활을 분석하는 데 매우 요긴하게 쓰인다. 과점시장은 게임이론이 분석 대상으로 삼는 대표적 사례다.

게임이론은 행위자들이 최종적으로 선택하는 전략이 무엇인지를 구명하고 그 특성을 살핀다. 각 행위자들의 최종선택을 전략묶음이라고 하는데, 이 중에서 바람직한 성질을 갖는 전략묶음을 균형이라고 부른다. 게임의 균형으로 가장 널리 받아들여지는 개념이 **내쉬균형**(Nash equilibrium)이다. 행위자들이 선택한 전략묶음 (a_1^0, a_2^0)이

(1) $a_i^0 \epsilon A_i$, $i=1, 2$이고,
(2) A_1에 속한 모든 a에 대하여 $U_1(a_1^0, a_2^0) \geq U_1(a, a_2^0)$ 및
A_2에 속한 모든 a에 대하여 $U_2(a_1^0, a_1^0) \geq U_2(a_1^0, a)$이면,

이 전략묶음 (a_1^0, a_2^0)를 내쉬균형이라고 한다. 내쉬균형에서 각 행위자는 각각 상대방이 내쉬균형 전략을 유지하는 한 자신도 내쉬균형 전략을 유지하는 것이 최상이다.

수인의 곤경 널리 알려진 게임으로는 **수인의 곤경**(囚人의 困境, prisoners' dilemma) 게임이 있다. 행위자 R과 C는 어떤 범죄를 공모하여 저지른 혐의로 조사를 받고 있다. 공모 범죄 사실을 입증하면 각각 총 5년 징역형을 받겠지만 현재 확보한 증거만으로는 각각 1년의 징역만 가능한 상태다. 공모사실의 입증에는 둘 중 한 명이라도 자백하고 증거를 제공하면 된다. 이제 어느 한 사람은 부인하는 가운데 다른 한 사람이 자백하고 공모하였음을 입증하는 증거를 제공하면 수사기관이 증거 제공자의 형은 면제하고 끝까지 부인한 사람은 가중처벌로 징역 10년에 처한다고 하자. 만약 두 사람 모두 자백한다면 형 면제의 특혜는 없다. 〈표 10-1〉은 이 상황을 요약한다. 이 게임의 행위자는 R과 C 두 사람이고, 각자의 전략은 '자백'과 '부인'이다. 보수는 징역형으로 기간이 낮을수록 좋은데 자신의 전략 선택만이 아니라 라이벌의 전략 선택의 영향도 받는다. 그림에서 각 칸의 숫자 가운데 앞은 R, 뒤는 C의 '보수'를 뜻한다. 즉 우하단의 (−1,−1)은 R과 C의 선택이 (부인, 부인)일 때 받는 징역 1년씩의 보수이고, 그 윗 칸의 (0, −10)은 (자백, 부인), 즉 R만 자백할 때 C는 10년 형을 받고 R은 형을 면제받음을 나타낸다.

〈표 10-1〉 수인의 곤경

R \ C	자백	부인
자백	−5, −5	0, −10
부인	−10, 0	−1, −1

이 게임의 결과는 결국 (자백, 자백), (자백, 부인), (부인, 자백), 또는 (부인, 부인)의 넷 중 하나로 나타날 것이다. 먼저 (부인, 부인)의 경우를 살펴보자. R이 부인할 때 C도 같이 부인하면 징역 1년이지만 자백하면 형을 면제받는다. 따라서 C는 자백할 것이다. 마찬가지로 R도 자백할 것이므로 '수인의 곤경' 게임의 결과는 (부인, 부인)이 될 수 없다. (자백, 부인)과 (부인, 자백)의 상황도 마찬가지다. (자백, 자백)은 어떨까? R이 '자백'할 때 C는 '자백'으로는 5년, '부인'으로는 10년 형을 받으므로 '자백'하는 것이 더 낫다. R도 마찬가지로 자백하는 것이 더 낫다. 즉 (자백, 자백)은 내쉬균형이다.

더 나아가서 R이 '부인'할 때에도 C는 '자백'으로는 형 면제, '부인'으로는 징역 1년이므로 역시 '자백'하는 것이 더 낫다. R의 전략이 무엇이든 C로서는 '자백'하는 것이 항상 더 나은 것이다. 마찬가지로 R도 C가 무엇을 하든 '자백'하는 것이 더 낫다. 이 경우 '자백'을 **우월전략**(dominant strategy)이라고 하고 내쉬균형 (자백, 자백)을 특히 **우월전략균형**(dominant strategy equilibrium)이라고 부른다.

'수인의 곤경' 게임은 R과 C가 서로 협력하여 함께 '부인'하면 '자백'할 때의 5년 형보다 훨씬 가벼운 1년 형을 받을 수 있는데도 불구하고 결국 '자백'함으로써 양자 간 담합이 무너지는 상황을 보여준다. 과점기업 간의 담합이 왜 어려운지, 그리고 담합 성사와 유지에는 어떤 조건이 더 필요한지를 구명할 때 자주 사용되는 중요한 분석틀이다.

꾸르노(Cournot) 수량경쟁모형 과점시장을 분석하는 기본 모형은 꾸르노모형이다. 꾸르노모형은 개별 과점기업이 시장수요와 라이벌 기업들의 생산량을 파악하면서 각자 자신의 생산량을 결정한다고 상정한다. 즉 개별 과점기업의 전략은 가격이 아니라 생산량이다. 그러므로 꾸르노모형에서 다루는 과점기업 간 경쟁을 **수량경쟁**(quantity competition)이라고 부르기도 한다. 이미 밝힌 대로 우리는 복점을 대상으로 분석한다.

기업 1과 2가 각각 생산량 Q_1과 Q_2를 생산 공급하는 과점시장을 생각하자. 동질적 복점이라면 상품가격은 시장수요곡선을 따라서 $P(Q_1+Q_2)$로 결정될 것이다. 수요곡선은 우하향한다고 상정한다. 분화 복점이라면 각 $i=1, 2$에 대하여 각자의 제품에 대한 수요곡선 $P_i(Q_1, Q_2)$로 결정된다. 역시 수요곡선은 우하향하는데 개별 복점기업 제품의 가격은 라이벌 기업의 생산량이 늘면 하락한다고 상정한다. 서로 대체재이기 때문이다. 각 기업 i의 생산비용은 $C_i(Q_i)$로 표시한다.

먼저 동질적 복점의 게임모형을 살펴보자. 기업 i의 이윤은

$$\Pi_i(Q_1, Q_2) \equiv P(Q_1+Q_2)Q_i - C_i(Q_i), \ i=1, 2$$

이다. 이 게임의 행위자는 기업 1과 2다. 각 행위자 i는 더 많은 보수 $\Pi_i(Q_1, Q_2)$를 추구하여 생산량 Q_i를 전략으로 선택한다.

이 게임의 내쉬균형 (Q_1^*, Q_2^*)은 꾸르노모형의 균형이므로 이것을 특히 **꾸르노-내쉬균형**(Cournot-Nash equilibrium)이라고 한다. 꾸르노-내쉬균형에서 기업1은 기업2가 Q_2^*를 생산할 때 Q_1^*를 생산하여 최대이윤을 얻는다. 그리고 기업2의 상황도 정확히 대칭적이다. 내쉬균형의 특성을 분석해 보기 위하여 기업 2가 Q_2를 생산할 때 기업1에게 최대이윤을 주는 생산량 Q_1^0을 찾아보자.

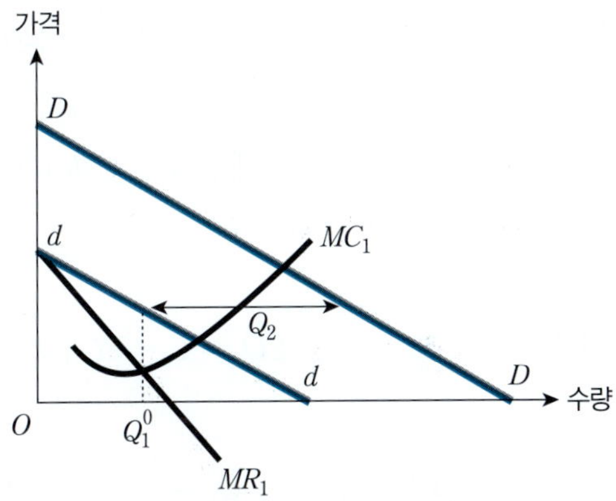

〈그림 10-8〉 기업 1의 선택 Q_1^0

〈그림 10-8〉에서 우하향하는 곡선 DD는 시장수요곡선을 나타내는데 이것을 왼쪽으로 Q_2만큼 평행 이동시킨 것이 곡선 dd이다. 우하향하는 곡선 dd는 시장수요 가운데 Q_2만큼을 기업 2가 차지했을 때 남는 부분으로서 기업 1에게 남겨진 수요로 볼 수 있다. 이 남겨진 수요에 대해서는 기업 1이 독점기업이나 마찬가지다. 그러므로 기업 1이 선택하는 산출 Q_1^0은 자신의 한계비용과 이 수요에서 도출한 한계수입이 일치하는 생산량이다.

기업 2가 생산량을 결정하면 기업 1은 그에 맞추어 〈그림 10-8〉과 같이 자신의 생산량 Q_1^0을 결정한다. 그러므로 Q_1^0은 기업 2의 생산량 결정 Q_2에 대한 기업 1의 반응으로 볼 수 있고 따라서 $Q_1^0 = R_1(Q_2)$로 표시할 수 있다. 이 표현의 그래프를 **반응곡선**(reaction curve)이라고 하는데 기업 2의 반응곡선 $Q_2^0 = R_2(Q_1)$도 같은 방식으로 도출한다.

〈그림 10-8〉에서 보듯이 Q_2가 커지면 곡선 dd는 더 왼쪽으로 이동하므로 기업 1에게 남겨지는 시장은 더 줄어든다. 그러므로 Q_2가 증가할 때 기업 1의 반응 Q_1^0

은 감소하게 될 것이다. 이 때문에 쿠르노모형의 반응곡선은 우하향하는 모습을 갖게 된다.

예제 10-3

시장수요곡선이 $P(Q)=10-Q$인 동질적 상품의 시장을 기업 1과 2가 각각 Q_1과 Q_2를 공급하면서 복점하고 있다. 기업 1의 비용함수는 $C_1(Q_1)=Q_1$이다. 현재 기업 2가 Q_2를 공급하고 있다면 기업 1에게 남겨진 시장은 수요곡선 $P_1(Q_1)=10-(Q_1+\overline{Q_1})=(10-\overline{Q_2})-Q_1$로 결정된다. 그러므로 기업 1의 총수입은 $[(10-\overline{Q_2})-Q_1]Q_1=(10-\overline{Q_2})Q_1-Q_1^2$이고 따라서 한계수입은 $MR_1(Q_1)=10-\overline{Q_2}-2Q_1$이다. 기업 1의 한계비용이 $MC_1(Q_1)=1$이므로

$$MR_1(Q_1)=10-\overline{Q_2}-2Q_1=1=MC_1(Q_1)$$

을 풀면 $Q_1=\dfrac{9-\overline{Q_2}}{2}$, 즉 기업 1의 반응곡선 $Q_1^0=\dfrac{9-Q_2}{2}=R_1(Q_2)$를 얻는다.

꾸르노-내쉬균형과 반응곡선 〈그림 10-9〉는 가로축을 Q_1, 그리고 세로축을 Q_2로 놓고 두 기업의 반응곡선을 한 그래프에 표시한 것이다. 실선은 기업 1, 그리고 점선은 기업 2의 반응곡선을 각각 나타낸다. 두 반응곡선의 교차점 C^*는 이 복점의 꾸르노-내쉬균형이다. 즉 기업 1은 기업 2가 Q_2^*를 생산할 때 반응곡선을 따라 Q_1^*를 생산함으로써 최대이윤을 얻고, 기업 2의 상황도 마찬가지로 대칭적이다.

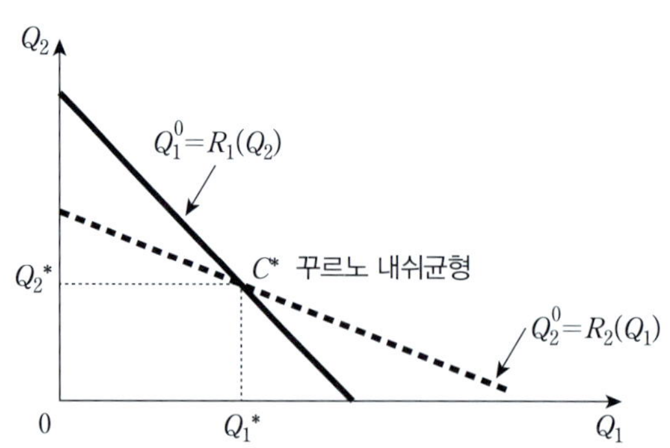

〈그림 10-9〉 꾸르노-내쉬균형

물론 꾸르노 수량경쟁에서 두 기업의 반응곡선이 〈그림 10-9〉처럼 항상 한 점에서 서로 교차하는 것은 아니다. 교차점의 숫자만큼 꾸르노-내쉬균형이 여러 개일 수도 있다는 말이다. 현재까지 개발된 이론은 꾸르노-내쉬균형이 복수일 경우 복점시장이 어떠한 균형을 실현시킬지에 대해서는 설명하지 못한다. 〈그림 10-9〉의 설명은 꾸르노 복점이 꾸르노-내쉬균형을 실현한다면 그 균형에서 두 기업의 반응곡선은 반드시 서로 만난다는 사실뿐이다.

물론 두 기업의 반응곡선이 일사분면 두 수량의 모두 양인 부분에서 서로 만나지 않을 수도 있다. 예컨대 기업 2의 한계비용이 기업 1에 비해 월등히 높다면 수량경쟁의 균형은 가로축 상의 한 점, 즉 $Q_2 = 0$인 점이 될 수 있다. 이 경우 두 기업의 수량경쟁의 결과는 복점을 파괴하여 독점으로 몰아간다. 이에 대한 설명은 독자가 그래프를 그리고 탐구하기 바란다.

독점, 꾸르노 복점, 완전경쟁 이제 간단한 예를 들어서 과점의 꾸르노-내쉬균형을 독점, 그리고 완전경쟁의 균형과 비교해보자. 시장수요곡선이 $P(Q) = 10 - Q$로 주어진 동질적 상품의 시장에서 기업별 비용함수는 $C(Q) = Q$로 동일한 경우를 고찰한다. 이 시장이 독점이라면 총수입은 $P(Q)Q = (10 - Q)Q$이므로 한계수입은 $MR(Q) = 10 - 2Q$다. 한계비용이 $MC(Q) = 1$이므로 독점 생산량 Q_m은 $MR(Q_m) = MC(Q_m)$ 되는 $Q_m = 4.5$, 그리고 독점가격은 $P_m = 5.5$로 책정된다(〈그림 10-10(a)〉). 시장이 완전경쟁이라면 산업공급곡선이 $MC(Q) = 1$이므로 높이 1의 수평선으로 결정되고 경쟁가격 P_c와 공급량 Q_c는 각각 $P_c = 1$ 및 $Q_c = 9$로 귀결된다(〈그림 10-10(c)〉).

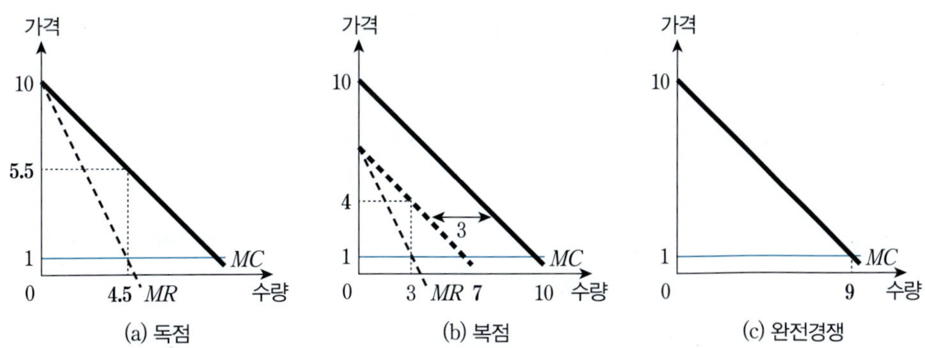

〈그림 10-10〉 독점, 복점, 완전경쟁의 비교

이제 같은 비용함수를 가진 두 기업이 복점을 형성하는 경우다. 기업1과 2의 생산량을 각각 Q_1 및 Q_2라고 하자. 앞의 〈예 10-3〉에서 기업 1의 반응곡선 $Q_1 = \frac{9 - Q_2}{2}$를 이미 얻었고 같은 방식으로 기업 2의 반응곡선 $Q_2 = \frac{9 - Q_1}{2}$를 얻는다. 이 연립방정식을 풀면 꾸르노-내쉬균형의 기업별 생산량은 3, 그리고 복점가격은 4로 결정된다(〈그림 10-10(b)〉). 〈그림 10-10(b)〉에서 보듯이 복점가격 4는 독점가격 5.5보다는 낮지만 경쟁가격 1보다는 더 높다. 독점시장에 라이벌 기업이 하나 진출하면 가격이 낮아지기 시작하여 라이벌 기업들의 진입이 증가하면 계속 낮아지다가 종국에는 완전경쟁 가격으로 떨어짐을 보여주는 예다.

분화과점의 분석 복점기업의 제품이 서로 조금씩 다른 분화 복점의 경우에는 시장수요를 $P(Q_1 + Q_2)$로 표기할 수 없다. 두 상품이 별개이므로 각각 $P_1(Q_1, Q_2)$와 $P_2(Q_1, Q_2)$로 표기해야 한다. 두 기업의 생산물 Q_1과 Q_2는 서로 대체재이므로 기업 2의 출하량 Q_1가 증가하면 기업 1의 판로는 일반적으로 위축된다. 기업 2의 판로도 마찬가지다. 그러므로 기업 1이 Q_1을 출하하고 있을 때 기업 2의 출하량 Q_2가 증가하면 기업 1이 받을 수 있는 가격은 하락할 것이다.[7] 기업 1의 수요곡선이 동질적 복점일 때 $P(Q_1 + Q_2')$로 설정되던 것만 다를 뿐 나머지는 동질적 과점의 분석과 동일하게 처리한다.

베르뜨랑의 역설 이미 지적한 대로 꾸르노 이론은 과점기업들이 수량경쟁을 벌인다고 전제한다. 그런데 현실의 과점시장에서는 라이벌 기업의 가격은 쉽게 관찰할 수 있지만, 그 공급량을 관찰하기는 어렵다. 베르뜨랑(Bertrand)은 이 점을 내세워 꾸르노의 수량경쟁을 비판하고 타당한 과점이론은 가격경쟁을 분석해야 한다고 주장하였다.

베르뜨랑의 지적은 매우 적절하다. 그런데 다음의 예는 가격경쟁의 결과로 결정되는 복점가격이 완전경쟁가격과 같을 수 있음을 보여준다. 이 결과는 복점의 시장성과가 완전경쟁가격보다 복점가격을 더 높게 결정한다는 일반적 직관에 부합하지 않는다. 따라서 이 예를 **베르뜨랑 역설**(Bertrand's paradox)이라고 부른다.

7) 즉 $\frac{\partial P_1}{\partial Q_2} < 0$ 이다.

시장수요가 $P(Q)=10-Q$로 주어진 동질적 복점시장에서 동일한 비용함수 $C(Q)=Q$를 가진 기업 1과 2가 가격경쟁을 벌인다. 기업별 한계비용과 평균비용은 모두 $MC(Q)=AC(Q)=1$이다. 베르뜨랑 게임은 수량 아닌 가격을 전략으로 삼는 점만 꾸르노 게임과 다르다. 즉 기업 1과 2의 전략은 조합 $(P_1,\ P_2)$으로 표현되는데 이 경우 기업별 보수는 $\Pi_1(P_1, P_2) \equiv P_1Q_1 - Q_1$과 $\Pi_2(P_1, P_2) \equiv P_2Q_2 - Q_2$로 결정된다. 여기에서 Q_1과 Q_2는 각각 기업 1과 2의 판매량을 뜻한다. 이 게임의 내쉬균형, 즉 베르뜨랑–내쉬균형을 $(P_1^*,\ P_2^*)$로 표기하고 그 특성을 살펴보자.

만약 $P_1^* < 1 = AC(Q)$라면 전략 P_1^*는 기업 1에게 손실을 준다. 그러므로 기업 1은 전략 P_1^*를 선택하지 않는다. 기업 2도 마찬가지다. 그러므로 균형 $(P_1^*,\ P_2^*)$에서는

(1) $P_1^* \geq 1,\ P_2^* \geq 1$

의 조건이 성립한다.

다음에 P_1^*와 P_2^*가 서로 다를 수가 있을까? 만약 $P_1^* > P_2^*$라면 시장 내 모든 고객은 값이 더 싼 기업 2의 제품만 구입할 것이다. 거꾸로 $P_1^* < P_2^*$라면 고객들이 기업 1에게만 몰릴 것이다. 그러므로 라이벌보다 더 높게 가격을 책정하는 전략은 어느 기업에게나 최선이 아니다. 그러므로 균형 $(P_1^*,\ P_2^*)$에서는

(2) $P_1^* = P_2^* = P^*$

의 조건이 성립한다. 두 기업이 서로 같은 가격을 책정하면 그 가격의 시장수요 $Q(=10-P^*)$는 두 기업에게 어떻게든 배정될 것인데 기업 1과 2의 배정량을 각각 Q_1과 Q_2라 하자.

만약 $P_1^* = P_2^* = P^* > 1$이라면 기업 1이 자신의 가격 P_1^*를 조금만 낮추더라도 기업 2의 고객 모두를 빼앗아 올 수 있다. 〈그림 10–11〉는 이 상황을 보여준다. 그림에서 기업 1이 자신의 가격을 조금만 낮추면 Q_1에 대한 판매수입은 조금 낮아지겠지만 그 대신 색칠한 사각형만큼 훨씬 더 많은 이윤을 추가로 얻을 수 있다. 그러므로 $P_1^* = P_2^* = P^* > 1$의 상황에서 현재의 가격 P_1^*를 고수하는 것은 기업 1에게 결코 최선의 전략이 아니다. 이 사정은 기업 2에게도 마찬가지이므로 균형에서는

(3) $P_1^* = P_2^* = P^* > 1$ 의 상황이 실현되지 않는다.

따라서 조건 (1), (2), 그리고 (3)을 통하여 우리는 베르뜨랑-내쉬균형에서 $P_1^* = P_2^* = 1$ 임을 확인할 수 있다. 그런데 $MC_1(Q_1) = MC_2(Q_2) = 1$ 이므로 복점인데도 그 가격은 완전경쟁과 같은 수준으로 결정되었다!

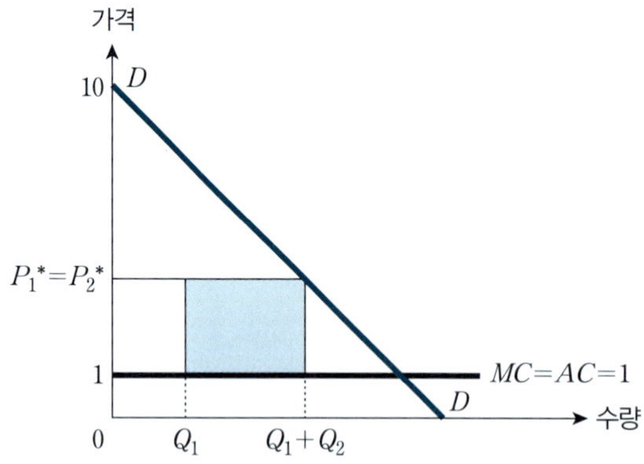

〈그림 10-11〉 베르뜨랑의 역설

현실의 과점기업들이 수량경쟁보다는 가격경쟁을 펼친다고 하는 베르뜨랑의 지적은 매우 설득력이 있다. 그런데 일반적 직관은 복점가격이 경쟁가격보다는 높을 것으로 인식하는데 가격경쟁을 펼치는 복점이 완전경쟁과 다를 바 없는 결과를 실현한다는 것이 베르뜨랑 역설이다. 물론 위의 예는 특수한 경우지만 이 예가 상정한 시장수요와 비용함수는 현실의 많은 경우에 적용될 수 있는 것으로서 이 틀에서 가격경쟁의 복점이 완전경쟁과 같은 가격을 결정한다는 설명은 매우 곤혹스럽다.

경제학자들은 이 역설을 풀기 위하여 모든 생산활동은 애초에 설비규모를 결정하는 투자를 먼저 시행한다는 점에 주목하였다. 복점기업들은 각각 설비용량을 먼저 결정하고 그다음의 생산단계에서 가격경쟁을 펼친다는 것이다. 위의 예에서 기업 1의 용량한계가 Q_1 으로 고정되어 있었다면 기업 1은 몰려들 기업 2의 고객들을 감당하지 못하므로 구태여 가격을 인하할 까닭이 없다. 즉 $P_1^* > 1$ 인 상황이 최선인 전략일 수도 있는 것이다. 실제로 위 예와 크게 다르지 않은 상황에서 기업 1과 2가 제1기에 먼저 설비규모를 결정하는 게임을 펼쳐서 용량한계를 결정한 다음 제2기에 가격경쟁을 전개하는 2단계 게임을 분석한 결과 그 내쉬균형이 설비규모 게임을 생략한 1단계 수량경쟁 게임의 꾸르노-내쉬균형과 같음이 밝혀졌다.[8] 수량경쟁을 한다는 전제는 현실에서 전개되는 가격경쟁에 부합하지 않지만, 그렇게 도출한 결과가 용량경쟁-가격경쟁의 결과와 동일하다는 말이다. 이에 더하여 수량경쟁의 분석은 가격경쟁보다 더 단순하다. 이 때문에 경제학의 과점분석은 꾸르노 모형을 기본 분석틀로 삼는다.[9]

등이윤곡선 동질적 복점에서 기업 1의 이윤 $\Pi_1(Q_1, Q_2) \equiv P(Q_1+Q_2)Q_1 - C_1(Q_1)$은 자신의 전략 Q_1은 물론이고 라이벌 기업 2의 전략 Q_2의 영향도 받는다. 가로축과 세로축을 각각 기업 1과 2의 산출로 잡은 평면에 복점기업 1의 이윤을 일정한 수준으로 유지하는 전략묶음 (Q_1, Q_2) 궤적을 그린 것을 **등이윤곡선**(isoprofit curve)이라고 한다. 〈그림 10-12〉는 기업 1의 등이윤곡선을 보여준다. 〈그림 10-12〉에서 $Q_1^0 = R_1(Q_2)$은 기업 1의 반응곡선이고, 점 B는 기업 2가 a를 생산할 때 기업 1이 $R_1(a)$로 반응하는 상황의 전략묶음이다. 이제 기업 1의 이윤이 점 B의 수준과 같도록 하는 전략묶음들을 찾아보자. 반응곡선의 정의로부터 점 A나 C의 이윤은 점 B의 그것보다 더 낮다.

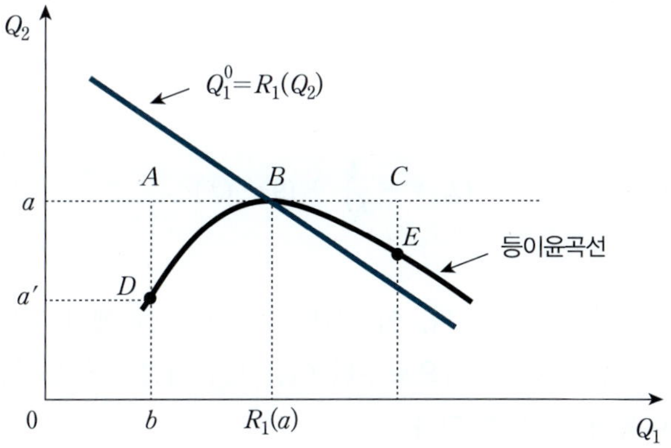

〈그림 10-12〉 등이윤곡선

8) Kreps & Schenkman, "Quantity Precommitment and Bertrand Competition Yields Cournot Outcomes," Bell Journal of Economics, 14(2), Autumn 1983, 326-337

9) 또 다른 설명으로는 제품의 차별화가 있다. 동일한 제품이라도 예컨대 상점의 위치에 따라 소비자에게는 다르게 느껴질 수 있다. 이 경우 가격경쟁의 결과는 한계비용보다 높게 나타난다.

이제 기업 1이 점 A와 점 D에서 각각 얻는 이윤의 크기들을 비교해보자. 두 점에서 기업 1의 산출은 b로 변하지 않는 가운데 기업 2의 산출만 a'로 A의 a보다 더 적다. 즉 점 D의 총공급량이 A보다 더 적으므로 시장가격 $P(Q_1+Q_2)$는 D에서 더 높게 결정된다. 산출은 일정한데 가격만 높으므로 기업 1의 이윤은 더 커진다. 사실 점 A에서 D 방향으로 내려올수록 기업 1의 이윤은 더 커지고 거꾸로 올라갈수록 더 작아진다. 그러므로 점 A를 지나는 수직선에서 기업 1에게 점 B와 같은 수준의 이윤을 주는 전략조합이 있다면 그 조합은 점 A의 아래쪽에 위치한다. 이제 점 D를 그 점이라고 하자. 점 C와 E에 대한 분석도 같은 결과를 준다. 역시 점 E가 기업 1에게 점 B와 같은 이윤을 주는 점이라고 하자. 그러면 〈그림 10-12〉처럼 등이윤곡선 DBE를 그려낼 수 있다.

예제 10-4

시장수요가 $P(Q)=10-Q$이고 기업 1의 비용함수가 $C_1(Q_1)=Q_1$이라고 하자. 기업 2의 생산량이 Q_2일 때 기업 1의 이윤은

$$\Pi_1(Q_1,\ Q_2)=[10-(Q_1+Q_2)]Q_1-Q_1=-Q_1^2+(9-Q_2)Q_1$$

이다. 이로부터 $\Pi_1(Q_1,\ Q_2)=k$를 Q_2에 대하여 풀면

$$Q_2=-\frac{k}{Q_1}+(9-Q_1)$$

인 등이윤곡선의 방정식을 얻는다. 이 그래프는 $Q_1=\sqrt{k}$에서 최댓값 $9-2\sqrt{k}$를 가지는 산봉우리 모습이다. 이 식으로부터 이윤 k가 커질수록 등이윤곡선의 그래프가 아래쪽으로 이동함을 알 수 있다.

등이윤곡선의 꼴은 (미분가능할 경우) 그 기업의 반응곡선과 교차하는 점에서 수평의 기울기를 가지는 산봉우리를 이룬다. 그리고 더 큰 이윤의 등이윤곡선은 더 아래쪽에 위치한다. 기업 2의 등이윤곡선도 같은 방식으로 도출한다. 다만 Q_2 축이 세로축이라는 점만 다르다. 등이윤곡선은 복점기업 간 담합이나 기존 독점기업의 신규진입 저지행위 등의 분석에 매우 유용하게 쓰인다.

담합 꾸르노 모형은 수량경쟁의 기본모형일 뿐이고 현실의 과점경쟁은 매우 다양하게 펼쳐진다. 특히 중요한 행태는 과점기업간 **담합**(collusion)이다. 외형상 여러 라이벌 기업들이 치열하게 경쟁하는 듯 보이는 과점시장이지만 이들이 담합하여 공동행위를 펼치면 독점과 다름없어진다. 〈그림 10-13〉은 담합의 본질을 보여준다. 〈그림 10-13〉에서 점 E는 꾸르노-내쉬균형이다.

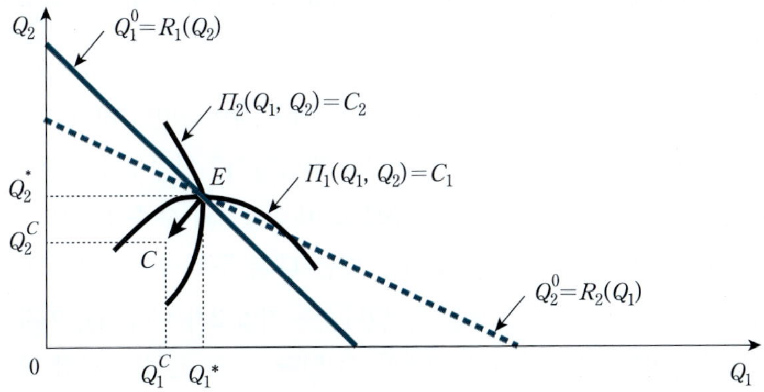

〈그림 10-13〉 담합의 본질

꾸르노-내쉬 균형 (Q_1^*, Q_2^*)에서 각 복점기업은 경쟁 기업이 현재의 생산량을 유지하는 한 자신도 현 생산량을 그대로 유지하려고 한다. 그런데 균형 E로부터 점 C 쪽으로 이동해가면 두 기업의 이윤은 모두 증가한다. 이 이동은 두 기업이 동시에 생산량을 줄여야 가능한데 상대가 움직일 기미가 없으면 나도 움직이지 않는 상태가 내쉬균형이다. 즉 꾸르노-내쉬균형 (Q_1^*, Q_2^*)에서 점 C의 (Q_1^C, Q_2^C)로 옮겨가는 일은 서로 합의하지 않고서는 불가능하다.

과점기업 간 담합에는 **명시적 담합**(explicit collusion)과 **암묵적 담합**(implicit collusion)이 있다. 명시적 담합 중에는 서로 가격이나 공급 수량을 협의한 뒤 합의 내용을 계약으로 체결하는 **카르텔**(Cartel)이 대표적이나 오늘날에는 대부분의 국가에서 담합이 불법인 까닭에 문서로 합의내용을 남겨 놓는 경우는 국제적 카르텔인 석유수출국기구(OPEC)이외에는 찾아보기 힘들다. 문서로 남겨 놓지는 않았으나 명시적으로 가격이나 수량을 (구두로라도) 협의하는 행위는 모두 명시적 담합으로 간주되어 처벌 받는다.

암묵적 담합이란 과점 기업들 간에 가격이나 수량이 협의된 적은 없어도 서로 간의 암묵적인 이해 하에 공급 수량을 줄이거나 가격을 높이는 행위를 말한다. 암묵적 담합도 특정한 행위는 국가에 따라 처벌 대상이 될 수 있다.

담합은 〈그림 10-13〉에서 보듯이 복점기업들이 생산량을 동시에 줄임으로써 그 폐해는 상품가격의 인상으로 나타난다. 합병에서 기대할 수 있는 시너지 효과도 없으면서 상품가격만 올리기 때문에 각국의 경쟁당국은 명시적 담합을 불법화하여 처벌하고 있다.

〈그림 10-13〉의 기업 1과 2가 오랜 기간 경쟁해온 사이라면 갑자기 기업 1이 공급량을 Q_1^*에서 Q_1^C로 줄일 때 기업 2는 어떻게 반응할까? 기업 2가 계속 공급량 Q_2^*를 그대로 유지한다면 기업 1의 이윤은 꾸르노-내쉬균형의 수준 C_1보다 더 낮게 감소한다. 그러므로 기업 1이 공급을 줄이는 데는 다른 뜻이 있고, 라이벌로 오래 같이 부딪쳐 온 기업 2가 그 뜻을 모를 리 없다. 즉 기업 2가 마주 Q_2^C까지 공급량을 낮춘다면 명시적 계약 없이 담합을 성취할 수 있다. 만약 암묵적 담합 제안에 무반응이면 기업 1은 다시 생산량을 원래 수준으로 늘릴 것이다. 그러므로 기업 2는 서로 만나지 않더라도 기업 1의 의도를 짐작하고 담합에 응한다. 이 이렇게 달성하는 암묵적 담합을 과연 경쟁당국이 적발할 수 있을까?

담합의 지속성 담합이 이루어졌더라도 어느 한 기업이 약속을 어기고 몰래 생산량을 늘려버리면 상대에게는 손실을 끼치면서 자신은 더 큰 이익을 누릴 수가 있다. 〈그림 10-13〉에서 기업 1의 등이윤곡선은 담합 점 C 부근에서 우상향한다. 기업 1이 배신하면 이익을 얻는다는 뜻이다. 이와 같은 상황은 기업 2에게도 마찬가지다. '수인의 곤경' 게임은 이 상황을 적절하게 묘사한다.

이 게임은 앞에 소개한 '수인의 곤경'에서 전략 '부인'과 '자백'을 각각 '담합'과 '이탈'로 바꾸고 이에 맞게 보수도 조정한 것으로서 그 본질은 원래의 게임과 다르지 않다. 이 게임의 내쉬균형은 전략조합 '이탈, 이탈'이고 이 균형은 이미 확인한 바와 같이 우월전략균형이기도 하다. 〈그림 10-13〉의 상황에 비추어 설명하면 점 C가 '담합, 담합'의 상황이고 '이탈, 이탈'은 꾸르노-내쉬균형 E에 해당한다.

〈표 10-2〉 담합 게임

기업 1 \ 기업 2	이탈	담합
이탈	2, 2	10, 0
담합	0, 10	6, 6

그런데 현실의 복점은 위의 '수인의 곤경'을 한 번 치르는 것으로 끝나지 않고 시간을 두고 수없이 반복해야 하는 게임이다. 기업 1이 지금 이탈하면 당장의 보수는 6에서 10으로 4만큼 증가하지만 배신당한 기업 2도 함께 이탈해버리면 그 이후의 보수는 매기 2로 줄어들기 때문에 담합 유지시보다 4만큼 줄어든다. 그러므로 '이탈'을 고려하는 기업은 당장의 1회적 추가 이익 4와 그 이후 매기 계속될 담합 대비 손실 4를 비교해야 한다. 위 '수인의 곤경'을 한 번만 치른다면 그 내쉬균형은 분명히 '이탈, 이탈'이지만, 수없이 반복해야 할 상황이면 이탈의 1회적 이익보다 이탈에 대한 보복이 더 큰 피해를 주기 때문에 '담합, 담합'의 반복이 내쉬균형일 수 있는 것이다. 경제학자들은 이 분석을 토대로 하여 담합은 한번 이루어지면 좀처럼 붕괴되지 않는다고 판단한다.

굴절수요곡선의 담합모형 경제학자 스위지(P. Sweezy)는 과점시장의 상품가격이 다른 시장의 가격보다 더 경직적인 이유를 설명하기 위하여 굴절수요곡선 모형을 제시하였다. 과점기업이 각자 자신의 제품가격을 인상할 때 일부 고객은 자신으로부터 이탈할 것이고, 경쟁기업들이 이 이탈 고객을 흡수하고 싶다면 가격인상에 동조하지 않고 그들의 가격을 그대로 유지할 것이다. 그러나 인하하면 새로운 고객을 유치하는데 경쟁기업들이 각자 고객을 빼앗기지 않으려면 그들도 함께 값을 인하할 것이다. 과점기업이 가격 변경에 대한 경쟁기업들의 반응을 이렇게 예상한다고 상정한 스위지는 개별 과점기업이 당면하는 수요곡선을 〈그림 10-14〉와 같이 점 O에서 꺾이는 구조로 도출하였다. 가격을 P_0 위로 올리면 수요가 급격히 줄지만 P_0 아래로 내릴 때는 수요증가 폭이 완만하다.[10)]

수요곡선이 〈그림 10-14〉처럼 굴절점을 가지면 한계수입곡선 MR은 그림의 점선

10) 〈그림 10-14〉의 수요곡선은 이 과점이 분화과점임을 보여준다. 만약 동질적 과점이라면 굴절점 왼쪽의 수요곡선은 수평선이라야 한다.

처럼 굴절점의 수요량 Q_0에서 불연속의 간극 AB를 보인다. 한계수입은 굴절점의 왼쪽에서는 경사가 완만한 수요곡선 DO를 따르지만 오른쪽에서는 급격한 경사의 OD'를 따르기 때문이다. 한계비용곡선 MC의 위치가 그림과 같다면 이 과점기업 제품의 가격과 생산량은 각각 P_0와 Q_0로 결정될 것이다.

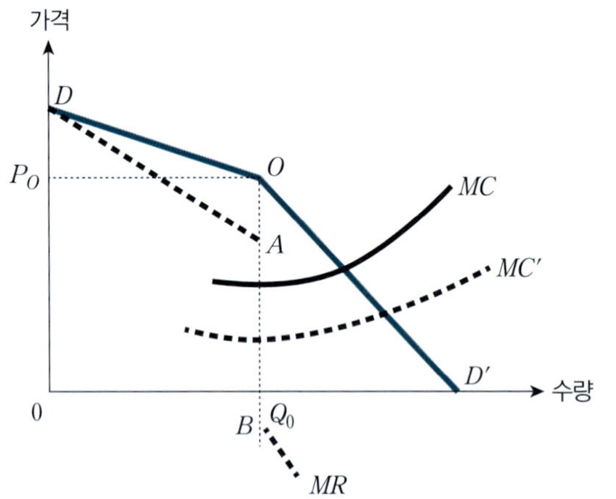

〈그림 10-14〉 굴절수요곡선 모형

임금과 이자율 등 생산요소가격이 변하면 한계비용곡선도 그림의 점선 MC'처럼 바뀔 것이지만 가격과 생산량은 변하지 않는다. 즉 스위지의 모형은 과점가격의 경직성을 잘 설명하고 있다.

동시대 경제학자 스티글러(G. Stigler)는 미국 과점산업의 당시 사례를 조사하고 대부분의 경우 한 과점기업이 값을 올리면 다른 기업들도 함께 올리지만, 값을 내릴 때는 다른 기업들은 동조하지 않았다는 사실을 발견하였다. 그리고 이 결과를 근거로 스위지의 상정이 현실과 다르다고 비판하였다.

그런데 사실은 스위지가 설명한 현실과 스티글러가 수집한 자료는 서로 관계가 없다. 스위지는 이미 담합상태에 돌입한 과점을 설명한 것이고 스티글러가 관찰한 것은 과점이 비담합에서 담합으로 이행하는 과정이기 때문이다.

〈그림 10-13〉에서 두 복점기업이 비담합적 꾸르노-내쉬 균형 E로부터 담합 C로 이행하려면 함께 자신의 생산량을 줄여야 한다. 달리 말하면 가격인상이 동조적으로 일어나야 한다. 스티글러는 이 과정을 관찰하였다. 반면에 스위지는 이미 담합상

태 C에 도달한 과점을 설명한다. 〈그림 10–15〉는 〈그림 10–13〉의 담합상태 C의 주변을 좀 더 상세하게 묘사한 것이다. 그림을 보면 담합을 통해 점 C에 이른 두 복점 기업들은 추가적 동조적 생산량 감축 (또는 가격 인상)에 참여하면 각자의 이윤이 줄어들 수밖에 없음을 알게 된다. 기업 1이 가격을 인상할 때(Q_1 감소) 기업 2가 현 생산량을 유지하면 이윤이 늘지만 가격인상에 동조하면(Q_2 감소) 이윤이 오히려 감소한다. 경쟁 기업 2가 가격인상에 동조할 까닭이 없다. 반면에 기업 1이 가격을 인하한다면(Q_1 증가) 이것은 자신의 이윤을 늘리기 위하여 담합을 깨는 행동이다. 경쟁 기업 2는 즉각 반발하여 마주 가격을 인하하는(Q_2 증가) 보복에 돌입한다. 스위지의 상정은 담합상태를 대상으로 하면 매우 합리적 상정이고, 그가 굴절수요곡선으로 설명한 과점가격의 경직성은 사실 담합의 공고함에 대한 설명으로 볼 수도 있을 것이다. 그리고 스티글러의 관찰결과는 스위지 설명에 대한 비판근거라기보다는 담합의 붕괴 사례는 거의 없었음을 보고하는 것으로 볼 수도 있다.

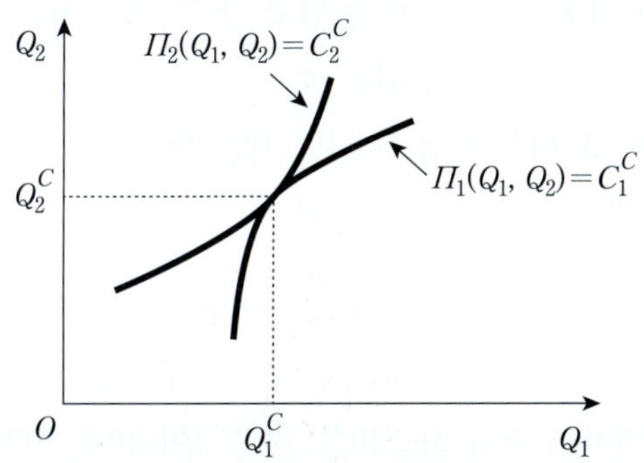

〈그림 10–15〉 담합의 경직성

순차적 게임 지금까지 살펴본 과점 모형들은 기업들이 전략(공급량)을 동시에 선택하는 모형들이었다. 그런데 현실에서는 선택이 순차적으로 이루어지는 경우가 있다. 이러한 상황을 게임이론에서는 **순차적 게임**(sequential game) 또는 **전개형 게임**(extensive game)이라고 하며 비전문적인 용어로 **동태적 게임**(dynamic game)이라고도 한다.

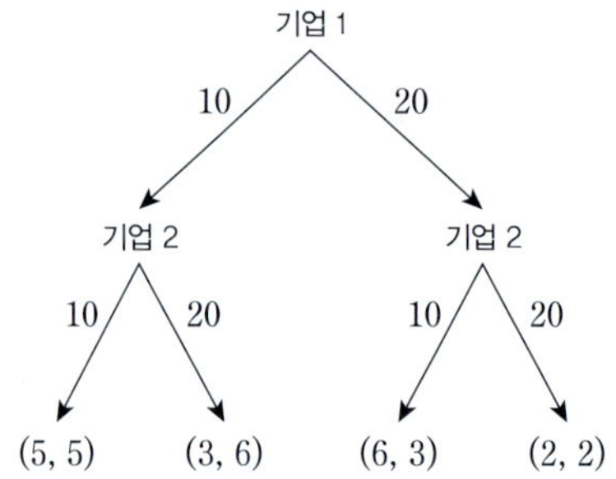

〈그림 10-16〉 게임진행도

순차적 게임에서는 **게임진행도**(game tree)를 이용하여 경기자들이 어떤 순서로 어떤 선택을 할 수 있는지 그리고 그 선택의 결과로 어떤 보수를 얻게 되는지를 나타낸다. 〈그림 10-16〉는 두 기업이 순차적으로 공급량을 선택하는 순차적 게임의 진행도이다. 기업 1이 먼저 공급량을 결정하는데 10과 20 중에서 선택할 수 있으며, 그 다음에는 기업 2가 경쟁기업의 선택을 알고 난 후 역시 10과 20 중에서 공급량을 선택할 수 있다. 그 결과 두 기업이 얻는 보수는 보수벡터로 가장 아래에 표시되어 있다. 예컨대 보수벡터 (3, 6)은 기업 1이 10, 기업 2가 20을 선택하면 기업 1은 3, 기업 2는 6의 이윤을 얻게 되는 것을 나타낸다.

이 게임에서 기업 1의 전략집합은 {10, 20}이지만 기업 2의 전략집합은 {(10, 10), (10, 20), (20, 10), (20, 20)}으로 네 개의 전략으로 구성된다. 여기서 예컨대 (10, 20)은 기업 1이 10을 선택하면 기업 2도 10을, 기업 1이 20을 선택하면 기업 2도 20을 선택하는 전략이다. 내쉬균형은 (10, (20, 20)), (20, (10, 10)) 및 (20, (20, 10)) 세 개가 있다.

순차적 게임에서 먼저 선택한다는 것의 의미는 다음 사람이 선택할 시점에서는 이전의 선택을 바꿀 수 없다는 것이다. 이 게임에서 기업 1이 20을 선택한다면 기업 2는 어떤 선택을 하겠는가? 당연히 10을 선택할 것이다. 기업 2가 10을 선택하면 이윤이 3, 20을 선택하면 이윤이 2이기 때문이다. 따라서 기업 1이 20을 선택했을 때 기업 2가 20을 선택하는 전략은 합리적이라 할 수 없다.

마찬가지로 기업 1이 10을 선택했을 때 기업 2가 10을 선택하는 전략도 합리적이라 할 수 없다. 이처럼 나중에 선택하는 사람은 앞서 이루어진 선택이 되돌릴 수 없음을 인정하고 그 상황에서 가장 유리한 선택을 하는 것이 합리적이라 할 수 있는데 이러한 조건을 **순차적 합리성**(sequential rationality)이라 한다.

또한 나중에 선택하는 사람이 지금까지의 선택은 되돌릴 수 없으므로 앞으로 전개될 게임에 대해서 최적의 선택을 하게 되는데, 앞으로 전개될 게임을 **하위게임**(subgame)이라 한다. 순차적 합리성은 모든 하위게임에서의 선택이 내쉬균형을 이루어야 한다는 조건으로 표시할 수 있다.

앞에서 구한 세 개의 내쉬균형 중 (10, (20, 20))과 (20, (10, 10))은 순차적 합리성을 만족하지 못한다. 순차적 합리성을 만족하는 균형을 **순차적 균형**(sequential equilibrium) 또는 **하위게임 완전균형**(subgame perfect equilibrium)이라 하는데 〈그림 10-16〉의 순차적 게임에서는 (20, (20, 10))만이 하위게임 완전균형이다.[11] 따라서 이 게임에서는 기업 1이 20, 기업 2가 10을 공급하는 결과가 얻어질 것을 예상할 수 있다.

선도모형과 진입저지 지금까지 살펴본 과점이론은 현재 조업하고 있는 과점기업 간의 경쟁을 설명하는 이론이다. 그러나 현실 과점시장에서는 현재 조업하고 있는 기존기업과 신규진입을 노리는 진입기업 간의 경쟁도 치열하다. 표면적으로는 한 기업이 독점하고 있는 시장도 사실은 기존기업과 진입기업이 치열하게 경쟁을 벌이는 복점시장인 경우가 허다하다. 이러한 외관상 독점은 비록 하나의 기업이 공급을 전담하고 있지만, 앞에서 소개한 독점시장 이론만으로는 그 행태를 설명할 수 없다.

경제학자 폰 스탁켈버그(von Stackelberg)는 한 과점기업이 경쟁 기업들보다 먼저 행동하는 경우를 분석하였다. 예컨대 두 기업이 어떤 시장에 진입하려고 계획하고 있을 때, 한 기업(기업 1)이 선수를 쳐서 먼저 생산설비를 갖추었다 하자. 후발 기업(기업 2)은 선수를 친 기업의 생산설비에 따라 최적의 생산설비를 갖출 수밖에 없을 것이다.

기업 1이 기업 2의 반응곡선을 파악하고 있다면 자신의 생산설비 Q_1을 결정할 때 기업 2가 어떻게 반응할지를 알고 있으므로 꾸르노-내쉬균형에서보다 더 많은 이윤을 얻도록 기업 2의 결정을 유도할 수 있다.[12] 이 경우 경쟁 기업의 반응곡선을 알고

11) 정보가 완전하지 않은 게임에서는 순차적 균형과 하위게임 완전균형이 일치하지 않으나 우리가 다루는 과점모형에서는 정보가 완전하지 않은 게임은 나타나지 않는다.

12) 여기서 후발 기업이 선발 기업의 생산설비 Q_1에 따라 최적의 설비 Q_2를 선택한다는 것은 순차적 합리

있는 기업 1을 **선도자**(leader)라고 하고 선도자의 유도대로 따르는 기업 2를 **추종자**(follower)라고 한다.

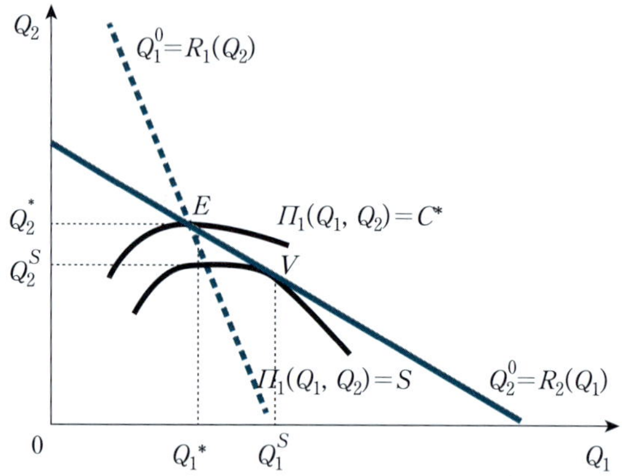

〈그림 10-17〉 폰 스탁켈버그 선도모형

〈그림 10-17〉은 기업 1이 선도자, 그리고 기업 2가 추종자인 복점시장을 설명한다. 선도자인 기업 1은 실선으로 표시된 기업 2의 반응곡선 $Q_2^0 = R_2(Q_1)$의 구조를 알고 있다. 이 반응곡선과 점 V에서 접하는 등이윤곡선 $\Pi_1(Q_1, Q_2) = S$는 기업 2의 반응곡선과 만나는 기업 1의 등이윤곡선 가운데 가장 아래쪽에 위치한 것이므로 이윤수준 S는 기업 1이 얻어낼 수 있는 가장 높은 수준의 이윤이다. 선도자인 기업 1은 생산량 Q_1^S을 선택함으로써 추종자 기업 2로 하여금 생산량 Q_2^S를 선택하도록 유도하여 전략묶음 V를 실현시킨다. 이렇게 실현된 전략묶음 V를 **폰 스탁켈버그 균형**(von Stackelberg equilibrium)이라고 한다.

가격선도기업 1이 생산량을 늘리면 추종기업 2의 전략은 반응곡선 $Q_2^0 = R_2(Q_1)$을 따라서 오른쪽으로 이동하므로 기업 2의 이윤은 하락한다. 〈그림 10-18〉은 $Q_1 = d$일 때 기업 2의 최대 이윤이 0인 상황을 다룬다. 선도기업 1이 산출을 d 이상으로 늘리면 추종기업 2는 손실을 피할 수 없으므로 생산을 중단한다. 그러므로 기업 2의 반응곡선 $Q_2^0 = R_2(Q_1)$의 그래프는 그림에서 불연속 간극을 가진 선 $ALdB$이고, 점선인 곡선 $\Pi_2(Q_1, Q_2) = 0$는 기업 2의 이윤수준이 0인 등이윤곡선이다. 기업 1이 d 보다 더 적은 수량을 생산 공급하면 기업 2는 반응곡선 AL을 따

성에 따른 것이다.

라서 생산하면서 양(+)의 이윤을 벌지만, d 보다 더 많이 공급하면 기업 2는 이윤이 음(−)의 수준을 벗어날 수 없기 때문에 생산 중단으로 반응하는 것이다.

그림의 점 d는 선도기업 1에게 최대이윤 S를 보장해주는 이 상황의 폰 스탁켈버그 균형이다. 추종자인 기업 2는 현재 조업 중일 수도 있고 외부에서 시장진입을 계획할 수도 있다. 〈그림 10−18〉의 폰 스탁켈버그 균형에서 선도자인 기업 1은 d보다 조금 더 큰 d^+를 생산함으로써 기업 2를 퇴출시키거나 시장진입을 원천 봉쇄한다. 기업 1이 단독으로 d^+를 생산함으로써 얻어지는 시장가격은 기업 2를 배제하기 위하여 전략적으로 책정된 가격이라 할 수 있다. 이처럼 경쟁기업이 진입하여 이윤을 낼 수 없으므로 진입을 포기하도록 전략적으로 가격(또는 생산량)을 선택하는 행위를 **진입저지 가격책정**(limit pricing)이라고 한다.[13)]

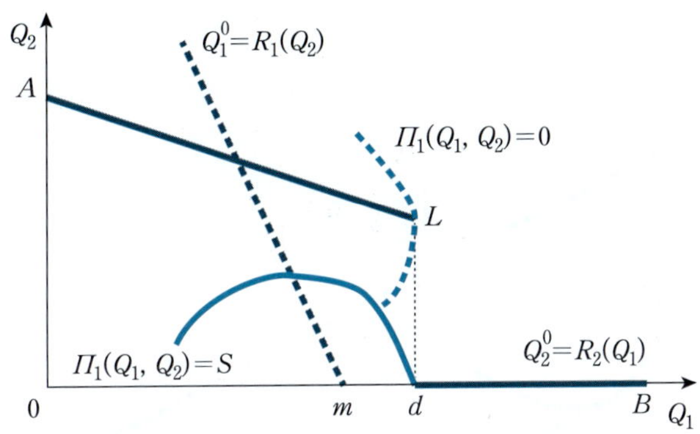

〈그림 10−18〉 진입저지 가격(생산량)의 책정

그런데 선도 기업은 〈그림 10−18〉에서는 경쟁 기업의 진입저지를 의도하지만 〈그림 10−17〉에서는 경쟁 기업의 진입을 허용한다. 즉 폰 스탁켈버그 선도모형은 선도자가 자신의 이윤에만 관심을 쏟을 뿐 경쟁 사업자를 무조건 퇴출시키려하지는 않음을 보여준다.

기업 1이 아무 경쟁도 없는 상태에서 시장을 독점한다면 $MR = MC$ 조건을 충족하는 생산량을 선택한다. 〈그림 10−18〉의 점 m이 바로 그 생산량이다. 그림에서 알 수 있는 바와 같이 진입저지 생산량 d는 독점 생산량 m보다 더 크다. 그러므로 진입

13) 가격은 차후에 쉽게 변경할 수 있으므로 생산설비 수준이 (낮은) 가격을 뒷받침해야만 진입하려는 기업에게 위협을 줄 수 있다.

저지 독점에서는 $MR < MC$ 인 조건으로 생산량이 결정된다. 달리 말하면 외견상으로 단일 기업이 공급을 독점한 시장이라고 하더라도 생산량이 $MR = MC$ 조건을 충족한다고 속단하면 안 된다.

예제 10-5

현재 기존기업이 책정한 가격보다 낮은 평균비용으로 생산할 수 있는 외부기업이 있다면 이 외부기업은 신규로 진입할 수 있을까? 예컨대 현재 독점기업이 가격을 1만원으로 책정하여 팔고 있는데 외부 기업이 충분한 물량만 확보한다면 8천원으로 생산 공급할 수 있을 때 이 기업은 시장에 진입할까? 〈그림 10-19〉는 그렇지 않은 경우를 보여준다.

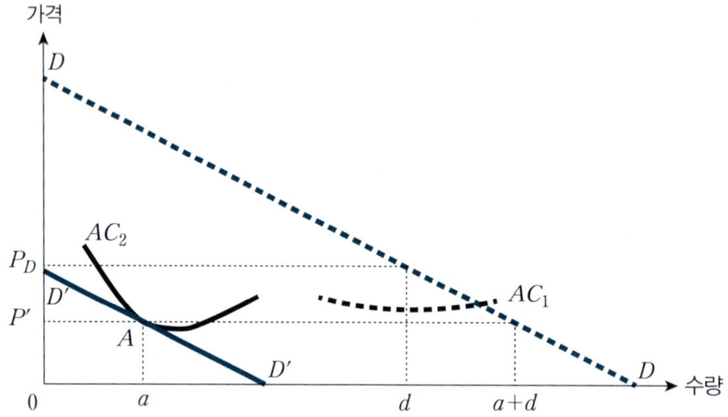

〈그림 10-19〉 진입기업의 평균비용 AC_2 보다 더 높은 진입저지가격 P_D

그림에서 점선 DD는 시장수요곡선이고 점선 AC_1과 실선 AC_2는 각각 기존기업 1과 외부기업 2의 평균비용곡선이다. 기존기업 1, 즉 선도기업이 산출 d를 공급하면 외부기업이 당면하는 수요곡선은 시장수요곡선 DD가 왼쪽으로 d만큼 평행이동한 실선 $D'D'$ 다. 외부기업 2의 평균비용곡선 AC_2가 그림처럼 수요곡선 $D'D'$에 점 A에서 접한다면 이 기업은 산출 a를 생산하여 가격 P'에 공급하면서 생산비용을 모두 회수한다. 그런데 기업 1이 d보다 조금 더 많은 d^+를 공급해버리면 외부기업의 수요곡선 $D'D'$는 조금 더 왼쪽으로 이동할 것이므로 기업 2가 어느 수량을 생산하더라도 비용을 회수할 수 없다. 즉 생산량 d^+를 생산하면 기업 2는 시장에 진입하지 못하고 기업 1은 진입저지에 성공한다. 이때 진입저지가격은 그림의 가격 P_D보다 약간 낮은 수준으로 결정된다. 그리고 기업 1의 평균비용곡선은 이 가격에서 기업 1이 + 이윤을 얻음을 보여준다.

〈그림 10-19〉의 흥미로운 점은 기업 2가 a를 생산할 때의 평균비용 P'는 진입저지가격 P_D보다 한참 낮다는 사실이다. 즉 P'는 8천원이고 P_D는 1만원이다. 그러나 기업 2가 a를 생산하여 이윤을 얻으려면 기업 1이 생산량을 d 이하로 줄여주어야 하는데 가격선도자인 기업 1은 결코 그렇게 해주지 않는다. 그렇기 때문에 현행가격 1만원에서 수지를 맞출 수 있는 8천원의 저비용 기업이라도 감히 시장진입을 시도하지 못하는 것이다.

규모의 경제와 자연독점 앞에서 우리는 '규모의 경제'를 시현하는 산업의 공급은 단일 기업에 맡길 때 생산비용을 최소화할 수 있음을 보았다. 그런데 규모의 경제, 즉 평균비용체감의 특성을 보이는 산업은 그대로 방치하더라도 시장조정의 결과로 자연히 독점으로 귀결될까? 다음 예는 반드시 그렇지는 않음을 보여준다.

예제 10-6

복점 시장에서 수요곡선의 방정식은 $P = 10 - Q$로 주어져 있고 똑같은 비용함수 $C(Q) = 0.01 + Q$를 가진 두 기업 1과 2가 경쟁한다.[14] 먼저 꾸르노 수량경쟁의 경우를 살피자. 기업 1과 2의 생산량을 각각 Q_1과 Q_2로 놓으면 기업 2의 이윤식은

$$\begin{aligned} \Pi_2(Q_1,\ Q_2) &= (10 - Q_1 - Q_2)Q_2 - (0.01 + Q_2) \\ &= -Q_2^2 + (9 - Q_1)Q_2 - 0.01 \end{aligned}$$

이고, 이로부터 기업 1의 생산량이 Q_1일 때 기업 2가 이를 인정하고 자신의 이윤을 최대로 하는 생산량 Q_2^0, 즉 반응곡선 $R_2(Q_1)$을 구하면 그 방정식은

$$Q_2^0 = R_2(Q_1) = \frac{9 - Q_1}{2} \tag{10-8}$$

14) 평균비용은 $AC(Q) = \frac{C(Q)}{Q} = 1 + \frac{0.01}{Q}$로서 산출량이 증가함에 따라 감소한다(규모의 경제).

이다. 기업 1의 반응곡선을 같은 방식으로 풀면

$$Q_1^0 = R_1(Q_2) = \frac{9 - Q_2}{2} \tag{10-9}$$

이다. 꾸르노-내쉬 균형은 이 연립방정식 (10-8)과 (10-9)의 해

$$Q_1^0 = Q_2^0 = 3$$

로 결정된다. 복점가격은 $P^0 = 10 - (3+3) = 4$ 이고 각 기업의 비용은 $C(3) = 0.01 + 3 = 3.01$이므로 두 기업 모두 각각 8.99(= 4×3−3.01)의 이윤을 남긴다. 즉 '규모의 경제'를 갖춘 두 복점기업이 각각 상대방을 수용하므로 서로 시장을 독점하려는 쟁탈전은 나타나지 않는다.

만약 기업 1이 폰 스탁켈버그 가격선도자라면 어떨까? 기업 1의 이윤은 $\Pi_1(Q_1,\ Q_2) = -Q_1^2 + (9 - Q_2)Q_1 - 0.01$ 인데 Q_2를 반응곡선 (10-8)로 바꾸면

$$\begin{aligned} \Pi_1 &= -Q_1^2 + \left(9 - \frac{9 - Q_1}{2}\right)Q_1 - 0.01 \\ &= -\frac{Q_1^2}{2} + \frac{9Q_1}{2} - 0.01 \end{aligned}$$

인데 이것을 최대화시키는 해를 구하면 $Q_1^S = 4.5$ 이고, 이에 따라 $Q_2^S = 2.25$를 얻는다. 그리고 기업 1과 2의 이윤은 각각 다음과 같다.

$$\Pi_1(Q_1^S,\ Q_2^S) = 10.115, \quad \Pi_2(Q_1^S,\ Q_2^S) = 5.05$$

그런데 이 해는 가격선도자 기업 1이 추종자 기업 2를 퇴출시키지 않고 수용할 때 폰 스탁켈버그 균형이다.

퇴출 가능성을 조사하기 위하여 기업 2의 이윤을 0으로 만드는 기업 1의 생산량을 찾아보자. 기업 2의 이윤식 $\Pi_2(Q_1,\ Q_2) = -Q_2^2 + (9 - Q_1)Q_2 - 0.01$ 의 Q_2에 반응곡선 (10-8)을 대입하면

$$\Pi_2 = -\left(\frac{9-Q_1}{2}\right)^2 + \frac{(9-Q_1)^2}{2} - 0.01 = \frac{(9-Q_1)^2}{4} - 0.01 = 0 \text{ 이고,}$$

Q_1과 Q_2가 모두 양(+)임을 감안하면 기업 1이 자신의 생산량을 $Q_1 = 8.8-$로 결정할 때 기업 2는 스스로 퇴출한다. 그러나 그때 기업 1이 얻는 이윤은 $\pi_1 = (10-8.8)8.8 - (0.01+8.8) = 1.75$로서 위 $\Pi_1(Q_1^S,\ Q_2^S) = 10.115$보다 훨씬 더 작다. 즉 가격선도자 기업 1은 추종자 기업 2의 퇴출보다는 수용을 선택한다. 〈그림 10-20〉은 이 상황을 묘사한다.

그림에서 검은 직선 $R_2(Q_1)$는 기업 2의 반응곡선인데 점 A에서 기업 2의 이윤이 0으로 되고 Q_1이 8.8보다 더 커지면 기업 2가 생산 중단으로 반응함을 나타낸다. 그리고 파란 직선 $R_1(Q_2)$와 곡선 $\pi_1(Q_1,\ Q_2) = 10.115$는 각각 기업 1의 반응곡선과 등이윤곡선을 나타낸다. 점 C는 꾸르노-내쉬 균형, 그리고 점 V는 폰 스타켈버그 균형이다. 기업 1이 2를 퇴출시키려면 8.8보다 더 많이 생산해야 하는데 그 경우 기업 1의 이윤은 점 V의 10.115보다 더 낮다. 기업 1로서는 기업 2의 조업을 허용하는 것이 더 좋다.

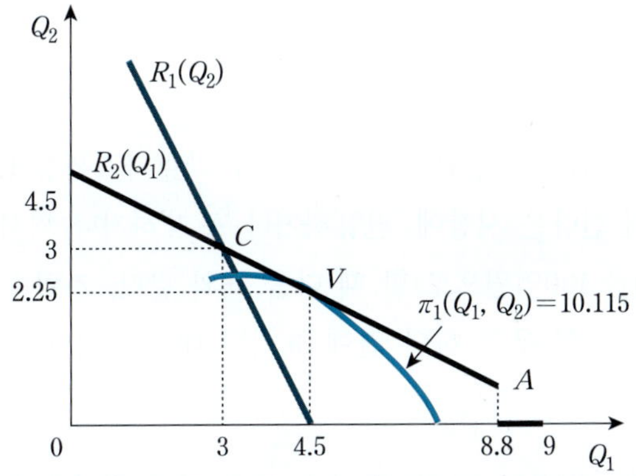

〈그림 10-20〉 규모의 경제 산업의 복점균형

약탈가격과 평판효과 〈그림 10-19〉의 기업 1은 진입저지가격 P_D를 책정하여 기업 2의 진입을 성공적으로 저지하면서도 자신의 평균비용 AC_1(〈그림 10-19〉의 점선)이 P_D보다 낮기 때문에 양(+)의 이윤을 얻고 있다. 그런데 경제학자들은 기존기업

이 손실을 감수하면서까지 가격을 낮게 책정함으로써 경쟁 기업을 배제하려 할 경우가 있다고 생각한다. 신규진입을 저지하기 위하여, 또는 이미 조업 중인 경쟁 기업을 퇴출시키기 위하여 스스로 손실을 입을 정도로 낮은 가격을 책정하는 행위를 **약탈가격책정**(predatory pricing)이라고 한다.

약탈가격책정으로 출혈경쟁 끝에 경쟁 기업들을 퇴출시키거나 신규진입을 저지하면 약탈가격 전략을 구사한 기업은 시장을 독점할 수 있다. 그런데 약탈가격을 구사하는 동안에는 손실이 누적된다. 이 손실은 어떻게든 보상받아야 하는데 시장을 독점한 뒤에 가격을 올려서 보상받는 방법은 현실성이 없다. 가격을 올리면 퇴출당한 기업들이 다시 시장에 복귀할 것이므로, 독점적 지위는 곧 무너질 것이기 때문이다. 그러므로 약탈가격의 출혈에 대한 보상은 달리 모색해야 한다. 이 문제를 살피기 위하여 다음의 예를 보자.

현재 사업을 하고 있는 기업 1과 이 시장에 신규로 진출하려고 하는 기업 2가 벌이는 2인 진입게임을 생각해보자. 현재 기업 1이 시장을 독점하여 매년 200억원의 이익을 얻고 있는데 기업 2가 신규로 진입하려고 한다. 신규진입이 성공하면 두 기업은 200억원의 이익을 반으로 나누어 각각 100억원씩 벌 수 있다. 그러나 기업 1이 약탈가격 전략을 구사하여 원가 이하로 출혈 판매를 벌이면 두 기업 모두 각각 100억원의 손실을 떠안게 된다.

기업 1의 전략은 기업 2의 진입을 '수용'하거나 약탈가격책정으로 '응징'하거나 둘 중 하나다. 기업 2의 전략은 시장에 '진입'하거나 '포기'하거나 역시 둘 중 하나다. 각 기업의 보수는 단위를 100억원으로 할 때 다음 표와 같다. 가령 (응징, 포기)의 전략조합에 대한 보수는 표의 우측 하단 란에 표기된 대로 기업 1 은 2, 그리고 기업 2는 0이다.

이 게임에서 (수용, 진입)과 (응징, 포기)는 모두 각각 내쉬균형이다. 이 사실은 독자가 직접 확인하기 바란다. 균형 (응징, 포기)는 기업 1이 '응징'하겠다고 엄포를 놓는데 기업 2가 그에 굴복하여 진입을 '포기'함을 뜻한다. 그런데 엄포에도 불구하고 기업 2가 '진입'한다면 기업 1이 과연 '응징'할까? 기업 2가 '진입'할 때 기업 1이 엄포한 대로 '응징'한다면 기업 1도 100억원의 손실을 감수해야 한다. 반면에 '수용'한다면 100억원의 이익을 얻는다. 일단 기업 2가 진입하면 기업 1로서는 '수용'하는 것이 더 낫다. 그러므로 게임이론은 내쉬균형 (응징, 포기)에서 '응징'은 시행하지 못할 엄포로 끝나고 실제로 실현되는 상황은 또 다른 내쉬균형 (수용, 진입)이라고 결론 내린다. 즉 (수용, 진입)만이 〈그림 10-21〉의 진입 게임의 하위게임 완전균형이다.

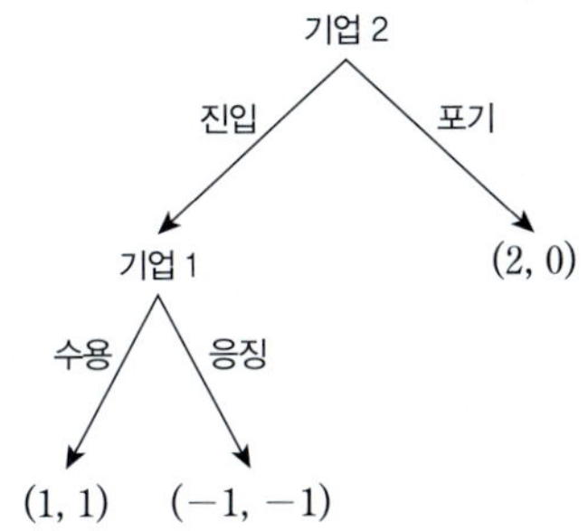

〈그림 10-21〉 진입 게임

게임이론의 분석대로라면 약탈가격책정 행위는 합리적 선택이 아니다. 그러나 현실에서는 약탈가격이 출혈경쟁을 수시로 유발하는 것 같다. 분석결과가 현실과 맞지 않으니 역설이다.

이 역설의 함의는 약탈가격책정에 따른 손실을 설정된 게임의 틀 안에서만 회수해야 한다면 기업 1은 결코 약탈가격의 행위를 하지 못하고 진입을 수용한다는 것이다. 그러므로 역설적 약탈가격에 대한 설명을 제시하려면 그에 따른 손실의 보상을 달리 찾는 설명을 제시해야 한다. 그 가운데 하나가 평판구축이다.

이제 위의 예에서 기업 1을 전국적으로 500개의 점포를 보유하고 있는 연쇄점이라고 하고 기업 2를 그 지역에서 한 개의 점포를 개설하려고 하는 지역사업자라고 하자. 위 예의 상황은 전국적 연쇄점의 어느 지역 점포에서나 일어날 수 있다. 점포당 이윤이 200억원이면 연쇄점 전체의 이윤은 10조원이다. 만약 500개 점포가 모두 '진입'을 '수용'하면, 이 연쇄점은 일시에 5조원의 이윤을 잃는 피해를 부담한다. 연쇄점으로서는 도저히 감내하기 어려운 상황이다.

마침 다른 점포들은 조용한데 어느 한 지역에서 지역사업자가 연쇄점 점포의 주변에 점포를 개설하려고 한다. 만약 이 진입을 수용했다가는 다른 지역의 지역사업자들도 진입을 감행할 것이고 결국 5조원의 이윤감소를 감내해야 하는 지경에 이를 수도 있다. 그러나 100억원 정도의 출혈을 무릅쓰고 진입을 응징하면 전국적 연쇄점은 진입응징에 약탈가격책정도 불사한다는 강성 평판을 구축할 수가 있다. 이 **평판효과**(reputation effect)로 다른 지역의 진입까지 저지한다면 이 진입저지는 충분히 할 만하다. 약탈가격책정이 비록 그 시장에서는 보상받지 못할지라도 강성 평판을 구축하여 다른 시장에서 보상을 받기 위해 나타나는 현상이라고 설명할 수 있다.[15)]

제4절 독점적 경쟁

독점적 경쟁의 시장여건 비슷한 규모의 많은 기업이 각각 조금씩 분화된 상품을 생산하여 공급하는 시장조직을 **독점적 경쟁**(monopolistic competition)의 시장조직이라고 한다. 독점적 경쟁은 상품을 공급하는 기업들의 규모가 서로 엇비슷하고 그 숫자가 다수인 점에서는 완전경쟁과 같지만 서로 분화된 상품을 공급하므로 각 기업이 당면하는 수요곡선이 우하향한다는 점에서는 독점 및 과점과 유사하다. 기업의 수요곡선이 우하향하는 한 독점적 경쟁의 시장에서도 각 기업은 독점 및 과점기업들의 경우와 같이 자기 제품에 대한 수요를 확대하기 위하여 선전광고 등의 활동을 전개한다. 그러나 독점적 경쟁의 경우에는 기업의 규모가 서로 엇비슷하고 그 숫자가 다수이므로 몇몇 특정한 상표가 시장을 장악하는 일은 일어나지 않으며 신규기업의 진입도 완전경쟁처럼 자유롭다.

각 기업이 분화된 상품을 공급하고 있다는 점에서 독점적 경쟁과 (분화된) 과점은 유사하다. 우선 경쟁 기업들의 제품이 긴밀한 대체재이므로 개별기업이 대하는 수요곡선은 대체로 매우 탄력적이다. 가격을 인하 또는 인상할 때 몰려들거나 빠져나가는 고객의 규모가 크기 때문이다. 또 기업별 시장수요곡선은 다른 기업들이 현재 책정하고 있는 가격의 변화에 민감하게 반응한다. 그런데 반응 방식에서 독점적 경쟁 시장은 분화과점 시장과 차이를 보인다.

시장 내 기업의 숫자가 소수인 과점에서는 각 기업은 서로 다른 기업들이 책정하

15) 그러나 완전한 정보가 있는 경우에는 점포의 수가 아무리 많아도 진입이 순차적으로 발생하는 진입게임의 유일한 하위게임 완전균형은 항상 수용하는 것이다. 즉 이론적으로 완전정보 하에서는 평판효과가 발생하지 않는다. 이를 가리켜 **연쇄점 역설**(chainstore paradox)이라 한다.

고 있는 현재 가격의 수준과 변화를 즉시즉시 알고 이에 따라 자신의 수요곡선에 일어날 변화에 면밀하게 대처할 수가 있다. 경쟁 기업들의 숫자가 몇 안 되는 만큼 그들의 개별 행태가 어떻게 변하는지를 주목하기도 쉽다. 그러나 다수의 기업이 공급에 참여하는 독점적 경쟁 시장에서는 개별기업들이 다른 기업들의 현재 가격을 모두 파악할 수는 없는 경우가 보통이다. 또 파악하더라도 한 경쟁 기업의 가격변화가 주는 영향은 미미하기도 하고 다른 경쟁 기업들의 행동으로 상쇄되기도 한다. 특히 자유로운 진입 퇴출로 수시로 늘고 주는 경쟁 기업들의 숫자가 주는 영향도 중요하다. 독점적 경쟁 시장의 기업들은 파악 불가능한 다른 기업들의 가격행태보다는 바로 내 점포 옆에서 새로 개점하는 신규진입에 대처하는 일이 더 중요하다. 음식점, 이발소, 미장원 및 동네 병원 등의 자영업체(entrepreneurship)가 주도하는 업종에서 벌어지는 경쟁이 대체로 독점적 경쟁이다.

독점적 경쟁 시장의 가격결정 독점적 경쟁 시장의 기업별 수요곡선은 매우 완만한 기울기를 가진다. 〈그림 10-22〉는 개별기업의 산출 결정과 가격 책정을 설명한다. 수요곡선이 우하향하므로 산출과 가격의 결정은 앞 독과점과 마찬가지로 $MR = MC$의 한계원리에 따른다.

독점적 경쟁 시장은 여러 라이벌 기업들의 이해관계가 서로 얽힌 게임의 장이다. 만약 〈그림 10-22〉의 상황이 안정적이면 시장은 현재의 조건에서 내쉬균형을 이루

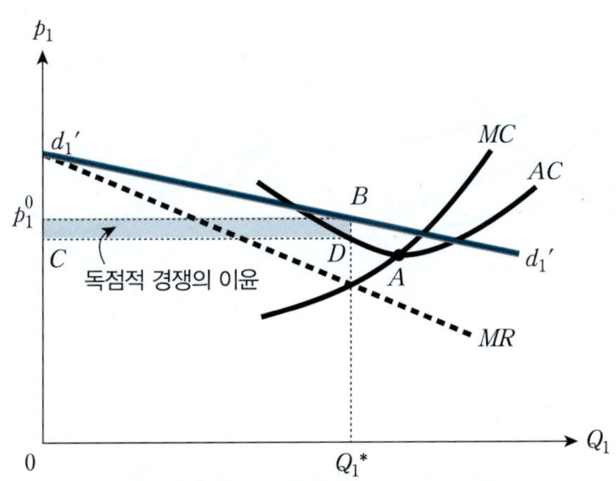

〈그림 10-22〉 독점적 경쟁의 단기균형

고 있다고 이해해도 된다. 이 내쉬균형을 **독점적 경쟁균형**(monopolistic competition equilibrium)이라고 부른다. 그런데 참여기업이 제한된 과점시장의 균형이 안정된 것과는 달리 신규진입과 퇴출이 자유로운 독점적 경쟁 시장의 균형은 매우 역동적이다. 특히 그림처럼 한 기업이 이윤을 벌고 있다면 이 상황은 결국 조만간 신규진입을 촉발할 것이다.

독점적 경쟁의 장기적 전개 〈그림 10-22〉를 보면 현재의 독점적 경쟁균형에서 기업 1은 빗금친 사각형 p_1^0BDC의 넓이만큼 이윤을 벌고 있다. 시장 내의 기업들이 모두 기업 1과 같이 양(+)의 이윤을 얻고 있으면 현재 시장에 참가하지 않고 있는 기업들도 이윤을 노리고 시장진입을 시도한다. 독점적 경쟁의 시장은 진입장벽 없이 신규진입을 얼마든지 수용하기 때문에 스스로 이윤을 얻을 수 있을 것으로 판단하는 기업들은 항상 시장에 진입하여 상품의 생산 공급에 참여할 수 있다.

만약 신규로 진입한 기업들도 실제로 양(+)의 이윤을 얻는 데 성공하고 따라서 이와 같은 신규진입이 계속된다면 기존기업들이 점유하고 있던 시장은 신규로 진입한 기업들에 의하여 잠식당하기 때문에 (기존기업들이 당면하는) 수요곡선은 〈그림 10-23(a)〉와 같이 점차 왼쪽으로 이동한다. 그리고 이에 따라 한계수입곡선도 왼쪽으로 이동한다.

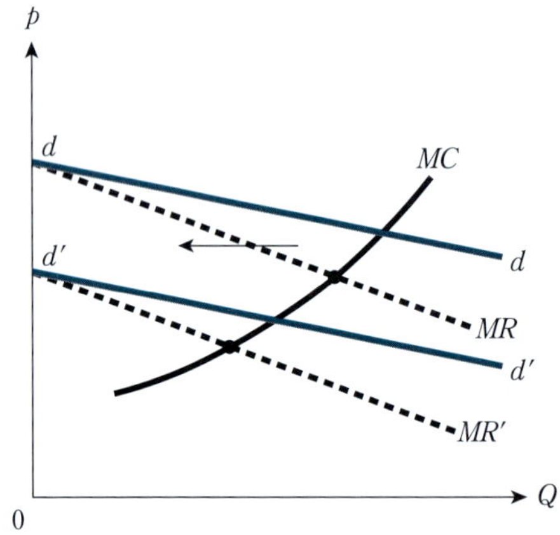

(a) 신규진입에 의한 수요곡선의 좌향 이동

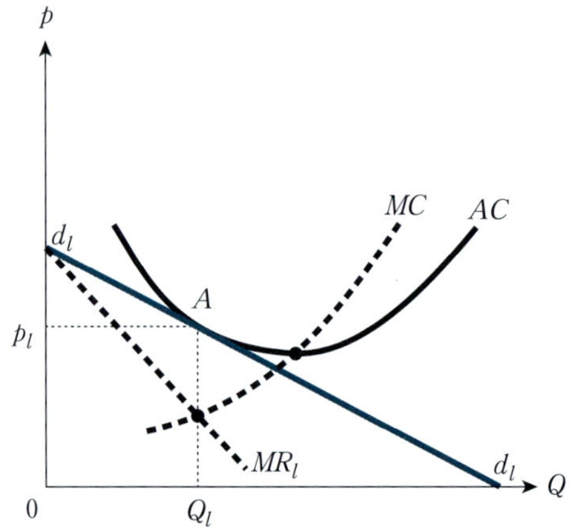

(b) 독점적 경쟁의 장기균형

〈그림 10-23〉 독점적 경쟁의 장기균형

비용구조가 그대로인 가운데 일어나는 수요곡선 및 한계수입곡선의 좌향이동은 명백히 기존기업들의 이윤을 감소시킨다. 그렇더라도 기존기업들의 이윤이 아직 양(+)인 수준에서 신규진입이 중단된다면 독점적 경쟁의 시장에서 각 기업은 장기에서도 양(+)의 이윤을 계속 누릴 것이다. 반면에 시장 내 어느 한 기업이라도 양(+)의 이윤을 얻고 있는 한 신규진입이 계속된다면 개별기업의 장기균형은 결국 〈그림 10-23(b)〉에서 점 A로 결정될 것이다. 그림 (b)를 보면 수요곡선 $d_l d_l$은 평균비용곡선 AC와 점 A에서 서로 접한다.

기업 i가 점 A의 산출 Q_i를 공급할 때 최대이윤을 얻는데 그 최대이윤의 크기는 0이다. 그러므로 기업의 (장기)한계수입(MR_l)은 산출 Q_i에서 한계비용과 일치하여 등식

$$MR_l(Q_i) = MC(Q_i)$$

가 성립한다. 신규진입이 계속되어 수요곡선이 $d_l d_l$의 왼쪽으로 더 이동하면 그림의 기업은 퇴출당한다. 엇비슷한 기술 수준의 기업들이 수없이 많다면 독점적 경쟁의 장기균형에서 조업하는 기업들의 사정은 그림 (b)와 같을 것이다.

독점적 경쟁의 시장성과 독점적 경쟁의 단기 및 장기적 시장성과도 앞에서 살펴본 독점의 비효율성을 유발한다.[16] 그런데 독점적 경쟁의 장기균형이 소망스럽지 못함은 다른 시각으로도 드러난다. 〈그림 10-24〉을 보자. 수요곡선 $d_l d_l$이 우하향하는 한 이것이 평균비용곡선 AC와 접하는 점 A는 평균비용이 최소로 되는 점 B의 왼쪽이 위치하게 된다. 즉 모든 기업의 장기이윤이 0이라고 할지라도 독점적 경쟁의 경우에는 완전경쟁의 경우와는 달리 개별기업의 생산활동은 최소평균비용점 B가 아닌 점 A에서 이루어진다.

이처럼 더 낮은 평균비용으로 생산할 수 있는 설비를 갖추고 있으면서도 이 설비를 완전히 가동하지 않고 있는 것은 결코 바람직한 특성이 아니다. 〈그림 10-24〉에서 최소평균비용점 B의 산출 Q_{MC}와 실제로 기업이 설비를 가동하여 생산하는 산출 Q_i의 차이는 독점적 경쟁의 장기균형이 방치하는 **초과설비**(excess capacity)를

16) 연습문제 참조

상품단위로 표시한 것이다. 이러한 초과설비는 독점적 경쟁에서 제공되는 제품의 다양성에 대해 지불하는 비용이라고 볼 수 있다.

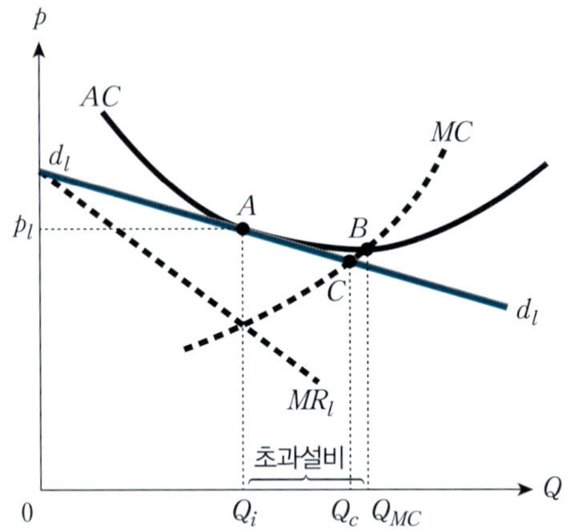

〈그림 10-24〉 장기독점적 경쟁균형의 초과설비

그런데 대부분의 기업 활동은 자영업에서 출발한다. 앞의 분석에서는 신규진입이 기존기업들의 시장을 잠식하는 경우만을 살펴보았지만, 현실에서는 거꾸로 공급제품의 품질을 높여서 시장 점유를 확대하고 비용을 더욱 낮추어 더 많은 이윤을 버는 기업도 많이 나온다. 이러한 기업들은 끊임없는 창조혁신으로 자영업체에서 중견기업으로, 그리고 더 나아가서 대기업으로 성장해 나가는데 이들의 기업활동은 대부분 독점적 경쟁에서 출발한다.

다른 시장조직과 마찬가지로 독점적 경쟁 시장도 구조적 문제를 안고 있지만 이보다 더 중요한 장점은 신규진입이 자유롭다는 것이다. 무한 경쟁에 노출된 기업들은 살아남기 위하여 모든 노력을 다 기울이면서 신상품과 신기술을 개발해 나간다. 시장성과는 하버거삼각형과 같은 정태적 비효율성보다는 동태적 진입자유와 같은 경쟁 창달적 시각에서 평가해야 할 것이다.

연습문제

1. 과점기업이 당면하는 수요곡선의 구조가 다음과 같은 식으로 표현된다.

$$P = \begin{cases} 10 - 0.5Q, & 0 \le Q < 10 \\ 20 - 1.5Q, & Q \ge 10 \end{cases}$$

이 수요곡선을 그려라. 이 수요곡선에 대한 한계수입곡선을 도출하고 이것을 그려라.

2. 상품이 차별화된 과점적 시장에서 어느 과점기업이 내쉬적으로 행동한다. 경쟁 기업이 각각 다른 가격을 책정할 때 이 기업이 당면하는 수요곡선을 몇 개 그려라. 이 그림으로부터 이 기업이 스위지식으로 예상하는 경우의 수요곡선을 도출하라. 이 수요곡선은 굴절수요곡선인가?

3. 상품이 차별화된 과점적 시장에서 한 기업이 가격선도자로서 행동할 때 과점가격이 결정되는 과정을 설명하라.

4. 모든 산출량 Q에서 항상 $MR(Q) < MC(Q)$가 성립한다면 독점기업의 공급량은 어떻게 결정되는가?

5. 모든 산출량 Q에서 항상 $MR(Q) > MC(Q)$가 성립한다면 독점기업의 공급량은 어떻게 결정되는가? 요소가격이 불변인 경우와 변하는 경우를 구분하여 설명하라.

6. 과점적 시장에서 시장수요곡선이 우하향하는 직선으로 주어져 있다.
   1) 상품이 동질적일 때 기업의 반응곡선이 우하향함을 보여라.
   2) 상품이 차별화 되어 있을 때 기업의 반응곡선이 우상향함을 보여라.

7. 가격추종자가 가격수용자로 행동한다면 가격선도자가 당면하는 수요곡선은 어떻게 결정되는가?

8. 서로 규모가 엇비슷한 무한 다수의 기업이 동질적 상품을 공급한다면 가격선도자가 존재하더라도 이에 의하여 책정되는 가격은 $P = MC$의 관계를 유지하게 된다. 이것을 증명하라.

9. 가격차별화를 실시하는 독점기업이 있다. 시장 1과 2의 수요곡선이 각각 η_1 및 η_2의 가격탄력성을 지니고 있다. 만약 $\eta_1 > \eta_2$라고 한다면 어느 시장에서 가격이 보다 높게 책정되는가?

10. "정부가 $\overline{P}$를 최고가격으로 지정하였더니 독점기업은 아 가격을 그대로 책정하고 있다. 이 사실로 미루어 볼 때 정부는 독점을 성공적으로 규제하고 있음을 알 수 있다."에 대해 설명하라.

11. 제2절 방법을 사용하여 독전적 경쟁이 장기균형에서도 비효율적임을 보여라.

12. 〈그림 10-23〉에서 기업 1이 가격 선도자로서 그리고 기업 2가 가격수용자로서 행동할 때 가격이 책정되는 과정을 설명하라.

13. "초기에 발명 특허를 얻어 독점으로 시작한 산업도 시간이 경과한다면 반드시 대체재가 개발되므로 과점적 시장구조로 변천한다. 이 산업의 기업들이 높은 이윤을 누리는 한 새로운 대체재의 개발을 통한 신규진입이 계속될 것이기 때문에 모든 시장조직은 종국적으로는 완전경쟁을 향하여 변천하게 된다."에 대해 설명하라.

14. "경쟁이 계속되면 궁극적으로는 승자만 살아남고 패자는 도태되기 마련이다. 그러므로 비록 처음에는 완전경쟁의 형태로 출발한 시장구조라고 할지라도 시간이 흐르면 결국 독점적 구조로 변천하고 만다."에 대해 설명하라.

15. 1960년대 이후 우리 나라시장구조의 형성 및 변천과정을 설명하라.

MICROECONOMICS

PART V

요소시장과 분배이론

본 단원에서는 요소시장과 함께 분배이론에 대해 살펴본다. 요소시장도 산출시장처럼 수요와 공급에 의해 분석할 수 있다. 그러나 생산요소에 대한 수요는 생산물에 대한 수요로부터 도출된다. 그리고 생산물 시장의 형태에 따라 그 수요는 달리 결정된다. 따라서 생산요소에 대한 수요는 생산물 시장이 완전경쟁시장인가 불완전경쟁시장인가에 따라 달라진다. 이러한 내용들이 제11장에서 다뤄진다.

요소시장이 중요한 또 한 가지 이유는 가계의 소득이 여기서 결정되기 때문이다. 또한 요소시장에서는 수요가 한 기업에 의해 독점되는 수요독점이 나타나기도 한다. 따라서 정부가 저소득층을 보호한다는 이유로 요소시장에 개입하는 경우가 나타난다. 제12장에서는 정부가 요소시장에 개입할 경우 어떠한 경제적 효과가 발생하는지에 대해 살펴본다.

시장은 각자의 능력에 따라 보상을 가져다준다. 따라서 시장에 의해 움직이는 경제는 각자가 가지고 있는 최대의 능력이 발휘되도록 자극을 제공하는 동시에 재력이 되었든 재능이 되었든 각자가 가지고 있는 능력이 다를 경우에 발생하는 불평등으로 인한 부작용을 제어하지 못한다. 제13장에서는 소득분배의 여러 문제들을 살펴본다.

CHAPTER 11

요소수요와 요소시장 균형

제1절 완전경쟁 산출시장의 요소수요

노동 및 자본수요곡선 완전경쟁시장에서 산출과 요소가격이 (p, w, r)로 주어지면 기업이윤은 $pQ - wL - rL$이다. 기업의 요소수요 $(L,\ K)$는 이윤최대화 문제

$$\max_{L,\ K} pf(L, K) - wL - rK \tag{11–1}$$

의 해로서 가격체계 (p, w, r)의 함수다. 이제 임금 w가 변할 때 노동수요 L이 변하는 모습, 즉 노동수요곡선의 모습을 고찰해보자.

가격체계 (p, w, r)에서 생산 (Q, L, K)가 기업이윤을 최대화한다고 하자.[1] 이제 임금만 w'로 변하였고 그에 따라 이윤최대화 생산도 (Q', L', K')로 달라졌다고 하자. 그러면 부등식

$$pQ - wL - rK \geq pQ' - wL' - rK' \tag{11–2}$$

1) 여기서 "생산"이란 산출–투입 벡터를 말한다.

이 성립한다. 가격 (p, w, r)에서는 생산 (Q, L, K)가 이윤을 최대화하기 때문이다. 그러나 가격 (p, w', r)에서는 생산 (Q', L', K')의 이윤이 최대이므로 부등식

$$pQ' - wL' - rK' \geq pQ - w'L - rK \tag{11-3}$$

가 성립한다. 부등식 (11–2)와 부등식 (11–3)을 더하여 정리하면 부등식

$$(w' - w)(L' - L) \leq 0 \tag{11-4}$$

을 얻게 된다.

부등식 (11–4)는 임금이 오르면 $(w' > w)$ 노동 수요가 늘지 않음$(L' \leq L)$을 뜻한다. 즉 임금을 세로축으로 잡은 노동수요곡선은 우하향한다. 같은 방식으로 자본의 가격만 변하는 경우를 고찰하면 자본수요곡선도 우하향함을 알 수 있다.[2)] 이 사실은 [결과 11–1]로 요약된다.

> **[결과 11–1]** 산출시장이 완전경쟁이면 기업의 노동수요곡선과 자본수요곡선은 각각 우하향한다.

요소수요의 특성 산출 및 요소가격 (p, w, r)에서 생산 (Q, L, K)가 기업이윤을 최대화한다고 하자. 이때 노동을 한 단위 더 고용하면 산출은 노동의 한계생산 $MP_L(L, K)$만큼 증가하므로 판매수입은 $pMP_L(L, K)$만큼 증가한다. 이 증가분을 **노동의 한계생산가치**(value of marginal product of labor, VMP_L)라고 한다. 노동 한 단위 고용증가는 당연히 비용지출을 증가시키는데 이 지출 증가분을 **노동의 한계요소비용**(marginal factor cost of labor), 또는 **노동의 한계투입지출**(marginal expense of input in labor)이라고 한다. 임금이 일정하게 주어진 상태라면 노동의 한계요소비용은 임금 w다.

자본의 한계요소비용, 또는 한계투입지출 VMP_K 도 같이 정의된다. 즉 임대가격 r이 일정하다면 자본의 한계요소비용은 r이다.

---

2) 산출가격 p만 변하는 경우를 고찰하면 산출의 공급곡선이 우상향함을 보일 수 있다. 이 분석방식을 n–투입 m–산출의 경우에도 그대로 적용하면 한 산출의 가격만 변하는 경우 그 산출의 공급곡선이 우상향함을, 그리고 한 투입의 가격만 변하는 경우 그 투입의 수요곡선이 우하향함을 볼 수 있다.

노동의 한계생산가치 VMP_L 이 임금 w보다 더 크거나 작다면 노동 고용을 한 단위 더 늘리거나 줄임으로써 기업이윤을 늘릴 수 있다. 그러므로 현재의 기업이윤이 최대화되었다면

$$VMP_L(L, K) = w \tag{11-5}$$

의 관계가 성립해야 한다. 마찬가지로

$$VMP_K(L, K) = r \tag{11-5'}$$

의 관계도 성립한다.[3] 〈그림 11-1〉은 이 사실을 노동시장에 대하여 묘사하는데 자본시장에 대해서도 같이 그릴 수 있다.

〈그림 11-1〉에서 유념할 점은 각 임금 수준에서 노동수요는 그때그때의 한계생산가치 VMP_L 과 같지만 노동수요곡선 D_LD_L 은 특정 VMP_L 곡선은 아니라는 사실이다. 그림의 두 점선은 자본고용수준이 각각 K와 K' 일 때의 VMP_L 곡선이다. 임금이 w와 w' 일 때 자본수요가 각각 K와 K' 로 서로 다르기 때문에 노동수요곡선 D_LD_L 은 특정 VMP_L 곡선일 수가 없다.

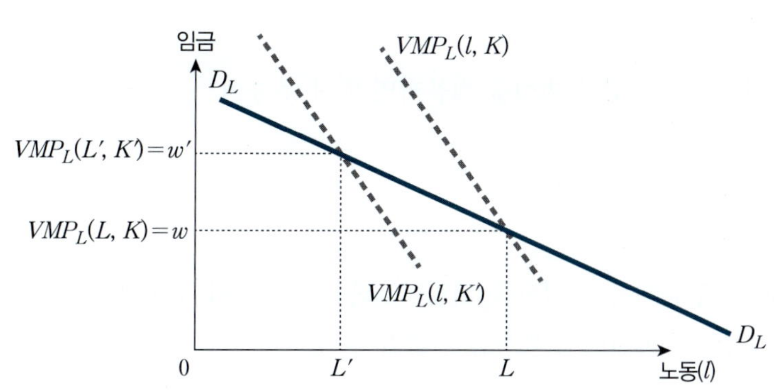

〈그림 11-1〉 산출시장 완전경쟁 기업의 노동수요곡선

3) 식 (11-5)와 (11-5′)는 이윤최대화 문제 (11-1)의 1계조건이다.

제2절 불완전경쟁 산출시장의 요소수요

노동 및 자본수요곡선 이제 산출시장이 불완전경쟁일 때의 요소수요함수를 살펴보자. 편의상 독점의 경우만을 살펴보기로 한다. 독점기업의 산출에 대한 시장수요곡선을 $P(Q) = P(f(L, K))$ 라고하자. 독점이윤을 최대화하는 기업행동은 최대화문제

$$\max_{L,K} P(f(L, K))f(L, K) - wL - rK \tag{11–6}$$

의 해로 결정된다. 이 해는 분명히 요소가격 (w, r)의 함수다.

산출시장 독점기업은 요소가격이 (w, r)일 때 투입조합 (L, K)를 고용하여 이윤을 최대화하는데, 임금만 w'로 오르면 최대이윤을 얻는 기업행동은 투입조합 (L', K')를 고용하는 것으로 바뀐다. 그러므로 요소가격이 (w, r)일 때는 부등식

$$P(f(L, K))f(L, K) - wL - rK \geq P(f(L', K'))f(L', K') - wL' - rK' \tag{11–7}$$

가 성립하고, 요소가격이 (w', r)일 때는 부등식

$$P(f(L', K'))f(L', K') - w'L' - rK' \geq P(f(L, K))f(L, K) - w'L - rK \tag{11–7$'$}$$

가 성립한다. 앞 절과 같은 방식을 적용하면 역시 부등식

$$(w' - w)(L' - L) \leq 0 \tag{11–8}$$

를 얻는데 이 부등식은 독점산출 기업의 노동수요곡선이 우하향함을 뜻한다. 같은 방법으로 자본수요곡선도 우하향함을 보일 수 있다.

요소수요의 특성 요소가격 (w, r)에서 투입조합 (L, K)가 산출독점기업의 이윤을 최대화한다고 하자. 기업이 노동을 한 단위 더 고용하면 산출은 한계생산 $MP_L(L, K)$만큼 증가한다. 그런데 산출이 한 단위 증가하면 판매수입은 한계수입 $MR(Q) = MR(f(L, K))$만큼 늘어나므로 노동 한 단위 추가고용은 판매수입을

$MR(Q) \times MP_L(L, K)$만큼 늘린다. 이 판매수입증가분 $MR(Q) \times MP_L(L, K)$를 **노동의 한계수입생산**(marginal revenue product of labor)이라고 하고 $MRP_L(L, K)$로 적는다.

이 한계수입생산이 노동의 한계요소비용인 임금 w보다 더 크거나 작으면 노동고용을 늘리거나 줄임으로써 기업이윤을 더 늘릴 수 있다. 그러므로 현재 이윤을 최대화하고 있다면 등식

$$MRP_L(L, K) = w \tag{11-9}$$

가 성립한다. 자본의 한계수입생산 $MRP_K(L, K)$도 같이 정의되고 따라서 등식

$$MRP_K(L, K) = r \tag{11-9'}$$

도 성립한다. 〈그림 11-2〉는 독점산출 기업의 우하향하는 노동수요곡선이다. 자본수요곡선도 같이 그릴 수 있다.

〈그림 11-2〉에서도 수요곡선 D_LD_L은 자본수요별로 달라지는 한계수입생산곡선 MRP_L과는 다름을 유념하라.

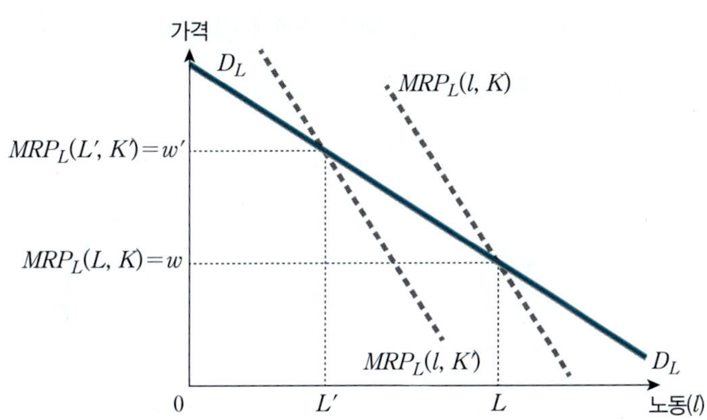

〈그림 11-2〉 독점 산출 기업의 노동수요곡선

제3절 요소공급과 시장균형

요소공급곡선 우리는 제5장 제6절에서 소비–여가 선택과 소비–저축 선택의 문제들을 살펴보았다. 하루 24시간을 가진 가계는 식품가격과 임금이 주어진 상태에서 일해서 번 돈으로 식품을 구입하고 나머지 시간은 여가로 즐긴다. 하루 24시간에서 선택된 여가시간을 빼면 노동공급시간이므로 이 소비자선택은 결국 노동공급을 결정하는 선택이다. 노동공급곡선은 〈그림 11–3(a)〉처럼 우상향하다가 임금이 어느 수준 이상으로 오르면 우하향으로 역전한다.

이자율이 주어진 상태에서 현재의 소득을 소비와 저축에 배분하는 소비자선택은 결국 자금 공급의 결정이다. 이 선택의 결과로 나오는 자금공급곡선은 그림의 (b)에서 보듯이 우상향하다가 이자율 r이 어느 수준 이상으로 오르면 다시 우하향한다.

〈그림 11–3(a)〉에서 임금이 w_0 이상으로 오르면 노동공급곡선은 우하향하는 모습으로 바뀐다. 임금이 어느 수준 이상의 영역으로 진입하면 근로자의 소득이 충분히 커져서 근로시간을 줄이고서도 충분히 풍요로운 생활을 할 수 있기때문에 임금이 올라도 노동공급은 감소하는 것이다. 그림 (b)는 이자율이 충분히 오르면 이자소득이 미래생활을 충분히 감당할 만큼 커지므로 이자율이 더 상승하더라도 저축이 오히려 줄어드는 모습에서 나온다.

〈그림 11–3〉의 개별 요소공급곡선을 모든 가계에 걸쳐서 수평적으로 합치면 사회 전체의 요소공급곡선이 된다.

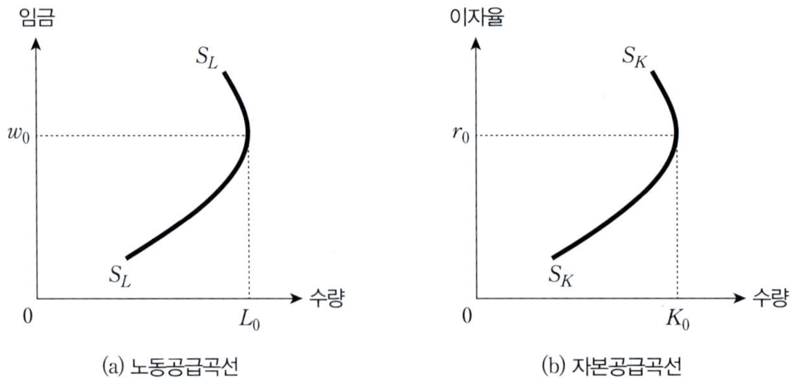

〈그림 11–3〉 요소공급곡선

요소시장의 균형 노동과 자본은 생산의 필수 요소로서 생산활동을 벌이는 기업은 반드시 수요하고 그 공급은 전체 가계가 담당하므로 모든 경제주체가 거래에 참여한다. 그러므로 요소시장에서는 수요자이건 공급자이건 모두 다 가격수용자일 수밖에 없다. 따라서 요소시장의 균형은 수요와 공급이 일치하는 수준의 요소가격과 고용량으로 결정된다.

노동수요곡선은 기업이 산출을 완전경쟁시장에 공급할 때 〈그림 11-1〉과 같고 불완전경쟁시장에 출하하면 〈그림 11-2〉와 같다. 시장전체의 노동수요는 국가경제 내 모든 기업의 개별수요를 합친 것이므로 개별노동수요곡선을 모조리 수평적으로 합한 것이 시장 노동수요곡선이다. 그리고 〈그림 11-3(a)〉의 개별노동공급곡선을 수평적으로 합친 것이 경제 전체의 노동공급곡선이다. 노동시장의 균형은 시장 노동수요곡선과 경제 전체의 노동공급곡선이 교차하는 점에서 형성된다.

〈그림 11-4〉에서 시장 전체의 노동수요곡선은 DD, 노동공급곡선은 SS, 그리고 시장균형은 점 E이다. 임금과 고용량은 각각 시장균형 E의 w^*와 L^*로 결정된다. 같은 방식으로 자본시장의 균형도 〈그림 11-4〉처럼 구할 수 있다. 자본시장 균형의 이자율과 자금유통량을 각각 r^*와 K^*라고 하자.

산출을 완전경쟁시장에 출하하는 개별 기업 i는

$$w^* = VMP_L^i(L_i^*,\ K_i^*),\quad r^* = VMP_K^i(L_i^*,\ K_i^*) \tag{11-10}$$

를 충족하도록 투입조합 $(L_i^*,\ K_i^*)$를 고용하고, 불완전경쟁인 기업 j는

$$w^* = MRP_L^i(L_j^*, K_j^*),\quad r^* = MRP_K^j(L_j^*, K_j^*) \tag{11-10′}$$

를 충족하는 투입조합 $(L_j^*,\ K_j^*)$를 고용한다. 그리고 경제 전체의 요소고용 $(L^*,\ K^*)$는

$$L^* = \sum_i L_i^* + \sum_j L_j^*,\quad K^* = \sum_i K_i^* + \sum_j K_j^*$$

로 결정된다.

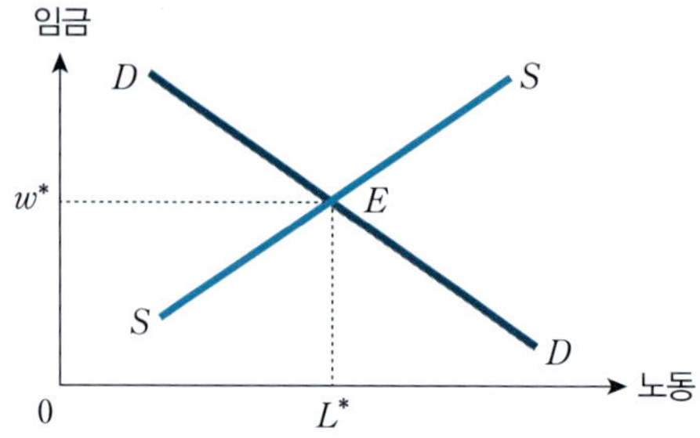

〈그림 11-4〉 노동시장의 균형

소득분배의 한계생산력설 만약 모든 기업이 산출을 완전경쟁시장에 출하한다면 국가경제는 전체 시장이 완전경쟁이다. 그리고 요소시장의 균형에서 드러나는 완전경쟁 국가경제의 소득분배는 매우 흥미로운 특성을 보인다. 즉 국가경제 내 모든 기업은 (11-10)의 조건을 충족하므로 노동과 자본 한 단위가 받는 소득은 각각 w^*와 r^*인데 그 크기는 해당 요소의 한계생산가치와 같다. 다시 말하면 완전경쟁 국가경제에서 각 생산요소 한 단위는 그 한계생산가치만큼을 분배받는다. 이 명제를 **소득분배의 한계생산력설**(marginal productivity theory of income distribution)이라고 한다.

이 한계생산력설은 현실 소득분배를 설명하는 이론으로는 결함이 많다. 현실에 엄연히 존재하는 '규모의 경제'는 완전경쟁이 수용하지 못하는 이단아다. '규모의 경제'가 아니더라도 적지 않은 숫자로 존재하는 독과점 기업들도 이 주장의 현실 설명력을 무너뜨리는 증거자료다. 그런데 이처럼 현실 설명에 적합하지 않은 명제가 올바른 소득분배의 기준으로서는 설득력이 있다.

생산요소가 받아갈 소득분배 몫은 그 생산요소의 생산기여분과 무관할 수 없다. 그러나 실제 받아가는 몫은 눈으로 보면서 확인할 수 있지만 생산기여분이 얼마인지는 알아내기 어렵다. 그런데 지금 여러 생산요소가 어울려서 산출 1,000 단위를 생산하고 있는데 노동을 한 단위 더 투입하였더니 생산이 1,008로 증가하였다고 하자. 이 경우 추가 노동 한 단위의 생산기여분이 8이라고 설명하면 수긍할 만하다.

소득분배의 한계생산력설은 이 설명을 내세워 모든 노동 한 단위의 기여분을 8로 보고 임금을 8로 정해야 한다는 것이다. 노동단위별로 투입 순서와 수행 역할은 다를 것이나 전체노동의 생산기여분을 노동단위 별로 차별화한 평가가 가능할지는 의

문이다. 또 특정 역할에 순서를 바꾸어 어느 노동단위를 쓰더라도 그 성과가 같다면 굳이 차별화 평가가 필요할까? 한계생산력설은 단위별 차별평가를 반대하면서 마침 현실적으로 평가수치가 드러나는 최종 단위의 기여분으로 각 노동단위의 기여분을 유추하고 임금을 그렇게 정하자는 것이다. 자본의 기여분에 대해서도 마찬가지다.

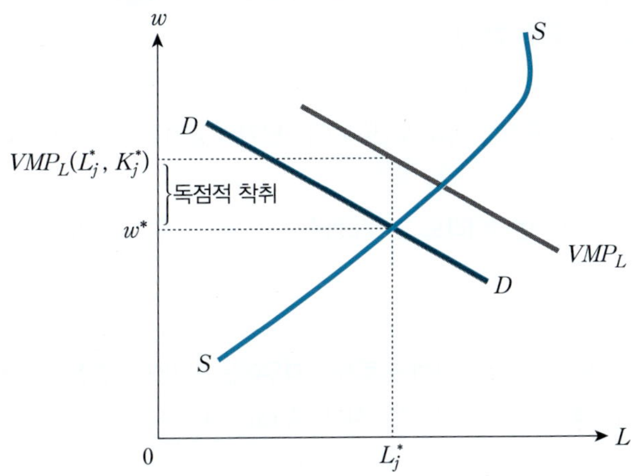

〈그림 11-5〉 독점적 착취

생산요소의 생산기여분을 달리 더 설득력 있게 제시하지 못하는 상태에서 한계생산력설은 가장 설득력 있는 소득 책정 기준으로 받아들여졌다. 그리고 이 기준에 따르면 산출시장이 독점일 때 생산요소는 (11–10′)가 보여주는 것처럼 그 한계생산가치에 못 미치는 한계수입생산을 보수로 받는다. 같은 임금 w^*와 이자 r^*를 소득으로 받더라도 산출시장이 완전경쟁이면 (11–10)에 따라서 받아야 할 한계생산가치를 받는 것이고 불완전경쟁이면 받아야 할 몫보다 더 적게 받는 것이다. 이 경우 $VMP_L^j(L_j^*, K_j^*) - w^*$와 $VMP_K^j(L_j^*, K_j^*) - r^*$를 각각 노동과 자본에 대한 **독점적착취**(monopolistic exploitation)라고 부른다.[4] 〈그림 11–5〉는 독점적 착취를 도시한다.

4) 이 착취는 마르크스 경제학에서 말하는 노동착취와는 완전히 다른 개념으로서 여기에서는 자본도 착취당한다.

연습문제

1. 자본에 대한 수요곡선이 우하향하고 상품의 공급곡선이 우상향함을 제2절의 방법으로 증명하라(식 (11-8) 유도과정 참조).

2. 임금 w가 상승하면 산출량은 어떻게 변하는가? 단기와 장기를 구별하여 답하라.

3. "자본의 임대가격 r이 변하더라도 단기노동수요곡선은 그 위치를 이동하지 않는다."에 대해 설명하라.

4. "자본의 적정 수준 이상으로 과다하게 투자된 경우에는 단기에서 결정된 균형 임금 및 노동의 고용량은 시간이 흐름에 따라 모두 감소한다."에 대해 설명하라.

5. 실물자본을 생산하는 기업의 기술의 발전하여 그 한계비용곡선이 아래쪽으로 이동하였다. 자본의 균형임대가격은 어떻게 변하겠는가?

6. 소비자들이 애초에 $\overline{K}$ 만큼의 실물자본을 (과거에 저축한 결과로) 보유하고 있는 경우에 자본시장에서 임대가격 r과 고용량 K^*가 결정되는 과정을 설명하라.

7. 완전경쟁적 국민경제에서 정부가 근로활동의 중요성에 대하여 홍보활동을 전개한 결과 노동의 공급곡선이 우측으로 이동하였다. 노동의 고용량과 임금은 단기와 장기에서 각각 어떻게 달라지겠는가?

8. 상품 B를 생산하는데에는 원료 A가 필요하다. 완전경쟁의 시장에서 결정된 A와 B의 가격은 각각 $P_A = 100$ 및 $P_B = 300$이다.
   1) A의 공급곡선이 우측으로 이동하여 A의 가격이 $P_A' = 80$으로 하락하였다. B의 가격은 어떻게 되겠는가?
   2) 만약 정부가 가격통제를 실시하여 A의 가격의 상한선을 $\overline{P_A} = 80$으로 책정한다면 B의 가격은 어떻게 되는가? 1)과 2)의 답이 서로 다른 이유를 설명하라.

CHAPTER 12

정부의 요소시장 개입

제1절 수요독점과 최저임금

요소시장 왜곡요인 산업활동이 고도화하면 오직 한 기업만이 그 수요를 독점하는 특수 부품이나 기능 인력이 나타난다. 이러한 독점을 **수요독점**(monopsony)이라고 한다. 수요독점은 요소시장을 왜곡하여 소득분배에 악영향을 끼치므로 정부의 정책적 개입이 필요하다. 시장교환의 본질은 관련자들이 동의하는 소유권 이전으로서 재산권보호는 시장질서의 근간이다. 재산권 침탈로 이어지기 쉬운 소득분배의 왜곡을 막기 위해 정부는 요소시장에 적극적으로 개입한다.

그런데 현실에서 정부의 시장개입은 재산권의 기본적 보호 수준 이상이다. 가격상한제 시행이 좋은 예다. 아동노동 금지와 주 52시간 노동제도 그렇다. 국민 각자의 소득분배를 결정하는 요소시장의 기능에 대한 정부개입은 특히 심하다. 최근 큰 사회문제로 부상한 최저임금제와 비정규직의 정규직화는 대표적인 사례다. 한국은행이 통화공급을 조절하여 이자율을 조종하는 것도 같은 사례로 볼 수 있다.

수요독점 수요독점기업의 이윤최대화 조건도 추가고용이 벌어오는 추가수입이 추가비용 지출과 같아야 한다는 일반적 한계원리를 벗어나지 않는다. 수요독점시장의 한계원리를 밝히기 위하여 이 특수요소의 공급부문을 심층 고찰해보자.

만약 공급자도 하나면 이 시장은 **쌍방독점**(bilateral monopoly)이다. 쌍방독점시장의 거래는 매매쌍방 간의 협상을 통해서 이루어진다. 협상이론은 게임이론의 과제로서 본 과정의 범위를 벗어나므로 공급자가 여럿인 수요독점시장만을 고찰한다. 공급자들은 각자 수요독점자가 자신의 (특수) 기능을 채용하도록 서로 경쟁한다. 그 결과 수요독점자는 특수기능의 공급곡선을 파악하고 자신의 이윤을 최대화하도록 그 가격을 결정할 수 있다.

특수기능의 수요를 한 기업이 독점한다면 이 생산요소를 사용하여 생산하는 상품의 공급도 이 기업이 독점한다. 그러므로 이 특수요소의 추가고용이 벌어오는 추가수입은 한계수입생산 MRP다. 그런데 추가비용지출은 다르다. 수요독점기업이 특수기능을 한 단위 더 채용하려면 그 기능의 단위당 보수 자체가 상승해야하기 때문이다. 그러므로 이 특수기능의 한계요소비용은 단순히 임금 w로 처리할 수 없다.

〈그림 12-1〉에서 곡선 SS는 특수요소 Z의 공급곡선이고 그 방정식은 $W(z)$이다. 수요독점자가 임금을 $W(z^0)$로 책정하면 공급자들은 특수기능을 z^0만큼 공급하고 $W(z^0+1)$로 책정하면 한 단위 더 많은 z^0+1을 공급한다. 현재 z^0을 고용하면 수요독점기업의 고용비용은 사각형 $W(z^0)az^0O$의 면적이다. 그런데 이 요소를 한 단위 더 고용하면 전체비용지출은 사각형 $W(z^0+1)b(z^0+1)O$의 면적으로 증가한다. 이 경우 Z에 대한 한계요소비용 $MEI_Z(z^0)$은 "ㄱ"자 모습의 도형 $W(z^0+1)b(z^0+1)z^0aW(z^0)$의 면적이 되고 이것은 임금 $W(z^0)$에서 특수기능 한 단위를 추가하는 비용인 사각형 $ad(z^0+1)z^0$의 면적보다 명백히 더 크다. 이처럼 요소공급 z^0에서 한계요소비용 $MEI_Z(z^0)$은 임금 $W(z^0)$보다 더 크므로 그림의 한

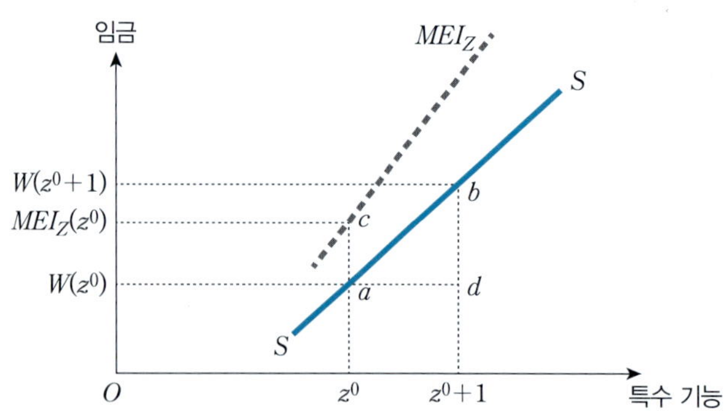

〈그림 12-1〉 수요독점기업의 한계요소비용

계요소비용곡선 MEI_Z 를 얻는다.[1)]

이제 이 특수 기능노동을 일반 노동에서 분리하여 수요독점기업의 생산함수를 $Q = f(L, z, K)$로 표기하자. 그러면 특수기능의 한계수입생산은

$$MRP_Z(L, z, K) = MR(f(L, z, K))MP_Z(L, z, K)$$

이다. 수요독점기업이 투입조합 (L^M, z^M, K^M)을 고용하여 $Q^M = f(L^M, z^M, K^M)$을 생산할 때 이윤최대화가 이루어진다고 하자. 그러면 이 생산에서는

$$MRP_Z(L^M, z^M, K^M) = MEI_Z(z^M) \tag{12-1}$$

의 관계가 성립한다. $MRP_Z(L^M, z, K^M)$의 그래프를 그려서 수요독점 균형 E를 표시한 것이 〈그림 12-2〉다. 그림의 점 E는 균형조건 (12-1)이 성립하는 점이다. 수요독점기업은 점 E의 공급량 z^M을 채용하고 임금은 $W(z^M)$으로 책정한다. 산출 Q^M의 가격은 $P(Q^M)$인데 그림의 $VMP_Z(z^M)$은 $P(Q^M) \times MP_Z(L^M, z^M, K^M)$을 뜻한다. $P(Q^M) \geq MR(Q^M)$이므로 당연히 부등식 $VMP_Z(z^M) \geq MRP_Z(L^M, z^M, K^M)$가 성립하고, 따라서 그림에서 점 b의 위치는 점 E보다 더 높다.

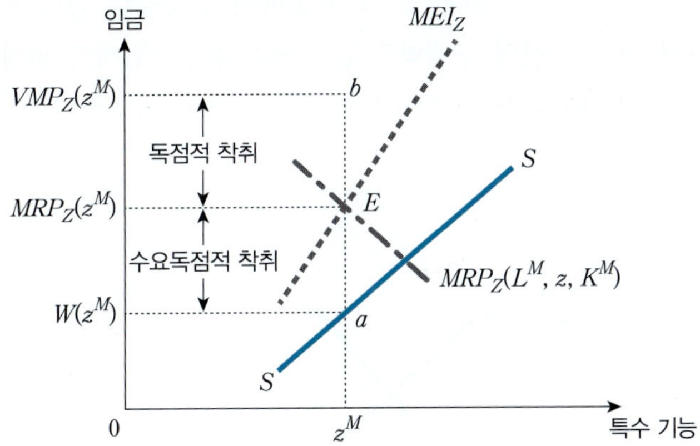

〈그림 12-2〉 수요독점 요소시장의 균형

1) MEI_Z 는 총지출 $W(z)z$ 를 z로 미분한 것이다. 즉 $MEI_Z = W(z) + W'(z)z$ 이다.

소득분배의 한계생산력설에 따르면 생산요소 Z는 그 한계생산가치 $VMP_Z(z^M)$를 임금으로 받아야 하는데 실제 책정된 임금은 이보다 더 낮은 $W(z^M)$이다. $VMP_Z(z^M)$와 $W(z^M)$의 차이는 $[VMP_Z(z^M) - MRP_Z(L^M, z^M, K^M)]$, 그리고 $[MRP_Z(L^M, z^M, K^M) - W(z^M)]$의 두 부분으로 나눌 수 있는데 전자는 앞항에서 이미 살펴본 독점적 착취다. 산출시장 독점의 효과는 독점적 착취로 모두 설명되므로 후자는 수요독점 때문에 생긴 차이다. 따라서 이것을 **수요독점적 착취**(monopsonistic exploitation)라고 부른다. 이처럼 요소시장이 수요독점이면 해당 요소는 독점적 착취에 더하여 수요독점적 착취까지 당한다.

중앙은행의 금리정책 현실의 자금시장은 중앙은행의 관리를 받는다. 통화공급을 조절하는 중앙은행은 경기 상황을 고려하여 이자율의 목표치를 정하고 자금시장에서 결정되는 시중 이자율이 이 목표치로 실현되도록 통화공급을 조절한다. 〈그림 12-3〉은 일단 〈그림 11-4〉를 자본시장에 맞게 고친 것이다. 원래의 자본공급곡선 SS에서 자본시장의 균형은 점 E의 (r^*, K^*)다. 중앙은행이 이자율을 r'로 내리기로 결정하면 통화공급을 늘림으로써 자본공급곡선을 $S'S'$로 이동시켜 새로운 시장균형 E'의 (r', K')를 실현시킨다.

중앙은행은 경기를 조절하기 위하여 금리를 조정한다. 그런데 이 정책은 소득분배에도 영향을 끼친다. 정부 개입으로 가계의 이자소득은 다른 조건은 마찬가지인데도 졸지에 r^*에서 r'로 낮아졌다. 또 그 와중에서 통화공급 확대가 인플레이션이라도 불러온다면 현금 자산의 구매력도 감소한다. 유감스럽게도 현재 세계 각각의 중앙은행들은 소득분배효과는 안중에 두지 않고 오직 경기조절의 목적으로만 금리정책을 시행한다.

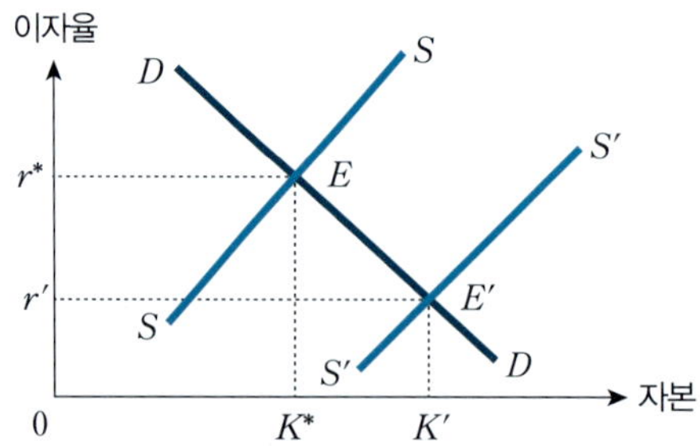

〈그림 12-3〉 금리정책과 자본시장

최저임금제도와 실업 최저임금제도는 정부의 노동시장 정책 가운데 하나다. 이 제도의 원래 취지는 저임금근로자의 최저 소득을 보장해주기 위한 것이었는데 최저임금 수준에 따라서 그 결과는 오히려 저임금근로자의 실업을 유발하는 등 부작용을 일으킨다. 최저임금 책정은 더 높은 수준의 임금에도 영향을 끼친다. 노사간 임금협상이 막바지에 이른 상태에서 정부가 최저임금을 인상 책정하면 이미 합의에 접근한 노동조합이라도 최저임금의 인상을 근거로 자신들의 임금을 더 인상해 주도록 요구한다. 그러므로 최저임금제도는 최저임금만이 아니라 정부가 나서서 특별히 보호해 줄 필요가 없는 고임금 부문의 임금에도 영향을 끼칠 수가 있다.

최저임금은 정부개입 없는 시장균형임금보다 더 높게 책정되지 않는다면 아무 효과도 없다. 그러므로 최저임금이 시장임금보다 더 높게 책정된 경우를 고찰해보자. 〈그림 12-4〉의 노동시장균형에 최저임금을 부과한 상황이 〈그림 12-4〉다. 정부 개입이 없는 시장균형 E에서 임금은 w^* 였으나 최저임금 $w^{\min}$ (파란 수평선)가 부과되자 노동공급곡선 SS'는 꺾어진 곡선 $w^{\min}cS$로 바뀌고 고용도 $L^{\min}$으로 줄었다. 노동시장은 선분 ac만큼의 초과공급이 해소되지 않고 있는데 이 실업은 현행 임금에서 일하고 싶은데 직장을 구하지 못한 **비자발적 실업**(involutary unemployment)이다. 즉 일반 노동시장의 최저임금제 시행은 임금 수준은 높이겠으나 고용을 줄이고 비자발적 실업을 빚는다.

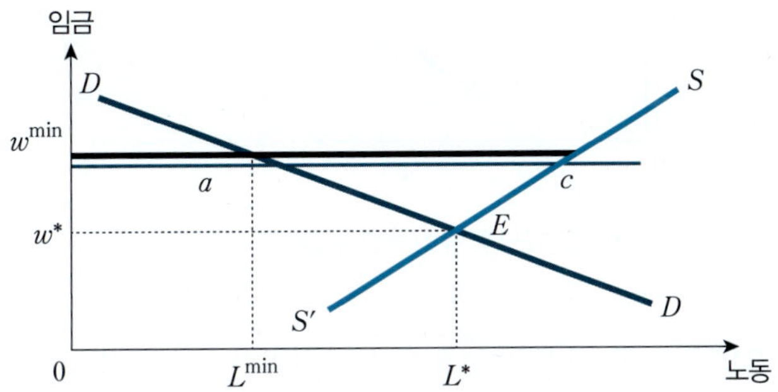

〈그림 12-4〉 최저임금의 부과

그러나 최저임금제 시행이 임금도 올리고 고용도 늘리는 경우가 있다. 바로 수요독점시장이 그렇다. 〈그림 12-5〉는 수요독점시장에 최저임금을 부과한 효과를 분석한다. 그림에서 애초의 수요독점 임금과 고용은 각각 $W(z^M)$과 z^M이었다. 여기에 최저임금 $w^{\min}$(파란 수평선)을 부과하면 공급곡선은 $w^{\min}cS$로 바뀌고 이에 따라 한계요소비용곡선도 $w^{\min}cdg$로 바뀐다. 현재의 고용 z^M에서 한계수입생산 $MRP_Z(L^M, z^M, K^M)$은 새로운 한계요소비용 $w^{\min}$보다 더 크므로 수요독점기업은 특수 노동 z의 고용을 더 늘린다. 즉 고용도 늘고 임금도 오른다.

최저임금 부과의 최종 효과는 어떻게 될까? 고용 z^c 이상의 영역에서는 공급곡선과 한계요소비용곡선이 최저임금 부과 이전과 달라진 바 없으므로 새로운 고용이 이 영역에서 결정될 리는 없다. 즉 고용은 최종적으로 z^M과 z^c 사이에서 결정된다. 그 설명이 좀 복잡하므로 여기서는 생략하지만 한 가지 사실은 분명하다. 해당 구간의 한계요소비용곡선이 수평선인 만큼 수요독점적 착취는 해소된다. 그러나 임금 $w^{\min}$은 여전히 한계수입생산 MRP_Z와 일치하므로 그보다 높은 한계생산가치 VMP_Z에는 못 미친다. 즉 독점적 착취는 여전히 그대로다.

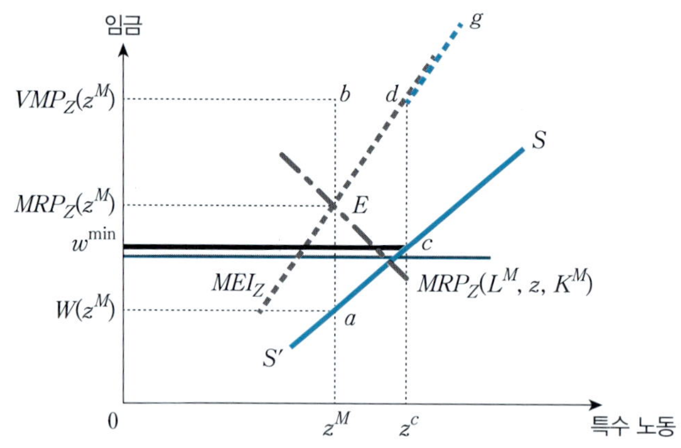

〈그림 12-5〉 수요독점시장의 최저임금제

또 한 가지 유념해야 할 사실은 고용은 늘어나지만 임금이 높아지는 만큼 일하려는 사람도 늘어나므로 비자발적 실업이 생길 가능성도 있다는 점이다.[2] 또 최저임금을 그림의 $MRP_Z(z^M)$보다 더 높게 책정하면 고용이 오히려 줄어든다.

최저임금 책정이 그나마 효과를 보는 경우는 수요독점시장이다. 그런데 수요독

2) 예컨대 최저임금이 노동수요와 노동공급곡선의 교점 c보다 높게 책정되면 노동의 초과공급, 즉 비자발적 실업이 발생한다.

점 현상이 나타나는 노동시장은 특수기능 인력의 시장에 한하는데 이 인력은 오직 한 독점기업만 사용한다. 편의점 알바나 식당 봉사 요원이 일하는 저임금 노동시장과는 다르다. 특수기능 인력의 규모는 전체 노동시장의 극히 일부에 지나지 않으므로 최저임금 책정이 현실 노동시장에 끼치는 영향을 제대로 설명하는 그림은 〈그림 12-5〉가 아니라 〈그림 12-4〉다.

요약하자면 최저임금을 책정하면 임금은 오르지만, 일반적으로 고용이 감소한다. 단 수요독점 상태의 특수노동시장이라면 임금상승과 고용증대의 두 마리 토끼를 잡을 수 있다. 이 경우에도 최저임금 수준을 너무 높게 책정하면 고용이 감소할 수 있다.

제2절 고용보호와 비정규직 문제

노동시장의 유연성과 고용보호 우리나라 노동시장에서 비정규직은 큰 문제다. 비정규직은 고용주가 쉽게 해고할 수 있고, 고용, 의료, 국민연금, 그리고 산업재해 등 4대 보험 혜택도 제대로 받지 못하는 근로자들을 지칭한다. 대부분의 비정규직은 고용기간이 한시적인 임시직들이다. 보수가 낮고 쉽게 해고당한다.

근로자에게 직장은 생명줄이다. 언제 해고당할지 모르는 불안 속에서 나날을 보내는 근로자의 고통은 굳이 당해보지 않아도 헤아릴 수 있다. **고용안전성**(job security)은 정부 노동정책의 주요 목표다. 그런데 한 번 채용하면 근로자 스스로 물러나기 전에는 해고할 수 없어도 문제다. 기업은 생산 활동에 필요한 인력은 채용하지만, 생산의 규모를 줄이거나 아예 접어야 하는 상황에서 필요하지 않게 된 인력은 해고할 수 있어야 한다. 한번 채용한 인력은 필요가 없어져도 계속 고용해야 한다면 기업은 아예 채용을 꺼리고 새 사업 시작을 주저할 것이다. 즉 노동시장의 **유연성**(flexibility) 또한 노동정책의 중요한 목표다. 외국 사례를 보면 영국과 미국의 노동법은 유연성을 중시하여 경영상 필요에 따른 근로자 해고를 쉽게 허용하는데 유럽은 고용안전성에 방점을 둔다.

노동시장이 경직적이면, 즉 유연하지 않으면 기업은 신규고용을 꺼린다. 그러나 유연하면 필요한 인력을 부담 없이 고용할 수 있다. 불필요해진 인력은 언제든 해고할 수 있기 때문이다. 고용수준을 나타내는 고용률[3]은 2017년 기준 영국 74.1%, 미국 70.1%, 프랑스 64.7%, 독일 75.3%, 덴마크 74.2%, 그리고 한국 66.6%이다. 고용보호가 약한 영국과 미국이 고용보호가 강한 프랑스보다는 높다. 그러나 고용을 역시 강하게 보호하는 독일은 영국보다 더 높은 고용률을 자랑한다. 아마 유럽 경제를 주도하는 독일 경제가 호황을 맞고 있는 영향이 클 것이다.

우리나라 근로기준법 24조는 경영상 필요에 의한 해고의 조건을 규정하고 있는데 영미보다는 유럽의 기조를 따른다고 평가받는다. 기업은 해고하지 않고 문제를 풀도록 노력한 실적이 있어야 하고 해당 인력을 해고하지 않으면 존속하기 어려움을 증명해야 한다. 그리고 해고하더라도 노동조합과 사전에 협의하여 동의를 얻어야 하고 당사자에게 해고 예정 사실을 오래전에 통보해야 한다. 기업주가 외부의 더 유능한 인력을 채용하기 위하여 현재의 평범한 직원을 내보내는 유형의 고용은 사실상 불가능하다. 이처럼 높은 강도의 고용보호를 시행하는 법체계를 **고용보호법제**(employment protection legislations, EPL))라고 한다.

일단 고용한 근로자가 자신의 직무를 성실하게 수행하고 있는데도 기업이 이 근로자를 해고하는 일은 막자는 것이 고용보호의 취지다. 그런데 이 근로자의 역할이 필요 없어졌다든가 또는 경기가 부진하여 조업을 단축하고 생산규모를 줄이는 등 정리해고의 필요가 발생할 수도 있다. 고용보호법제도 이러한 정리해고는 허용하지만 정리해고를 내세워 사용자가 부당하게 해고하는 일은 막아야 한다. 그러므로 해고 절차를 법제화하여 시행하는데 이 절차를 까다롭게 하면 사실상 해고를 금지하는 효과를 거둘 수도 있다. 그러므로 고용보호의 강도는 정리해고의 절차가 결정한다. 우리나라의 노동시장은 국제적으로 매우 경직적이라고 평가받는데 고용률 66.6%는 그 평가를 뒷받침한다.

정규직과 비정규직 정규직과 비정규직의 이중구조는 우리나라 노동시장 경직성의 한 단면이다. 고용보호법제에 의하여 고용보호를 받는 근로자가 정규직이고 고용보호가 없는 조건으로 취업한 임시직과 3년 근무계약 등 한시적 근무 기간을 계약하고 채용

3) 고용률은 $\frac{\text{취업자수}}{\text{15세 이상 인구수}}$로 정의된다.

된 기간제 근로자가 비정규직이다. 계속 일하려면 수시로 재계약해야 하는 비정규직 근로자는 임금협상력이 약하지만, 해고의 위험이 거의 없는 정규직 근로자는 강하다. 그 결과 같은 일을 하면서도 정규직 근로자는 비정규직보다 훨씬 더 많은 급여를 받는다. 실정이 이러하니 비정규직들은 정규직 전환을 요구하고, 기업들은 정규직 채용을 꺼려 될 수 있으면 비정규직으로 꾸려나가려고 한다.

〈그림 12-6(a)〉는 정규직과 비정규직의 임금 결정을 설명한다. 곡선 DD'와 SS'는 각각 노동수요곡선과 공급곡선이다. 노동시장은 균형 E에서 임금과 고용수준을 (w^E, L^E)로 결정한다. 지금까지는 정규직-비정규직의 차별이 없다. 그런데 채용과정에서 근로자 L^R은 정규직으로, 그리고 $(L^E - L^R)$은 비정규직으로 입사하였다. 이제 입사 후 일정 기간이 경과하여 임금을 재협상할 때의 문제를 살펴보자.

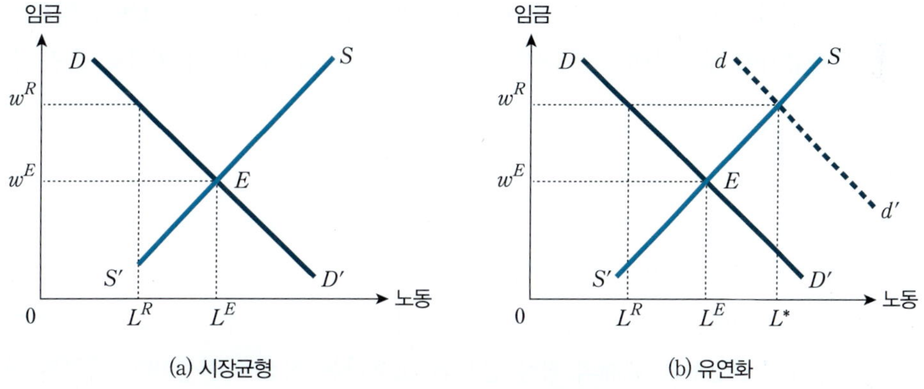

〈그림 12-6〉 정규직과 비정규직 임금

정규직들은 자신들의 임금을 올려달라고 요구하고 경영자는 이 요구를 거부한다. 그러나 이들을 내보내려면 자발적 퇴직밖에 방법이 없는데 퇴직을 유도하려면 적지 않은 퇴직금을 주어야 한다. 그러므로 큰 퇴직금을 주고 내보내느니 임금을 w^R로 올려주기로 합의한다. 비정규직들이 이를 보고 자신들의 임금도 올려달라고 요구한다고 하자. 그러나 임금 w^E에서는 $(L^E - L^R)$만큼의 인력을 언제든 다른 외부 취업 희망자들로 대체할 수 있다. 이들을 해고할 수 있고 대체 채용 인력도 충분하므로 사용자는 임금인상 대신 해고하겠다고 나설 것이고 고용보호가 없는 비정규직들은 움츠러들 수밖에 없다. 결국 정규직들은 고임금 w^R을 받고 비정규직들은 저임금 w^E를 수용하는 상태가 지속된다.

고용보호는 취업근로자에게 안정된 직장을 보장해주는 순효과를 제공하지만, 의도치 않게 그들의 임금협상력을 강화하는 부작용을 낳는다. 그 결과 기업들은 정규직 고용을 꺼리고 비정규직 근로자를 대거 채용함으로써 근로자들을 취업정규직과 나머지 비정규직 및 취업희망자들로 양분하여 차별한다. 만약 모든 근로자를 정규직화한다면 임금은 w^R로 오르겠지만 고용은 L^R로 줄어든다. 현재의 비정규직은 모두 해고되고 다시 취업하지 못한 비자발적 실업이 양산될 것이다.

노동시장은 고용보호가 강하면 경직되고 약하면 유연해진다. 투자자는 유연한 노동시장을 더 좋아하므로 고용보호를 완화하면 더 많은 투자를 유치할 수 있다. 예컨대 투자가 늘면 〈그림 12-6(b)〉처럼 노동수요곡선이 dd'로 우향 이동하여 모든 근로자의 임금이 현행 정규직 수준 w^R로 오르고 고용도 L^*까지 확대될 수 있다. 비정규직 문제는 반드시 풀어야 하지만 정규직화가 답은 아니다. 고용능력이 현재의 적지 않은 실업을 해결하지 못할 때 비정규직의 정규직화는 오히려 고용을 악화시킨다. 투자유치에 주력하여 고용능력을 강화하면 고용을 늘리면서 임금도 올릴 수 있다.

유연안전성 노동시장의 유연성과 고용의 안전성은 모두 필요한데 현실에서 이 둘은 서로 반대 방향으로 달리는 두 마리의 토끼다. 실제 사례를 보아도 미국과 영국은 유연성을 더 중시하고 유럽 대륙은 고용 안전성을 더 중시한다. 그런데 고용보호법제가 보장하는 안전성은 현재의 직장 근무를 보호하는 직장 안전성이다. 지금의 직장을 잃더라도 곧 비슷한 수준의 새 직장이 보장된다면 이 근로자의 고용은 안전하게 유지되는데 굳이 현재의 직장에서 계속 근무하도록 보호해야 할 까닭이 없다.

덴마크의 **유연안전성**(flexicurity) 모델에서 기업은 자유롭게 해고할 수 있고 해고당한 근로자는 효과적 재훈련 과정을 거쳐서 신속하게 취업한다. 정부는 퇴직 이후 재취업할 때까지 근로자의 생계를 보장하고 재훈련 프로그램과 예산을 지원하며 재취업을 알선한다. 이 모델은 기술 급변의 시대에 인력이 신속하게 새 기술을 습득하고 적응하도록 유도하는 데도 효과적이다. 덴마크는 2017년에 74.2%의 고용률을 기록하였는데 유연안전성 모델을 채택한 이후 줄곧 세계 최고 수준의 고용률을 기록해 오고 있다.

다만 시행 초기부터 충분한 생계비 보장과 내실 있는 재훈련에 지출할 비용이 과

다하다는 점이 문제로 제기되었다. 높은 세율이 뒤를 받쳐야 하고 평생 교육과 사회복지 지출도 유연안전성 중심으로 편성할 필요가 있다. 소득 보장 수준은 초기 100%에서 80%로 낮추었고 지금도 금액과 보장 기간에 대해 계속 논쟁 중이다.

연습문제

1. 어떤 노동시장의 수요함수는 $D=20-2w$, 공급함수는 $S=2+w$라 한다. 이 노동시장이 완전경쟁시장일 경우 시장에서 결정되는 임금과 고용은 각각 얼마인가?

2. 1번의 노동시장에서 최저임금을 시장임금보다 1만큼 높게 책정할 때 고용은 어떻게 되는가?

3. 1번의 노동시장이 수요독점시장이라면 임금과 고용은 각각 얼마인가?

4. 수요독점시장에서 결정된 임금보다 최저임금을 1만큼 높게 책정할 때 고용은 어떻게 되는가?

CHAPTER 13

소득분배의 여러 문제

제1절 공동생산의 경영권

이윤은 잔여 시장조직이 무엇이든 기업별 판매수입 pQ는 임금소득 wL, 자본소득 rK, 그리고 이윤 π로 분배되는데 이것을 수식

$$\pi = pQ - wL - rK \tag{13-1}$$

로 표현할 수 있다. 식 (13–1)의 우변 세 항목은 각각 산출시장, 노동시장, 그리고 자본시장에서 결정된다. 그리고 이윤은 판매수입에서 임금과 이자를 지불하고 남은 잔여임을 뜻한다.

기업의 생산 활동에는 여러 경제주체가 참여하고 그렇게 생산한 성과를 나눠 가진다. 참여 주체 가운데 무엇을 어떻게 얼마나 생산할지를 결정하고 다른 참여자들의 역할 수행을 감독하고 이끄는 경제주체는 **기업가**(entrepreneur)다. 기업가는 계약을 체결하고 다른 참여자들을 생산에 동원하여 계약대로 일을 시키고 보수를 지급하는데 식 (13–1)은 이렇게 지급되는 보수를 임금소득 wL과 이자소득 rK로 합산 분류한다.

노동과 자본의 몫을 결정하는 임금 w와 이자율 r은 생산개시 이전 계약체결 시

점의 시장가격으로 결정된다. 사업 결과 판매실적을 보고 사후에 결정되는 것이 아니다. 사업이 부진하여 판매수입으로 임금과 이자를 지불할 수 없는 상황이 되더라도 노동자와 자금공급자는 계약대로 각자의 몫을 요구할 권리가 있고, 기업가는 자금을 따로 빌려서라도 계약대로 지불할 의무가 있다. 반대로 사업이 잘되면 임금과 이자를 지불하고도 큰 이윤을 남길 수 있는데 이 이윤은 모두 기업가의 몫이다. 즉 이윤은 **잔여소득**(residual income)이고 기업가는 **잔여취득자**(residual claimants)다.

잔여취득자의 경영권행사 노동자나 자금공급자는 생산에 참여하고 각자 자신의 몫만 받으면 된다. 사업이 부진할 때 이자지불에 필요한 자금을 노동자가 조달할 의무는 없듯이 자금공급자도 임금지불이 어려울 때 필요 자금을 끌어올 의무가 없다. 이들은 자신의 몫에 대한 권리만 행사할 뿐 판매수입 pQ가 임금소득 wL과 이자소득 rK의 지불을 감당하지 못할 때 책임을 분담하지 않는다. 기업이 끝내 파산하면 기업재산을 매각하여 근로자가 체불 임금을 먼저 가져가고 그다음에 채권자가 체불이자와 원금을 회수해간다.

잔여취득자인 기업가는 다르다. 판매수입 pQ가 임금소득 wL과 이자소득 rK의 지불을 감당하고 남아야 이윤을 챙긴다. 그리고 기업가가 이윤을 챙길 때 근로자와 자금공급자는 임금과 이자를 받아갈 수 있고 생산 활동이 원활하게 돌아간다. 기업가가 이윤을 얻지 못하여 새로 빌려온 자금으로 임금과 이자를 지불하는 상황이 오래가면 그 기업은 결국 파산하므로 생산도 중단된다. 생산이 원활하게 돌아가려면 이윤이 남아야 한다. 기업생산이 이윤 취득을 최우선 목표로 삼는 것은 임금과 이자 지불을 보장하기 위해서라도 지극히 당연하다. 기업가가 기업 경영의 책임을 져야 하는 까닭은 이 때문이다.

선도노동과 추종노동 기업가가 자신의 이윤을 키우려면 생산할 상품을 잘 선택해야 하고 참여자들이 효율적으로 협력하도록 잘 관리해야 한다. 대박 상품을 개발하여 상품가격 p가 크게 오르면 임금소득 wL과 자본소득 rK를 지출하고도 큰 이윤 π를 얻는다. 그러나 판단 착오로 개발한 상품이 실패작으로 끝나면 임금소득 wL과 자본소득 rK를 약속한대로 지불하지도 못하고 파산한다. 그러므로 시장경제의 생산에서는 기업가 한 사람의 능력에 따라 기업이 잘 되기도 하고 망하기도 한다.

경제학자 슘페터(J. A. Schumpeter)는 인간노동을 먼저 무엇을 어떻게 할 것인지를 결정하고, 그다음에 이 결정대로 실제로 몸을 움직이는 두 단계의 작업으로 파악한다. 그리고 첫 단계의 결정을 주도하는 노동을 **선도노동**(directing labor)이라고 불렀고, 이 선도노동이 결정한대로 따라가면서 일하는 노동을 **추종노동**(directed labor)이라고 불렀다. 그리고 자신에게 무엇이 필요한지 잘 아는 자급자족 사회에서는 선도노동보다는 추종노동이 가치생산에 긴요하지만, 남에게 팔 상품을 생산하는 시장경제에서는 선도노동이 잘못 선택하면 추종노동이 아무리 열심히 일하더라도 아무 소득도 얻을 수 없는 헛일이 된다고 지적하였다.[1)]

기업가의 역할은 기업생산의 선도노동이다. 능력 있는 기업가는 유망한 사업을 판별하여 투자하고 생산과 판매를 잘 관리함으로써 임금과 이자를 잘 지불하고 자신도 큰 이윤을 번다. 기업가가 사업 선택을 잘못하면 근로자들이 아무리 성실하게 일하더라도 결국 체불임금의 고통에 빠진다. 성실한 근로자 없이 기업이 성공할 수는 없다. 그러나 기업 성공의 핵심 요인은 유능한 기업가다. 근로자가 불성실하더라도 유능한 기업가는 성실한 근로자들을 모집해 올 수 있지만 성실한 근로자들이 유능한 기업가를 초빙해 오지는 못한다.

선진국 국민의 높은 소득은 높은 임금에서 나오는데 임금은 기업이 준다. 많은 가계가 잘 살려면 좋은 임금을 주는 기업이 많아야 한다. 즉 능력 있는 선도노동이 이끄는 기업들이 많기 때문에 선진국 사람들은 높은 소득을 누린다. 반면에 기업가 능력이 부족한 나라는 일자리도 없고 요행히 일자리를 얻어도 임금 체불이 다반사다. 백성들이 잘 살 수가 없다. 가난한 나라를 부자로 만들려면 유능한 기업가가 많이 나와야 한다.

제2절 지대와 준지대

지대와 준지대 같은 노력과 비용을 들여 경작하더라도 비옥한 땅의 소출은 척박한

1) Joseph A. Schumpeter, *The Theory of Economic Development*, A Galaxy Book, 1961

땅보다 더 많다. 비옥한 논에서는 쌀 10섬을 거두는데 척박한 논의 소출은 6섬이라고 하자. 논 주인이 비옥한 논과 척박한 논을 각각 지대 5섬과 2섬에 소작 부치려고 한다면 농부는 너나없이 비옥한 논을 원할 것이고, 소작료를 각각 6섬과 1섬으로 정하면 이번에는 모두 척박한 논을 원할 것이다. 지대의 차이가 3섬이면 비옥한 논을 차지할 때 1섬을 더 얻고 반대로 5섬이면 척박한 논의 경작에서 1섬을 더 얻는다. 두 논 사이의 지대 차이가 4섬이라야 경쟁은 사라지고 두 논이 모두 경작될 것이다. 이처럼 동일한 경작 노력에서 나오는 수확량의 차이 4섬은 논의 비옥도 차이 때문이고 소작 줄 때 부과하는 지대의 차액도 이 차이로 결정된다는 설명이 리카르도의 **차액지대**(differential rent)설이다.

차액지대는 비옥한 논과 척박한 논이 함께 경작될 때 나타난다. 비옥한 논이 무진장하다면 척박한 논은 경작되지 않을 것이므로 차액지대가 발생하지 않는다. 비옥한 논이 희소할 때 발생하는 소득이 차액지대이고 그 결정 과정을 주도하는 것은 더 많은 소득을 추구하는 경작자들 간 경쟁이다.

비옥한 논이 차액지대를 누리는 까닭은 경작에 동원할 비옥한 논이 더 없기 때문이다. 일반 생산 활동에서도 고정투입은 단기간 내에 그 고용을 확대할 수 없다. 고정투입의 필요성이 커져도 그 고용을 확대하지 못하는 단기에는 차액지대 성격의 소득이 발생할 수 있다.[2] 예컨대 어느 마을에 여관이 하나 있는데 갑자기 그 마을이 관광명소로 부상하여 찾아오는 관광객들이 급증한다고 하자. 숙박료가 몇 배로 오르고 객실이 매일 만원이므로 여관의 수입도 급격히 늘어난다. 이 수입은 일반 평범한 여관이 얻는 수입과는 달리 그 본질이 비옥한 토지가 얻는 차액지대와 마찬가지다. 다만 새로운 여관이 속속 들어서면 사라지고 말 소득이므로 농지의 차액지대와는 다르다. 이처럼 고정투입에 단기적으로 귀속되는 소득을 **준지대**(quasi-rent)라고 한다. 지대의 정의에 비추어 말하면 준지대는 기업의 총수입에서 가변비용을 제한 부분이다. 즉 준지대는 단기최대이윤과 고정비용을 합한 것과 일치한다.

예제 13-1

(강남역과 신림역) 같은 생맥주 500cc 한 잔 값이 강남역에서는 3,600원인데 신림역에서는 3,000원이다. 강남역 카페의 주인은 임대료가 비싸서 생맥주 값이 비쌀 수밖

2) 가변투입은 필요하면 즉각 그 고용을 확대할 수 있으므로 차액지대 성 소득을 누릴 수 없다.

에 없다고 하소연한다. 강남역 주변의 임대료가 신림역 주변보다 높은 것은 사실이다. 그러나 생맥주 값이 비싼 것은 임대료 때문이 아니다. 강남역 주변은 생맥주를 3,600원에 팔더라도 고객들이 마다하지 않고 사서 마시는 물목 좋은 땅이므로 점포의 임대료가 비싼 것이다. 생맥주 값의 차이 600원은 물목 좋은 땅 강남역 주변이 얻는 차액지대로서 카페주인이 아니라 땅주인이 챙기는 소득이다.

지대의 현대적 의미 지주가 그의 토지로부터 양(+)의 차액지대를 누리는 이유는 비옥한 토지의 유한성 때문이다. 비옥한 토지가 무한정 풍부하게 존재한다면 지대는 저절로 소멸한다. 생산요소 가운데에는 토지 이외에도 그 수량이 유한한 우량 요소가 얼마든지 있다. 예컨대 축구 선수 손흥민은 한 사람뿐이다. 따라서 손흥민 선수가 얻는 소득은 비옥한 토지에 귀속되는 지대와 대단히 유사한 특성을 보인다. 경제학에서는 이러한 까닭에 그 수량이 고정된 우수 생산요소에 귀속되는 소득을 모두 총괄하여 지대라고 한다. 만약 이 생산요소의 수량이 풍부하다면 그 지대는 0이 되고 말겠지만, 매우 희소하다면 그 지대는 높은 수준을 유지할 것이다. 즉 지대를 창출하는 근원은 우수생산성과 희소성이다.

많은 사람은 대체로 누구나 할 수 있는 사업들에 종사하여 고만고만한 소득을 얻으면서 살아간다. 그러나 어떤 사람, 예컨대 워렌 버핏 같은 사람은 엄청난 돈을 번다. 많은 사람이 그처럼 벌어보려고 나서지만 성공하지 못한다. 이처럼 남들이 하지 못하는 일을 해내고 버는 큰돈은 지대의 성격이 짙은 소득이다. 그 사람은 다른 사람이 가지지 못한 물목 좋은 땅, 천재적 직감, 그리고 남모르는 생산비법 등 남에게 없는 능력을 갖추었기 때문에 큰돈을 번다. 즉 그 소득은 그 사람만이 보유한 높은 생산성이 창조한 지대다. 그러므로 이러한 소득을 총칭하여 **경제적 지대**(economic rent)라고 한다.

기업 사이의 기술 격차가 계속 유지되면 우수 기술의 유한성은 장기적으로 지대를 창출한다. 소득을 얻기 위한 시장경쟁이 아무리 치열하더라도 자신의 상대적 우수성을 끝까지 유지하기에 얻는 소득이 지대다. 그리고 이 지대는 희소한 우수 기술에 대하여 시장이 평가한 가치다. 완전경쟁에서 모든 기업의 기술이 동일하면 개별 기업의 장기이윤은 모두 소멸한다고 보는 견해는 기업의 생산기술이 희소하지 않을 때 이에 귀속되는 지대도 소멸한다는 사실을 다르게 서술한 것이다. 독점시장에서 독점기업은 하나다. 따라서 독점기업의 이윤은 독점을 가능하게 하는 요인에게 귀속되는 지대이므로 달리 이것을 **독점지대**(monopoly rent)라고 한다.

인허가의 지대 우리나라처럼 시장경제를 추구하면서도 정책적으로 각종 인허가제도를 실시하고 있는 나라에서는 여러 가지 형태의 지대가 존재한다. 어느 업종에 대하여 허가받은 기업만 종사할 수 있도록 제도화되면 이 상품을 생산 공급하는 기업은 정부로부터 허가받은 제한된 숫자의 기업으로 국한된다. 따라서 몇몇 허가받은 기업의 이윤은 정책적 허가가 주는 지대다.

직접적인 인허가가 아니더라도 은행자금의 정책적 배정과 같은 여신정책도 얻기 어려운 은행대출을 획득한 기업에게 지대를 제공한다. 이밖에 기업들이 업종별로 조합, 협회 등의 사업자 단체를 결성, 공동행위를 통하여 비회원기업의 영업활동을 방해하고 신규진입을 봉쇄하는 행위도 결국은 제한된 숫자의 회원기업만 상품을 생산·공급함으로써 이에 따른 지대를 누리고자 하는 행동이다.

비옥한 토지나 최우수기업의 생산기술과 같이 그 희소성의 이유가 작위적이지 않으면 지대가 양(+)의 수준으로 유지된다고 하더라도 국가경제의 효율성은 침해되지 않는다. 오히려 이 지대를 얻으려는 연구개발 노력을 자극함으로써 경제발전을 촉진한다. 그러나 부당한 진입장벽이 구축한 독과점이나 각종 인허가제도처럼 그 지대가 작위적으로 조성된 유한성에 의한 것이면 문제가 다르다. 어느 기업의 독점권, 영업허가권 등과 같은 특정 생산요소가 인위적인 유한성을 누리도록 하는 제도는 다른 기업의 자원 절약적 생산 활동을 봉쇄하기 때문에 국가경제의 생산능력을 유휴화하고 위축시킨다.

분배적 정의의 측면에서도 인위적 유한성이 빚는 지대는 정당하지 않다. 또 지대의 대부분이 인위적 유한성에서 나오는 사회라면 기업은 효율적인 조업이나 기술개발보다는 뇌물을 쓰더라도 사업권 등 인위적 유한성을 얻어서 높은 지대를 추구하려 한다. 부정부패가 결국 뇌물을 주고 지대를 얻는 과정이므로 **지대추구**(rent-seeking)는 뇌물제공과 같은 뜻으로 사용되는 용어가 되었다.

결론적으로 말하면 높은 생산성이 창출하는 지대는 기업의 노력을 기술 발전 등 생산성 개발로 유도하겠지만, 유한성을 작위적으로 조성하는 규제 사회의 기업은 각종 허가와 혜택을 노리고 소모적인 지대추구에 몰두한다.

제3절 경쟁과 소득분배

공동생산과 분배 분업사회에서 사람들은 공동생산에 참여하여 각자 직무를 수행하고 함께 생산한 성과를 나누어 가진다. 자유시장경제의 공동생산은 참여와 퇴출이 모두 자유다. 각 참여자는 무엇을 해야 하고 성과를 각자의 몫으로 어떻게 나눌지를 사전에 동의한 다음에 공동생산에 참여한다. 이제 두 사람이 참여하는 간단한 공동생산의 예를 살펴보자.

개인 A와 B는 각자 따로 생산하면 소득 1을 얻고, 둘이 협력조 (A, B)를 만들어 공동생산을 벌이면 함께 소득 8을 얻는다. 공동생산을 벌일 때 두 사람은 사전에 함께 벌게 될 소득 8의 분배에 대하여 미리 합의한다. 게임이론이 개발한 내쉬협상해(Nash bargaining solution)에 따르면 이 협상의 균형은 각자 절반씩 나누는 분배 (4, 4)이다. 여기서는 이 결과를 그대로 받아들이되, 다만 이 분배를 결정하는 협상 과정에서 각자의 생산기여도는 전혀 반영되지 않는다는 사실만 지적한다. A와 B 두 사람만 있는 사회 $\{A, B\}$라면 둘 다 당연히 단독생산을 버리고 공동생산에 참여할 것이므로 소득분배는 (4, 4)로 결정된다.

공동생산에서 A와 B가 발휘하는 직능을 각각 a와 b로 표시하는데 직능 b는 누구나 타고나지만, a는 개인이 따로 노력해서 습득해야 한다고 하자. 더하여 일단 파트너와 공동협력에 착수하면 따로 단독 생산을 병행할 수 없다. 이제 직능 a를 갖춘 또 한 명의 개인 A'가 이주해 와서 3인 사회 $\{A, A', B\}$가 되었다. 그러면 공동협력조는 (A, A'), (A, B), (A', B)가 가능하고 공동협력에서 빠진 개인은 단독 생산을 벌일 수밖에 없다. 같은 직능 간 공동협력은 함께 2를 생산한다고 하자. 이 경우 A와 A' 간의 내쉬협상해는 (1,1)이므로 A와 A'가 공동생산을 할 경우 각자의 몫은 단독 생산의 경우와 같다.

새로 이주해온 A'가 B와 협력하면 협력 (A, B)와 마찬가지로 함께 8의 소득을 얻는다. 그러므로 A'는 B와의 공동협력을 놓고 A와 경쟁할 것이다. 개인 B와의 공동협력은 B가 동의해야 가능하다. 그러므로 A'는 B의 관심을 끌도록 A보다 더 유리한 조건을 제시한다. 예컨대 현재 A와 협력하면서 소득 4를 얻고 있는 B에게 자신은 3만 가질 테니 나머지 5는 B가 가지도록 제안할 수 있다. B가 A'의 제안에 솔깃하면 이번에는 A가 반격한다. 자신은 2.5만 가질 테니 5.5를 가져가라는 식이다. 이와 같은 제안은 A와 A'의 몫이 1보다 큰 한 계속된다. 치열한 경쟁은 결국 A와 A'의 몫을 최종 1로 낮출 것이고 둘 중 하나는 B와의 협력, 그리고 다른 하나는 단독생산으로 귀결될 것이다. 그리고 B는 A나 A'와 협력하면서 7의 소득을 얻는다.

생산기여도와 경쟁 위 간단한 예는 소득분배를 결정하는 요인에 대해 매우 흥미로운 설명을 제시한다. 앞 장에서 살펴본 소득분배의 한계생산력설은 소득분배가 요소별 한계생산가치, 즉 생산기여도에 의해 결정되어야 한다고 말한다. 그러나 위의 예는 시장의 소득분배는 경쟁이 몰아가는 대로 달리 결정됨을 보여준다.

위의 예에서 A와 A'의 경쟁 결과 결정된 B의 파트너가 여전히 A라고 하자. A'의 등장으로 A의 몫만 4에서 1로 바뀌었을 뿐 직능 a와 b가 서로 기술적으로 협력하는 생산과정은 전혀 변화가 없다. 즉 공동협력으로 소득 8을 얻는 과정에서 참여자 A와 B의 생산기여도는 A'의 등장 이후에도 마찬가지라는 말이다. 그런데 소득분배는 (4,4)에서 (1,7)로 변하였다. 물리적 생산기여도에는 전혀 변화가 없는데도 한 사람뿐인 B를 두고 A와 A'가 서로 경쟁을 벌인 결과 소득분배가 달라진 것이다.

만약 새로 이주해 온 사람이 A'가 아니고 직능 b를 갖춘 B'라면 경쟁은 B와 B' 사이에서 벌어지고 그 결과 높은 소득 7을 얻는 개인은 이번에는 B가 아니라 A다. 상대적으로 희소한 직능이 얻는 높은 소득 7은 그 성격이 지대와 같다. 더 정확하게 말하자면 남아도는 직능은 1을 버는데 상대적으로 희소한 직능은 7을 벌고 있으므로 그 차이 6은 차액지대다.

경쟁의 순기능 경쟁이 상대적으로 희소한 직능에 지대를 몰아주는 위의 예는 그렇게 결정되는 소득분배가 과연 정당한지에 대한 의문을 제기한다. 공동협력 참여자들이 하는 일은 똑같은데 사회구성이 $\{A, A', B\}$인지 $\{A, B, B'\}$인지에 따라서 경쟁은 달리 펼쳐지고, 그 결과 소득분배가 (1,7) 또는 (7,1)로 결정되는 것이 과연 정당한가? 특히 사회구성 $\{A, A', B\}$에서는 A와 A'는 따로 노력하여 공동협력에 필요한 직능 a를 습득했는데도 소득이 1로 낮고 아무 노력도 없었던 B는 희소하다는 이유로 7의 높은 소득을 얻는다!

이제 많은 사람이 각자 타고난 직능 b를 발휘하여 생산하면서 1의 소득으로 살아가는 사회를 생각해보자. 만약 이 가운데 한 사람 A가 직능 a의 개발에 성공한다면 A는 아무나 붙잡고 공동협력조 (A, B)를 결성하여 8을 생산하고 4씩 나눌 것이다. 이것을 본 다른 사람들은 서로 A와 협력하겠다고 나선다. A를 협력 파트너로 삼으려는 경쟁은 A의 소득을 7로 증가시킴으로써 차액지대 6을 창출한다. 리카르도의 차액지대설은 직능 a를 갖춘 사람의 숫자가 고정된, 예컨대 하나일 때의 소득분배를 설명한다.

비옥한 토지는 자연이 준 것으로서 그 수량을 인간은 자의적으로 늘리지 못한다. 그러므로 차액지대의 존속기간은 이론상 항구적이다. 그러나 직능 a는 누구나 노력하면 습득할 수 있다. 개인 A가 얻고 있는 차액지대 6은 많은 사람에 직능 a를 갖추려고 노력할 유인을 제공한다. 그리하여 인구의 절반이 직능 a를 갖추기에 이르면 모든 개인의 소득은 4로 증가하고 차액지대는 소멸한다. 이 소득증가를 주도하는 사회적 동력이 바로 경쟁이다.

위의 예에서 직능 a의 최초 개발은 소득분배 (4,4)를 실현한 공동협력을 출발시켰다. 이어진 A와의 협력 경쟁이 A에게 차액지대로 인한 소득 7을 창출하는데 이 차액지대는 A의 혁신에 대한 시장평가다. 일단 시장평가가 우호적이면 외부인들도 이 차액지대를 얻을 방법을 모색하기 시작한다. 즉 또 다른 경쟁이 시작된다. 차액지대의 근원은 우수생산성과 희소성이다. 이 경쟁에서 성공하여 해당 우수생산성을 터득한 사람이 많아지면 희소성이 함께 약화하므로 차액지대도 감소한다. 이처럼 더 많은 소득을 얻고자 하는 인간의 욕망은 치열한 경쟁을 통하여 끊임없이 차액지대를 창출하고 소멸시킨다. 현재 존재하는 차액지대는 아직 소멸되지 않은 차액지대일 뿐이다. 언제 어떤 차액지대가 출현할지는 누구도 모른다. 오직 경쟁만이 그 모습을 드러내게 할 것이다.

제4절 소득의 규모별 분포와 분배지표

소득의 규모별 분포 소득분배의 통계적 현황을 소득 수준별 인구수의 분포로 나타낸

것을 **소득의 규모별 분포**(size distribution of income)라고 한다. 소득의 규모별 분포에 관한 연구는 소득분배가 결정되는 과정을 이론적으로 설명하지는 않지만, 소득분배의 현황을 실증적으로 파악하는 데 중요하다. 소득 수준별 도수분포도는 소득의 규모별 분포를 도면으로 나타내는 데 유용하게 쓰인다.

〈그림 13-1〉는 인구가 10명이고 국민소득이 100원인 가상적 국가경제의 소득 수준별 도수분포도다. 그림을 보면 5원의 소득을 얻는 사람이 4명, 10원의 소득을 얻는 사람이 4명, 그리고 20원의 소득을 얻는 사람이 2명이다.

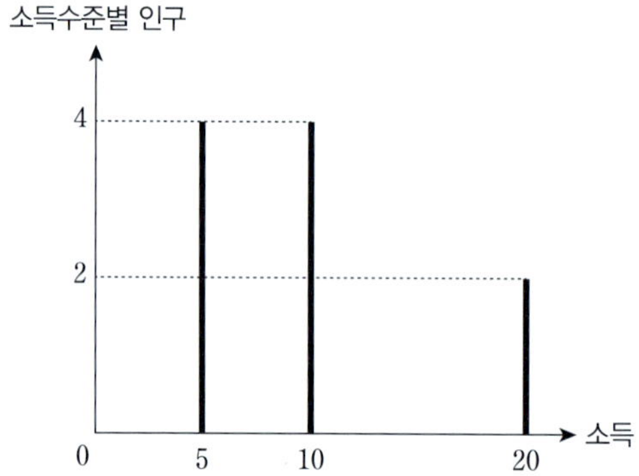

〈그림 13-1〉 소득수준별 도수분포도

로렌츠곡선 소득의 규모별 분포에 대하여 그 불평등도를 분석하는 방법 가운데 가장 널리 사용되는 것으로는 로렌츠곡선을 들 수가 있다. 이제 〈그림 13-1〉의 소득 수준별 도수분포도로부터 로렌츠곡선을 도출하여 보기로 한다. 〈그림 13-2(a)〉는 〈그림 13-1〉의 소득 수준별 도수분포를 다음과 같이 재정리한 것이다. 인구를 소득 수준이 낮은 사람으로부터 높아지는 순서로 배열한 다음 이것을 가로축으로 잡는다. 다음에 각자가 얻고 있는 개인소득의 크기를 그 점에서는 높이로 표시한다.

이렇게 작성된 〈그림 13-2〉 (a)의 개인소득 분포로부터 소득의 누적적 분포도를 그린 것이 그림 (b)의 꺾은금 $ODEB$다. 그림 (b)의 가로축 각 점에서 그래프 $ODEB$의 높이는 그 사람이 얻고 있는 소득 이하의 소득을 누리고 있는 모든 사람의 소득을 합한 누적적 소득의 크기다. 그리고 가로축 각 점의 좌측 길이는 그 사람의 소득 이하의 소득을 얻는 사람 수를 나타낸다. 그림 (b)의 누적적 소득 분포도에서 가로축과 세로축의 단위를 %로 변경하면 그림 (c)와 같은 그래프를 얻게 된다.

그림 (c)의 꺾은금 $ODEB$는 가로축의 각 점이 나타내는 비율만큼의 저소득 인구가 국민소득의 몇 %에 해당하는 소득을 얻고 있는가를 나타내는 그래프로서 이것을 **로렌츠곡선**(Lorenz curve)이라고 한다.

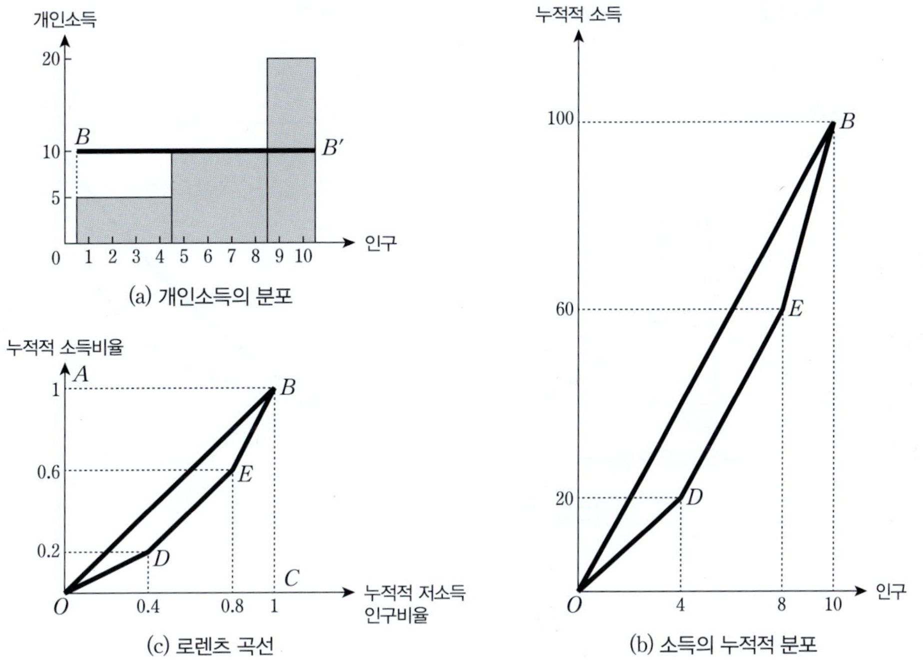

〈그림 13–2〉 로렌츠곡선의 예

만약 국가경제의 모든 사람이 균일한 소득을 분배받고 있다면 개인소득의 분포도는 그림 (a)에서 수평선 BB'로 나타날 것이다. 또한 그림 (b)의 누적적 분포도는 직선 OB로 도출되며 따라서 그림 (c)의 로렌츠곡선은 가로축과 45°의 각도를 지니는 직선 OB로 나타날 것이다. 그러나 일반적으로 소득분배가 균일하지 않고 불평등하다면 최저소득자의 개인소득은 평균소득보다 항상 낮으며 최고소득자의 개인소득은 평균소득보다 항상 높다. 그림 (b)의 누적적 분포도에서 그래프의 기울기는 저소득인구에 한 사람을 더 포함시킬 때 저소득인구가 얻는 총소득이 증가하는 비율을 나타내는 것으로서 그 크기는 추가로 포함되는 사람의 개인소득과 일치한다. 따라서 누적적 분포를 나타내는 그림 (b)의 그래프 $ODEB$는 원점 주위에서는 그 기울기가 직선 OB의 기울기보다 작고 오른편으로 이동할수록 그 기울기가 점점 증가할 수는 있어도 결코 감소하지는 않는 모습을 보인다. 그리고 저소득인구에 추가로 포함되는 사람의 개인소득이 평균소득과 일치하는 경우에 그래프 *ODEB*의 기울기는 직선 *OB*의 기울기와 일치하게 된다. 이와 같은 누적적 분포도의 특성은 로렌츠곡선의 특성으로 그대로 연결되기 때문에 로렌츠곡선의 기울기는 원점 주위에서 1을 초과할 수 없고 가로축 좌표가 증가하면 기울기도 점점 증가한다.

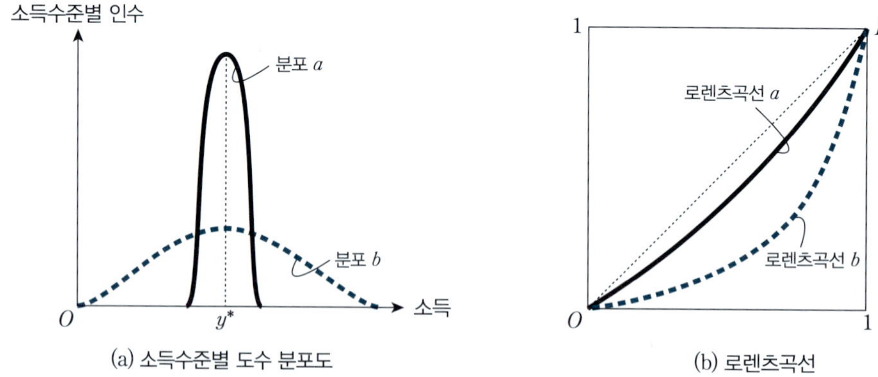

〈그림 13-3〉 일반적 로렌츠곡선

〈그림 13-3〉은 일반적인 소득 수준별 도수분포에 대한 로렌츠곡선의 모습을 보여준다. 그림의 (a)는 분포 a와 분포 b로 명명된 두 가지 서로 다른 소득분배의 현황을 소득 수준별 도수분포도로 도시하고 있다. 소득 수준 y^*는 양 분포에 공통된 평균개인소득을 나타낸다. 분포 b의 산포도가 분포 a의 산포도보다 크므로 분포 a의 소득분배는 분포 a의 소득분배보다 "더 불평등하다"고 말할 수 있을 것이다.

이 경우 분포 a의 소득분배에서는 각 개인이 얻는 소득 수준이 평균개인소득 y^*에 가깝기 때문에 로렌츠곡선은 그림 (b)의 대각선 *OB*에 보다 근접한 모양을 갖게 될 것이며, 반대로 분포 b의 로렌츠곡선은 대각선 *OB*로부터 보다 멀리 떨어진 곳에 위치하게 될 것이다. 그러므로 우리는 로렌츠곡선의 위치가 대각선 *OB*에 가까울수록 소득분배가 보다 평등하게 이루어진 것으로, 그리고 반대로 멀어질수록 불평등하게 이루어진 것으로 평가할 수 있다.

지니계수와 소득분배 불평등의 측정 로렌츠곡선은 그 형태를 통하여 소득분배의 불평등도를 드러낸다는 면에서 대단히 흥미로운 개념이다. 그러나 그 자체로서는 소득분배불평등의 정도를 하나의 그럴듯한 지표로 제시해 주지는 못하고 있다. 경제학에서는 소득분배가 불평등할수록, 즉 로렌츠곡선의 위치가 대각선으로부터 멀리 떨어질수록 대각선과 로렌츠곡선에 의하여 둘러싸인 반달꼴의 도형이 그 면적을 크게 갖는다는 사실에 착안하여 소득분배불평등을 측정하는 지표로 고안하여 사용하고 있다.

즉 대각선과 로렌츠곡선에 의하여 둘러싸인 부분의 면적은 하나의 숫자로 측정될 수 있기 때문에 지표 g를

$$g = \frac{\text{대각선과 로렌츠곡선 사이에 존재하는 부분의 면적}}{\text{대각선 이하의 면적}}$$

로 정의하면 g의 값은 소득분배가 더 불평등해질수록 증가하고 더 평등해질수록 감소하는 것이다. 이렇게 고안된 지표 g를 **지니계수**(Gini coefficient)라고 하며, 지니계수는 소득분배의 불평등을 측정하는 척도로서 대단히 널리 사용되고 있다. 지니계수 g가 가지는 값은 항상 $0 \leq g \leq 1$의 한계를 벗어나지 않음을 주의하라.

10분위 분배율 소득분배의 평등도를 평가하는 지표에는 지니계수 이외에도 몇 가지가 있다. 그 가운데에서도 널리 쓰이는 것이 **10분위 분배율**(decile dispersion ratio)이다. 이 지표는 먼저 국가경제의 전체 가계를 최빈가구를 시작으로 소득이 점차 높아지는 순서로 배열한 다음 10%씩 열 개의 계층으로 나눈다. 최저소득층에서 차상위층을 거쳐 최상위층에 이르기까지 각 계층을 10% 단위로 묶는 것이다.

10분위 분배율 d는

$$d \equiv \frac{\text{최저}\,10\%\ \text{소득계층의 평균소득}}{\text{최상위}\,10\%\ \text{소득계층의 평균소득}}$$

으로 정의된다. 모든 가계가 균일한 소득을 얻고 있는 완전평등이라면 $d=1$이고 한 가구가 모든 소득을 점유하는 완전 불평등이라면 $d=0$다. 그러므로 십분위 분배율 d가 1에 가까우면 더 평등한 분배를 뜻하고 0에 가까우면 더 불평등한 분배를

뜻하는 것으로 해석할 수 있다.

연구에 따라서는 5분위 또는 20분위 분배율을 쓰기도 하고 10분위 분배율에서도 분자를 최저 40%의 소득, 그리고 분모를 최상위 20%의 소득으로 놓은 비율을 쓰기도 한다.

연습문제

1. 국민소득이 모두 1사람에게 귀속되는 소득분배의 로렌츠곡선을 그려 보아라. 지니계수의 값은 얼마인가?

2. 다음 그림과 같은 로렌츠곡선은 가능한가?

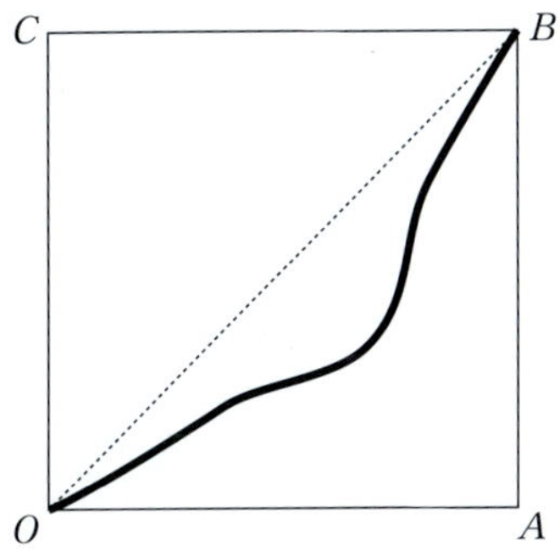

3. 현실에서 자본의 임대가격 r은 항상 양(+)의 값을 갖는다. 고전파의 분배이론에서는 이것을 어떻게 설명하겠는가?

4. 노동자의 임금 수준은 직종에 따라서, 또는 동일 직종 내에서도 차이를 나타내는 것이 보통이다. 이 사실을 고전파적 분배이론으로 설명하라.

5. 지니계수의 크기를 가지고 소득분배의 불평등도를 측정할 때 제기될 수 있는 문제점을 검토하라.

6. 다음의 항목들 가운데에서 '인위적' 지대를 창조할 수 있는 항목들을 골라내고 그 효과를 검토하라.

> ① 고속도로 통행료, ② 학력에 의한 임금격차, ③ 개인택시, ④ 아파트 추첨, ⑤ 도시계획, ⑥ 주유소 개업에 대한 허가, ⑦ 전화기 설치, ⑧ 명동의 점포와 변두리의 점포 간의 소득 격차, ⑨ 포항종합제철의 판매 대리점 제도

PART VI

일반균형과 후생경제학

지금까지 소비자의 선호로부터 시작하여 생산물에 대한 수요와 공급, 생산요소에 대한 수요와 공급 및 소득 분배에 대해 살펴보았다. 지금까지 배운 내용을 아담 스미스의 통찰력에 비추어 시장경제의 효율성이 어디에서 비롯되는가를 본 단원에서 알아본다. 제14장에서는 모든 산출시장과 요소시장을 아우르는 모형을 다루게 된다. 우리가 다루게 될 모형은 고급경제학의 일반균형이론에서 다루는 훨씬 복잡한 모형을 극도로 단순화한 모형이다. 생산물의 교환만 발생하는 순수교환경제로부터 시작하여 생산요소로부터 생산된 생산물이 시장에서 교환되는 생산경제까지 일반균형을 살펴본다. 이 모형을 통해 효율성이란 무엇이며 시장경제의 어떤 요인이 효율성을 보장하는지 이해할 수 있다.

제15장에서는 일반균형이론의 모형을 이용해 시장경제의 효율성이 어떻게 달성되는지 배울 것이다. 결국 시장경제는 각 경제주체들의 선호가 가격기구를 통해 사회적인 자원배분을 달성하는 하나의 시스템이라 할 수 있다. 그렇다면 가격기구와 관계없이 각 경제주체들의 선호로부터 사회적으로 이상적인 자원배분을 찾는 방법은 없을까를 질문해 볼 수 있다. 제15장의 제2절에서 다루는 사회적 선택의 이론이 이러한 문제를 다룬다.

CHAPTER 14

일반균형이론

제1절 일반균형과 부분균형

지금까지의 분석에서는 다른 재화의 가격이 일정하게 주어져 있을 때 한 시장의 수요와 공급이 어떻게 결정되며 균형이 어떻게 달성되는가를 살펴보았다. 그러나 한 시장의 가격이 조정되면 다른 시장에 영향을 미쳐서 다른 시장의 가격들이 달라질 것이며 이는 다시 원래 시장을 균형을 깨뜨릴 것이다. 즉 모든 시장이 동시에 균형을 이루기 전에 구한 균형은 참다운 균형이라 할 수 없다. 그렇다면 수천수만 개의 재화가 존재하는 경제에서 모든 시장이 동시에 균형을 이루는 것이 과연 가능할 것인가 하는 의문이 생긴다.

이러한 문제를 다루는 것이 **일반균형분석**(general equilibrium analysis)이다. 반면 다른 시장의 균형을 고려하지 않고 한 시장 또는 일부 시장의 균형만을 고려하는 분석을 **부분균형분석**(partial equilibrium analysis)이라고 할 수 있다.

경제학자들은 n개의 시장으로 구성된 경제의 일반균형이 존재하는가, 또 그러한 균형은 어떤 성질을 갖는가에 대해 연구해 왔다. 우리는 문제를 단순화하여 2개의 시장으로 구성된 간단한 경제를 대상으로 하여 이러한 질문에 대한 해답을 예시하고자 한다.

제2절 순수교환경제의 일반균형

순수교환경제에서의 예산집합 우선 2개의 재화를 소비하는 순수교환경제를 보자. **순수교환경제**(pure exchange economy)란 생산과정이 없이 각 사람들이 가지고 있는 재화를 시장을 통해 가격에 따라 서로 교환하여 소비하는 경제를 말한다. 우리는 모든 소비자가 가격수용자인 완전경쟁시장을 고려한다.[1)]〈그림 14-1〉에는 재화 벡터 $e=(e_1, e_2)$를 가지고 있는 어떤 소비자의 예산선과 예산집합이 표시되어 있다.

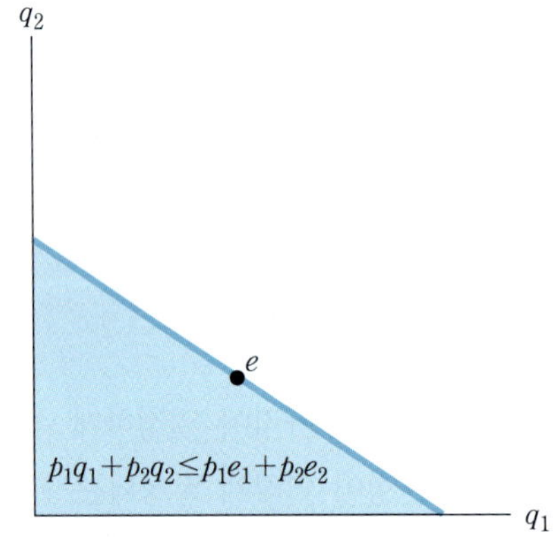

〈그림 14-1〉 순수교환경제에서 소비자의 예산선과 예산집합

두 재화의 가격이 각각 p_1, p_2일 때 이 소비자의 소득은 $p_1e_1+p_2e_2$이며 이 소득을 가지고 소비할 수 있는 소비벡터 (q_1, q_1)는 다음 식을 만족한다.

$$p_1q_1 + p_2q_2 \leq p_1e_1 + p_2e_2 \tag{14-1}$$

교환경제에서 소비자의 예산선과 예산집합은 소비자선택 이론에서 살펴본 예산선 및 예산집합과 유사하나 한 가지 큰 차이점이 있다. 그것은 소득이 고정되어 있는 것이 아니라 가격에 따라 달라진다는 것이다. 그리고 소비자는 언제나 자신이 가지고 있는 재화를 팔아서 다시 그 가격에 구입할 수 있으므로 자신이 가지고 있는 재

1) 따라서 우리가 고려하는 균형을 일반경쟁균형이라고 해야 정확한 표현이 될 것이나 편의상 일반균형이라 부르기로 한다.

화 벡터 e가 예산선 상에 있게 된다. 즉 재화의 가격이 어떻게 변하더라도 예산선은 항상 그 소비자가 보유하고 있는 재화 벡터 e를 지난다.

따라서 만일 두 재화의 가격이 모두 두 배가 된다면 소득도 두 배가 되므로 예산선과 예산집합은 변하지 않는다. 예산집합이 변하지 않으므로 소비자의 선택점도 변하지 않는다. 예컨대 식 (14-1)에서 양변을 p_2로 나누어 주면

$$\frac{p_1}{p_2}q_1 + q_2 \leq \frac{p_1}{p_2}e_1 + e_2 \tag{14-2}$$

가 되는데 식 (14-1)을 만족하는 소비벡터 (q_1, q_2)와 식 (14-2)를 만족하는 소비벡터 (q_1, q_2)는 동일하다. 즉 예산집합은 상대가격 $\frac{p_1}{p_2}$에만 영향을 받으며 따라서 두 재화에 대한 소비자의 수요도 상대가격에 의해서만 결정된다.

교환경제에서의 수요 이제 재화 1에 대한 소비자의 수요가 상대가격 $\frac{p_1}{p_2}$의 변화에 따라 어떻게 결정되는지 살펴보자. 〈그림 14-2〉에는 소비자의 무차별곡선이 그려져 있다.

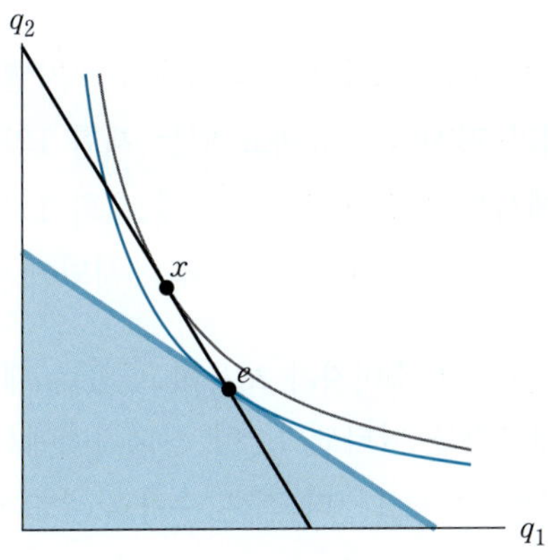

〈그림 14-2〉 순수교환경제에서 소비자의 수요

상대가격이 e점을 지나는 소비자의 무차별곡선의 기울기와 같을 때에는 소비자는 e점을 수요할 것이다. 즉 이때에는 이 소비자는 시장에서 거래할 필요 없이 자신이

보유한 재화를 자신이 모두 소비하고자 할 것이다. 만일 상대가격 $\frac{p_1}{p_2}$가 더 높아서 그림의 검은 직선처럼 예산선이 e점을 지나는 무차별곡선의 접선보다 더 가파르다면 소비자는 그 예산선과 무차별곡선이 접하는 x를 선택할 것이다.

x와 e를 비교하면 재화 1에 대한 수요량이 감소한 것을 알 수 있다. 재화 1의 상대가격이 더 높아졌으므로 재화 1에 대한 수요량이 감소한 것이다. 반대로 상대가격 $\frac{p_1}{p_2}$가 낮아서 예산선이 e점을 지나는 무차별곡선의 접선보다 더 완만하다면 그 예산선과 무차별곡선이 접하는 점은 e점의 오른쪽에 나타날 것이다. 즉 재화 1의 상대가격이 하락하면 재화 1에 대한 수요량은 증가할 것이다.

이제 재화 1의 수요와 공급이 일치하게 만드는 상대가격 $\frac{p_1}{p_2}$가 존재하는가 하는 문제를 살펴보자. 이 교환경제에 소비자가 여러 명 있다고 가정하자. 각 소비자는 두 재화를 일정량 보유하고 있다. 각 소비자 i에 대해 그 사람이 보유하고 있는 재화 벡터 e^i를 지나는 무차별곡선을 생각해 보자. e^i점에서 그 소비자의 무차별곡선의 기울기는 다양할 것이다. 만일 상대가격이 모든 소비자의 e^i점에서 무차별곡선의 기울기의 절댓값보다 크다면 모든 소비자가 자신이 보유하고 있는 재화 1의 수량보다 더 적은 양을 수요할 것이다. 이 가격에서는 시장 전체로 볼 때 재화 1의 초과 공급이 존재한다.

반대로 만일 상대가격이 모든 소비자의 e^i점에서 무차별곡선의 기울기의 절댓값보다 작다면 모든 소비자가 자신이 보유하고 있는 재화 1의 수량보다 더 많은 양을 수요할 것이다. 이 가격에서는 시장 전체로 볼 때 재화 1의 초과 수요가 존재한다. 재화 1에 대한 시장의 수요곡선이 〈그림 14-3〉에 예시되어 있다.

$\overline{p}$는 모든 소비자에 대해 그 소비자가 보유하고 있는 재화 벡터에서의 한계대체율의 절댓값보다 큰 상대가격을 나타낸다. 이 상대가격에서는 모든 소비자가 자신이 보유하고 있는 재화 1의 수량보다 더 적은 수량을 수요하므로 시장 전체의 수요량이 재화 1의 시장 공급량 $\sum e_1^i$보다 작다. 반면 $\underline{p}$는 모든 소비자에 대해 그 소비자가 보유하고 있는 재화 벡터에서의 한계대체율의 절댓값보다 작은 상대가격을 나타낸다. 이 상대가격에서는 모든 소비자가 자신이 보유하고 있는 재화 1의 수량보다 더 많은 수량을 수요하므로 시장 전체의 수요량이 재화 1의 시장 공급량 $\sum e_1^i$보다 크다.

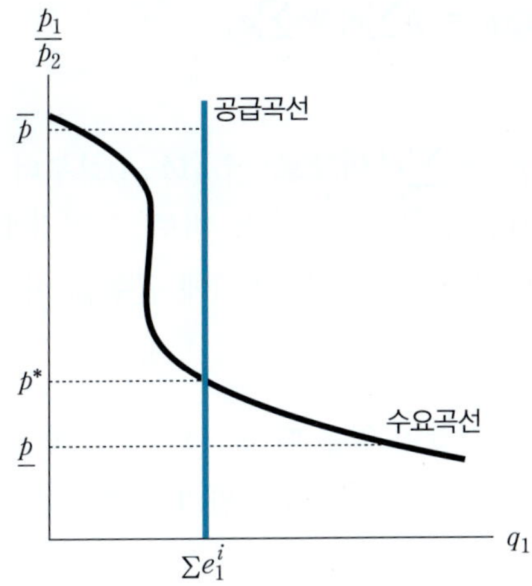

〈그림 14-3〉 순수교환경제에서 시장 수요와 균형가격

소비자들의 수요가 상대가격의 변화에 대해 연속적으로 변화한다면 반드시 $\bar{p}$ 와 $\underline{p}$ 사이의 어떤 가격에서 시장 공급곡선을 지나게 될 것이다. 이 가격이 〈그림 14-3〉에 p^* 로 표시되어 있다. $\frac{p_1}{p_2} = p^*$ 일 때 재화 1의 시장은 균형을 이루는 것이다. 그렇다면 이 가격에서 재화 2의 시장은 어떤 상태에 있을까? 우리는 다음 소절에서 재화 2의 시장도 균형을 이루게 됨을 볼 것이다. 그리고 이것은 우연이 아니다.

재화 2 시장의 균형 $\frac{p_1}{p_2} = p$ 일 때 재화 1에 대한 소비자 i의 수요를 $x_1^i(p)$, 재화 2애 대한 소비자 i의 수요를 $x_2^i(p)$라 하자. 소비자가 가장 선호하는 소비벡터는 예산선 상에 있으므로 소비자의 수요 벡터 $(x_1^i(p), x_2^i(p))$는 예산제약식을 만족한다. 즉

$$px_1^i(p) + x_2^i(p) = pe_1^i + e_2^i \tag{14-3}$$

이는 식 (14-2)에 $\frac{p_1}{p_2} = p$, $q_1 = x_1^i(p)$, $q_2 = x_2^i(p)$를 대입하고, 부등호를 등호로 바꾼 것이다. 식 (14-3)을 모든 소비자에 대해 더해 주면 다음 식을 얻는다.

$$p\sum_i x_1^i(p) + \sum_i x_2^i(p) = p\sum_i e_1^i + \sum_i e_2^i \tag{14-4}$$

$p = p^*$일 때 $\sum x_1^i(p^*) = \sum e_1^i$이므로 식 (14-4)로부터 $\sum x_2^i(p^*) = \sum e_2^i$임을 알 수 있다. 즉 재화 1 시장이 균형을 이루는 바로 그 가격에서 재화 2 시장도 균형을 이룬다. 이와 같이 두 재화의 시장이 동시에 균형을 이루는 균형가격의 존재가 증명되었다.

일반적으로 n개의 재화 시장이 있을 때 $n-1$개의 재화 시장이 균형을 이루면 나머지 한 재화의 시장도 균형을 이룬다. 이를 **왈라스 법칙**(Warlar law)이라 부른다.

n개의 재화 시장이 있을 때에는 $\frac{p_1}{p_n}$부터 $\frac{p_{n-1}}{p_n}$까지 $n-1$개의 상대가격에 의해 소비자의 예산집합과 수요가 결정되며, $n-1$개의 시장의 균형조건으로부터 $n-1$개의 방정식이 얻어진다. 일반균형이 존재하는가의 문제는 이 $n-1$개의 방정식을 동시에 만족하는 $n-1$개의 상대가격이 존재하는가 하는 수학적 문제로 귀결되며, 수학적 기법과 경제학적 조건에 의해 $n-1$개의 방정식을 동시에 만족하는 해, 즉 일반균형이 존재함을 증명할 수 있다.

제3절 생산경제에서의 일반균형

생산경제에서 생산과 소비의 선택 **생산경제**(production economy)란 재화의 수량이 처음부터 주어져 있는 것이 아니라 각 경제주체들의 선택에 의해 생산을 통해 결정되는 경제를 말한다. 앞 절에서와 같이 모든 경제주체들이 가격수용자로써 생산과 소비를 결정하는 완전경쟁시장을 고려하자. 문제를 단순화하기 위해 각 경제주체들이 노동을 통해 두 재화를 생산할 수 있다고 하자.

〈그림 14-4〉에는 어떤 경제주체가 자신의 노동을 사용하여 생산할 수 있는 두 재화의 양이 표시되어 있다. 위쪽 경계선은 이 경제주체가 생산할 수 있는 두 재화의 최대 수량을 나타내는데 이 곡선이 제6장에서 정의한 이 경제주체의 생산가능곡선이다.

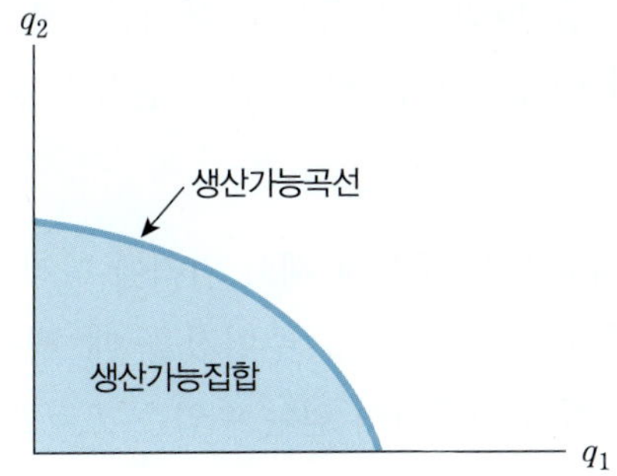

〈그림 14-4〉 어떤 경제주체의 생산가능곡선

생산곡선 아래쪽에 색칠이 된 부분은 모두 생산가능곡선 상의 어떤 점보다 두 재화를 더 적게 생산하는 것을 나타내는데 이는 경제주체가 자신의 노동을 비효율적으로 사용했을 때 얻게 되는 두 재화의 생산량을 나타내며 이를 **생산가능집합**(production possibility set)이라 한다.

생산가능곡선의 모양은 이 경제주체의 생산기술과 노동의 생산성에 따라 결정된다. 생산가능곡선이 음(−)의 기울기를 갖는 이유는 한 재화의 생산량을 증가시키기 위해서는 더 많은 노동을 투입해야 하고 그러기 위해서는 다른 재화 생산에 투입되는 노동을 줄여야 하기 때문이다. 한 재화(q_1)를 더 생산하기 위해서 포기해야 하는 다른 재화(q_2)의 양을 제6장에서 한계변환율로 정의하였다. 생산가능곡선의 기울기는 한계변환율을 나타낸다.

재화 1을 한 단위 더 생산하기 위해서 필요한 노동량은 $\frac{1}{MPL_1}$인데[2] 이만큼의 노동을 재화 2의 생산으로부터 감소시키면 재화 2의 생산량은 $\frac{MPL_2}{MPL_1}$만큼 감소한다. 따라서 한계변환율 $MRT_{1,2}$는 $-\frac{MPL_2}{MPL_1}$이다.

곡선의 모양이 원점을 향해 오목한 이유는 한계생산체감의 법칙 때문이다. 재화 1의 생산을 증가시킬수록 노동의 한계생산이 감소하여 더 많은 노동 시간이 필요한 반면, 재화 2에 투입되는 노동이 적어짐에 따라 포기해야 하는 재화 2의 수량은 증

2) MPL_i는 재화 i생산에 있어 노동의 한계생산, 즉 노동 한 단위로 생산할 수 있는 재화 i의 수량을 나타낸다.

가한다. 즉 생산가능곡선을 따라 오른쪽으로 움직일수록 한계변환율의 절댓값이 증가하는 것이다. 이러한 이유로 생산가능곡선은 원점을 향해 오목한 모양을 갖게 된다.

생산경제에서 각 경제주체들은 주어진 재화 가격에 따라 두 재화의 생산량을 결정한다. 두 재화의 시장가격이 p_1, p_2로 주어졌을 때 생산가능곡선 상의 한 점 (q_1, q_2)를 선택하면 두 재화를 판매하여 얻는 수입은 $I = p_1q_1 + p_2q_2$가 된다.

〈그림 14–5〉에는 두 재화의 시장가격이 p_1, q_2로 주어졌을 때 I_1, I_2, I_3의 수입을 가져다주는 생산벡터들이 각각 직선으로 표시되어 있다. 모든 생산벡터가 동일한 비용(노동)을 들여 생산하므로, 각 직선은 동일한 이윤(=수입−비용)을 가져다주는 생산벡터들의 집합이다. 이를 **등이윤선**이라 부르자. 절편이 클수록 더 높은 수입 수준을 나타내므로, $I_1 < I_2 < I_3$이다.

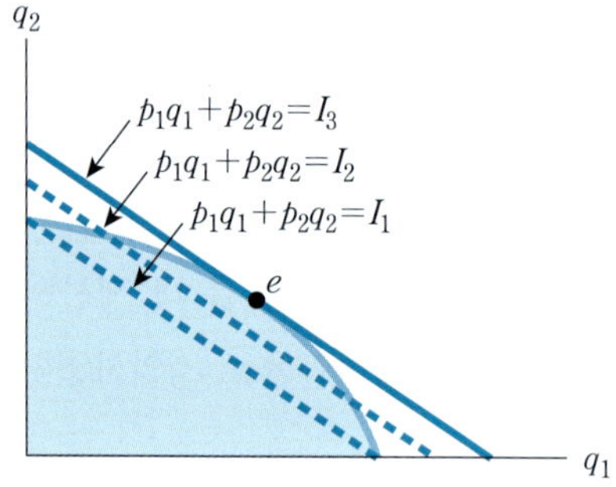

〈그림 14–5〉 가장 유리한 생산의 선택

두 재화의 시장가격이 p_1, p_2로 주어졌을 때, 기술적으로 생산이 가능한 생산벡터들 중에서 가장 높은 이윤을 가져다주는 점은 생산가능곡선과 등이윤선이 접하는 e점인 것을 알 수 있다. 등이윤선의 기울기는 $-\frac{p_1}{p_2}$이므로 상대가격이 변하지 않으면 등이윤선도 달라지지 않는다.[3] 따라서 경제주체가 선택하는 생산벡터는 상대가격에만 영향을 받는다.

각 경제주체는 두 재화의 가격이 주어졌을 때 생산가능집합 중에서 가장 큰 이윤

3) 다만 동일한 등이윤선이 나타내는 이윤수준만 달라질 뿐이다.

을 주는 재화벡터를 선택해 생산할 것이며 이 이윤을 소득으로 해서 주어진 가격에 따라 가장 큰 효용을 주는 재화벡터를 소비할 것이다.

〈그림 14-6〉에는 어떤 경제주체가 주어진 가격에 따라 어떻게 두 재화에 대한 생산과 소비를 선택하는지가 예시되어 있다. 경제주체는 생산가능곡선과 등이윤선이 접하는 y를 생산하며 이로부터 얻어진 소득에 따라 형성된 예산집합(색칠된 부분) 중에서 가장 높은 효용을 주는 소비벡터 x를 선택한다.[4)]

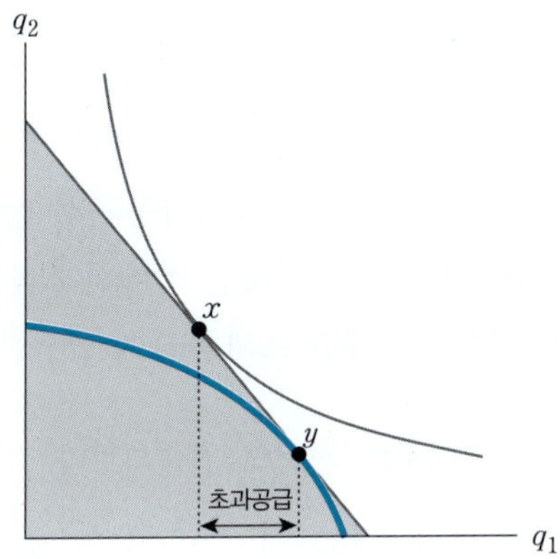

〈그림 14-6〉 가장 유리한 생산과 소비의 선택

생산벡터와 예산집합은 모두 상대가격 $\dfrac{p_1}{p_2}$에 의해 결정되므로 경제주체가 선택하는 소비벡터도 상대가격에 의해서만 결정된다. 주어진 상대가격에서 이 경제주체가 생산하는 재화 1의 수량보다 소비하는 재화 1의 수량이 더 많으므로, 이 경제주체는 재화 1을 초과공급하고 있음을 알 수 있다.

〈그림 14-7〉에는 주어진 재화가격에서 경제주체가 선택한 생산과 소비가 같은 경우를 보여주고 있다. 이 경우에는 두 재화에 대한 이 경제주체의 초과수요나 초과공급이 없다. 이 경제주체는 자신이 생산한 재화를 자신이 모두 소비하게 된다. 이를 **자급자족**(autarky)이라 칭하며, 이는 상대가격이 이 경제주체의 생산가능곡선과 무차별곡선이 접하는 점 e에서의 접선의 기울기와 같을 때 나타난다.

4) 따라서 x는 무차별곡선이 예산선에 접하는 점이다.

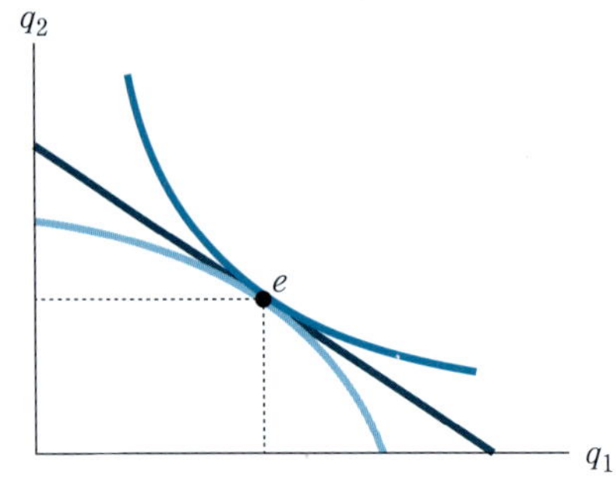

〈그림 14-7〉 자급자족

만일 상대가격 $\frac{p_1}{p_2}$가 생산가능곡선과 무차별곡선이 접하는 점 e에서의 접선의 기울기보다 크다면, 재화 1에 대한 생산은 생산가능곡선 상에서 e점보다 오른쪽에서 발생하고 재화 1에 대한 소비는 무차별곡선 상에서 e점보다 왼쪽에서 발생하여 (〈그림 14-6〉에서와 같이) 재화 1에 대한 초과공급이 발생한다.

반대로 상대가격 $\frac{p_1}{p_2}$가 e점에서의 접선의 기울기보다 작다면, 재화 1에 대한 생산은 생산가능곡선 상에서 e점보다 왼쪽에서 발생하고 재화 1에 대한 소비는 무차별곡선 상에서 e점보다 오른쪽에서 발생하여 재화 1에 대한 초과수요가 발생한다.

생산경제에서의 균형 이제 재화 1의 수요와 공급이 일치하게 만드는 상대가격 $\frac{p_1}{p_2}$가 존재하는가 하는 문제를 살펴보자. 이 생산경제에 여러 명의 경제주체가 있다고 가정하자. 각 경제주체에 대해서 하나씩의 생산가능곡선이 존재한다. 각 경제주체 i에 대해 그 사람의 생산가능곡선이 무차별곡선과 접하는 재화 벡터 e^i를 생각해 보자. e^i점에서 그 경제주체의 무차별곡선의 기울기는 다양할 것이다. 만일 상대가격이 모든 경제주체의 e^i점에서 무차별곡선의 기울기의 절댓값보다 크다면 모든 경제주체는 재화 1을 초과공급할 것이다. 이 가격에서는 시장 전체로 볼 때 재화 1의 초과공급이 발생한다.

반대로 만일 상대가격이 모든 경제주체의 e^i점에서 무차별곡선의 접선의 기울기의 절댓값보다 작다면 모든 경제주체가 재화 1을 초과수요할 것이다. 이 가격에서는 시장 전체로 볼 때 재화 1의 초과 수요가 발생한다. 재화 1에 대한 시장의 초과수요곡선이 〈그림 14-8〉에 예시되어 있다. 이 초과수요곡선은 각각의 상대가격에 대해 모든 경제주체들의 초과수요를 합해서 얻어진 것이다.

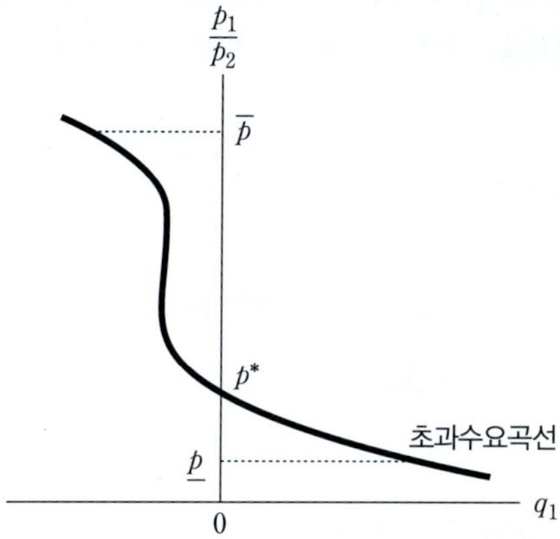

〈그림 14-8〉 생산경제에서 시장 초과수요와 균형가격

$\overline{p}$ 는 모든 경제주체 i에 대해 그의 생산가능곡선이 무차별곡선과 접하는 점 e^i 에서의 한계대체율의 절댓값보다 큰 상대가격이다. 이 상대가격에서는 모든 경제주체가 자신이 생산한 것보다 더 적은 수량의 재화 1을 소비하므로 시장에 재화 1의 초과공급이 발생한다. 이것이 그림에서 음(−)의 초과수요로 나타나 있다.

반면 $\underline{p}$ 는 모든 경제주체에 대해 그의 생산가능곡선이 무차별곡선과 접하는 점에서의 한계대체율의 절댓값보다 작은 상대가격을 나타낸다. 이 상대가격에서는 모든 경제주체가 자신이 생산한 것보다 더 많은 수량의 재화 1을 소비하므로 시장에 재화 1의 초과수요가 발생한다.

경제주체들의 생산과 소비의 선택이 상대가격의 변화에 대해 연속적으로 변화한다면 반드시 $\overline{p}$ 와 $\underline{p}$ 사이의 어떤 가격에서 시장 초과수요는 0이 될 것이다. 이 가격이 〈그림 14-8〉에 p^* 로 표시되어 있다. $\frac{p_1}{p_2} = p^*$ 일 때 재화 1의 시장은 균형을 이루는 것이다. 만일 $\frac{p_1}{p_2} = p^*$ 일 때 재화 2의 시장도 균형을 이룬다면 p^* 는 모든 시장에 균형을 가져다주는 일반균형 상대가격이다. $\frac{p_1}{p_2} = p^*$ 를 만족하는 모든 가격 p_1, p_2 가 일반균형 가격이 된다.

생산경제에서의 왈라스 법칙과 일반균형 이제 $\frac{p_1}{p_2} = p^*$일 때 재화 2의 시장도 균형을 이루는 것을 확인해 보자. 두 재화의 가격이 p_1, p_2로 주어졌을 때 경제주체 i가 선택하는 생산과 소비 벡터를 각각 y^i, x^i라 하면, 소비벡터 x^i는 생산벡터 y^i를 지나는 등이윤선(또는 예산선)을 지나므로 다음 식이 성립한다.

$$p_1 x_1^i + p_2 x_2^i = p_1 y_1^i + p_2 y_2^i \tag{14-5}$$

또한 경제주체가 선택하는 생산과 소비 벡터는 상대가격에 의해서만 결정되므로 $\frac{p_1}{p_2} = p$로 표시하면 이 식은 다음과 같이 쓸 수 있다.

$$\begin{aligned} &px_1^i(p) + x_2^i(p) = py_1^i(p) + y_2^i(p) \\ &\quad \text{또는 } p\left(x_1^i(p) - y_1^i(p)\right) = -\left(x_2^i(p) - y_2^i(p)\right) \end{aligned} \tag{14-6}$$

마지막 식을 모든 i에 대해 더하면

$$p\sum_i \left(x_1^i(p) - y_1^i(p)\right) = -\sum_i \left(x_2^i(p) - y_2^i(p)\right) \tag{14-7}$$

을 얻는데, 이 식으로부터 알 수 있는 것은 재화 1의 시장이 균형을 이루면 시장 초과수요가 0이 되어 좌변이 0이 되므로 우변도 0이 된다는 것이다. 즉 재화 1의 시장이 균형을 이루면 재화 2의 시장도 균형을 이루게 된다. 이것이 바로 생산경제에 있어서의 왈라스 법칙이다. 따라서 앞에서 구한 p^*는 모든 시장에 균형을 가져다주는 일반균형 상대가격이다.

n개의 재화 시장이 있을 때에도 $\frac{p_1}{p_n}$부터 $\frac{p_{n-1}}{p_n}$까지 $n-1$개의 상대가격에 의해 $n-1$개 시장의 초과수요가 결정되며, $n-1$개의 시장의 균형조건으로부터 $n-1$개의 방정식이 얻어진다. 이 $n-1$개의 방정식으로부터 경제학적 가정에 의해 $n-1$개의 상대가격으로 구성된 일반균형 가격이 존재함을 보일 수 있고, 왈라스 법칙에 따라 이 균형가격 하에서 n개의 모든 시장이 동시에 균형을 이루는 것을 알 수 있다.

생산요소의 시장과 일반균형 우리는 두 개의 재화만 존재한다고 가정했으므로 생산요소의 시장을 별도로 고려하지 못했다. 그런데 두 재화 중 하나를 여가로 해석하면 지금까지의 분석 방법으로 노동시장을 일반균형 모형 안에서 다룰 수 있다.

〈그림 14-9〉에는 두 유형의 경제주체가 주어진 가격에서 생산과 소비를 어떻게 선택하는지 예시되어 있다. 왼쪽에는 생산기술을 가진 경제주체 A의 선택이 예시되어 있다. 여가의 가격, 즉 임금률을 w 다른 재화의 가격을 p라 하면 두 재화의 상대가격 $\frac{w}{p}$(실질임금)이 주어졌을 때 A는 y^A를 생산하고 x^A를 소비하고자 한다. 따라서 $N_D - N_S$만큼의 노동을 수요하게 된다.

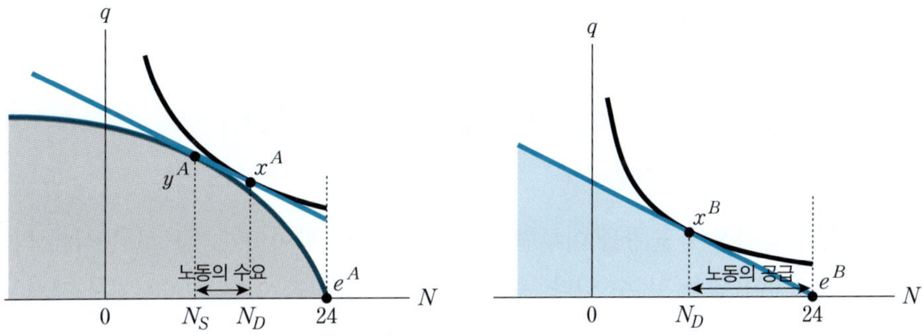

〈그림 14-9〉 노동에 대한 수요와 공급의 결정

한편, 〈그림 14-9〉의 오른쪽에는 생산기술을 갖지 못한 경제주체 B의 선택이 예시되어 있다. B는 교환경제의 소비자와 마찬가지로 주어진 가격에 보유하고 있는 여가 중 일부를 노동으로 공급하여 소비재를 구입한다.

노동시장에 균형을 가져다주는 실질임금의 존재는 앞에서와 같은 방법으로 증명된다. A 유형의 경제주체에 대해서는 생산경제에서 했던 것처럼 생산가능곡선과 무차별곡선이 접하는 점에서의 접선의 기울기를, B 유형의 경제주체에 대해서는 교환경제에서 했던 것처럼 그 사람이 보유하고 있는 재화 벡터에서 무차별곡선의 기울기를 고려한다.

이 모든 기울기보다 더 높은 실질임금 $\overline{w}$에서는 시장 전체에 노동의 초과공급이 발생하고 이 모든 기울기보다 더 낮은 실질임금 $\underline{w}$에서는 노동시장에 초과수요가 발생할 것이다. 노동에 대한 수요와 공급이 실질임금의 변화에 대해 연속적으로 변화한다면 $\overline{w}$ 와 $\underline{w}$ 사이에 초과수요가 0이 되는 실질임금 w^*가 존재할 것이다. $\frac{w}{p} = w^*$ 일 때 노동시장은 균형을 이룬다.

실질임금을 w라 하면 x^A와 y^A 및 x^B와 e^B가 각각 동일한 예산선 상에 있으므로 A, B 유형의 경제주체에 대해 각각 다음 식이 성립한다.

$$\begin{aligned} &w(x_1^i - y_1^i) + (x_2^i - y_2^i) = 0 \qquad A \text{ 유형} \\ &w(x_1^i - 24) + x_2^j = 0 \qquad\quad\;\; B \text{ 유형} \end{aligned} \tag{14-8}$$

이를 모든 i와 j에 대해 더하면

$$w\left(\sum_i (x_1^i - y_1^i) + \sum_j (x_1^j - 24)\right) + \left(\sum_i (x_2^i - y_2^i) + \sum_j x_2^i\right) = 0 \tag{14-9}$$

을 얻는다. 노동시장이 균형을 이루면 좌변의 첫 번째 항이 0이 되므로 등식에 의해 두 번째 항도 0이 됨을 알 수 있다. 즉 노동시장이 균형을 이루는 가격에서 재화 시장도 균형을 이루게 된다. 따라서 노동시장이 균형을 이루는 $\frac{w}{p} = w^*$가 이 경제의 일반균형이 된다.

연습문제

1. x와 y 두 재화를 소비하는 A와 B의 효용함수는 모두 $u(x, y)=\sqrt{xy}$ 라고 한다. A는 x를 4단위, y를 3단위 보유하고 있고, B는 x를 2단위, y를 6단위 보유하고 있다. A, B 모두 가격수용자라고 할 때, 이 두 사람으로 구성된 순수교환경제의 일반균형가격을 구하라.

2. 1번 문제와 동일한 효용함수를 갖는 A, B 두 사람으로 구성된 생산경제가 있다. y는 여가이고 두 사람은 모두 24단위의 여가를 보유하고 있다. 여가 한 단위는 노동(L) 한 단위로 전환될 수 있다. A는 노동을 투입하여 x를 생산하는 생산기술을 보유하고 있다. A의 생산기술은 생산함수 $x=\sqrt{L}$ 로 표시된다. B는 아무 생산기술도 보유하고 있지 않다. A, B 모두 가격수용자라고 할 때, 이 두 사람으로 구성된 생산경제의 일반균형가격을 구하라.

CHAPTER 15

후생경제학

제1절 완전경쟁시장의 효율성: 순수교환경제

완전경쟁시장의 특징은 모든 경제주체들이 가격수용자로 행동한다는 것이다. 제 14장에서 완전경쟁시장의 일반균형에 대해 알아보았는데, 이제 모든 시장이 완전경쟁 하에서 작동할 때 이러한 경제의 일반균형이 효율적임을 살펴보고자 한다. 이 문제는 경제학에서 n개의 시장이 있는 생산경제에 대해 분석되었지만 우리는 재화의 수를 두 개로 제한하고 우선 순수교환경제를 대상으로 하여 효율성이 달성되는 원리에 대해 알아본다. 생산경제의 효율성에 대해서는 부록에서 다루기로 한다.

에지워스 상자 **에지워스 상자**(Edgeworth box)는 교환경제의 자원배분을 그림으로 쉽게 나타내기 위해 고안된 방법이다. A, B 두 사람이 두 재화를 소비하는 교환경제를 생각해 보자. 이 두 소비자가 초기에 보유하고 있는 재화 1과 재화 2의 보유량을 벡터로 표시한 것이 $(e_1^A,\ e_2^A)$와 $(e_1^B,\ e_2^B)$라 하자. 이 두 사람으로 이루어진 경제 전체의 재화 1의 수량은 $e_1^A + e_1^B$이고 재화 2의 수량은 $e_2^A + e_2^B$가 될 것이다. 두 재화의 수량을 수평과 수직 길이로 하는 직사각형이 에지워스 상자이다.

〈그림 15-1〉에 에지워스 상자가 예시되어 있다. 이 사각형 안의 모든 점은 A, B 두 사람에게 배분된 두 재화의 양을 나타낸다. e점은 A에게 (e_1^A, e_2^A), B에게

(e_1^B, e_2^B)가 할당된 것을 나타낸다. 즉 A에게 할당된 재화의 양은 A를 원점으로 하여 측정되고, B에게 할당된 재화의 양은B를 원점으로 하여 측정된다. e점은 A, B 두 사람이 초기에 보유하고 있는 두 재화의 수량을 표시한다.

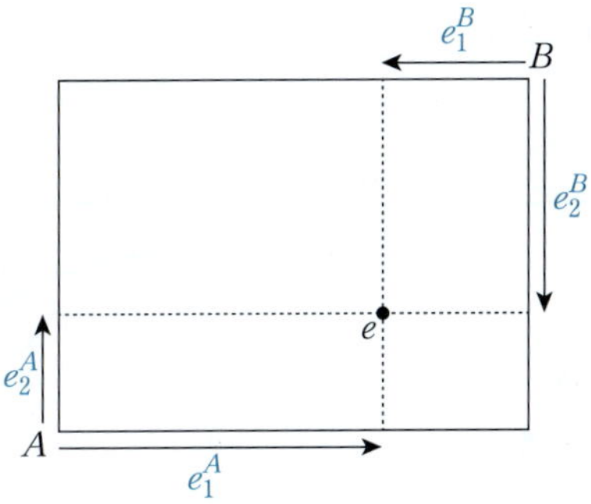

〈그림 15-1〉 에지워스 상자

에지워스 상자 안의 각 점은 A, B 두 사람에게 두 재화가 각각 얼마씩 배분 되는지를 나타내며, 무차별곡선을 이용해 이 상자에 A, B 두 사람의 선호를 나타낼 수 있다. 〈그림 15-2〉의 왼쪽에는 A의 무차별지도가 오른쪽에는 B의 무차별지도가 각각 그려져 있다. A의 무차별지도는 A를 원점으로 B의 무차별지도는 B를 원점으로 하여 그려진 것이다. 에지워스 상자 밖에 있는 점들은 이 경제에서 제공될 수 없는 재화 벡터들이지만 각 소비자의 선호는 여전히 정의될 수 있기 때문에 무차별곡선은 에지워스 상자 밖에까지 확장될 수 있다.

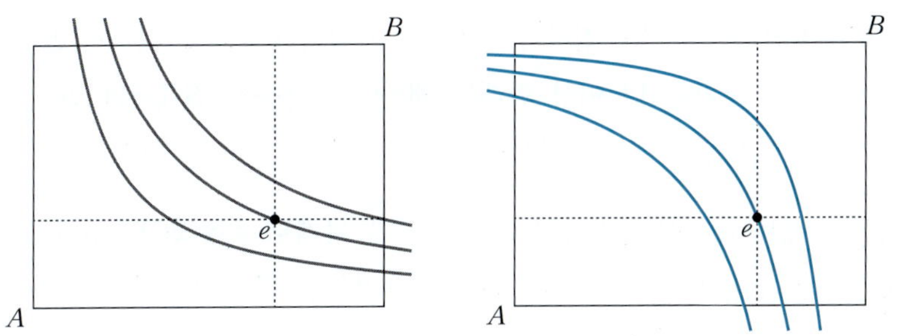

〈그림 15-2〉 에지워스 상자에 표시된 두 소비자의 선호

〈그림 15-3〉에는 e점을 지나는 A와 B의 무차별곡선이 그려져 있다. 왼쪽 그림에서 두 사람의 무차별곡선 사이의 색칠된 부분은 A와 B 모두가 e점보다 더 선호하는 재화 배분들을 보여준다. A와 B가 자발적으로 두 재화를 교환한다면 두 사람은 교환을 통해 이 색칠된 부분의 어느 한 점(예컨대 오른쪽 그림의 a)으로 표시되는 재화 배분을 달성할 수 있다.

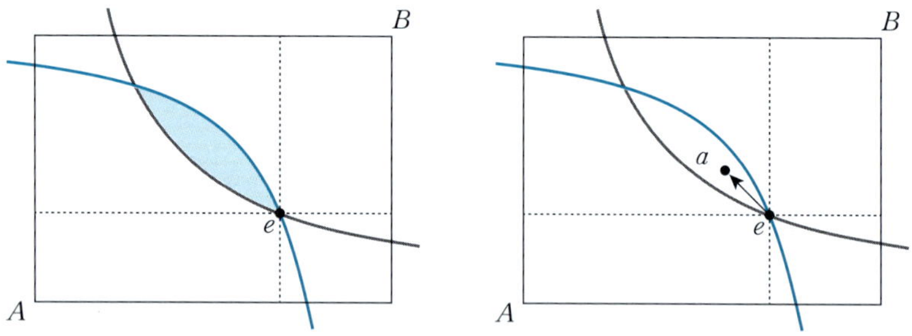

〈그림 15-3〉 재화배분에 대한 소비자의 선호

e와 a의 재화 배분을 비교하면 A, B 두 사람 모두 e보다 a를 선호한다. 이처럼 한 경제에 속한 모든 사람이 재화 배분 x보다 y를 더 선호한다면 x로부터 y로의 변화는 **파레토 개선**(Pareto improvement)이라 칭한다.

계약곡선과 코어 A, B 두 사람 사이에 자발적인 교환이 가능하다면 두 사람은 e점에 머무르지 않고 a점과 같이 두 사람이 모두 선호하는 재화 배분을 달성할 것이다. 다시 말하면 자발적인 교환은 파레토 개선을 가능하게 해 준다. 그러나 a점에서 A와 B의 무차별곡선이 서로 접하지 않는다면 자발적인 교환은 여기서 멈추지 않을 것이다. 자발적인 교환은 더 이상 파레토 개선이 불가능한 점에서만 멈추게 될 것이다.

더 이상 파레토 개선이 불가능한 재화 배분을 **파레토 효율적**(Pareto efficient)인 재화 배분이라 한다. 더 이상 파레토 개선이 불가능한 점은 A와 B의 무차별곡선이 서로 접하는 점이다. 그러한 점에서는 다른 어떤 점으로 이동해도 두 사람 중 한 사람은 반드시 효용이 감소할 것이기 때문이다.

〈그림 15-4〉에는 파레토 효율적인 재화 배분이 표시되어 있다. A와 B의 무차별

곡선이 서로 접하는 점 b, c, d, f 에서는 더 이상의 파레토 개선이 불가능하다. 따라서 이들은 모두 파레토 효율적인 배분이다. 파레토 효율적인 재화 배분들을 연결한 것을 **계약곡선**(contract curve)이라 한다.

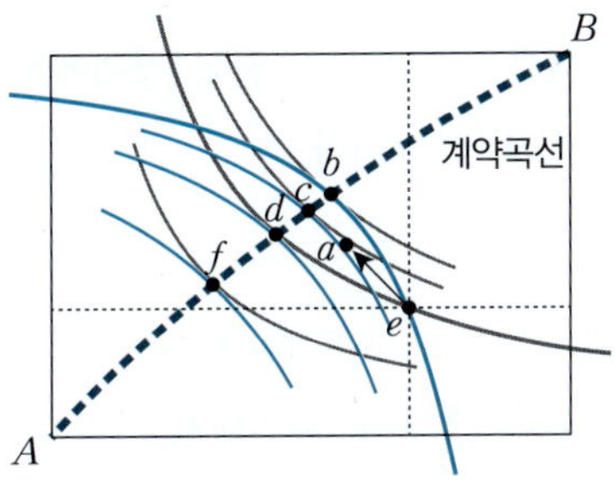

〈그림 15-4〉 파레토 효율적인 재화 배분

A와 B가 e점으로부터 자발적인 교환을 통해 도달하는 재화 배분은 더 이상 파레토 개선이 불가능한 점, 즉 계약곡선 상의 어느 한 점이 될 것이다. 또한 A, B 모두 e점보다 더 큰 효용을 주는 점에서만 교환을 하려 할 것이므로 궁극적인 재화 배분은 계약곡선 상에서 b, d 사이의 어느 한 점이 될 것이다. 계약곡선 상의 b, d 사이의 재화 배분들을 가리켜 **코어**(core)라 한다. 교환경제에서 두 사람이 자발적으로 재화를 교환한다면 결국 재화 배분이 코어 상의 어느 한 점으로 귀결될 것이다.

지금까지의 논의는 두 사람으로 이루어진 경제를 대상으로 했지만 그 논리는 소비자가 m명인 경제에도 쉽게 확대될 수 있다. 소비자가 m명인 경제에서 자발적인 교환을 통해 최종적으로 달성되는 재화 배분의 특징은 모든 사람의 한계대체율이 같아야 한다는 것이다. 만일 어느 두 사람의 한계대체율이 다르다면 앞에서 본 바와 같이 두 사람 사이에 교환을 통해 파레토 개선을 이룰 수 있기 때문이다. 따라서 소비자가 m명인 경제에서도 자발적인 교환을 통해 최종적으로 달성되는 재화 배분은 파레토 효율적일 것이다. 또한 모든 사람이 최초에 보유한 재화로부터 얻는 효용 이상을 주는 배분을 얻게 될 것이다.

그런데 지금까지의 논의에서 명시적으로 밝히지 않은 가정이 있다. 그것은 교환에 참여하는 사람들이 다른 사람들의 선호에 대해 완전한 정보를 갖고 있다는 가정이다. 정보는 협상력을 결정하는데 있어 중요한 역할을 한다. 만일 A가 B의 선호를 알고 있는데 B는 A의 선호를 모른다면 A가 B를 속여 자신에게 유리한 배분을 이끌어낼 수 있다. 뿐만 아니라 그 결과는 파레토 효율적인 배분이 아닐 수도 있다.

일반적으로 각 사람은 다른 사람의 선호를 알지 못한다. 따라서 모든 소비자의 선호에 대한 정보가 완전하다는 가상적인 상황을 전제로 한 지금까지의 논의는 현실 세계에 적용하기 어려운 한계를 갖고 있다. 현실 경제에서 이러한 정보의 문제를 해결해 주는 것이 바로 가격기구의 역할이다.

시장경제의 효율성 시장경제는 가격기구를 통해 자발적인 교환이 이루어지도록 하는 경제이다. 앞에서 배운 에지워스 상자를 이용해서 가격기구의 역할을 알아보도록 하자. 〈그림 15-5〉의 왼쪽에는 두 재화 가격 p_1, p_2가 주어진 교환경제에서 소비자 A의 예산선과 수요가 예시되어 있다. 예산선은 그림과 같이 e점을 지나고 기울기가 $-\frac{p_1}{p_2}=-p_a$인 직선이다. A의 선택은 상대가격 $\frac{p_1}{p_2}$과 A의 선호에 의해 결정된다. 예컨대 $\frac{p_1}{p_2}=p_a$일 때에 A의 수요는 c가 되어 재화 1을 시장에 공급하여 재화 2를 구입하고자 한다.

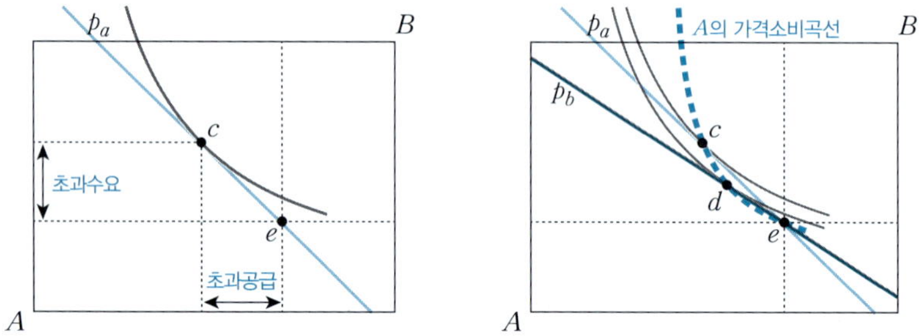

〈그림 15-5〉 순수교환경제에서의 예산선과 수요

상대가격이 달라지면 〈그림 15-5〉의 오른쪽 그림과 같이 A의 선택도 달라진다. 예컨대 $\frac{p_1}{p_2}=p_b$일 때에 A의 수요는 d가 된다. $\frac{p_1}{p_2}=p_b$일 때 여전히 재화 1에 대해서는 초과공급, 재화 2에 대해서는 초과수요가 있지만 그 크기는 줄어든 것을 알

수 있다. 상대가격 $\frac{p_1}{p_2}$가 변할 때 A의 선택점들을 연결하면 A의 가격소비곡선이 얻어진다.

마찬가지로 B의 가격소비곡선을 구할 수 있다. 〈그림 15-6〉의 왼쪽에는 B의 무차별곡선과 가격소비곡선이 그려져 있다. 그림에서 보는 것처럼 $\frac{p_1}{p_2}=p_a$의 상대가격에서 B의 수요는 a가 되어 재화 2를 시장에 공급하여 재화 1을 구입하고자 한다.

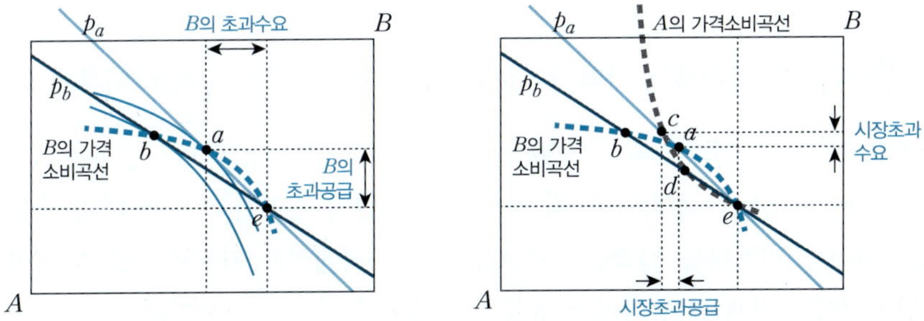

〈그림 15-6〉 순수교환경제에서의 가격소비곡선

〈그림 15-6〉의 오른쪽에는 A의 가격소비곡선과 B의 가격소비곡선이 함께 그려져 있다. $\frac{p_1}{p_2}=p_a$의 상대가격에서 A는 c점, B는 a점을 선택하여 재화 1에 대해서는 시장전체로 초과공급, 재화 2에 대해서는 시장전체로 초과 수요가 있으므로 시장이 균형을 이루지 못한다.

마찬가지로 $\frac{p_1}{p_2}=p_b$의 상대가격에서도 A는 d점, B는 b점을 선택하여 재화 1에 대해서는 시장전체로 초과수요, 재화 2에 대해서는 시장전체로 초과 공급이 있으므로 시장이 균형을 이루지 못한다.

〈그림 15-7〉에서 보는 것처럼 두 소비자의 가격소비곡선이 만나는 상대가격 p_f에서 두 재화의 시장수요와 시장공급이 일치한다. $\frac{p_1}{p_2}=p_f$일 때 A와 B는 모두 f점을 선택한다. 따라서 A가 시장에 공급하는 재화 1의 수량과 B가 시장에서 구입하려는 재화 1의 수량이 일치하며, A가 시장에서 구입하려는 재화 2의 수량과 B가 시장에 공급하는 재화 2의 수량이 일치한다.

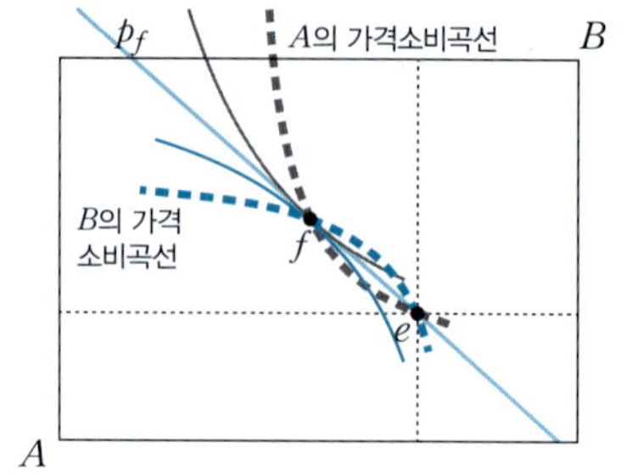

〈그림 15-7〉 순수교환경제에서의 균형

즉 $\dfrac{p_1}{p_2} = p_f$ 를 만족하는 가격 p_1, p_2 는 모든 재화 시장이 균형을 이루게 하는 **일반균형가격**이다. 두 소비자의 무차별곡선은 f점에서 접한다. 따라서 f점은 계약곡선상에 있으며 파레토 효율적이다. 각 소비자들은 단지 주어진 가격에 대해 자신이 가장 선호하는 소비벡터를 선택할 뿐이지만 균형가격에서는 자동적으로 두 소비자의 무차별곡선이 접하게 되어 파레토 효율적인 재화의 배분이 달성된다.

소비자가 m명인 경우에도 완전경쟁 시장에서는 모든 소비자가 동일한 가격에서 선택을 하므로 모든 소비자의 예산선의 기울기는 동일하고 따라서 균형에서 모든 소비자의 무차별곡선은 동일한 기울기를 갖기 때문에 파레토 효율적인 재화의 배분이 달성된다.

후생경제학의 제1, 제2정리 시장경제에서 완전경쟁 일반균형점 f가 (계약곡선상에 있으므로) 파레토 효율적이라는 사실을 가리켜 **후생경제학의 제1정리**라고 한다. 〈그림 15-8〉에서 보는 것처럼 두 소비자의 가격소비곡선은 각각 e점을 지나는 소비자의 무차별곡선 위쪽에 있으므로 완전경쟁 균형점은 코어에 속한다.

〈그림 15-9〉에는 두 소비자로 이루어진 교환경제의 파레토 효율적인 재화 배분(계약곡선)이 예시되어 있다. s점과 같이 계약곡선상에 임의의 파레토 효율적 재화 배분이 주어졌을 때, (1) 보유한 재산을 재분배한 후 (2) 완전경쟁 시장을 통해 그 재화배분을 달성할 수 있다는 사실을 가리켜 **후생경제학의 제2정리**라고 한다.

소비자들이 처음 보유했던 재화 벡터 e를 소득의 재분배 정책에 의해 e'로 바꿀 수 있다면 균형가격 p_s에 의해 재화 배분은 자발적으로 e'로부터 s점으로 이동할 것이다. 따라서 사회적으로 바람직한 파레토 효율적인 재화 배분이 있다면 이는 소득 재분배 정책과 시장에 의해 달성될 수 있다는 것이 후생경제학의 제2정리의 내용이라 할 수 있다.

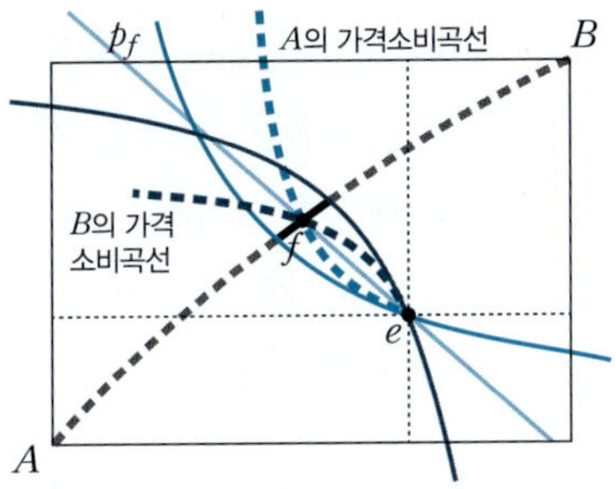

〈그림 15-8〉 후생경제학의 제1정리

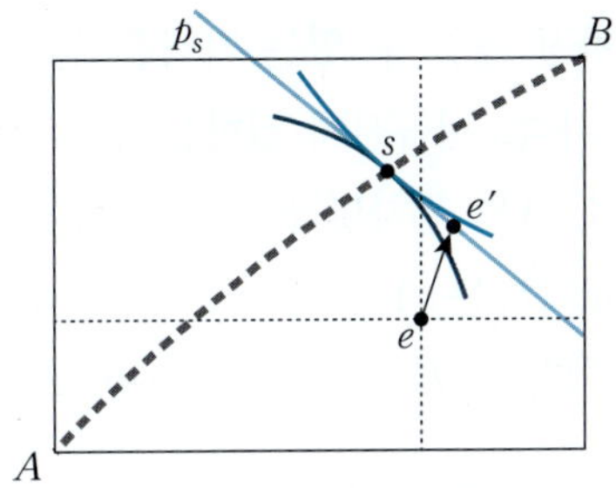

〈그림 15-9〉 후생경제학의 제2정리

일반균형가격과 현실경제의 가격 현실의 시장경제는 지금까지 우리가 살펴본 시장경제와는 다르다. '규모의 경제'도 존재하고 많은 시장이 독과점화되어 있다. 그러므로 일반경쟁균형의 존재문제는 비록 이론적으로 증명되더라도 결국 허상일 뿐이다. 그런데 현실의 시장경제는 기본적으로 자유방임경제다. 우리들이 매일 소비하는 재화와 용역은 수도 없이 많고 생산해내는 사람들이 누구인지도 모른다. 개인은 각자 자기 스스로 생업을 선택하여 생산에 참여하는데 이 자유방임을 조율하는 것은 정부 명령이 아니라 경쟁이다. 그런데 신기하게도 이 자유방임 속의 경쟁이 경제생활을 혼란 속으로 몰아가는 것 같지는 않다.

무언가 필요해서 슈퍼에 가면 대체로 있다. 매진되어 없는 날도 있지만, 다음 날 가보면 있다. 그 많은 가짓수의 상품이 정부가 계획하지 않더라도 자유경쟁 속에서 수요에 맞게 생산된다는 말이다. 일반경쟁균형은 모든 경제주체가 가격수용자로 행동하는 경쟁의 성과다. 일부 독과점이 있어도 품목별 수요와 공급이 서로 맞아떨어지는 균형이 존재함을 보일 수 있다. 일반경쟁균형이론을 자유방임의 틀 속에서 시장경쟁이 작동하는 원리를 한 특수한 유형에 적용한 설명이라고 이해하면 좋을 것이다.

독점의 비효율성 후생경제학의 제1정리가 성립하는 기본적인 이유는 모든 경제주체가 가격수용자로 행동하는 데 있다. 만일 어떤 경제주체가 가격수용자가 아니라면 효율성의 조건이 충족되지 않아 비효율적인 결과가 나타날 수 있다.

A, B 두 사람으로 이루어진 교환경제를 다시 살펴보자. 〈그림 15-10〉에서 A는 가격수용자이지만 B는 가격을 선택할 수 있다면 B는 A의 가격소비곡선 중 자신의 효용을 가장 높일 수 있는 가격을 선택하려 할 것이다. 이 가격은 B의 무차별곡선이 A의 가격소비곡선에 접하는 점 m과 초기 부존자원 e점을 지나는 가격 p_m이 될 것이다. A의 무차별곡선은 가격선 p_m에 접하나 B의 무차별곡선은 m점에서 가격선과 교차하는 A의 가격소비곡선에 접하므로 A, B 두 사람의 무차별곡선은 서로 교차한다. 즉 B가 가격설정자인 교환의 결과는 비효율적이다.

가격을 선택하는 B는 재화 2를 독점 공급하는 독점 기업이라 할 수 있다. A의 가격소비곡선은 여러 가격에 따라 나타나는 시장수요라 할 수 있다. 이와 같이 거래쌍방 중 어느 한쪽이 가격을 결정할 수 있다면 비효율적인 거래가 발생하게 된다.

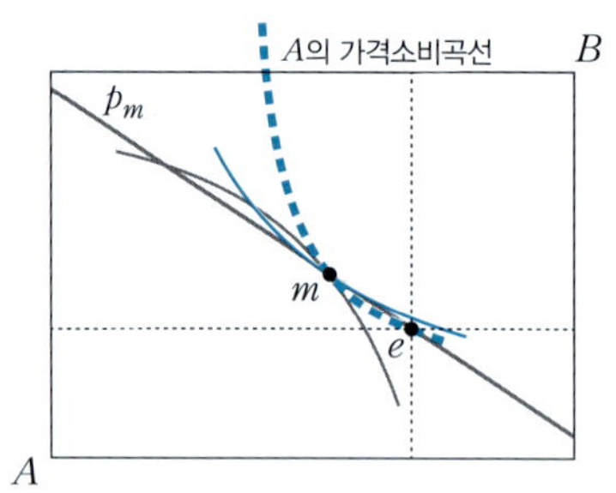

〈그림 15-10〉 독점의 비효율성

제2절 사회적 선택의 이론

효용가능곡선 두 사람으로 이루어진 교환경제를 다시 생각해보자. 어떤 재화 배분이 사회적으로 가장 바람직할까? 재화 배분은 그 자체보다는 그것이 두 소비자에게 주는 효용 때문에 사회적 관심을 끄는 것이라 할 수 있다. 따라서 두 소비자에게 동일한 효용을 주는 재화 배분은 어떤 것이 채택되든 사회적으로 무차별하다고 볼 수 있다.

이제 각 재화 배분에 대해 두 소비자가 느끼는 만족을 나타내는 효용함수가 주어져 있다고 하고, A와 B의 효용함수를 각각 u_A와 u_B로 표시하자. 에지워스 상자 안의 각 재화 배분이 두 소비자에게 주는 효용이 〈그림 15-11〉의 오른쪽에 표시되어 있다. 그림의 왼쪽에는 에지워스 상자 안의 여러 재화 배분이 표시되어 있고 해당되는 재화 배분이 주는 효용이 그림의 오른쪽에 표시되어 있다.

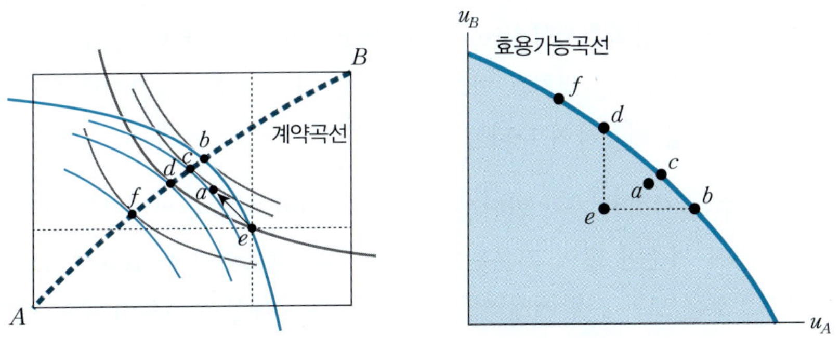

〈그림 15-11〉 계약곡선과 효용가능곡선

알파벳으로 표시된 재화 배분 중 A에게 가장 큰 효용을 주는 재화 배분은 b이고 가장 작은 효용을 주는 재화 배분은 f이다. e와 d는 A의 동일한 무차별곡선 상에 있으므로 A에게 동일한 효용을 준다. 마찬가지로 B에게 가장 큰 효용을 주는 재화 배분은 f이고 가장 작은 효용을 주는 재화 배분은 b이다. e와 b는 동일한 무차별곡선 상에 있으므로 B에게 동일한 효용을 준다.

효용가능곡선(utility possibility frontier)은 두 소비자가 그 경제가 보유하고 있는 재화로부터 얻을 수 있는 최대효용을 나타내는 곡선이다. 그 경제가 보유하고 있는 재화를 배분하여 두 소비자가 최대효용을 얻도록 하기 위해서는 두 소비자가 계약곡선 상의 재화 배분을 소비하도록 해야 한다. 재화 배분을 변화시켜서 두 소비자의 효용을 모두 증가시킬 수 없는 재화 배분들이 계약곡선을 구성하고 있다. 그러므로 계약곡선 상의 재화 배분으로부터 두 소비자가 얻는 효용이 효용가능곡선을 이룬다.

사회후생함수 모든 재화 배분에 대하여 사회적으로 바람직한 정도에 따라 순위를 매길 수 있다면 어떤 재화 배분이 가장 바람직한지 알 수 있을 것이다. 재화 배분의 사회적 가치는 사회 구성원들이 그 재화 배분으로부터 얻는 효용을 근거로 하고 있으므로 각 재화 배분이 사회 구성원들에게 주는 효용이 사회적 가치 판단의 기준이 된다. 개인의 소비벡터들에 대한 소비자들의 선호를 효용함수로 표시하는 것처럼 재화 배분에 대해서도 이러한 사회적 효용함수를 고려해 볼 수 있다.

사회 구성원들에게 주는 효용을 바탕으로 사회적 가치 판단을 숫자의 크기로 나타낸 함수를 가리켜 **사회후생함수**(social welfare function)라 한다. 소비자의 선호를 무차별지도로 나타냈던 것처럼 사회적 선호도 다시 사회후생함수로부터 도출된 사회적 무차별지도를 이용하여 나타낼 수도 있다.

사회후생함수는 사회적 가치 판단을 반영한다. 어떤 배분이 바람직한가에 대해서는 크게 두 가지 기준이 많이 거론된다. 그 하나는 효율성이다. **효율성**(efficiency)이란 기본적으로는 모든 사람에게 더 큰 효용을 주는 배분이 그렇지 못한 배분보다 사회적으로 더 바람직하다는 가치 판단으로부터 출발한다. 극단적으로는 비록 일부가 손해를 보더라도 전체적으로 더 큰 효용을 얻을 수 있다면 사회적으로 이득이라는 입장도 나타날 수 있다.

또 하나의 기준은 공평성이다. **공평성**(equity)이란 기본적으로 모든 사람에게 혜택이 골고루 주어져야 한다는 가치 판단으로부터 출발한다. 극단적으로는 사회 구성원들이 누리는 효용 중에서 가장 낮은 효용이 사회후생을 결정한다는 견해도 있다.

수식으로 표시하면 다음과 같은 사회후생함수들이 있다.[1)]

$$W(u_A, u_B) = u_A + u_B \tag{15-1}$$

$$W(u_A, u_B) = \min\{u_A, u_B\} \tag{15-2}$$

식 (15-1)은 흔히 **공리주의**(utilitarian) 사회후생함수라고 불리며 식 (15-2)는 **평등주의**(egalitarian) 사회후생함수 또는 **롤스의**(Rawlsian) 사회후생함수라 불린다.

그런데 만일 소비자들의 효용함수가 단지 소비자들의 선호를 숫자의 대소 관계로

1) 여기서는 사회구성원이 A, B 두 사람뿐인 경우를 가정하고 있으나 독자 여러분은 구성원 수가 더 많은 경우로도 쉽게 일반화할 수 있을 것이다.

변환만 했을 뿐 그 절대적인 크기가 아무 의미를 갖지 않는다면 그러한 효용함수에 기초한 사회후생함수는 유용성이 떨어질 것이다. 예컨대 A의 최소 효용을 B의 최대 효용의 백 배 이상이 되도록 효용함수를 설정했다면 애초에 공평성이 달성 불가능할 것이기 때문이다.

따라서 소비자들의 효용함수는 그 절대적인 크기가 어떤 의미를 갖고, 소비자들 간 비교가 가능한 척도여야 한다. 그러한 효용함수가 가능할까? 임의의 효용함수를 화폐액으로 표시할 수 있다면 이 두 가지가 모두 가능한 효용함수를 얻을 수 있다. 소비자 선택이론에서 살펴본 지출함수를 이용하면 이것이 가능하다.

소비자 i의 임의의 효용함수 $u(q_1, q_2)$가 주어졌다고 하자. 지출함수 $E(p_1, p_2, u(q_1, q_2))$는 재화의 가격이 p_1, p_2로 주어졌을 때 $u(q_1, q_2)$의 효용을 얻을 수 있는 최소의 소득을 나타낸다. 효용이 더 높을수록 더 높은 소득이 필요하므로 지출함수는 임의의 효용함수와 동일한 선호를 반영한다. 또한 그 크기가 절대적인 의미를 갖고 있고, 소비자들 간에 비교가 가능하다.

이제 일반균형가격 p_1^*, p_2^*를 대입한 지출함수를 효용함수로 사용한다고 하자. 그렇다면 소비자들이 일반균형에서 얻는 효용은 소비자들이 보유한 재화를 시장에 판매하여 얻는 소득수준에 의해 결정될 것이다. 따라서 일반균형에서 얻는 소득이 소비자들이 일반균형에서 얻는 효용을 나타낸다고 볼 수 있다. 이러한 이유로 소득이 유용한 효용지표가 될 수 있으며 소득의 분배가 사회후생을 판단하는 기준이 될 수 있다.

애로우의 불가능성정리 하나의 사회후생함수는 사회 구성원들의 선호로부터 사회적 선호를 도출하는 한 가지 방법이다. 다양한 사회후생함수는 사회 구성원들의 선호로부터 사회적 선호를 도출하는 다양한 방법들을 나타낸다. 개인들의 선호를 나타내는 효용함수가 유일하다면 사회 구성원들의 선호로부터 주어진 사회후생함수를 이용해서 도출되는 사회적 선호도 유일하게 결정된다.

그러나 개인들의 선호를 나타내는 효용함수가 유일하지 않다면 사회 구성원의 선호가 동일할지라도 동일한 사회후생함수로부터 개인들의 효용함수에 따라 사회적 선호는 달라지게 된다. 〈표 15-1〉에는 사회 구성원들의 선호는 동일하지만 그 선호를 나타내는 효용함수에 따라 사회적 선호가 어떻게 달라질 수 있는지가 예시되어 있다.

〈표 15-1〉 효용함수의 영향

배분	u_A u_B	u_A+u_B	$\min\{u_A, u_B\}$	배분	u_A u_B	u_A+u_B	$\min\{u_A, u_B\}$
x	5 2	7	2	x	4 3	7	3
y	3 3	6	3	y	2 6	8	2

두 배분 x와 y에 대해 A는 x를 더 선호하고 u_A와 v_A는 모두 이러한 선호를 나타내는 효용함수이다. 한편 B는 두 배분 중 y를 더 선호하고 u_B와 v_B가 이러한 선호를 나타내는 효용함수이다. A와 B의 선호는 어떤 효용함수를 사용하더라도 동일하지만 사회적 선호는 다르게 나타나는 것을 알 수 있다.

두 사람의 선호를 u_A와 u_B로 나타낼 때에는 사회후생함수 $W(u_A, u_B) = u_A + u_B$를 사용하면 사회적으로 x가 더 선호되지만, 두 사람의 선호를 v_A와 u_B로 나타낼 때에는 사회적으로 y가 더 선호됨을 알 수 있다. 사회후생함수 $W(u_A, u_B) = \min\{u_A, u_B\}$를 채택하더라도 두 사람의 선호를 u_A와 u_B로 나타낼 때에는 y가 사회적으로 더 선호되는 반면 두 사람의 선호를 v_A와 v_B로 나타낼 때에는 사회적으로 x가 더 선호됨을 알 수 있다.

애로우(K. J. Arrow)는 효용함수를 사용하지 않고 사회 구성원들의 선호로부터 항상 일관성 있는 사회적 선호를 도출할 수 있는가 하는 문제를 연구하였다. 우리가 익숙하게 알고 있는 의사결정 방법들이 항상 일관성 있는 사회적 선호를 제공하지는 못한다.

예컨대 과반수 의결방법을 보자. 사회구성원 i의 선호를 $\succsim_i$, 사회적 선호를 $\succsim_S$로 표시하자. 사회구성원이 1, 2, 3 세 명이고 a, b, c 세 개의 대안이 있다고 하자. a, b, c 세 개의 대안에 대한 사회구성원들의 선호가 다음과 같다고 하자.

$$a \succ_1 b \succ_1 c$$
$$b \succ_2 c \succ_2 a$$
$$c \succ_3 a \succ_3 b$$

a를 b보다 선호하는 사람의 수가 많으므로 $a >_S b$가 성립한다. 마찬가지로 $b >_S c$, $c >_S a$가 성립한다. 그렇다면 사회적 선호는 이행성을 만족하지 못한다는 것을 알 수 있다. 처음 두 선호관계로부터 $a >_S c$가 얻어지는데 이는 세 번째 선호관계와 모순되기 때문이다.[2)]

애로우는 다음의 조건들을 만족시키면서 사회 구성원들의 선호로부터 사회적 선호를 도출하는 방법이 있는지를 연구하였다.

1. **전역성**(unrestricted domain; UD): 모든 사회구성원의 선호가 완전성과 이행성을 만족하면 완전성과 이행성을 만족하는 사회적 선호가 반드시 존재한다. 완전성과 이행성을 만족하는 사회구성원들의 선호묶음들의 집합을 정의역으로 할 때 정의역의 모든 원소에 대해 사회적 선호를 대응시키는 함수를 고려할 때 정의역의 모든 원소에 대해 함수값이 존재해야 함을 의미한다.

2. **파레토 원칙**(Pareto principle; PP): 모든 사회구성원이 a보다 b를 더 선호하면 사회적 선호도 a보다 b를 더 선호해야 한다는 조건이다.

3. **무관 대안 독립성**(independence of irrelevant alternatives; IIA): a와 b에 대한 사회적 선호는 a와 b에 대한 사회구성원들의 선호에 의해서만 결정되어야 한다는 조건이다. 즉 사회구성원들의 선호묶음 $(\succsim_1, \succsim_2, \cdots, \succsim_k)$으로부터 사회적 선호 $\succsim_S$가 도출되었고, 선호묶음 $(\succsim_1', \succsim_2', \cdots, \succsim_k')$으로부터 사회적 선호 $\succsim_S'$가 도출되었다고 할 때, 모든 사회구성원에 대해 a와 b에 대한 선호가 두 선호묶음에서 동일하다면 a와 b에 대한 사회적 선호도 동일해야 한다는 조건이다. 두 선호묶음에서 다른 대안들과의 선호관계는 달라질 수 있으나 a와 b에 대한 선호가 동일하다면 a와 b에 대한 사회적 선호가 다른 대안들과의 선호관계에 의해 영향을 받지 말아야 한다는 조건이다.

4. **비독재성**(non-dictatorship; ND): 사회적 선호가 항상 어떤 한 사람의 선호와 일치하는 사람이 있어서는 안 된다는 조건이다. 어떤 사회구성원 i^*가 있어서 $\succsim_S$가 다른 사람들 선호와 관계없이 항상 $\succsim_{i^*}$와 동일하다면 이러한 사회적 선

2) 이 예는 **꽁도르쎄 역설**(Condorcet paradox)로 알려져 있다. 프랑스의 수학자 꽁도르쎄는 민주주의 의사결정의 결함을 보이기 위하여 이 예를 만들었다. 따라서 이 예를 달리 **과반수 의결의 역설**(paradox of majority voting)이라고 부르기도 한다.

호 도출 방법은 독재적이며 비독재성을 만족하지 않는 것이다.

애로우는 이 네 가지 조건을 모두 만족하는 사회적 선호 도출 방법은 존재하지 않음을 논증하였다.

[불가능성 정리] 사회구성원의 숫자가 유한하고, 선택 가능한 대안이 3개 이상이면 UD, PP, IIA의 세 조건을 충족하는 사회적 선호 도출 방법은 독재적인 것뿐이다.

이 정리의 증명은 이 장의 부록에서 다룬다.

부록

제1절 완전경쟁시장의 효율성: 생산경제

생산의 효율성 A, B 두 사람으로 구성된 생산경제를 생각해 보자. 〈그림 15–A1〉에는 A와 B의 생산가능집합과 경제의 생산가능집합이 예시되어 있다. 경제의 생산가능집합은 A와 B가 자신들의 생산가능집합에서 선택한 생산벡터들의 합으로 구성된다. 예컨대 A가 a를 생산하고 B가 b를 생산하면 경제 전체로서는 $a+b$가 생산된다.

그런데 a는 A의 생산가능곡선 상에 있고 b도 B의 생산가능곡선 상에 있지만, $a+b$는 경제의 생산가능곡선, 즉 경제의 생산가능집합의 경계선 상에 있지 않다. 이는 A와 B가 생산을 변경하여 경제 전체로서 두 재화 모두를 더 많이 생산할 수 있음을 뜻한다. 즉 A가 a를 생산하고 B가 b를 생산하는 것은 효율적인 생산 방법이 아니다.

경제의 생산이 효율적이라는 것은 생산 방법을 어떻게 바꾸어도 두 재화의 생산을 모두 증가시킬 수는 없다는 것이다. 생산이 효율적이라면 A, B 두 사람이 생산한 벡터를 더했을 때 경제의 생산가능곡선 상에 있어야 한다. 그러면 A와 B가 어떻게 생산을 해야 효율적인 생산이 될 수 있을까?

첫째는 A와 B가 모두 자신의 생산가능곡선 상에서 생산해야 한다. 그렇지 않다면 생산가능곡선 안쪽으로부터 생산가능곡선 상으로부터 이동하여 두 재화의 생산량을 모두 증가시킬 수 있기 때문이다. 그러나 〈그림 15–A1〉에서 보는 것처럼 두 사람이 모두 생산가능곡선 상에서 생산하더라도 그 합은 경제의 생산가능곡선 안쪽에 나타날 수 있다.

A가 a를 생산하고 B가 b를 생산하는 것이 왜 비효율적인가를 알기 위해 B의 생산가능곡선을 아래로 옮겨 보자. 〈그림 15-A2〉에서는 B의 생산가능곡선을 180도 회전하여 원점이 $a+b$의 위치에 오도록 이동하였다. 그러면 A의 a점과 B의 b점이 겹치게 될 것이다. 그리고 A의 a점과 B의 b점이 겹치는 곳에서 A와 B의 생산가능곡선이 교차하는 것을 알 수 있다.

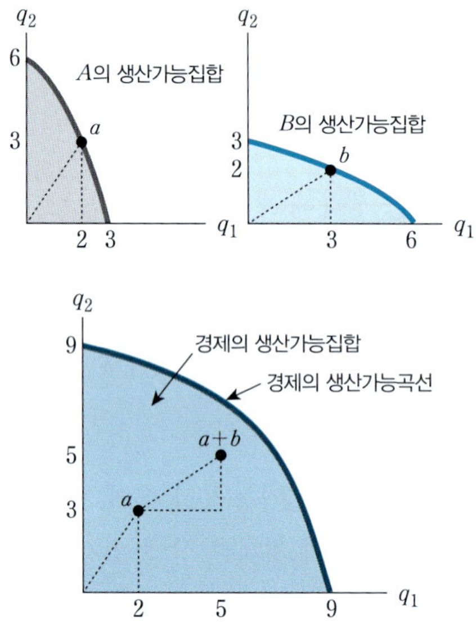

〈그림 15-A1〉 경제의 생산가능집합

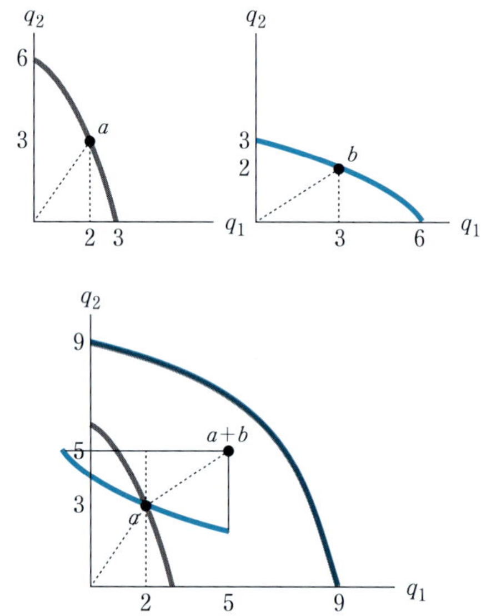

〈그림 15-A2〉 비효율적인 생산

이제 A와 B의 생산가능집합이 교차하는 곳에서 〈그림 15-A3〉에서와 같이 한 점 a'을 선택할 수 있다. a'점은 A의 생산가능집합의 a'점인 동시에 B의 생산가능집합의 b'점에 해당한다. a점에서 a'점으로의 이동은 A가 재화 1의 생산을 1단위 줄이고 재화 2의 생산을 1단위 증가시킴을 의미한다. 한편 b점에서 b'점으로의 이동은 B가 재화 1의 생산을 1단위 늘리고 재화 1의 생산을 1단위 감소시킴을 의미한다.

따라서 A가 a점에서 a'점으로 B가 b점에서 b'점으로 생산을 변경하여도 경제 전체의 재화 생산량에는 변화가 없다. 이제 A가 다시 a'점으로부터 생산가능곡선 상으로 두 재화의 생산량을 모두 증가시키고, B도 b'점으로부터 이와 같이 하면 경제 전체의 생산량은 두 재화 모두 $a+b$보다 많아지게 될 것이다.

A와 B가 자신의 생산가능집합 안에서 생산을 어떻게 바꾸더라도 더 이상 경제 전체의 생산을 증가시킬 수 없는 것은 〈그림 15-A4〉와 같이 두 생산자의 생산가능곡선이 접할 때뿐이다. 즉 두 생산자가 한계변환율(MRT)이 같은 점에서 생산할 때 효율적인 생산이 이루어진다.

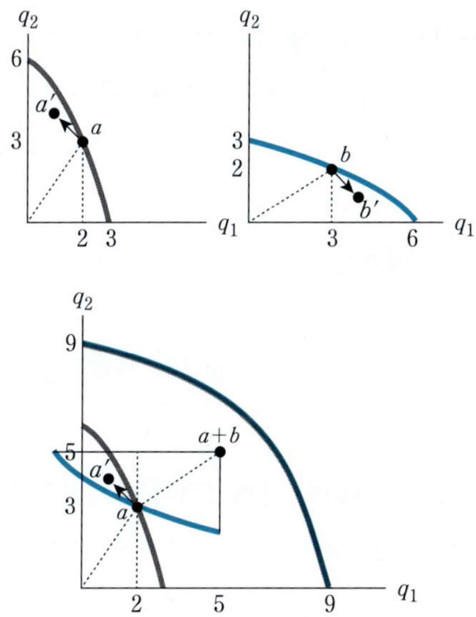

〈그림 15-A3〉 비효율적인 생산의 특징

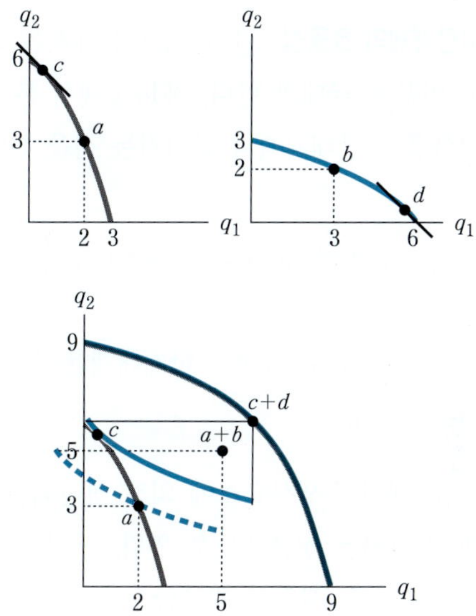

〈그림 15-A4〉 효율적인 생산

경제의 생산가능곡선의 모양 생산가능곡선은 어떤 생산자 또는 경제가 최대로 생산할 수 있는 재화의 조합을 나타낸다. 생산가능곡선의 기울기, 즉 한계변환율은 한 재화(재화 1)를 더 생산하기 위해서 다른 재화(재화 2)를 얼마나 포기해야 하는지를 나타낸다. 한계변환율(절댓값)이 낮은 생산자가 재화 1을 한 단위 더 생산하는 기회비용이 낮으므로 재화 1의 생산에 비교우위를 갖는다고 할 수 있다.

재화 1의 경제 전체 생산량을 0으로부터 점차 증가시킨다고 생각해 보자. A, B 두 사람 중 누가 재화 1을 먼저 생산해야 할까? 효율적인 생산은 재화 1 생산에 비교우위가 가장 큰 생산자부터, 즉 한계변환율(절댓값)이 가장 낮은 생산자부터 재화 1을 생산하는 것이다.

경제의 생산가능곡선 상의 한 점에서 A, B 두 사람이 모두 두 재화를 생산하고 있다면 두 사람이 생산하고 있는 점에서 한계변환율이 같을 것이다. 그리고 재화 1

의 생산이 증가할수록 두 사람의 한계변환율은 점점 증가할 것이다. 이에 따라 경제의 생산가능곡선 상에서 한계변환율(절댓값)도 재화 1의 생산이 증가할수록 점차 증가할 것이다. 그러므로 경제의 생산가능곡선은 원점에 대해 오목한 모양을 갖게 된다.

시장경제의 효율성 완전경쟁시장에서는 모든 생산자가 가격을 주어진 것으로 생각하고 이윤을 극대화 한다. 제14장에서 본 바와 같이 생산경제에서 각 경제주체는 한계변환율이 상대가격과 같아지는 점을 선택한다. 따라서

$$A\text{의 한계대체율(절댓값)} = \frac{p_1}{p_2} = B\text{의 한계대체율(절댓값)} \tag{15-A1}$$

이 성립하여 두 사람의 한계대체율이 같도록 생산이 선택되므로 생산이 효율적으로 이루어진다.

두 재화가 생산요소에 의해 생산되는 경우에도 두 재화의 상대가격이 한계변환율과 같아지는 것을 알 수 있다. 생산자 j가 노동을 이용해서 두 재화를 생산한다고 하고 i의 두 재화의 생산함수를 각각 f_1, f_2, 두 재화의 가격을 각각 p_1, p_2, 임금률을 w라 하면 이윤극대화 조건으로부터 다음 식이 얻어진다.

$$\frac{\partial \pi_1}{\partial L} = 0 \Rightarrow p_1 f_1'(L) = w,\ \frac{\partial \pi_2}{\partial L} = 0 \Rightarrow p_2 f_2'(L) = w \tag{15-A2}$$

이 식으로부터 $\frac{p_1}{p_2} = \frac{f_2'(L)}{f_1'(L)} = \frac{MP_1^j}{MP_2^j} = MRT^j$ 임을 알 수 있다. 따라서 완전경쟁시장에서는 각 생산자들이 주어진 가격에 대해 이윤을 극대로 하도록 생산량을 선택하면 자동적으로 모든 생산자들의 한계변환율이 같아져 경제 전체의 생산이 효율적으로 이루어진다.

생산이 포함된 시장경제의 효율성 이제 경제의 생산가능곡선 상에서 생산된 총생산물 $c+d$를 A, B 두 사람이 소비한다. 경제 전체적으로 소비할 수 있는 두 재화의 수량이 정해졌으므로 이것을 A, B 두 사람에게 배분할 수 있는 방법은 $c+d$에 의해

그 크기가 결정된 에지워스 상자 안의 한 점으로 표시된다. A, B가 자발적인 교환을 통해 〈그림 15-A5〉에서와 같이 계약곡선 상의 한 점 x를 소비한다고 하자. 이 결과는 파레토 효율적일까?

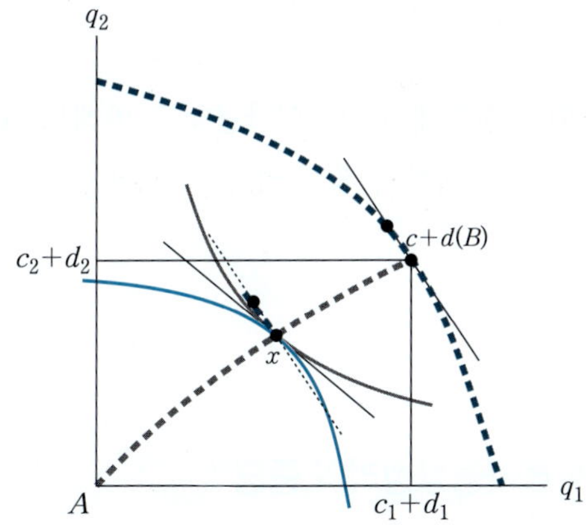

〈그림 15-A5〉 생산이 포함된 경제의 비효율성

$c+d$가 경제의 생산가능곡선 상에 있으므로 두 재화의 생산량을 모두 증가시킬 수는 없다. 즉 생산은 효율적으로 이루어졌다. 또한 x가 계약곡선 상에 있으므로 주어진 수량의 두 재화는 A, B 두 사람에게 효율적으로 배분되었다. 즉 두 사람의 효용을 동시에 증가시킬 수는 없다.

그럼에도 불구하고 A, B 두 사람의 x점에서의 한계대체율이 $c+d$점에서의 한계변환율과 다르다면 이 경제는 효율성을 달성하지 못하고 있다. 〈그림 15-A5〉에서와 같이 경제의 한계변환율(절댓값)이 소비자들의 한계대체율(절댓값)보다 크다면 재화 1의 생산량을 조금 줄이고 생산가능곡선을 따라 재화 2의 생산량을 조금 증가시켜 생산의 변화만큼 A의 소비를 변화시켜 주면 B의 소비를 그대로 유지한 채 A의 효용을 증가시킬 수 있기 때문이다.

따라서 생산이 이루어지고 있는 경제에서 효율적인 자원배분이 이루어지려면 다음 조건들이 만족되어야 함을 알 수 있다.

1. 효율적인 생산: $MRT^A = MRT^B$
2. 효율적인 소비: $MRS^A = MRS^B$

3. 효율적인 재화의 조합: $MRT^j = MRS^i,\ i, j = A, B$

완전경쟁 하에서는 가격 조정에 의해 이러한 조건들이 자동적으로 충족된다.

$$MRT^A = MRT^B = \frac{p_1}{p_2} = MRS^A = MRS^B$$

따라서 생산이 포함된 시장경제에서도 일반균형은 파레토 효율적이다. 즉 생산이 포함된 시장경제에서도 후생경제학의 제1정리가 성립한다.

제2절 애로우의 불가능성정리의 증명[3)]

(1) 어떤 두 대안 또는 상태(state) (s_1, s_2)를 두고 집단 G에 속하는 모든 구성원 i가 $s_1 >_i s_2$로 판정하면 $s_1 >_S s_2$로 될 때 G는 상태조합 (s_1, s_2)에 대한 **결정집단**이라고 말한다.[3)]

(2) 어떤 두 상태 (s_1, s_2)를 두고 집단 G에 속하는 모든 개인 i가 $s_1 >_i s_2$로 판정하고 G에 속하지 않는 모든 개인 j는 $s_2 >_j s_1$로 반대되게 판정할 때 사회적으로 $s_1 >_S s_2$로 결정되면 G는 상태조합 (s_1, s_2)에 대한 **준결정집단**이라고 말한다. 어떤 상태조합에 대한 결정집단은 그 상태조합에 대한 준결정집단임은 명백하다.

1단계 한 상태조합에 대한 준결정집단은 모든 상태조합에 대한 결정집단이다.

집단 G가 (s_1, s_2)에 대한 준결정집단이라고 하자. 어느 개별 선호구조에서 제3의 상태 s까지 포함하여 G에 속한 모든 개인 i는 $s >_i s_1 >_i s_2$로 평가하고, G에 속하지 않은 개인 j는 모두 $s >_j s_1$ 및 $s_2 >_j s_1$로 각각 평가한다고 하자. 이 상황은 두 상태 (s, s_2)에 대한 j의 평가는 제한하지 않는다.

3) 이 정리는 1951년에 출판된 K.J. 애로우의 박사학위 논문인 *Social Choice and Individual Values*로 처음 발표된 이후 반세기에 걸쳐서 다듬어진 결과다.

집단 G가 (s_1, s_2)에 대한 준결정집단이므로 $s_1 >_S s_2$이다. 또 파레토원칙(PP)에 의해 s와 s_1 사이의 사회적 선호는 $s >_S s_1$이다. 사회적 선호 $\succsim_S$의 이행성에 의해 $s >_S s_2$임을 알 수 있다. 무관 대안 독립성(IIA)에 의해 집단 G에 속한 모든 개인 i가 $s >_i s_2$로 평가하면 다른 개인의 평가에 상관없이 $s >_S s_2$로 결정된다. 따라서 집단 G는 상태조합 (s_1, s_2)에 대한 결정집단이다.

이제 집단 G는 상태조합 (s_1, s_2)에 대한 준결정집단이므로 처음으로 돌아가서 s_1을 도입하면 G는 (s_1, s_2)에 대한 결정집단임을 알 수 있다. 이번에는 s, s_2 이외의 제3의 상태 f를 도입하여 세 상태에 대한 개별 선호구조를 다음과 같이 설정한다. G에 속한 모든 개인 i는 $s >_i s_2 >_i t$로 평가하고, G에 속하지 않은 개인 j는 모두 $s_2 >_j s$ 및 $s_2 >_j t$로 각각 평가한다. 앞에서와 같은 방식으로 추론하면 G가 상태조합 (s, t)에 대한 결정집단임을 보일 수 있다. 즉 집단 G는 어떤 상태조합에 대해서도 결정집단이 된다.

2단계 모든 결정집단은 더 작은 결정집단을 포함하고 있다.

결정집단 G가 두 사람 이상이면 두 소집단 G_1과 G_2으로 나눈다. 소집단 G_1에 속한 모든 구성원 i가

$$s_1 >_i s_2 >_i s_3$$

로 평가하고 G_2에 속한 모든 구성원 j는

$$s_2 >_j s_3 >_j s_1$$

로 평가하며 G에 속하지 않는 구성원 k는 모두

$$s_3 >_k s_1 >_k s_2$$

로 평가하는 개별 선호구조를 생각하자. 그러면 G는 결정집단이므로

$$s_2 >_S s_3 \tag{1}$$

가 성립하고 $\succsim_S$의 완비성에 의해

$$s_1 \succ_S s_3 \tag{2a}$$

또는

$$s_3 \succ_S s_1 \tag{2b}$$

가 성립한다. 사회적 선호 $\succsim_S$가 이행성을 만족하므로 (2b)가 성립할 경우 (1)과 (2b)로부터

$$s_2 \succ_S s_1 \tag{3}$$

의 관계를 얻는다.

이제 G_1에 속한 구성원 i는 모두 $s_1 \succ_i s_3$ 이고 G_1에 속하지 않은 개인 j는 모두 $s_3 \succ_j s_1$ 이므로 만약 (2a)가 성립한다면 G_1은 (s_1, s_3)에 대한 준결정집단이고 따라서 임의의 두 상태에 대한 결정집단이다. 만약 (3)이 성립한다면 G_2에 속한 모든 개인 j는 $s_2 \succ_j s_1$로 평가하고 나머지 개인 i는 모두 $s_1 \succ_i s_2$로 평가하므로 G_2가 (s_2, s_1)에 대한 준결정집단이고 따라서 임의의 두 상태에 대한 결정집단이다. 즉 G_1과 G_2 중 하나는 모든 두 상태조합에 대한 결정집단이므로 결정집단 G의 구성원이 복수이면 반드시 더 작은 결정집단을 내포한다.

3단계 UD, PP, 그리고 IIA를 충족하는 사회적 선호는 독재뿐이다.

모든 구성원으로 형성된 집단은 파레토원칙에 따라서 결정집단이다. 이 결정집단을 더 작은 결정집단으로 축소해 나가면 마지막 결정집단은 한 사람만으로 구성된다. 이 마지막 한 사람은 독재자다. 이상으로 애로우의 불가능성정리의 증명이 완료되었다.

연습문제

1. x와 y 두 재화를 소비하는 A와 B의 효용함수는 모두 $u(x, y) = \sqrt{xy}$ 라고 한다. A는 x를 4단위, y를 3단위 보유하고 있고, B는 x를 2단위, y를 6단위 보유하고 있다. A, B 두 사람으로 구성된 순수교환경제의 계약곡선과 코어를 구하라.

2. x와 y 두 재화를 소비하는 A와 B의 효용함수는 모두 $u(x, y) = \sqrt{xy}$ 라고 한다. A는 x를 4단위, y를 3단위 보유하고 있고, B는 x를 2단위, y를 6단위 보유하고 있다. A, B 두 사람으로 구성된 순수교환경제에서 A는 가격수용자일 때, B가 가격을 결정한다면 어떤 가격을 선택하겠는가?

3. 1) 1번 경제의 효용가능곡선을 구하라.

2) 공리주의 사회후생함수, 평등주의 사회후생함수에서 각각 최선의 선택을 구하라.

3) 사회후생함수가 $W(u_A, u_B) = u_A^k u_B^{1-k}$ 일 때 최선의 선택을 구하라.

MICROECONOMICS

PART VII

외부성, 공공재, 불확실성과 정보의 경제학

시장경제가 효율성을 달성하지 못하는 요인의 하나는 외부성이다. 제16장에서는 외부성이 어떤 것이며 외부성의 문제를 해결하기 위해 개인들과 정부가 어떤 역할을 할 수 있는지 살펴본다. 또한 민간재와 대비되는 공공재 및 공유자원에 대해서도 배운다. 공공재란 무엇이고 그것을 효율적으로 조달하는 방법에 대해서도 알아본다.

시장이 효율성을 달성하지 못하는 또 다른 요인은 정보의 비대칭성이다. 제17장에서는 불확실성의 문제와 정보의 비대칭으로 인해 발생하는 문제들을 분석한다.

CHAPTER 16

시장실패와 재산권

제1절 외부성

사적 소유권의 실패 시장경제의 제도적 토대는 모든 사람에게 경제활동의 자유와 사적 소유를 허용하는 것이다. 이 토대 위에서 모든 개인은 각자 자신의 사적 소유를 확대하기 위하여 노력할 수 있고 그 노력의 결과로 얻은 사적 소유물의 재산권을 보호받는다. 그러므로 시장경제는 다른 이의 소유물을 얻으려면 반드시 원하는 대가를 치름으로써 소유주의 동의를 얻도록 요구한다. 즉 시장에서는 공짜가 없다.

그런데 현실의 시장을 보면 이 원칙이 제대로 관철되지 않는 사례를 종종 볼 수 있다. 예컨대 내가 내 집 앞에 외등을 켜두면 밤길 걷는 이웃 사람들도 도움을 받는다. 그러나 그들은 내게 대가를 지불하지 않아도 된다. 옆집의 디젤 차량은 매연과 질산물을 배출함으로써 내가 숨 쉴 맑은 공기를 더럽히고도 내 피해를 보상할 어떠한 대가도 지불하지 않는다. 이처럼 개인이 남에게 이익을 주거나 손실을 끼치는데도 그에 대한 대가 지불이 없어도 되는 현상을 **외부성**(外部性, externalities)이라고 한다.

외부성이 주변 사람에게 피해를 주는 것이면 우리는 이것을 **부정적 외부성**(否定的 外部性, negative externalities), 또는 **외부불경제**(外部不經濟, external diseconomies)라고 하고 이익을 주면 **긍정적 외부성**(肯定的 外部性, positive externalities), 또는 **외부경제**(外部經濟, external economies)라고 한다. 외부성의 본질은 부정적이든 긍정적이든 그로 인해 이전된 이익이나 폐해에 대하여 어떠한 대가지불도 없다는 것이다. 이에 비하여 시장교환은 이익을 줄 때는 대가를 받고 피해를 줄 때는 배상을 하는 행동이다. 외부성은 남들에게 영향을 끼치고도 대가지불이나 피해배상으로 책임지지 않는 만큼 시장교환과는 매우 다른 결과를 불러온다.

외부성과 시장실패 외부성은 시장교환의 경제적 성과를 왜곡한다. 경제행위의 비용은 그 행위가 소모하는 자원과 노력이다. 개인의 경제행위는 이렇게 비용을 들이면서 소정의 편익을 추구한다. 특정 행위를 결정하고 수행하는 경제주체는 당연히 그 비용을 부담할 의무를 지고 편익을 누릴 권리를 가진다. 그런데 현실경제에서는 내가 내 행위의 비용을 일부 다른 사람들에게 떠넘기거나 다른 사람들이 내 편익의 일부를 공짜로 누리는 일이 자주 발생한다.

예컨대 경운기를 가동하여 농사를 짓는 농부는 경운기운행에 10만 원의 비용을 들이지만 이 비용은 이웃 사람들이 숨 쉴 대기를 오염하는 폐해에 대한 배상금은 포함하지 않는다. 내 집문 앞에 외등을 설치하면 나는 물론 내 이웃도 밤늦게도 안전하게 귀가할 수 있는데 내 이웃은 내게 그 대가를 지불하지 않는다. 일반적으로 어떤 경제행위가 야기하는 비용을 **사회적 비용**(社會的費用, social cost)이라고 하고 거두는 편익을 **사회적 편익**(社會的便益, socil benefit)이라고 한다. 사회적 비용과 편익은 결국 그 사회의 누군가가 부담하고 누리게 마련이다. 사회적 비용과 편익 가운데 그 경제행위를 수행한 주체가 부담하는 비용과 편익을 각각 **사적 비용**(私的費用, private cost)과 **사적 편익**(私的便益, private benefit)이라고 한다. 당연히 사적 비용은 사회적 비용보다, 그리고 사적 편익은 사회적 편익보다 더 클 수 없다.

어떤 경제행위의 사회적 비용이 사적 비용보다 더 크다면 행위자가 그 행위의 비용 일부를 다른 사람들에게 전가함을 뜻하므로 부정적 외부성이 발생하는 상황이다. 반면에 사회적 편익이 사적 편익보다 더 크면 그 행위를 수행하지 않은 누군가가 의외의 편익을 누리는 긍정적 외부성의 상황이 된다. 다시 말하면 외부성이란 경제행위의 사회적 비용 또는 편익이 각각 사적 비용 또는 편익과 일치하지 않는 상황을 뜻한다.

경제주체의 관심사는 자신의 행위에서 자신이 부담하는 사적 비용과 자신이 누리는 사적 편익이다. 만약 사적 편익이 사적 비용보다 더 크다면 이 주체는 그 행위를 수행할 것이고 반대로 비용이 편익보다 더 크다면 수행하지 않을 것이다. 사회적으로는 사회적 편익이 사회적 비용보다 더 큰 행위는 수행하는 것이 바람직하지만 반대로 사회적 비용이 사회적 편익보다 더 크면 그런 행위는 수행하지 않는 것이 바람직하다. 만약 사회적 비용과 편익의 대소관계가 사적 비용과 편익의 대소관계와 일치하면 개인은 사회적 편익이 사회적 비용보다 더 큰 행동만을 가려내어 실행한다. 외부성이 발생하지 않는 경우가 그렇다. 즉 개인을 자유방임하더라도 그 경제행위는 사회적으로 바람직하게 전개된다.

그러나 외부성이 발생하는 상황에서는 개인에게 좋은 행위가 사회적으로는 바람직하지 않을 경우가 많다. 사회적으로는 편익이 비용보다 더 작은 행동이지만 외부성 때문에 그 사적 편익은 사적 비용보다 더 클 수 있다. 이 경우 사적 이익을 추구하는 개인행동은 사회적으로 편익보다 더 큰 비용을 소모하는 바람직하지 않은 방향으로 전개된다. 즉 자유방임의 시장경제에서 사적 이익을 추구하는 개인은 사회적으로 편익보다 더 큰 비용을 들여야 하는 행동을 선택할 수 있다.

이처럼 시장의 선택이 사회적으로 바람직하지 않은 상황을 일러 **시장실패**(market failure)라고 한다. 외부성이 야기하는 시장실패의 특징은 경제행위가 일방적으로 이익을 주거나 손해를 끼치면서 그에 대한 대가지불이 없다는 사실이다. 반면에 시장교환에는 반드시 대가지불이 따른다. 그러므로 시장실패는 경제행위가 시장교환을 우회하여 일어나는 시장교환의 실패로도 이해할 수 있다. 〈그림 16-1〉은 외부성과 시장실패의 사례를 보여준다.

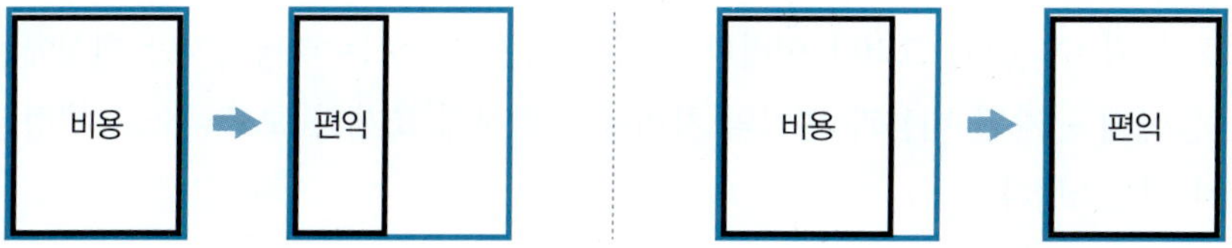

(a) 긍정적 외부성의 시장실패

(b) 시장실패 아닌 부정적 외부성

〈그림 16-1〉 외부성과 시장실패

그림에서 까만 둘레의 사각형은 사적 비용과 편익을, 그리고 파란 둘레의 사각형은 사회적 비용과 편익을 각각 나타낸다. 각 그림에서 화살표 왼쪽은 비용, 그리고 오른쪽은 편익이다. 경제행위 (a)는 편익의 일부가 행위자 아닌 다른 사람들에게 돌아가므로 긍정적 외부성의 경우다. 사회적 편익이 비용보다 더 크므로 사회적으로는 바람직한 행위이지만 개인이 사적으로 손실을 입으므로 아무도 이 행위를 하려 들지 않는다. 긍정적 외부성은 주변에 해를 끼치는 것이 아니라 이익을 베풀기 때문에 그 효과를 '긍정적'이라고 말하지만, 사회적으로 수행되어야 할 경제행위를 외면당하게 만드는 시장실패의 원인이기도 함을 유념할 필요가 있다.

경제행위 (b)는 행위자가 사회적 비용의 일부를 다른 이들에게 떠넘기는 경우이므로 관련 외부성은 부정적 외부성이다. 그런데 사회적으로 편익이 비용보다 더 작은 경제행위 (b)는 바람직한 것이 아닌데 이 행위는 사적으로도 편익이 비용보다 더 작다. 남에게 비용을 떠넘기는 일이 허용된다는 점에서 시장교환의 실패라고는 할 수 있으나 어차피 어느 개인도 이 행동은 하지 않기 때문에 시장이 사회적으로 바람직하지 않은 행동을 이끄는 시장실패는 일어나지 않는다.

코즈정리 경제학에서 흔히 살펴온 외부성의 사례로는 오염물질을 배출하는 공장, 밤바다를 운항하는 배에게 항구의 위치를 알려주는 등대, 그리고 과수원에 꿀벌을 풀어놓는 양봉업자 등이 있다. 그리고 사적 비용/편익이 사회적 비용/편익보다 작기 때문에 발생하는 시장실패를 보정하려면, 정부가 그 비용 차액을 조세로 부과하거나 편익 차액을 보조금으로 지급해야 한다는 처방도 제시되어 있다.

오염물질 배출에 대한 조세 부과는 다른 이들에게 떠넘기는 비용을 오염 공장이 사적 비용으로 부담하도록 만드는 조치이다. 그리고 입항 선박에게 등대 사용료를 부과하여 징수한 돈을 등대업자에게 주면 등대는 공짜로 제공하던 편익을 사적 편익으로 누릴 수 있다. 그러나 이러한 조치는 이론적으로는 타당하지만 현실에서 과연 남들에게 전가된 비용과 편익의 차이를 정확하게 조세와 보조금으로 책정할 수 있는지 의문스럽다.

조세/보조금 방식과는 달리 문제를 외부성 관련 당사자들에게 맡겨두면 이들이 스스로 협상을 통하여 시장실패를 해결한다는 견해도 있다. 다음 예를 살펴보자. 가두리 양식장과 그 주변에서 고기를 잡는 어부가 있다. 가두리 양식장에서 기르는 고기 수가 많아지면 사료도 많이 뿌려야 하는데 이때 바깥으로 흘러나가는 사료는 주변의 물고기들을 끌어모은다. 즉 양식장이 조업을 확대하면 주변 어부의 어획량도 늘어난다. 〈표 16-1〉은 양식장의 조업 수준에 따라서 양식장과 주변 어부가 벌어들이는 이익을 요약하고 있다.

〈표 16-1〉 양식장의 긍정적 외부성

양식장 조업수준	I	II	III
양식장의 이익 주변 어부의 이익	**10** 1	9 4	6 **5**
총이익	11	**13**	11

이 예는 양식장이 조업수준을 확대할 때 주변 어부가 긍정적 외부성의 혜택을 누리는 경우다. 표에 따르면 양식장은 조업수준 I에서 가장 많은 이익 10을 얻고 주변 어부는 조업수준 III에서 가장 많은 이익 5를 얻는다. 양식장이 조업수준을 결정할 권리를 가졌다면 당연히 수준 I의 조업을 펼칠 것이고 그 결과 양식장은 10, 그리고 주변어부는 1의 이익을 얻을 것이다. 그런데 두 사람의 이익을 합친 사회 총이익은 조업수준 II에서 13으로서 가장 크다. 즉 사회적으로는 조업수준 II가 가장 바람직하지만 긍정적 외부성은 양식업자로 하여금 사회 총이익이 11에 불과한 수준 I의 조업을 펼치도록 오도하는 비효율성이 나타난다.

경제학자 코즈(R. Coase)는 이 경우에도 정부가 조세/보조금으로 개입하려 하지 말고 양식장과 주변 어부에게 그냥 맡겨두라고 권고한다. 그렇게 하면 상황이 조업수준 I로 종료되는 것이 아니라 양자 간 협상을 통하여 사회적으로 최선인 조업수준 II로 귀결된다는 것이다. 물론 양식장은 수준 II로 조업할 때 이익이 9로 줄어드는 불이익을 감수해야 한다. 그런데 주변 어부는 이익이 1에서 4로 3이나 증가한다. 만약 주변 어부가 이 증가분 3 가운데 2를 양식장에게 넘겨줄 조건으로 수준 II의 조업을 요구한다면 어떻게 될까? 양식장이 이 요구를 받아들인다면 양식장과 주변 어부의 최종 이익은 각각 11과 2로서 조업수준 I의 10과 1보다 더 크다. 그러므로 주변 어부는 이렇게 제안할 것이고 양식장은 이 제안을 수락할 것이다. 즉 정부가 개입하지 않아도 관련자들이 스스로 협상을 통하여 외부성이 야기하는 비효율성을 해소한다는 설명이다. 이 설명을 **코즈정리**(Coase theorem)라고 한다.

만약 양식장이 가두리를 설치할 때 주변 어부의 동의를 얻는 조건으로 조업 수준을 주변 어부가 결정하도록 합의한 상태라면 어떨까? 이 경우에도 쌍방 간 협상으로 양식장과 주변 어부의 최종 이익이 예컨대 각각 7과 6이 되면서 수준 II의 조업을 하도록 합의할 수 있다. 이 설명은 독자에게 맡긴다. 조업수준 결정권을 양식장이 가지면 양식장은 10의 이익을, 그리고 주변 어부에게 주면 주변 어부가 5의 이익을 애초에 보장받는다. 그러므로 조업수준 결정권은 곧 재산권이다. 시장 스스로 외부성의 문제를 처리하는 과정에서 재산권이 어떻게 획정되었는지는 문제되지 않는다. 다만 효율적 조업수준 II에서 각자 누리는 최종 이익은 재산권이 어떻게 획정되었는지에 따라서 달리 결정된다.

코즈정리는 시장실패를 야기하는 핵심요인으로 알려진 외부성이 시장 내부에서 해결된다고 주장한다. 외부성의 시장실패는 단기적 현상일 뿐이고 시간이 흐르면 관련 당사자들이 협상을 전개하여 스스로 해결한다는 것이다. 그러나 이 단순한 예는 코즈정리의 본질을 설명하기 위한 것으로서 현실의 외부성은 보통 매우 복잡하다. 예컨대 가두리 양식업자와 주변 어부의 숫자가 매우 많을 수 있는데 이런 경우 상호 협상은 합의에 이르기 매우 어려울 것이다.

그러나 협상 문제와는 별도로 코즈정리는 외부성이 비효율성을 야기하면 관련 당사자들이 모두 이익을 보는 방식으로 이 비효율성을 극복할 수 있다는 사실을 주목한다는 점에서 매우 흥미롭다. 실제로 미국의 워싱턴주 사과농원에서는 과수원 주인이 자기 과수원에 벌통을 가지고 오는 양봉업자들에게 대가를 지불한다. 같은 사례가 우리나라 경기도의 배 과수원에서도 관찰되고 있다.

시장실패와 재산권 실패 경제주체는 자신이 수행한 경제행위의 비용은 모두 스스로 부담하고 그 결과로 얻은 성과는 모두 자신이 누려야 한다. 그런데 외부성의 본질은 내가 부담해야할 비용을 다른 이들에게 떠넘기고 남이 노력한 성과를 내가 무상으로 즐기는 일이 가능하다는 점이다. 비용을 남에게 전가하는 행위나 남의 성과를 공짜로 즐기는 행위는 모두 남의 재산권을 침탈하는 행위다.

코즈정리를 설명하는 데 사용한 가두리 양식장의 예에서 양식장의 조업수준은 주변 어부의 생업에 외부성을 끼치는데 주변 어부가 합당한 대가를 지불하지 않으면 조업수준은 사회적으로 비효율적인 I에 그친다. 양식장과 주변 어부 간의 협상이 성공하면 비효율성이 해소된다는 것이 코즈정리의 설명이지만 현실에서는 협상비용이 과다하면 아예 협상을 시작조차 하지 못할 수도 있다.

대기나 하천을 오염하는 공해 유발행위는 주변 사람들에게 외부불경제를 강요한다. 공해 유발자들은 피해당하는 대중들에게 배상하려하지 않기 때문에 정부가 나서서 공해유발행위에 대하여 과징금을 부과한다. 외부경제이건 외부불경제이건 외부성에서 나타나는 공통적 특징은 정당한 재산권이 제대로 보호받지 못한다는 것이다. 사회적 비용(편익)과 다른 사적 비용(편익)을 시정하지 못하면 재산권은 왜곡된다. 그리고 이 왜곡은 개인의 행위가 사회적 이익에 어긋날 수 있도록 오도하여 비효율성을 유발한다.

외부성이 야기하는 시장실패의 본질은 결국 재산권 실패다. 정부는 한편으로는 왜곡된 재산권 구조를 바로 잡고 다른 한편으로는 시장 협상이 과다비용의 암초에 걸리지 않도록 제도를 정비하여 재산권 실패를 줄여나가야 한다. 외부성 문제는 시장거래의 틀을 벗어난 외부성을 틀 안으로 끌어들이는 **내부화**(internalization)의 방식으로 해결할 수 있다.

재산권을 획정하고 보호하는 주체는 정부이므로 재산권 보호가 실패한다면 그 책임은 원칙적으로 정부가 진다. 그런데 해결책의 핵심은 실패한 시장을 버리고 시장 대신 정부 계획으로 자원을 배분하는 것이 아니라 재산권을 확충함으로써 시장 밖으로 일탈한 외부성의 실패를 시장 내부로 끌어들이는 것이다. 현실을 보면 정부가 노력해도 재산권 획정이 아예 불가능하거나 획정하더라도 보호하기 어려운 경우가 적지 않다. 재산권의 획정 및 보호의 어려움은 관련 재화나 물건의 독특한 특성에서 비롯한다. 이제 소유와 사용의 측면에서 재화의 특성을 살펴보기로 한다.

제2절 재화의 유형

재화의 물리적 특성과 사적 소유 도로나 공원은 한 곳을 동시에 여러 명이 함께 사용할 수 있다. 극장의 공연이나 운동장의 축구경기도 동시에 여러 명이 함께 관람한다. 그러나 한 모금의 맥주는 오직 어느 한 개인만 소비한다. 어느 재화를 동시에 여럿이 함께 소비할 수 있는지 또는 오직 한 개인만 소비할 수 있는지는 그 재화의 물리적 특성의 문제다.

이에 비하여 사적 소유는 원칙적으로 소유주 이외의 사람들은 그 재화를 소비하지 못하도록 배제한다. 사적 소유를 허용하고 보호하는 사회제도는 재화별 물리적 특성과 충돌하지 않도록 설정되는 것이 바람직하다. 예컨대 경부고속도로를 어느 한 개인이 사적으로 소유하여 혼자만 사용하도록 하고 맥주가 한 컵 남았는데 마실 권리를 많은 사람에게 동시에 허용한다면 큰 혼란이 빚어질 것이다.

시장과 재산권 시장교환이 전제하는 것은 재산권, 즉 사적 소유권이다. 사과 한 상자를 사는 사람은 가게 주인에게 그 값 2만 원을 지불하고 사과를 인수하는데 이 사과는 원래 가게 주인의, 그리고 현금 2만 원은 사는 사람의 재산이었다. 그러던 것이 시장교환 이후에는 사과 한 상자는 산 사람의, 그리고 현금 2만 원은 판 사람의 재산으로 바뀌었다. 즉 시장교환은 해당 상품과 대가의 재산권을 서로 합의 하에 상대방에게 이전하는 행위다. 매매 쌍방은 물론 사회 전체가 교환이 있기 전 원래의 재산권과 교환 이후 새로이 이전된 재산권을 존중하기 때문에 사람들은 안심하고 시장교환에 참여한다.

수많은 사람이 수많은 상품을 사고파는 시장경제의 제도적 토대는 경제활동의 자유와 사적 소유에 기초한다. 개인의 자유 활동을 보장하고 재산권을 보호하는 것은 시장경제를 채택한 나라의 국가권력에게 주어진 기본 의무다. 그렇다면 이 재산권은 어떻게 형성되는 것일까?

재산권의 정당성을 뒷받침하는 것은 정당한 취득이다. 예를 들면 자연에 자신의 노동을 가하여 얻은 생산물의 취득은 정당하고 소유주와 합의하고 재산권을 이전받은 취득도 정당하다. 재산권의 정당성에 대한 논의는 본 과정의 목표를 벗어나므로 다음의 간단한 사례를 살펴보는 것으로 대신하자.

꿀벌이 꽃가루를 날라서 과수의 결실을 늘리는 서비스의 재산권은 꿀벌, 즉 양봉업자에게 귀속된다. 그런데 꽃가루 서비스는 과수원에는 요긴하지만, 벌꿀 채취에만 관심 있는 양봉업자에게는 필요 없다. 양봉업자는 활짝 핀 꽃만을 찾아서 벌통을 싣고 옮겨 다닐 뿐 꽃가루 서비스에 대한 대가를 요구할 생각도 하지 않는다. 혹시 요구하더라도 과수원 주인이 쉽게 들어주지 않는다. 우선 꽃 피는 봄에 날아다니는 벌들은 양봉업자의 벌통에서만 나오는 것도 아니다. 굳이 양봉업자가 오지 않더라도 야생벌들의 활동만으로 충분하다고 생각할 것이다. 또 양봉업자는 과수원 소유인 사과꽃의 꿀을 채취해 간다. 이처럼 과수원 주인이 꽃가루 서비스에 대한 대가 지불을 거부할 근거가 적지 않으므로 그 서비스에 대한 재산권은 좀처럼 인정받기 어렵다.

그러나 시간이 흐르면 과수업자는 양봉업자가 오는 해와 오지 않는 해의 수확 실적을 비교하여 나름대로 과수원의 수입에 양봉업자가 기여하는 분의 가치를 평가하기 마련이다. 이 가치가 제법 크다면 과수원은 양봉업자가 오기를 바란다. 어느 정도 대가를 지불하더라도 양봉업자를 매년 불러서 과수원에 벌을 풀어놓도록 할 수도 있다. 이렇게 되면 양봉업자의 꽃가루 서비스에 대한 재산권이 존중받기 시작한다.

물론 야생벌이 충분히 많아서 양봉업자 없이도 결실이 충분하다면 양봉벌의 꽃가루 서비스는 대접받지 못한다. 그리고 근처에 과수원은 하나뿐이고 양봉업자가 여럿이라도 사정은 마찬가지일 것이다. 일반적으로 많은 재산권은 시장이 그 가치를 새롭게 평가하면서 인정받기 시작한다.

현재 아무도 가치를 인정하지 않는 물건이라면 이것을 취득하는 데 반대하는 사람이 없을 것이다. 일반 사람은 누가 뒷산에서 김장독에 쓸 큼직한 돌 한 개 주워 왔다고 시비 걸지 않는다. 그러므로 이 취득은 '정당'하다. 그런데 이렇게 취득한 물건이 뒷날 유용한 것으로 판명되면 돈 내고 사겠다는 사람이 나타나고 그 소유권은 재산권이 된다. 시장교환은 정당한 재산권을 전제로 하는데 동시에 과거에는 인정받지 못하다가 새로이 출현한 재산권을 인증하는 과정이기도 하다.

경합성과 배제성 맥주는 한 번에 한 사람만 소비할 수 있는 재화다. 물론 여럿이 모여서 큰 피처를 시켜놓고 맥주 파티를 벌일 수는 있지만, 이 경우에도 각자 소비하는 맥주는 각각 별개의 재화다. 일반적 상황에서 한 사람 입안에 들어간 맥주는 다른 사람의 입으로 옮겨갈 수 없다는 뜻이다. 맥주처럼 누군가 지금 소비하고 있으면 다른 사람들은 함께 소비할 수 없는 재화의 특성을 **경합성**(rivalry)이라고 한다. 반면에 축구경기는 다른 사람들과 함께 관람하더라도 개인의 관람에 지장을 초래하지 않는다. 즉 축구경기 관람 서비스는 경합성과는 반대로 여럿이 동시에 함께 소비할 수 있다. 이러한 특성을 재화소비의 **비경합성**(non-rivalry)이라고 한다. 경합성과 비경합성은 해당 재화의 물리적 특성에 따라서 결정된다.

경합성은 어느 한 사람이 해당 재화 한 단위를 소비하고 있을 때 다른 사람들을 그 단위의 소비로부터 배제하는데 이러한 재화를 **경합재**(rival goods)라고 부른다. 경합재의 예로는 식품, 의류, 그리고 여러 가지 개인용품 등이 있다. 그리고 여럿이 동시에 공동으로 함께 사용할 수 있는 비경합성의 재화를 **비경합재**(non-rival goods)라고 한다. 비경합재로는 도로와 공원, 그리고 극장 공연이나 축구경기 관람 등이 있다. 소프트웨어와 앱 같은 서비스는 물론이고 학습하면 누구나 이용할 수 있는 신기술도 모두 비경합재다.

사유재산을 허용하고 보호하는 시장경제에서는 사유재산을 이용 소비하는 권리가 그 소유주에게 귀속된다. 소유주는 자신이 소유하고 있는 모든 것을 배타적으로 사용할 수 있으며 소유주의 동의가 없으면 원칙적으로 어느 누구도 그 사용에 참여할 수 없다. 이처럼 재화를 배타적으로 사용하는 특성을 **배제성**(exclusivity)이라고 한다. 사적 소유를 허용하는 제도는 해당 재화의 배제성을 인정한다.

여럿이 동시에 공동으로 사용할 수 있는 비경합재라도 사적으로 소유되면 소유주는 다른 사람의 소비를 배제할 수 있다. 예컨대 민자 고속도로, 공연 또는 전람회 관람, 프로 야구경기, 그리고 각종 소프트웨어와 앱 등은 비경합재이지만 요금을 지불한 사람만 소비할 수 있도록 소유주가 제한함으로써 요금을 지불하지 않은 사람들의 소비를 배제하는 제한적 배제성을 실현한다. 즉 비경합재의 비배제성은 일반적으로 해당 재화가 사적으로 소유되지 않는 경우에만 실현된다.[1)]

상품 소비의 배제성은 재산권 제도에서 비롯하고 경합성은 상품의 물리적 특성이 결정한다. 재산권 제도가 경합재에 대해서는 사적 소유를 허용하고 비경합재는 공동 사용하도록 조치한다면 경합성과 배제성은 서로 자연스럽게 일치한다. 그런데 현실의 재산권 제도는 그 사회의 문화와 전통에 따라서 다양하다. 특히 지적 재산은 창의 발명을 장려하기 위하여 특허 등의 방식으로 제한적 배제성을 인정받는다. 재산권이 어떻게 규정되어 있는지에 따라서 배제성의 강도도 다르다. 한 재화의 소유주가 다수이면 배제권을 행사하는 사람의 숫자가 많아진다. 반면에 아무도 사적으로 소유할 수 없는 재화의 소비에서는 어느 개인도 다른 사람들의 소비 참여를 배제하지 못한다.

1) 물론 국가안보와 사회안전, 그리고 공공장소의 조명 등과 같은 비경합재는 물리적으로 배제 불가능하다. 이러한 비경합재는 아예 사적 소유의 대상이 아니다.

민간재와 공공재 개인이 배타적으로 사용할 수 있도록 배제성을 인정한 재화를 **민간재**(private goods)라고 부른다. 민간재는 사적 소유의 대상으로서 지금까지 우리가 거론한 모든 재화와 용역은 사실 민간재였다. 반면에 여러 사람이 반드시 공동으로, 그리고 일반적으로 무상으로 사용할 수 있도록 정부가 비배제성을 규정한 재화를 **공공재**(public goods)라고 한다. 국가 안보나 사회 안전은 국민 모두가 공동으로 소비하는 서비스로서 대표적인 공공재다. 국도, 교량, 공원, 가로등 등도 공공재의 예가 된다.

생활에 필요한 민간재는 시장에서 구매할 수 있다. 민간재 생산에 소요되는 비용은 해당 민간재의 판매대금으로 정산한다. 민간재의 소비에서 다른 사람들을 배제하는 방법은 대가 지불이다. 그 민간재가 필요하여 소비할 사람은 값을 내고 사갈 것이고 필요하지 않은 사람은 구매 자체를 외면할 것이다. 그러므로 민간재 소비의 배제성은 요금이 주도한다. 즉 민간재 생산비용의 부담을 거부하는 사람만 그 소비에서 배제 당한다.

민간재가 경합재이고 재산권 보호가 철저하면 요금은 민간재 소비의 배제성을 완벽하게 시행한다. 그러나 비경합재일 경우 배제가 물리적으로 어려울 수도 있다. 야구장 바로 곁 고층아파트에 사는 주민은 야구 경기를 무료 관람할 수 있고 내가 우리 집 대문에 내 돈을 들여서 외등을 설치하면 설치비용을 분담하지 않은 내 이웃도 외등 조명의 혜택을 받는다. 이처럼 비경합적 민간재는 소비의 배제성이 불완전하여 외부경제를 창출한다. 즉 불완전한 배제성은 결국 재산권 보호가 불완전함을 뜻한다.

이에 비해 공공재는 비배제성 덕분에 아무나 소비할 수 있고 소비 단계에서는 대체로 공짜다. 그러나 공공재도 이것을 생산 공급하는 데 자원과 노력을 투입해야 하므로 비용이 든다. 이 비용은 원칙적으로 공공재를 소비하는 모든 사람이 분담하는 것이 옳다. 실제로 사람들은 공공재 조달 비용을 분담하고는 있지만, 민간재처럼 비용 분담을 거부하는 사람을 소비에서 배제하는 구조는 아니다. 공공재 조달 비용의 분담을 거부하는 사람의 공공재 소비는 외부경제의 혜택과 본질적으로 같다.

비경합재는 민간재든 공공재든 그 소비과정에서 생산 조달 비용을 분담하지 않는 소비자들의 소비 참여를 배제하는 데 실패함으로써 외부경제를 유발한다. 이 외부경제를 완벽하게 해소하지 못하는 것이 재산권 보호의 현실적 한계다. 공공재의 생산비용을 합리적으로 분담시키기는 특히 어려운데 이 문제는 뒤에 좀 더 상세하게 살피기로 한다.

공유자산의 비극 특정 재화를 누구나 무료로 사용할 수 있도록 허용하는 '과도한' 비배제성의 효과를 생각해보자. 이 재화가 비경합재라면 바로 공공재이므로 위의 설명으로 충분하다. 만약 경합재라면 무료사용의 '과도한' 비배제성은 서로 남보다 먼저 더 많이 소비하려는 경쟁을 유발한다. 모든 사람에게 무상으로 사용할 권리를 부여한 경합재를 **공유자산**(commons)이라고 한다. 공유자산의 공통된 특징은 과소비다.

소비 대상 재화가 경합재이므로 내가 지금 쓰지 않으면 다른 사람의 것이 되고 만다. 그러므로 당장 필요성은 낮더라도 남보다 먼저 써버리는 것이 내게 이익이다. 사람마다 이렇게 생각하면 소비 경쟁이 일고, 과소비 경쟁의 낭비는 필경 공유자산을 불필요하게 일찍 고갈시킨다. 이처럼 공유자산이 과소비 경쟁으로 일찍 고갈되어가는 현상을 **공유자산의 비극**(The tragedy of commons)이라고 한다.

해양 어족자원의 고갈은 대표적인 공유자산의 비극이다. 과거 서해바다의 조기떼는 해마다 전라남도 영광군의 칠포 앞바다를 거쳐서 연평도까지 올라와서 산란하였다. 연평도가 지금은 꽃게잡이로 유명하지만, 과거에는 조기잡이의 기지였다. 연평도 조기와 영광굴비가 시들해진 이유는 남획으로 조기떼가 거의 사라졌기 때문이다. 조기떼와 같은 어족은 공유자산으로서 흔히 남획으로 조만간 멸종 위기를 맞는 비극의 주역이 되곤 한다.

두 나라에 걸쳐 존재하는 국경 지역의 유전은 두 나라가 모두 채굴권을 가진다. 만약 땅 밑의 석유자원이 한 덩어리로 연결되어 있다면 한 나라의 유정에서 빨아올리는 원유에는 이웃 나라의 원유도 포함되어 있기 마련이다. 이 사정은 이웃 나라에도 그대로 적용되므로 석유자원은 공유자산이다. 두 나라는 각각 원유채굴 경쟁을 과다하게 벌일 유인을 갖추고 있고 실제로 과당경쟁을 벌인다면 유전이 너무 일찍 고갈되는 공유자산의 비극이 불가피하다.

공유자산의 비극은 소비에 대한 무제한적 비배제성 때문에 일어난다. 그러므로 낭비의 비극을 해소하려면 이 비배제성을 적절한 수준으로 제한할 필요가 있다. 고기잡이에 대하여 어선 한 척당 1년 어획량을 할당하고, 국경을 걸쳐서 존재하는 유전에 대해서는 국별 매년 채굴량을 할당하는 등의 방법이 그것이다.

공유자산의 소비량을 소비주체마다 할당하는 것은 약한 형태의 재산권 부여라고 볼 수 있다. 각국 정부는 소비주체가 할당량 이내로 소비하고 있는지를 수시로 검열하는 방식으로 다른 사람들의 재산권을 침탈하지 못하도록 감시한다.

역공유자산 공유자산과는 반대로 과도한 배제성이 부과되면 해당 재화의 소비에는 어떤 현상이 나타날까? 어떤 재화의 소비에 대한 배제권을 여러 사람이 가진 상황을 생각해보자. 각자의 배제권은 그 재화를 다른 사람들이 사용하지 못하도록 할 권리이다. 심지어는 배제권을 가진 사람들끼리 서로 소비하지 못하도록 상대방을 배제할 수 있다. 해당 재화를 어떤 식으로든 소비하려면 배제권을 가진 모든 사람이 만장일치로 합의해야 하므로 한 사람이 배제권을 가진 경우보다 소비가 당면할 배제성의 벽은 더 높다. 그러므로 여러 사람이 배제권을 행사하는 과도한 배제성은 해당 재화를 과소 소비로 이끄는 비효율성을 불러온다.

이처럼 여러 사람이 제각기 배제권을 행사함으로써 소비의 배제성이 과도해진 재화를 **역공유자산**(anti-commons)이라고 한다. 배제권은 소유권에서 나오므로 소유주가 여럿인 자산은 역공유자산이기 쉽다.[2] 예컨대 부동산 소유주가 여러 명일 때 이 부동산의 매각은 소유주 전체가 동의해야 한다. 그러므로 한 사람이 소유주일 때보다 매각하기가 쉽지 않다.

구소련이 무너지던 시기 국영 상가의 민영화 과정은 역공유자산의 재미있는 사례를 보여주었다. 개혁 개방기의 구소련은 상가의 소유권을 상가 매장에서 일하던 사람들의 공동소유 형태로 넘기는 방식으로 민영화를 추진하였다. 그런데 추운 겨울인데도 상가의 소유주인 상인들은 상가는 비워둔 채 바로 그 앞 길가에서 좌판을 벌이고 영업하는 일이 벌어졌다. 그 까닭은 누가 어느 매장을 차지할지에 대한 합의가 이루어지지 않았기 때문에 아무도 입점할 수 없었다는 것이다. 과도한 배제성이 상가 앞에서 추위에 떨면서 좌판을 벌일지언정 상가는 사용하지 못하도록 만드는 비효율적 과소 소비를 유발한 실제 사례다.

거주단지를 재개발하려면 기존 주택 소유주들 모두의 동의를 얻어야 한다. 그 가

2) 그러나 주식회사의 경우에는 주주총회를 통한 의결방식이 미리 정해져 있으므로 주주 개개인의 배제권은 인정되지 않는다. 따라서 주식회사는 역공유자산이 아니다.

운데 한 명이라도 반대하는 재개발사업은 불가능하다. 재개발 이후 자신에게 더 많은 이익을 배정하도록 요구하면서 사업 시작을 거부하는 속칭 '알박기' 역시 역공유자산에서 나타나는 비효율적 과소 소비 현상이다.

제3절 공공재 조달의 문제

공공재의 무임편승 효과 공원이나 도로와 같은 공공재는 이용객이 많이 몰리면 **혼잡**(congestion)을 야기하므로, 일정 수준을 넘는 이용객은 불가피하게 소비에서 배제당한다. 이처럼 혼잡이 공동소비를 제한하는 공공재를 **지역공공재**(local public goods)라고 한다. 반면에 국가안보나 사회 안전은 혼잡 없이 사회구성원 모두가 함께 소비에 참여할 수 있는 공공재로서 이러한 공공재를 **순수공공재**(pure public goods)라고 한다. 이 절의 논의는 순수공공재를 대상으로 한다.

특정 공공재에 대한 개인별 수요곡선은 일단 민간재의 경우와 같은 방식으로 도출된다. 개별 수요곡선은 각 수준의 가격에서 해당 개인이 구매할 공공재의 수량을 나타내는데 거꾸로 공공재 공급량별로 이 개인이 공공재 한 단위에 대하여 지불할 의사가 있는 가격을 나타내기도 한다. 사회가 일정량의 공공재를 취득하면 이 공공재는 사회구성원들이 함께 공동으로 소비하므로 조달 비용은 공동소비자들이 분담하는 것이 옳다. 마침 개별 수요곡선이 각자 공급량별 지불할 용의가 있는 단위 가격을 보여주므로 이 가격에 따라 분담액을 결정하면 합리적이다. 〈그림 16-2〉는 이 설명을 요약한다.

〈그림 16-2〉는 개인 1과 2 두 사람으로 구성된 사회의 공공재 조달비용 분담 문제를 분석한다. 수요곡선 d_1d_1과 d_2d_2는 각각 개인 1과 2의 수요곡선으로서 공공재 수량 y가 가격 p_1에서 개인 1의, 그리고 p_2에서 개인 2의 수요량임을 보여준다. 다시 말하면 공공재 y를 조달할 때 공공재 한 단위의 가격을 개인 1과 2는 각각 p_1과 p_2로 평가한다. 이 평가를 공공재의 **린달개인화가격**(Lindahl personalized price)이라고 부른다.

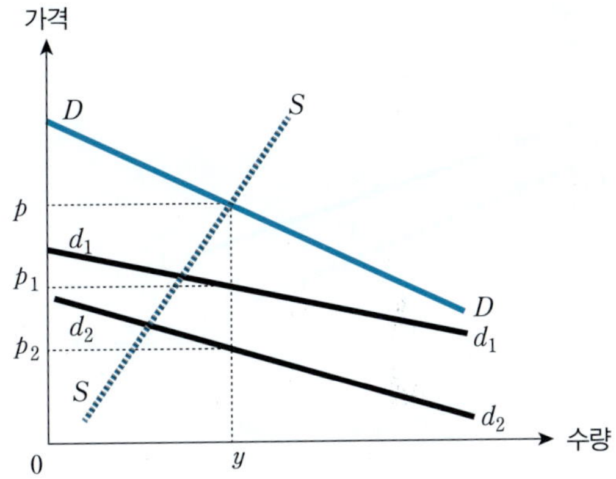

〈그림 16-2〉 린달 공공재 가격

파란 실선 *DD*는 개별 수요곡선을 수직적으로 합한 것으로서 그 높이는 각 공급량에서 개인들이 평가한 린달개인화가격을 합친 **린달사회적가격**(Lindahl social price)이다. 그러므로 곡선 *DD*는 공공재에 대한 시장수요곡선이라고 할 수 있다. 만약 이 재화의 공급곡선이 파란 점선 *SS*로 주어졌다면 시장균형가격과 공급량은 수요와 공급이 일치하는 p와 y로 결정될 것이다. 그리고 $p = p_1 + p_2$ 이므로 공공재 조달비용은 각자 평가한 공공재의 가치, 즉 린달개인화가격에 맞게 분담된다.

그런데 린달개인화가격은 각자 자신만이 알고 있을 뿐 다른 사람들은 알지 못한다. 예컨대 공공재 공급량을 y로 정해놓을 때 공급자가 요구하는 단가는 p이지만 이것을 개인 1과 2에게 적절히 배정하려면 p_1과 p_2를 알아야 하는데 p_1을 정확하게 아는 사람은 개인 1뿐이고 p_2도 마찬가지로 개인 2뿐이다. 사회에 개인 1 한 사람만 존재한다면 공공재와 민간재의 차이는 사라지고 모든 것이 민간재다. 이 경우 개인 1은 가격이 p_1일 때 이 '공공재'를 y만큼 구입하겠다고 나섬으로써 '공공재' y를 얻기 위하여 한 단위당 가격 p_1을 지불할 의사가 있음을 행동으로 드러낸다.

그러나 이 사회에는 개인 2도 있고 이 사람도 공공재를 구입할 것이다. 개인 1은 개인 2가 구입하는 공공재도 소비할 수 있으므로 자신이 필요로 하는 물량 y를 모두 스스로 구입하지 않아도 된다. 그러므로 개인 1은 가격 p_1에서 y보다 적은, 예컨대 y'를 구입한다고 나설 것이다. 〈그림 16-3〉은 이 상황을 설명한다. 그림의 곡선 d_1d_1은 개인 1이 홀로 존재할 때의 수요곡선이다.

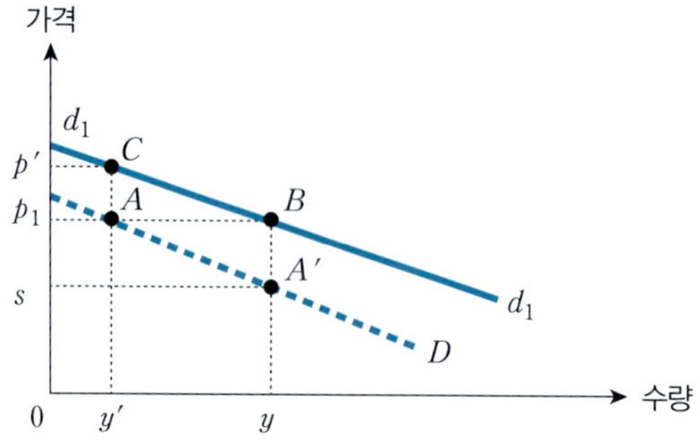

〈그림 16-3〉 무임편승 유인

사회에 개인 1 혼자뿐이라면 가격이 p_1일 때 당연히 수량 y를 구매하려고 나선다. 그러나 함께 사는 개인 2도 공공재를 구입할 것이고 이 수량은 개인 1도 소비할 수 있다. 그러므로 개인 1은 자신이 원하는 수량 y를 전부 다 구입할 필요가 없다. 따라서 y보다 적은 y'만 구입하겠다고 나선다. 개인 1의 이 행동은 공공재 y'를 구입할 때 단위당 지불할 용의가 있는 가격이 p' 아닌 p_1이라고 보여주는 셈이다.

실제로 개인 1이 자신의 공공재 구입량을 얼마나 줄일지는 알 수 없다. 그러나 구입량이 줄어들 것은 분명하므로 관찰되는 개인 1의 개별 수요곡선은 곡선 d_1d_1보다 왼쪽에 있는 예컨대 점선 D로 될 것이다. 이 경우 개인 1은 사회가 공공재 y를 조달할 때 자신의 분담비용을 실제 지불할 용의가 있는 가격 p_1보다 낮은 s라고 말하는 셈인데 사회는 s가 p_1보다 낮다는 사실은 알지만 정작 p_1의 크기는 알 길이 없다. 이 점은 개인 2에게도 마찬가지다. 결국 합리적 분담액 산정이 불가능하다.

개인 1이 가격 p_1에서 y를 원하면서도 y'만 산다고 나서는 까닭은 $(y-y')$만큼을 개인 2의 구입량으로 충당할 수 있다고 생각하기 때문이다. 즉 개인 2의 공공재 소비에 무임편승하려고 한다. 마찬가지로 개인 2도 개인 1의 공공재 소비에 무임편승하려고 한다. 한 개인이 공공재를 소비하면 다른 사람들도 따로 비용을 들이지 않고 이 공공재를 함께 소비하는 외부경제가 발생한다. 그리고 이 외부경제는 사람들에게 무임편승의 유인을 제공함으로써 린달개인화가격에 따른 공공재 조달비용의 합리적 분담을 어렵게 만드는데 이 효과를 **무임편승효과**(free riders effect)라고 한다.

사람들은 각자 비용을 들이더라도 공공재를 원하지만 조달비용의 분담과정에서 사람마다 무임편승을 노리므로 효율적 조달이 어렵다. 즉 무임편승효과는 공공재를 사회구성원 모두가 원하는 적정한 수준보다 적게 조달하도록 오도한다. 그러나 각자 조달비용을 조금씩 더 부담하더라도 더 많은 공공재를 원하는 것이 현실이기 때문에 누구나 그렇게 되도록 협상할 유인은 가지고 있다. 다만 그 협상과정이 무임편승의 유인 때문에 매우 험난할 뿐이다.

조세 현실과 조세정의 현실에서는 린달개인화가격과는 무관한 조세부과방식으로 세금을 징수하고 그 돈으로 공공재를 조달하고 있다. 조세를 순전히 공공재 조달 수단으로만 본다면 조세정의는 각 개인에게 부과되는 세금이 그 개인의 린달개인화가격에 의해서 결정될 때 바로 선다. 그러나 무임편승효과가 린달개인화가격에 따른 과세를 불가능하게 만들기 때문에 조세정의를 그렇게 규정하는 것은 현실적으로 무의미하다.

현실 조세징수의 주요 방식은 크게 소득세, 부가가치세, 그리고 재산세 등 세 항목이다. 이 밖에도 관세와 교육세 등 기타 특별세가 있지만 조세 수입 규모로는 무시해도 좋다. 재미있는 것은 주요 징수 방식은 모두 세금으로 거둘 돈, 즉 세원이 표면으로 드러나는 경우를 과세 대상으로 삼는다는 점이다. 소득세는 발생한 소득, 부가가치세는 상품을 판매하고 받은 거래 대금, 그리고 재산세는 보유 재산에 대해 각각 부과된다.

린달개인화가격에 따른 과세가 불가능한 세정의 실무에서 중요한 것은 납세를 거부하는 조세저항이다. 그런데 세원을 보고 세금을 부과하면 납세자가 세금 낼 돈이 없다고 잡아떼기 어렵다. 실제 사례를 보면 급여 지급 시에 징수하는 근로소득세와 거래 발생 시 징수하는 부가가치세의 징수율이 가장 좋다. 자료위조의 불법적 방식은 금방 들통 나므로 탈세가 불가능하다. 변호사와 의사 등 소득세를 스스로 신고해야 하는 자유업 종사자와 현금을 보유하고 있지 않은 재산가들의 재산세가 종종 탈세 추문에 말려드는 까닭은 이들의 담세 능력에 대한 자료가 객관적으로 불분명하기 때문이다.

그러므로 현실의 조세정의에서는 조세수입을 확보하기 위한 탈세방지가 매우 중요하다. 그리고 담세능력이 더 큰 사람에게 더 많은 세금을 부과하는 누진적 조세도 조세수입 확보에 효과적이다. 누진적 조세는 소득 재분배와 같은 사회후생 효과도 거두므로 조세정의의 핵심 축을 구성한다. 조세징수의 주목적은 공공재 조달의 비용을 거두기 위한 것이므로 이 목적에 가장 합당한 과세 기준은 린달개인화가격이다. 그러나 무임편승효과가 이 기준을 활용할 수 없도록 만들기 때문에 조세저항 해소와 탈세방지 등 세정 실무사항과 소득재분배 등 사회복지적 요소가 현실적 조세정의의 기축을 이루고 있다.

연습문제

1. 어느 강의 상류에서는 철강산업, 하류에서는 양식업이 이루어지고 있다. 철강생산량을 s, 양식업 생산량을 f, 철강생산에서 발생하는 공해물질의 배출량을 x라 할 때, 철강산업의 비용함수는 $c_s(s, x) = s^2 + (s-x)^2$ 이고, 양식업의 비용함수는 $c_f(f, x) = f^2 + \frac{2fx}{5}$ 라 한다. 두 산업 모두 완전경쟁 산업이다. 철강의 가격이 10, 양식물의 가격이 25라 한다.

   1) 정부의 개입이 없고 사적인 해결이 불가능할 때, 철강과 양식물 생산량은 각각 얼마인가?

   2) 사회적으로 바람직한 철강과 양식물의 생산량은 각각 얼마인가?

2. A는 양계장을 운영하고 있고, B는 그 이웃에서 공장을 운영하고 있다. 공장의 소음으로 인하여 A가 입는 피해는 매년 100만원이라 한다. B의 공장에 방음장치를 할 경우 이 피해를 방지할 수 있으나 방음장치를 설치하는 비용은 2000만원이라 한다. A가 양계장 대신 꽃을 재배하면 소음으로 인한 피해를 입지 않으나 양계장을 운영할 때보다 매년 150만원의 손해를 본다고 한다. 연이자율을 10%라고 하고, 모든 계약에 있어 거래비용은 전혀 없으며, 사업은 무한히 지속된다는 가정 하에 다음 물음에 답하라.

   1) 공장에 소음을 발생시킬 수 있는 권리가 인정된다면 어떤 결과가 나타나겠는가?

   2) 양계장에 방음을 요구할 권리가 인정된다면 어떤 결과가 나타나겠는가?

   3) 소음 발생에 대해 매년 100만원의 벌금을 부과한다면 어떤 결과가 나타나겠는가?

3. 어떤 마을의 주민 수는 2,000명이고 모든 주민들의 효용함수는 $u(x_i, y) = x_i + \sqrt{y}$ 라고 한다(x_i는 주민 i가 소비하는 사유재의 수량, y는 공공재의 수량). 사유재의 생산비는 1, 공공재의 생산비는 10이라 한다. 파레토 효율적인 공공재의 수량은?

CHAPTER 17

불확실성과 불완전정보

제1절 선택의 위험부담

불확실성과 위험 소비자든 기업이든 경제주체는 자신이 가장 원하는 결과를 얻기 위해서 선택한다. 가계는 자신의 소득과 상품 가격이 허용하는 소비행위들 가운데 가장 높은 만족도를 주는 것을 선택하고 기업은 시장수요와 생산기술이 허용하는 범위이내에서 가장 높은 이윤을 얻도록 투입과 산출을 선택한다. 지금까지 우리가 살펴본 경제이론은 가계와 기업은 각각 자신의 선택이 어느 수준의 만족도와 이윤을 줄 것인지 미리 알고 있다고 전제한다. 그러나 현실경제에서는 선택이 의도치 않은 결과로 빗나가는 경우도 심심치 않게 일어난다.

투자는 가장 좋은 예다. 누구나 돈을 벌기 위해서 투자하지만 많은 경우에 투자는 실패한다. 지나고 보니 하지 말았어야 할 투자였는데 그때는 그 사업만큼 좋은 것이 없었다. 여건이 어떻게 전개될지 불확실하던 투자결정 시점에는 잘될 줄 알았지만 예상치 못한 사고 때문에 사업을 망쳤다. 이처럼 현실경제에는 돌발사태 발생의 위험이 도처에 널린 불확실성 속에서 선택해야 하는 경우가 하나둘이 아니다.

어떤 결과로 이어질지 아무도 모르는 **불확실성**(uncertainty) 속에서 행동할 때 가장 주의 깊게 고려해야 할 사항은 비우호적 돌발사태로 피해당할 **위험**(risks)이다. 선택의 대상인 각 대안이 어떤 결과를 불러올지 불확실한 가운데 이루어지는 선택을 이해하려면 경제주체가 불확실성과 그에 내재한 위험을 어떻게 평가하는지를 먼저 이해해야 한다.

센트피터스부르그 역설 수많은 구매자를 하나하나 만나서 각 구매자에게 상품을 한 개씩 판매하는 업무가 있다. 첫 번째 구매자에게 판매하는 데 성공하면 다음 구매자와 상담하고 다시 성공하면 그다음 구매자와 상담한다. 그러나 한 번 판매에 실패하면 그 순간 업무는 끝난다. 계속 $(n-1)$번 판매에 성공하고 n번째 판매에서 실패하는 경우 수수료는 2^n 원이다. 그리고 그때그때 만나는 개별 구매자별 판매 성공의 확률은 1/2이다. 이 판매사업의 권리를 확보하려면 10,000원을 투자해야 한다.

투자하지 않기로 한다면 10,000원의 현금을 그냥 보유하겠다고 선택하는 것이다. 반면에 투자하기로 한다면 10,000원의 현금 대신 $n=1, 2, 3, \cdots$에 걸쳐서 $(1/2)^n$ 의 확률로 2^n 원을 얻을 기회를 선택하는 것이다. 현금 보유가 투자보다 더 낫다고 생각하는 사람은 투자를 거부하고 현금 1만원을 그냥 보유하겠지만 반대로 보는 사람은 1만원을 들이더라도 $n=1, 2, 3, \cdots$에 걸쳐 소득 2^n 원의 확률이 $(1/2)^n$ 인 사업 기회를 구입할 것이다.

현금 보유의 가치는 정확히 1만원이다. 그런데 투자는 확정된 소득이 아니라 소득의 확률분포에 대한 권리이므로 일단 그 기댓값[1)]으로 가치를 추정해 볼 수 있다. 이 기댓값을 E로 표시하면

$$\begin{aligned} E &= (1/2)2 + (1/2)^2 2^2 + \cdots + (1/2)^n 2^n + \cdots \\ &= 1 + 1 + \cdots + 1 + \cdots = \infty \end{aligned}$$

로서 그 값이 무한대이다. 그리고 이 무한대는 1만원과는 비교할 수 없을 만큼 더 크다. 그런데 투자비를 회수하려면 최소한 처음 접촉한 13명과의 상담이 모두 성공해야 하는데 그렇게 될 확률은 $(1/2)^{13} = 0.000122$ 이고 성공해도 버는 소득은 $2^{13} = 8,192$ 원이다. 즉 이 사업에 도전해보았자 원금도 회수하지 못할 확률이 99.999%인 것이다. 투자의 기대소득은 무한대이지만 고작 1만원에 불과한 투자원금

1) X의 값이 x_i 로 실현될 확률이 p_i 이고, $i=1, 2, \cdots, N$ 에 걸쳐서 $p_i \geq 0$ 이다. 그리고 $\sum_{i=1}^{N} p_i = 1$ 이다. 이 때 X를 확률변수(random variable)라고 하고 그 기댓값 $E(X)$는 $E(X) \equiv \sum_{i=1}^{N} p_i x_i$ 로 정의된다.

조차 회수하지 못할 확률이 99.999%에 이른다. 무한대에 가까운 고소득 기회이지만 투자원금 탕진이 거의 확실한 고위험을 동반하고 있다.

이 예는 **센트피터스부르그 역설**(The St. Petersburg paradox)을 약간 수정한 것이다.[2] 투자는 불확실한 미래 소득의 확률분포를 놓고 지금 확실한 현금을 투입하는 행위다. 보통 사람들이 고소득 가능성을 추구하여 투자한다고 말하지만, 이 예는 그런 생각이 옳지 않음을 보여준다. 사람들은 고소득에만 관심 있는 것이 아니라 고위험에도 민감하다는 것이다.

위험과 선택 미래 소득을 겨냥하여 지금 현금 지출을 감행하는 투자는 확실한 현재의 현금을 불확실한 미래 소득과 교환하는 행위다. 투자자는 투자소득이 투자원금보다 더 높을 것으로 예상하고 위험을 감수해도 좋을 만큼 투자 이익이 크다고 판단할 때 투자한다. 이제 소득 y_i를 얻을 확률을 p_i로 표시하자. 어느 투자기회 A가 제공하는 투자소득이 $i=1, 2, \cdots, n$에 걸쳐서 p_i의 확률로 y_i인 확률분포를 가진다고 하자. 이 투자소득의 기댓값을 E로 표기하면 우리는

$$E = p_1y_1 + p_2y_2 + \cdots + p_ny_n \tag{17-1}$$

를 얻는데 식에서 보듯이 모든 y_i의 값이 오르면 E의 값도 커지고 반대로 내리면 작아진다. 그러므로 투자의 수익성을 추계하는 수치로 E를 활용할 수는 있다. 그러나 E만으로 투자 A의 완전한 가치를 평가하는 지표로 삼을 수는 없다. 우리는 위 센트피터스버그 역설에서 이 사실을 확인한 바 있다.

투자 A의 투자비가 현금 E라고 하자. 그러면 현금 E를 A에 투자하지 않고 그냥 보유하는 '투자' B는 위 투자 A와 기대소득이 같다. 기대소득으로 수익성을 평가하면 A와 B의 수익성은 같다. 그러나 B는 확실하게 현금 E를 보장하는 데 비하여 A의 결과는 불확실하다. 그러므로 두 투자 A와 B를 비교하면 불확실성의 효과만 분리해서 고찰할 수 있다. 즉 두 투자기회에 대한 투자자의 평가는 위험에 대한 평가로만 결정된다.

---

2) 원래의 역설은 카지노의 동전 던지기 게임 이야기로 센트피터스버그에서 수학교수로 재직하던 Daniel Bernoulli에 의하여 1738년에 소개되었다.

위험 평가의 본질을 좀 더 명확히 드러내기 위하여 간단한 수치의 예를 살피기로 한다. 1/2의 확률로 300만원을 벌거나 같은 1/2의 확률로 100만원을 벌 투자기회가 있다. 이 투자의 기대소득은 (1/2)300+(1/2)100=200으로 200만원이다. 그리고 투자에 필요한 투자원금이 기대소득과 같은 200만원이라고 하자. 투자 A는 200만원을 던져서 1/2의 확률로 300만원 또는 100만원을 얻는 미래에 베팅하는 것이고 B는 확실한 현금 200만원을 그냥 지키는 행동이다.

〈그림 17-1〉은 이 투자를 나타낸다. 소득 100, 또는 300을 얻을 확률이 1/2이고 기대소득은 투자원금과 같은 200이다. 투자 결과가 좋으면 300을 벌고 나쁘면 100을 버는데 이 결과를 투자원금에 바로 비교하면 이익이 100이거나 손해가 100이다. 같은 금액 100을 이익으로 얻거나 손실로 잃을 확률이 꼭 같이 1/2이다. 그러므로 이 투자는 100을 얻을 행운과 100을 잃을 위험이 서로 완전히 대칭적인 전망을 준다고 할 수 있다.

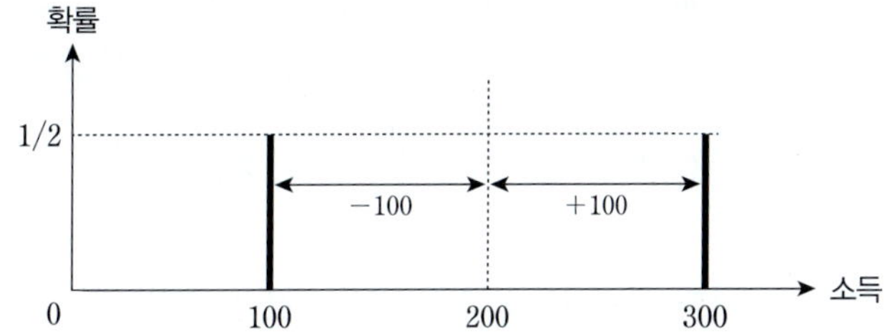

〈그림 17-1〉 행운과 위험이 대칭인 불확실성

행운과 위험이 이처럼 대칭적인 투자에 대한 평가는 투자자마다 다르다. 위험에 대한 경각심이 행운에 대한 기대감보다 더 큰 사람은 이 투자보다는 원금 200을 확실한 소득으로 보유하기로 선택할 것이고 반대로 행운 쪽에 더 고무된 사람은 200을 지출하고 투자할 것이다. 또 어떤 사람은 기대감과 경각심이 일치하여 이 투자의 가치를 확실한 소득 200과 다를 바 없다고 평가할 수도 있다.

투자 불확실성은 행운과 위험이 뒤섞여 있을 때가 문제다. 만약 200을 투자한 결과가 100이거나 150일 확률이 각각 1/2이라면 이 불확실성은 100% 위험이고 반대로 250이거나 300일 확률이 각각 1/2이라면 100% 행운이다. 전자의 경우에는 누구도 투자하지 않을 것이고 후자의 경우에는 누구라도 투자할 것이므로 위험요인이 투자 결정에 영향을 끼치는 특징은 따로 구명할 필요도 없다. 현실의 투자기회에는 행운과 위험이 뒤섞여 있는데 불운의 위험을 부담하기로 한 사람은 투자하고 위험 부담을 거부하는 사람은 투자하지 않는다.

제2절 위험에 대한 태도

폰노이만 모르겐슈테른 효용함수와 기대효용가설 〈그림 17–1〉과 같은 불확실성에 대한 투자자의 선호를 나타내는 수단으로 널리 쓰이는 개념이 **폰노이만 모르겐슈테른 효용함수**(von Neumann–Morgenstern utility function)다. 이 효용함수 $U(\cdot)$는 각 투자기회에 대한 투자자의 만족도를 수치로 나타낸다. 확정된 소득 m을 보장하는 투자기회의 $U(\cdot)$값은 $U(m)$으로 표기하는데 이 값은 바로 그 소득의 만족도와 일치한다. 그러므로 당연히 함수 $U(\cdot)$는 더 높은 소득에 더 높은 값을 부여한다.

폰노이만 모르겐슈테른($v.N-M$) 효용함수는 확정된 소득을 보장하는 투자기회뿐만 아니라 〈그림 17–1〉의 경우처럼 소득의 특정 확률분포를 보장하는 불확실한 투자기회의 만족도도 나타내는데 이 경우 $U(\cdot)$값은 해당 확률분포로 계산한 $U(\cdot)$의 기댓값으로 결정된다. 즉 〈그림 17–1〉의 투자기회 A와 B의 $v.N-M$ 효용지표는 각각

$$U(A) = (1/2)U(100) + (1/2)U(300) \quad \text{및} \quad U(B) = U(200)$$

로 정의된다. 결국 불확실한 투자기회의 효용지표는 그 투자기회가 제공하는 가능 소득별 효용지표의 기댓값이므로 $v.N–M$ 효용함수로 투자기회의 만족도를 표현하자는 발상을 **기대효용가설**(expected utility hypothesis)이라고 한다.[3)]

이제 기대효용가설을 이용하여 〈그림 17–1〉의 투자기회 A의 위험에 대한 투자자의 태도를 정리해보자. 투자원금 200을 그대로 보유하는 선택, 즉 B의 만족도는

3) 폰노이만과 모르겐슈테른은 특정한 조건을 충족하는 경우 불확실한 투자기회의 만족도를 제대로 나타내는 폰노이만 모르겐슈테른 효용함수가 존재함을 증명하였다.

$U(200)$인데 A의 만족도는 $[U(100) + U(300)]/2$이다. 위험에 대한 경각심이 행운에 대한 기대감보다 더 큰 사람은 투자 A보다는 원금 200을 확실하게 B를 선택할 터이므로 부등식

$$U(200) > [U(100) + U(300)]/2$$

가 성립하는데 이것을 정리하면

$$L = U(200) - U(100) > U(300) - U(200) = G \tag{17-2}$$

를 얻는다.

부등식 (17–2)는 100을 잃는 상실감 L이 같은 금액 100을 얻는 성취감 G보다 더 큼을 나타낸다. 성취와 손실의 확률이 꼭 같이 1/2일일 때 손실감이 더 크기 때문에 이 투자자는 투자기회 A보다는 확실한 현금 200을 보유하는 B를 더 낫다고 평가한다. 즉 A가 내포한 위험을 기피한다. 〈그림 17–2〉는 위험기피적 $v.N-M$ 효용함수의 그래프다. 위험기피적 효용함수 $U(\cdot)$의 그래프는 그림처럼 위로 볼록한 형태다.

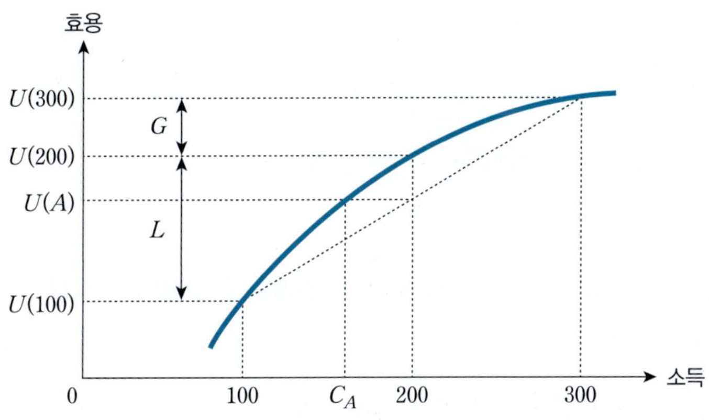

〈그림 17–2〉 위험기피적 폰노이만 모르겐슈테른 효용함수

이 관찰을 일반화해보자. 투자 I의 소득은 $i = 1, 2, ..., n$에 걸쳐서 p_i의 확률로 y_i인 확률분포로 주어져 있다. 투자 I의 기대소득 E_I는

$$E_I = p_1 y_1 + p_2 y_2 + \cdots + p_n y_n$$

이고, $v.N - M$ 효용지표는

$$U(I) = p_1 U(y_1) + p_2 U(y_2) + \cdots + p_n U(y_n)$$

이다. 기대소득 E_I를 확실하게 보장해주는 투자는 수익성, 즉 기대소득에서는 I와 대등하지만 위험이 없는 반면 투자 I는 행운과 위험을 함께 포괄한다고 말할 수 있다. 위 A의 예 (17–2)를 확대 적용하여 투자자의 $v.N - M$ 효용지표가 부등식

$$U(E_I) > U(I) \tag{17–3}$$

를 충족하면 이 투자자가 **위험기피적**(risk–averting)이라고 정의한다. 부등식 (17–3)을 재정리하면

$$\sum_{y_i < E_I} p_i[U(E_I) - U(y_i)] > \sum_{y_i > E_I} p_i[U(y_i) - U(E_I)] \tag{17–4}$$

를 얻는데 (17–4)의 좌변은 E_I보다 작은 소득을 얻을 경우의 효용지표와 $U(E_I)$와의 차이를 그 확률로 곱하여 모두 합한 것이고 우변은 소득이 더 클 경우를 같이 처리한 것이다.

$$\sum_{y_i < E_I} p_i(E_I - y_i) = \sum_{y_i > E_I} p_i(y_i - E_I)$$

이므로 부등식 (17–4)는 부등식 (17–2)와 마찬가지로 위험의 상실감이 행운의 성취감보다 더 큼을 의미한다.

이 상실감–성취감의 기준을 적용하여 $U(E_I) < U(I)$인 투자자는 **위험애호적**(risk–loving), 그리고 $U(E_I) = U(I)$인 투자자는 **위험중립적**(risk–neutral)이라고 정의한다. 그리고 위험애호적 효용함수의 그래프는 아래로 볼록하고 위험중립적 그래프는 직선인데 이 사실은 독자가 직접 확인해보라.

또 〈그림 17-2〉의 그래프에서 보듯이 투자기회 A와 동일한 만족도를 주는 확실한 소득은 $U(A)=U(C_A)$되는 그림의 C_A인데 이 C_A를 투자 A의 **확실성등가**(certainty equivalent)라고 한다. 일반적 투자 I의 확실성등가는 $U(I)=U(C_I)$되는 소득 C_I로 정의된다. 그러므로 기대소득 E_I가 확실성등가 C_I보다 더 크거나 작으면 투자자는 각각 위험기피적이거나 애호적이고, 두 값이 같으면 위험중립적이다. 투자자는 투자원금이 확실성등가 C_I보다 더 크면 투자하지 않는다.

투자원금이 확실성등가 C_I와 같으면 투자를 하는 것과 안 하는 것에 대해 무차별하다. 이때 E_I-C_I는 투자자가 확실한 소득 C_I를 포기하고 불확실성을 받아들이는 대가로 보상받아야 할 금액이라 할 수 있는데 이를 **위험할증료**(risk premium)라 한다.

제3절 보험과 파생금융상품

보험 주택이나 보석 같은 고가의 자산에는 일반적으로 화재나 도난의 위험이 함께 한다. 그러므로 시가가 W인 보석을 도난당할 확률이 a라면 그 보석의 가치는 $(1-a)$의 확률로 W이고 a의 확률로 0인 확률분포로 요약된다. 〈그림 17-3〉은 이

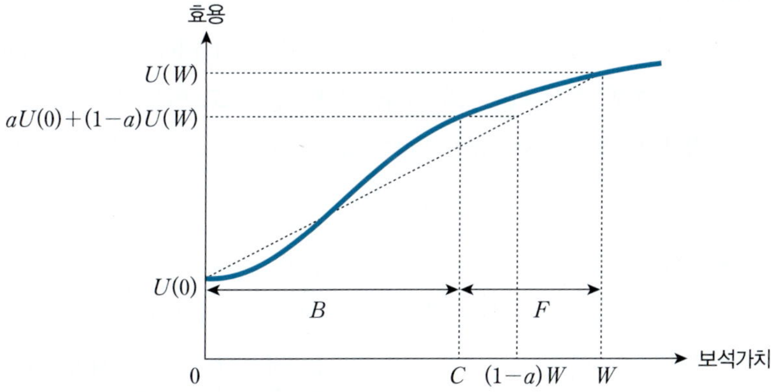

〈그림 17-3〉 보험의 분석

보석을 소유한 사람의 $v.N-M$ 효용함수의 그래프다. 이 사람은 낮은 소득에서는 위험애호적이나 높은 소득에서는 위험기피적이다. 도난위험에 처한 보석 소유자의 만족도는 $v.N-M$ 효용지표 $aU(0)+(1-a)U(W)$로 결정된다. 그리고 이 상황의 확실성등가는 $aU(0)+(1-a)U(W)=U(C)$되는 그림의 C다.

이제 손해보험회사가 이 소유자에게 보험료 F를 납입하면 도난사고 발생 시 보험금 W를 보상하겠다고 제안하였다. 보험가입 이전 소유자의 확실성등가는 C다. 보험에 가입한다면 도난사고가 발생하든 말든 항상 $C(=W-F)$를 보장받으므로 보험가입 전후의 만족도는 같다. 만약 보험료가 F보다 작고 보상금이 B보다 크기만 하면 보험가입이 소유주에게 확실히 더 유리하다. 이 조건을 충족하는 보험상품이 보험회사에게도 이익이면 보험거래는 성사된다.

보험과 관련하여 핵심 개념 두 가지가 현대 정보경제학의 주요 연구과제로 제기되었다. 하나는 보험가입 전후에 가입자의 태도가 변하는 사실에 관한 것이다. 보험에 가입하기 전이라면 보석 소유자는 도난사고를 방지하기 위하여 세심한 주의를 기울일 것이다. 그러나 일단 보험에 가입하고 나면 도난당하더라도 보상을 받으므로 도난방지 노력이 해이해질 것이다. 즉 도난당할 확률 a의 값이 더 커질 것이다. 그러나 보험회사는 보험가입자의 도난방지태세를 일일이 점검하지 못하므로 이 때문에 불의의 손실을 당할 수 있다. 이 문제를 **도덕적해이**(moral hazard)라고 부른다.

다른 하나는 보험회사가 보험가입자를 선별하는 일에 관한 것이다. 보험회사가 인식하고 있는 도난확률 a는 사회전체의 평균값이기 십상이다. 그런데 보험에 가입하겠다고 나서는 사람들은 그 가운데서 조심성이 부족하여 도난확률이 높은 사람들이 대부분일 것이다. 그러나 보험회사는 도난위험이 큰 사람들을 식별해낼 수 없으므로 역시 불의의 피해를 볼 수 있다. 이 문제를 **역선택**(adverse selection)이라고 부른다. 도덕적 해이와 역선택은 모두 보험 고객들은 알고 있는 사실을 보험회사는 알지 못하는 **정보비대칭성**(asymmetry of information) 때문에 일어나는 현상이다.

파생금융상품을 통한 자금조달 투자은행과 같은 금융기관은 소비자들이 저축한 자금을 기업의 투자자금으로 활용하도록 중개한다. 기업이 기획사업에 투자할 자금을 조달할 목적으로 예컨대 회사채를 발행하면 가계는 저축한 자금을 지출하여 이 채권을 매입한다. 실제 거래는 투자은행이 회사채를 인수하여 가계 등 투자자에게 판매한다. 회사채를 발행한 기업의 사업내용과 신용 상태를 잘 아는 투자은행이 중간에서 공정하게 거래를 이끌면 가계도 안심하고 회사채를 매입할 수 있다.

개인의 투자를 결정하는 요인 가운데 중요한 것은 투자기회의 수익성과 위험이다. 특정 투자기회, 예컨대 회사채에 어떤 투자자는 투자하려고 하고 다른 투자자는 투자를 거부한다. 투자은행은 회사채 판매에 성공해야 수수료 수입을 올리므로 가계 투자자들의 위험성향을 활용한 판매기법을 다양하게 개발해왔다. 그런데 그 중 하나가 2008년의 세계금융위기를 유발한 **부채담보부증권**(collateralized debt obligation)이다.

투자은행은 몇 개의 회사채 등 증권을 배합하여 새로운 증권을 만들어서 판매하는데 이렇게 만든 새로운 증권을 **파생금융상품**(financial derivatives)이라고 한다. 부채담보부증권은 그중 하나다. 여기에서는 파생금융상품을 통한 불량채권 판매가 가능해지는 간단한 예를 살펴보기로 한다.

투자기회 X의 소득전망은 100일 확률이 3/4이고 0일 확률이 1/4이며, 투자기회 Y는 100일 확률이 1/4이고 0일 확률이 3/4이다. 그리고 두 투자기회의 소득전망은 서로 확률적으로 독립[4]이고 필요한 투자원금은 각각 똑같이 36이다. 이제 36의 저축을 보유하고 있는 가계의 $v.N-M$ 효용함수는 소득 W에 대하여 $U(W)=\sqrt{W}$이다. 이 가계는 X나 Y에 투자할까?

X		Y	
확률	소득	확률	소득
$\frac{3}{4}$	100	$\frac{1}{4}$	100
$\frac{1}{4}$	0	$\frac{3}{4}$	0

Z	
확률	소득
$\frac{3}{16}$	100
$\frac{10}{16}$	50
$\frac{3}{16}$	0

먼저 $U(X)=(3/4)\sqrt{100}=30/4=7.5>6=\sqrt{36}$ 이므로 이 가계는 X에 투자할 것이다. 그러나 $U(Y)=(1/4)\sqrt{100}=10/4=2.5<6=\sqrt{36}$ 이므로 Y에는 투자하지 않을 것이다. 투자기회 Y는 낮은 수익성과 높은 위험도 때문에 투자자가 자금 제공

4) X의 성공과 실패는 Y의 성공 또는 실패와 전혀 무관하다는 말이다.

을 거부하는 불량 사업이다. 그러나 투자은행은 투자기회 Y에도 자금을 조달해 주어야 회사채 판매 실적을 높여서 수수료 수입을 올릴 수 있다. 만약 똑같은 가계가 하나 더 있다면 투자은행은 두 회사채 X와 Y를 기초로 파생금융상품을 설계하여 X와 Y 모두에 자금을 조달할 수 있다.

각 투자기회의 소득과 투자금을 합한 다음 절반씩 나누면 위와 같은 파생금융상품 Z가 나온다. 신 채권 Z의 소득전망은 $\frac{3}{16}\left(=\frac{3}{4}\times\frac{1}{4}\right)$의 확률로 100, $\frac{10}{16}\left(=\frac{3}{4}\times\frac{3}{4}+\frac{1}{4}\times\frac{1}{4}\right)$의 확률로 50, 그리고 $\frac{3}{16}\left(=\frac{1}{4}\times\frac{3}{4}\right)$의 확률로 0이다. 그러므로 각 가계의 $v.N-M$ 효용지표는 $U(Z)=\frac{3}{16}\sqrt{100}+\frac{10}{16}\sqrt{50}=\frac{10}{16}(3+\sqrt{50})>\frac{10}{16}(3+\sqrt{49})=\frac{100}{16}=6.2>\sqrt{36}$ 이므로 두 사람 다 각각 36의 저축을 투자하여 이 신 채권 Z를 구입한다. 즉 두 투자기회 X와 Y에 대한 금융이 모두 성공하는 것이다.

파생금융상품을 교묘히 설계하면 독자적으로는 금융이 불가능한 불량 사업에 이처럼 성공적으로 자금을 조달한다. 부채담보부증권의 마법은 결국 우량채권에 불량채권을 섞어서 판매하는 것에 불과하다. 금융기관의 본분은 우량사업을 선별하여 가계 저축을 우량사업의 투자자금으로 조달하는 일이다. 그러나 판매수수료 수입 확대에만 급급한 투자은행들은 과거 불건전한 파생금융상품을 양산하여 많은 불량 사업에 투자가 이루어지도록 금융시장을 오도하였다. 비우량주택채권에 기반을 둔 부채담보부증권은 지난번 2008년 세계금융위기의 주범 역할을 한 파생금융상품이었다.

제4절 정보비대칭성으로 인한 시장실패

정보비대칭성 정보를 가진 사람과 정보를 가지지 못한 사람 사이의 경쟁 또는 경제협력에서는 정보를 가진 사람의 전략적 행동이 정보를 가지지 못한 사람들에게 피해를 주는 경우가 많다. 앞 과점시장에서 폰스탁켈버그 가격선도자는 추종자의 반응곡선을 알고 있기 때문에 더 큰 이윤을 얻었다. 보험의 도덕적해이와 역선택도 고객의 전략적 행동이 보험사업자에게 해를 끼친다. 이처럼 정보비대칭성은 정보를 가진 쪽의 전략적 행동을 유발하는데 이 행태 또한 시장실패를 유발한다.

정보비대칭성이 야기하는 문제는 크게 도덕적 해이와 역선택의 두 가지로 분류된다. 이 절에서는 도덕적 해이를 포괄하는 주인 대리인 문제와 역선택이 시장실패를 유발하는 레몬시장 이론을 살피기로 한다.

주인 대리인 문제 개인의 업무수행능력은 유한하므로 흔히 다른 사람을 채용하여 자기 일을 맡긴다. 일을 맡기는 사람은 주인이고 수행하는 사람은 대리인인데 채용계약에 따르면 대리인은 주인의 이익을 위해 일해야 옳다. 그런데 대리인도 기본적으로 자신의 이익을 추구한다. 일을 맡긴 주인은 다른 일에 바쁘므로 보통 나중에 일의 성과를 보고 대리인의 일을 평가한다. 그러나 실시간으로 감시하지는 못하기 때문에 대리인의 일탈을 완벽하게 막을 수는 없다.

대리인은 주인과 자신의 이익이 서로 충돌할 때 주인의 이익을 버리더라도 자신의 이익을 추구하고 싶다. 주인이 대리인의 행동을 일일이 파악하지 못하므로 대리인은 채용계약을 위반하고도 그 사실을 은폐할 수 있다. 대리인이 이 정보비대칭성을 전략적으로 이용하는 유형의 도덕적 해이를 특히 **주인 대리인 문제**(principal agent problem), 또는 짧게 **대리인 문제**(agency problem)라고 한다. 직장 상사와 부하 직원, 주주와 전문경영인 CEO, 국민과 대통령, 그리고 재산 주인과 재산관리인 등 현실 세계에 주인-대리인 관계는 수없이 많다. 이들 관계가 내포한 공통된 문제는 대리인의 행동에 관한 주인의 정보 부족이 유발하는 도덕적 해이다.

정보비대칭성이 유지되는 한 대리인 문제는 해소되지 않지만, 현실적으로 대리인 문제를 조금이라도 완화해보려는 노력은 계속되어왔다. 주인-대리인 간의 협력이 장기간에 걸쳐서 반복되는 경우에는 누적되는 성과 관찰로부터 대리인의 도덕적 해이 여부를 유추해 낼 수가 있는데 이 평가를 활용한 재계약은 대리인의 일탈을 통제하는 데 효과적이라는 보고도 있다. 대리인의 근로과정이 투명할수록 도덕적 해이는 위축되므로 다양한 경로를 통한 감시체계가 개발되고 있다. 특히 CCTV의 보급은 감시능력을 크게 강화하였다. 그러나 감시체계 강화는 대리인의 사생활 침해라는 반발에 부딪히기도 한다.

복수의 대리인끼리 업무적으로 서로 경쟁하게 만드는 것도 한 방법이다. 대리인의 주요 이득은 주인과의 계약에 따른 업무보수이고 도덕적 해이를 틈타 얻는 이익은 부차적인 것이다. 만약 대리인이 도덕적 해이의 덫에 빠져서 본연의 업무를 그르치다가 치열한 경쟁에서 패퇴하여 주요 이득을 잃는다면 손실이 훨씬 크다. 그러므로 대리인이 항상 긴장하도록 경쟁의 강도를 높여주면 대리인 문제를 한결 완화할 수 있다.

주인-대리인 관계에서 일을 저지르는 사람은 대리인인데 그 뒷감당은 주인의 몫이다. 대리인이 도덕적 해이에 빠져 일을 그르치면 최악의 경우 파산으로 끝나지만, 주인은 그 피해의 대부분을 떠안아야 한다. 어느 기업 A가 투자비 1조원 규모에 예상 순수익 2조원인 투자를 계획하고 있는데 자금조달이 어렵다고 하자. 그리고 이 기업의 실질적 소유주가 은행에서 대출을 담당하는 임원 B라고 하자. 이 임원은 연봉 2억원의 보수를 받는데 기업 A에게 은행자금 1조원의 대출을 결정하였다. 기업 A의 투자가 성공하면 대출 원리금을 상환하고도 2조원의 투자수익을 거둔다. 그러나 실패하면 투자비 1조원을 모두 날리는 데 대출을 결정한 임원 B는 최악의 경우 해고와 개인파산으로 끝난다.

날아간 대출금 1조원은 주인인 예금주들의 돈이고 대리인 B가 잃는 것은 연봉 2억원짜리 일자리다. 성공했을 때 투자수익 2조원을 도모하기 위해서라면 연봉 2억원짜리 일자리 정도는 얼마든지 던질 수 있다. 대리인 B가 이렇게 생각하는 까닭은 투자가 실패할 때 날아갈 돈 1조원이 자기 것이 아니기 때문이다. 행동은 대리인이 결정하고 뒷감당은 주인이 하는 주인-대리인 관계에서는 정보비대칭성이 아니더라도 대리인의 무책임에 의한 도덕적해이가 나타날 가능성이 크다.

레몬시장 자동차와 같은 수많은 부품의 조립체는 작동과정에서 각 부품이 허용된 수준 이내의 압력만 받는 역학적 균형을 유지하도록 조립되어야 한다. 잘못 조립되어 균형을 잃으면 구조적으로 특정 부품에만 과도한 압력이 지속되기 때문에 이 부품은 수시로 망가진다. 이 문제는 차체의 구조 때문이므로 새로 교체한 부품도 곧 망가질 수밖에 없다. 생산 차량의 일부는 조립과정에서 잘못되어 처음부터 불량품으로 출발하는데 이렇게 태어난 태생적 불량 차량을 **레몬**(lemons)이라고 한다.

외견상 레몬은 다른 새 차와 마찬가지고 오직 두어 달 운전하면서 잦은 고장을 겪은 뒤에야 레몬임을 확인할 수 있다. 그러므로 어떤 차가 레몬인지는 그 주인만 알고 다른 사람들은 판별하지 못한다. 이 정보비대칭성은 중고차시장에서 레몬 아닌 일반 중고차는 거래되지 못하도록 만들 수가 있다.

중고차 판매자 S는 정상차의 판매가격은 100 이상, 그리고 레몬은 10 이상으로 마음먹고 있는데 구매자 B는 정상차라면 105, 그리고 레몬이라면 15의 값을 지불할 용의가 있다. 그러므로 S와 B는 서로 거래를 성사시킬 요건을 갖추었고 거래가 이루어지면 두 사람 모두에게 좋다. 아래 표는 이 상황을 요약한다.

	정상차	레몬
S의 판매희망가격	100 이상	10 이상
B의 구매희망가격	105 이하	15 이하

그런데 구매자 B가 현재 거래되는 중고차의 6%는 레몬이라고 믿고 있다면 정상차의 거래는 불가능하다. 중고차 한 대는 B에게 94%의 확률로 105의 가치, 그리고 6%의 확률로 15의 가치로 실현될 불확실한 자산이다. 그러므로 B에게 중고차 한 대의 기대가치는 99.6($= 0.94 \times 105 + 0.06 \times 15$)으로 판매자 S가 희망하는 정상차 판매가격의 하한선 100보다 더 낮다. 만약 B가 위험중립적이거나 기피적이면 중고차 1대의 확실성등가는 99.6 이하로 결정되므로 구매자 B는 중고차 1대에 100 이상의 가격을 지불할 생각이 없다. 판매자 S는 이 가격으로는 정상차를 판매하지 않을 것이므로 중고차 시장에서 정상차는 거래되지 않고 오직 레몬만 거래된다. 즉 정상차의 거래가 매매 쌍방에게 모두 이익인데도 불구하고 정보비대칭성 때문에 중고차 시장은 불량품인 레몬만 유통시키는 역선택 현상을 빚는다.

이상에서 살펴본 레몬시장 이론은 매우 단순하지만 정보비대칭성이 정상차의 시장거래를 봉쇄하는 시장실패의 가능성을 경고한다. 현실에서는 판매자가 역선택을 회피하기 위하여 다양한 신호를 보내는데 예컨대 차량 구입 후 6개월 이내에 레몬임이 드러나면 환불해준다는 조건을 내건다. 소비자단체도 판매자별 레몬 거래 현황을 수시로 공개하여 구매자의 구매 결정에 도움을 주려고 한다. 레몬시장은 결국 불량품과 뒤섞인 우량품이 정보비대칭성 때문에 제대로 대접받지 못하여 나타나는 현상이다. 이러한 경우에 현실의 우량품 판매자는 다양한 경로로 자신의 상품이 우량품임을 알리는 신호를 발송하는데 이러한 행동을 총칭하여 **신호발송**(signalling)이라고 한다.

역선택이 문제를 일으키는 현실시장으로 중요한 것은 채용시장이다. 구직자들의 생산성은 다양한데 고용주는 구직자 개개인의 생산성을 모르는 상태에서 채용해야 한다. 고용주는 자신이 제안한 급여 수준을 보고 몰려든 구직자들의 생산성은 대부분 제안된 급여보다 더 낮을 역선택 현상을 우려한다. 따라서 자기소개서와 전 직장 고용주의 추천서를 요구하는 등 여러 가지 정보를 참작해서 채용을 결정한다. 구직자의 학력은 고용주들이 가장 많이 참조하는 정보다.

물론 학교 교육은 전반적 인성과 지적 능력의 개발을 겨냥할 뿐으로 직접 노동생산성 향상을 목표로 삼지는 않는다. 실제로 고학력자의 노동생산성이 저학력자보다 반드시 더 높다는 증거도 없다. 그러나 고생산성 인력을 골라서 채용하고 싶은 기업은 구직자의 학력을 불완전하지만 중요한 신호로 인식한다. 우리나라의 젊은이들이 소위 스펙 쌓기에 몰두하는 것도 역선택을 걱정하는 고용주를 향한 신호발송 노력의 일종이다.

연습문제

1. W의 재산을 가지고 있는 사람이 그 재산 외에 그림 1점을 갖고 있는데 1년 후 그림의 가치가 A가 될 확률이 40%, B가 될 확률이 60%라고 한다. 1년 동안 이 그림이 소실될 확률이 θ라고 할 때, 이 사람이 1년 동안 이 그림이 소실될 경우 C만큼을 보상받는 보험에 대해 지불하고자 하는 최대 보험료 x를 계산하는 식을 쓰라. (단, 시간에 대한 할인은 없다고 가정하고, 폰 노이만 모르겐슈테른 효용함수는 $U(\cdot)$로 표시하라.)

2. 어떤 경제에 품질이 높은 자동차와 품질이 낮은 자동차가 각각 50%의 비율로 존재한다고 한다. 품질이 높은 자동차는 수요자에게 1,500만원, 공급자에게 1,000만원의 가치가 있고, 품질이 낮은 자동차는 수요자에게 600만원, 공급자에게 300만원의 가치가 있다고 한다. 품질이 높은 자동차를 소유하고 있는 사람은 정비회사에 400만원의 수수료를 지불하고 품질 보증서를 얻을 수 있으나 품질이 낮은 자동차는 품질 보증서를 받는 것이 불가능하다고 한다. 자동차에 대한 수요가 경쟁적이어서 자동차의 평균가치가 그 가격이 된다고 하자.

1) 품질이 높은 자동차를 소유한 사람은 품질 보증서와 함께 자동차를 판매하고 품질이 낮은 자동차를 소유한 사람은 품질 보증서 없이 자동차를 판매한다면 그 가격은 각각 얼마인가?

2) 모든 자동차 소유자가 품질 보증서 없이 자동차를 판매하는 것이 가능한가?

3) 품질 보증서를 얻는 비용이 600만원이라 한다면 중고차 시장의 균형은 어떤 형태가 되겠는가?

3. 어떤 제품에 대한 역수요함수가 $p(q)=20-q$라고 한다. 상점을 운영하는 P가 노동자 A를 시켜 제품을 생산, 판매하도록 위임하려 한다. A가 제품을 생산 판매하는 데에는 단위당 4의 비용이 든다고 한다.

1) P가 상점의 총수입을 파악할 수 있다고 할 때, 총수입의 $\frac{2}{3}$를 A에게 주기로 계약을 한다면 P의 수입은 얼마인가? A의 이득은 얼마인가?

2) A에게 1)에서 얻는 이득을 보장하면서 P의 수입을 최대로 할 수 있는 계약은 어떤 것인가?

APPENDIX

부록

기초 미적분

제1절 1변수 함수의 미분

미분의 정의 1차 함수 $f(x)=a+bx$의 그래프는 수직축 절편이 a이고 기울기가 b인 직선이다. 기울기 b는 x가 1만큼 증가할 때 함수값 $f(x)$가 얼마나 증가하는지를 알려준다. 1차 함수의 경우 이 기울기는 어떤 x에서 측정해도 동일하다. 즉, $x=1$에서 x값이 1만큼 증가하거나 $x=5$에서 x값이 1만큼 증가하거나 함수 값이 증가하는 양은 항상 b이다.

1차 함수가 아닌 일반적인 함수에서 기울기는 어떻게 정의할 수 있을까? 일반적인 함수에 있어서는 그 함수의 그래프에서 접선을 그려 그 접선의 기울기를 그 함수의 기울기라고 한다. 접선은 직선, 즉 1차 함수이므로 기울기를 구할 수 있다. 그리고 일반적으로 x값이 달라지면 접선의 기울기도 달라지므로 함수의 기울기는 x값에 따라 달라진다.

〈그림 A-1〉에 일반적인 함수 $f(x)$에 대해 $x=x_0$에서 기울기를 구하는 방법이 예시되어 있다. $x=x_0$에서 x값이 h만큼 증가하면 함수값은 $f(x_0+h)-f(x_0)$만큼 변화한다. $x=x_0$와 $x=x_0+h$ 사이에서 함수값의 변화율은 $\dfrac{f(x_0+h)-f(x_0)}{h}$이고 이것은 $f(x)$의 그래프에서 $x=x_0$와 $x=x_0+h$에 대응하는 두 점을 연결한 직선의 기울기와 같다. 여기서 h를 점점 작게 만들어 0에 수렴시키면 두 점을 연결하는 직선은 $x=x_0$에서 함수의 그래프에 접하는 접선에 수렴한다. 이 접선의 기울기가 곧 함수 $f(x)$의 x_0에서의 기울기이다.

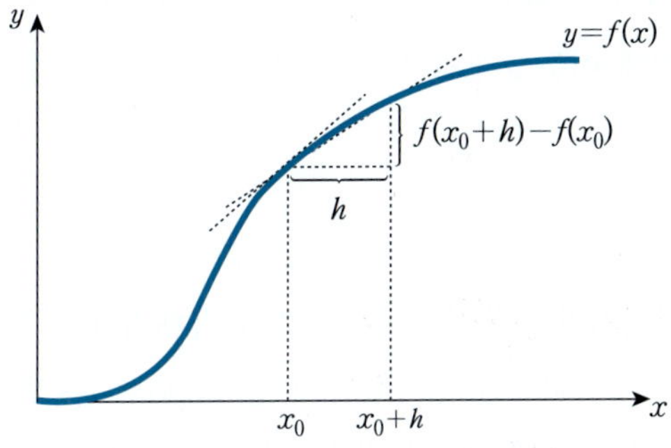

〈그림 A-1〉 일반적인 함수의 기울기

[정의 A-1] $f(x)$의 x_0에서의 **미분**은 x_0에서 f의 그래프에 접하는 직선의 기울기를 말하며 이는 다음과 같이 정의된다.

$$f'(x_0)=\lim_{h\to 0}\frac{f(x_0+h)-f(x_0)}{h}$$

이 극한이 존재할 때 $f(x)$는 x_0에서 **미분가능하다**고 한다.

정의에서 알 수 있는 바와 같이 x_0에서 $f(x)$의 미분을 $f'(x_0)$로 표시한다. 때로는 $\frac{df(x_0)}{dx}$나 $\frac{dy}{dx}(x_0)$와 같이 표시하기도 한다. 이는 곧 x_0에서 함수 $f(x)$의 변화율을 나타낸다. 경제학에서 미분이 중요한 이유는 효용함수나 생산함수와 같은 여러 함수의 변화율을 알 필요가 있기 때문이다.

단항식의 미분 먼저 $f(x)=x^k$의 미분을 구해 보자. 그러기 위해서는 먼저 $(x+h)^k$의 값을 알아야 한다. $(x+h)^2=x^2+2xh+h^2$이나 $(x+h)^3=x^3+3x^2h+3xh^2+h^3$인 것은 공식을 통해 알고 있을 것이다. $(x+h)^k$는 다음과 같이 표시된다.

$$(x+h)^k = x^k + a_1 x^{k-1} h + \cdots + a_j x^{k-j} h^j + \cdots + a_k h^k, \quad a_j = \frac{k!}{j!(k-j)!}$$

임의의 자연수 n에 대해 $n! = n \cdot (n-1) \cdot (n-2) \cdots 2 \cdot 1$ 인데, a_j는 k개의 서로 다른 숫자에서 j개의 숫자를 뽑는 가짓수를 나타낸다. $0!$은 1로 정의한다. 예컨대 $a_1 = \frac{k!}{1!(k-1)!} = k$ 인데 이는 k개의 서로 다른 숫자에서 한 개의 숫자를 뽑는 가짓수를 나타낸다.

$(x+h)^2 = (x+h)(x+h) = x \cdot x + x \cdot h + h \cdot x + h \cdot h$ 에서 보는 것처럼 $(x+h)^2$을 전개할 때 x^2 항이 얻어지려면 두 번 모두 x끼리 곱해져야 하는데 이 가짓수가 1이기 때문에 x^2 항의 계수가 1이 된다. xh 항이 얻어지려면 두 번 중 한 번은 x, 나머지 한 번은 h가 곱해져야 하는데 이 가짓수가 2이기 때문에 xh항의 계수가 2가 된다.

일반적으로 $(x+h)^k$를 전개하면 x의 차수가 k인 항부터 0인 항까지 나오게 되는데 x의 차수가 k가 되려면 $(x+h)$를 k번 곱할 때 매번 x끼리 곱해져야 하는데 이 가짓수가 1이기 때문에 x^k의 계수가 1이 된다. 한편 $x^{k-1}h$ 항은 $(x+h)$를 k번 곱할 때 한 번만 h가 곱해지고 나머지는 모두 x끼리 곱해져야 하는데 이 가짓수가 k이기 때문에 $x^{k-1}h$ 항의 계수는 $a_1 = k$가 되는 것이다.

나머지는 설명을 생략하고 이제 $f(x) = x^k$의 미분을 구해 보자. 그 공식은 다음과 같다.

[정리 A-1] 임의의 자연수 k에 대해 x_0에서 $f(x) = x^k$의 미분은 $f'(x_0) = kx_0^{k-1}$이다.

증명

$$\begin{aligned} f'(x_0) &= \lim_{h \to 0} \frac{f(x_0+h) - f(x_0)}{h} \\ &= \lim_{h \to 0} \frac{(x_0+h)^k - x_0^k}{h} \\ &= \lim_{h \to 0} \frac{x_0^k + a_1 x_0^{k-1} h + \cdots + a_{k-1} x_0 h^{k-1} + a_k h^k - x_0^k}{h} \\ &= \lim_{h \to 0} a_1 x_0^{k-1} + a_2 x_0^{k-2} h + \cdots + a_k h^{k-1} \\ &= a_1 x_0^{k-1} = k x_0^{k-1} \end{aligned}$$

다항식의 미분 다항식이란 $f(x)=\sum_{k=0}^{n} c_k x^k$ 와 같이 여러 개의 단항식의 합으로 이루어진 함수를 말한다. 다음 세 정리에 의해 단항식의 미분 공식으로부터 다항식의 미분을 구할 수 있다.

> **[정리 A-2]** 상수 함수 $f(x)=c$ 의 미분은 모든 x에서 0이다.

> **[정리 A-3]** 임의의 상수 c, 함수 $f(x)$에 대하여 $x=x_0$ 에서 함수 $cf(x)$ 의 미분은 $cf'(x_0)$ 이다.

> **[정리 A-4]** 임의의 함수 $f(x)$, $g(x)$ 에 대하여 $x=x_0$ 에서 함수 $f(x)+g(x)$ 의 미분은 $f'(x_0)+g'(x_0)$ 이다. (마찬가지로 $x=x_0$ 에서 함수 $f(x)-g(x)$ 의 미분은 $f'(x_0)-g'(x_0)$ 이다.)

[정리 A-3]은 임의의 함수에 상수를 곱해 준 함수의 미분은 원래 함수의 미분에 그 상수를 곱해 준 것과 같다는 내용이다. [정리 A-4]는 두 함수의 합이나 차의 미분은 각 함수의 미분의 합이나 차와 같다는 것이다. 미분의 정의로부터 이 세 정리는 쉽게 증명이 되므로 증명은 생략한다. 이로부터 다음을 알 수 있다.

> **[정리 A-5]** $x=x_0$ 에서 다항식 $f(x)=\sum_{k=0}^{n} c_k x^k$ 의 미분은 $f'(x_0)=\sum_{k=1}^{n} c_k k x_0^{k-1}$ 이다.

분수함수의 미분 분수함수 $\dfrac{f(x)}{g(x)}$ 의 미분은 다음과 같다.

> **[정리 A-6]** 임의의 함수 $f(x)$, $g(x)$ 에 대하여 $x=x_0$ 에서 함수 $\dfrac{f(x)}{g(x)}$ 의 미분은
>
> $$\left(\frac{f(x)}{g(x)}\right)' = \frac{f'(x_0)g(x)-f(x_0)g'(x_0)}{g(x_0)^2}$$
>
> 이다.

증명

$$
\begin{aligned}
\left(\frac{f(x)}{g(x)}\right)' &= \lim_{h\to 0}\frac{1}{h}\left(\frac{f(x_0+h)}{g(x_0+h)}-\frac{f(x_0)}{g(x_0)}\right)\\
&= \lim_{h\to 0}\frac{f(x_0+h)g(x_0)-g(x_0+h)f(x_0)}{hg(x_0+h)g(x_0)}\\
&= \lim_{h\to 0}\frac{f(x_0+h)g(x_0)-f(x_0)g(x_0)+f(x_0)g(x_0)-g(x_0+h)f(x_0)}{hg(x_0+h)g(x_0)}\\
&= \lim_{h\to 0}\frac{[f(x_0+h)-h(x_0)]g(x_0)-f(x_0)[g(x_0+h)-g(x_0)]}{hg(x_0+h)g(x_0)}\\
&= \lim_{h\to 0}\frac{1}{g(x_0+h)g(x_0)}\left(\frac{f(x_0+h)-f(x_0)}{h}g(x_0)-f(x_0)\frac{g(x_0+h)-g(x_0)}{h}\right)\\
&= \frac{f'(x_0)g(x_0)-f(x_0)g'(x_0)}{g(x_0)^2}
\end{aligned}
$$

연쇄법칙 두 함수 $f(x)$와 $g(x)$가 있을 때 이 두 함수를 결합하여 새로운 함수 $k(x)=g(f(x))$를 만들 수 있다. 연쇄법칙은 이 결합함수 $k(x)$의 미분을 어떻게 구할 수 있는지 알려준다.

> **[정리 A-7]** (연쇄법칙) $k(x)=g(f(x))$일 때, $k'(x)=g'(f(x))f'(x)$이다.

연쇄법칙에 의하면 결합함수 $k(x)$의 미분은 x에서의 $f(x)$의 미분과 $f(x)$에서의 $g(x)$의 미분의 곱이다. 즉, 결합함수 $k(x)$의 변화율은 그 구성 함수인 $f(x)$의 변화율과 $f(x)$에서의 $g(x)$의 변화율의 곱이다.

증명

$$
\begin{aligned}
k'(x) &= \lim_{h\to 0}\frac{k(x+h)-k(x)}{h}\\
&= \lim_{h\to 0}\frac{g(f(x+h))-g(f(x))}{h}\\
&= \lim_{h\to 0}\frac{g(f(x)+\delta(h))-g(f(x))}{h}, \quad \delta(h)\equiv f(x+h)-f(x)\\
&= \lim_{h\to 0}\frac{[g(f(x)+\delta(h))-g(f(x))]\delta(h)}{\delta(h)h}\\
&= \lim_{h\to 0}\frac{g(f(x)+\delta(h))-g(f(x))}{\delta(h)}\frac{\delta(h)}{h}\\
&= \lim_{h\to 0}\frac{g(f(x)+\delta(h))-g(f(x))}{\delta(h)}\frac{f(x+h)-f(x)}{h}
\end{aligned}
$$

h가 0에 수렴할 때, $\delta(h)$도 0에 수렴하므로

$$k'(x)=\lim_{h\to 0}\frac{g(f(x)+\delta(h))-g(f(x))}{\delta(h)}\frac{f(x+h)-f(x)}{h}=g'(f(x))f'(x)$$

이 얻어진다.

[정리 A–7]로부터 $g(x)=x^n$으로 놓으면 다음을 알 수 있다.

$$\frac{d}{dx}(f(x))^n=n(f(x))^{n-1}f'(x)$$

역함수 집합 $E_1\subset R^1$에 정의된 함수 $f:E_1\to R^1$에 대하여, $E_2\subset R^1$에 정의된 함수 $g:E_2\to R^1$가 존재하여 다음을 만족하면 g는 f의 **역함수**라 한다.

모든 $x\in E_1$에 대하여 $g(f(x))=x$이고, 모든 $y\in E_2$에 대하여 $f(g(y))=y$이다.

예를 들어 $f(x)=3-2x$라 하면 $3-2x=y$라 할 때 $x=\frac{1}{2}(3-y)$이므로 $g(y)=\frac{1}{2}(3-y)$가 $f(x)$의 역함수이다. 함수 f의 역함수가 존재할 때 그 역함수를 f^{-1}로 표시한다. 역함수의 미분은 그 원함수의 미분과 밀접한 관련이 있다.

[정리 A–8] (역함수 정리) $f(x)$의 역함수를 $g(y)$라 하면 모든 x에 대해 $f'(x)\neq 0$일 때 $g'(y)=\frac{1}{f'(g(y))}$이다.

증명 역함수의 정의에 의해 $f(g(y))=y$이므로 양변을 y에 대해 미분하면 연쇄법칙에 의해 $f'(g(y))g'(y)=1$이 얻어진다. $f'(g(y))\neq 0$이므로 양변을 $f'(g(y))$로 나누면 $g'(y)=\frac{1}{f'(g(y))}$가 얻어진다.

$y=x^{\frac{1}{n}}$의 역함수는 $x=y^n$이므로 역함수 정리로부터 다음을 알 수 있다.

$$\frac{d}{dx}x^{\frac{1}{n}} = \frac{1}{n\left(x^{\frac{1}{n}}\right)^{n-1}} = \frac{1}{nx^{\frac{n-1}{n}}} = \frac{1}{n}x^{\frac{1}{n}-1}$$

이로부터 다음 공식이 도출된다.

[정리 A-9] 모든 자연수 m, n에 대해, $\frac{d}{dx}x^{\frac{m}{n}} = \frac{m}{n}x^{\frac{m}{n}-1}$이다.

증명 $x^{\frac{m}{n}} = \left(x^{\frac{1}{n}}\right)^m$이므로, 연쇄법칙으로부터 다음을 알 수 있다.

$$\frac{d}{dx}x^{\frac{m}{n}} = m\left(x^{\frac{1}{n}}\right)^{m-1}\frac{1}{n}x^{\frac{1}{n}-1} = \frac{m}{n}x^{\frac{m}{n}-1}$$

[정리 A-10] 모든 유리수 q에 대해 $\frac{d}{dx}x^q = qx^{q-1}$이다.

증명 $q > 0$인 경우는 앞의 정리에서 증명되었다. $x^{-q} = \frac{1}{x^q}$이므로, [정리 A-6]으로부터 다음을 알 수 있다.

$$\frac{d}{dx}x^{-q} = \frac{d}{dx}\frac{1}{x^q} = \frac{-qx^{q-1}}{x^{2q}} = -qx^{-q-1}$$

따라서 [정리 A-1]의 미분공식이 모든 유리수에 대해 성립함을 알 수 있다.

이 공식은 유리수뿐 아니라 모든 실수에 대해 성립한다.

제2절 다변수 함수의 미분

편미분 경제학에서는 효용함수나 생산함수와 같이 함수 값이 여러 변수에 의해 영향을 받는 경우가 자주 나타난다. 이 때 한 변수만 변화시킬 때 함수 값이 어떻게 변화하는가를 측정할 필요가 있으며 이를 위해 편미분이 사용된다.

> **[정의 A-2]** 함수 f가 n개의 변수를 갖는 실수함수라 할 때, $\mathbf{x}^0=(x_1^0, \cdots, x_m^0)$에서 변수 x_i에 대한 f의 **편미분** $\frac{\partial f}{\partial x_i}(\mathbf{x}^0)$은 다음과 같이 정의된다.
>
> $$\frac{\partial f}{\partial x_i}(\mathbf{x}^0)=\lim_{h\to 0}\frac{f(x_1^0, \cdots, x_i^0+h, \cdots, x_m^0)-f(x_1^0, \cdots, x_i^0, \cdots, x_m^0)}{h}$$

예컨대 $f(x_1, x_2)=3x_1^2x_2^2+7x_2$ 라면 f의 x_1과 x_2에 대한 편미분은 각각 다음과 같다.

$$\frac{\partial f}{\partial x_1}(\mathbf{x})=6x_1x_2^2, \quad \frac{\partial f}{\partial x_2}(\mathbf{x})=6x_1^2x_2+7$$

라그랑지 승수법 경제학에서는 제약조건 하에서 목적 함수를 극대화 또는 극대화하는 문제가 많이 사용된다. 예를 들어 소비자는 예산제약 하에서 효용을 극대화하고 생산자는 기술제약 하에서 비용을 극소화하려 한다. 이러한 제약조건 하의 극대화 또는 극소화 문제를 다룰 때 유용한 것이 라그랑지 승수법이다.

두 재화를 소비하는 소비자의 선택 문제를 보자. 두 재화의 가격을 p_1, p_2, 소비자의 소득을 I라 할 때 소비자의 효용극대화 문제는 다음과 같다.

$$\begin{aligned} \max_{q_1, q_2} \quad & U(q_1, q_2) \\ s.t. \quad & p_1q_1+p_2q_2=I \end{aligned}$$

이 문제를 풀기 위해서는 먼저 **라그랑지 함수**를 구성한다. 라그랑지 함수는 목적함수와 제약식을 다음과 같이 결합한 것이다.

$$L(q_1, q_2, \lambda) = U(q_1, q_2) + \lambda(I - p_1 q_1 - p_2 q_2)$$

여기서 λ를 **라그랑지 승수**라 한다. 두 번째 단계로서 라그랑지 함수 L을 각 변수 q_1, q_2, λ에 대해 편미분한 것을 0으로 놓고 q_1, q_2, λ에 대한 연립방정식을 푼다.

$$\frac{\partial L}{\partial q_1}(q_1, q_2, \lambda) = 0 \Rightarrow \frac{\partial U}{\partial q_1} - \lambda p_1 = 0$$
$$\frac{\partial L}{\partial q_2}(q_1, q_2, \lambda) = 0 \Rightarrow \frac{\partial U}{\partial q_2} - \lambda p_2 = 0$$
$$\frac{\partial L}{\partial \lambda}(q_1, q_2, \lambda) = 0 \Rightarrow p_1 q_1 + p_2 q_2 = I$$

이 연립방정식의 해를 구하면 효용을 극대로 하는 q_1, q_2, λ가 p_1, p_2와 I의 함수로 표시된다.

$$q_i^* = D_i(p_1, p_2, I), \quad i = 1,\ 2$$

함수 D_i는 소비자가 재화의 가격 p_1, p_2와 소득 I에 따라 재화 i를 얼마나 소비하려 하는지를 나타내는 재화 i에 대한 수요함수이다.

제3절 적분

부정적분 적분은 미분에 반대되는 개념이다. 함수 f가 있을 때 f의 적분을 F라 하면 F를 미분한 것이 f가 된다. 다시 말해서 f의 적분을 구하는 것은 어떤 함수를 미분했을 때 f가 되는지를 찾는 것이다. 주어진 함수 $f(x)$가 어떤 함수 $F(x)$를 미분하여 얻어질 때 $F(x)$를 $f(x)$의 **부정적분**이라 하며 다음과 같이 적는다.

$$F(x) = \int f(x)dx$$

$F(x)$가 $f(x)$의 부정적분일 때, 임의의 상수 c에 대해 $F(x)+c$도 $f(x)$의 부정적분임을 알 수 있다. f의 적분 F는 f와 어떤 관계가 있을까?

모든 x에 대해 $f(x)>0$가 성립하는 연속함수 $f(x)$가 있다고 하자. 어떤 점 a로부터 임의의 점 x까지 $y=f(x)$ 아래쪽 면적을 $A(x;a)$라고 표시할 때, 어떤 점 $x_0>a$에서 $A(x;a)$의 미분을 구해보자.

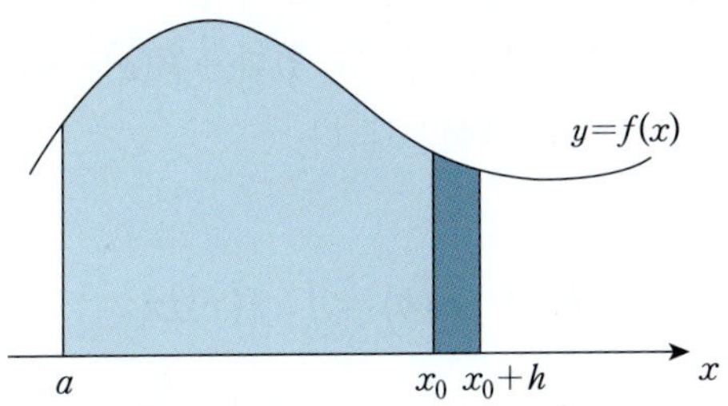

〈그림 A-2〉 $f(x)$의 그래프 아래쪽 면적

$x_0>a$에서 $A(x;a)$의 미분은

$$\lim_{h\to 0}\frac{A(x_0+h;a)-A(x_0;a)}{h}$$

이고, h가 작을 때 $A(x_0+h;a)-A(x_0;a)\approx f(x_0)\cdot h$이므로,

$$\lim_{h\to 0}\frac{A(x_0+h;a)-A(x_0;a)}{h}=f(x_0)$$

이다. 따라서 f의 부정적분을 F라 하면 어떤 상수 c에 대해 $A(x;a)=F(x)+c$가 성립한다. 즉, f의 부정적분은 어떤 점으로부터 x까지 f의 그래프 아래쪽의 면적에 어떤 상수를 더해 준 것이다.

부정적분의 예로는 다음과 같은 것들이 있다.

$$\int x^n dx = \frac{1}{n+1}x^{n+1} + C$$
$$\int (f+g)dx = \int f\,dx + \int g\,dx$$
$$\int (f' \cdot g + f \cdot g')dx = f \cdot g + C$$

정적분 어떤 점 b로부터 다른 점 c까지 $y = f(x)$ 아래쪽 면적을 A라 하자. $a < b < c$를 만족하는 점 a를 선택하면 $A = A(c;a) - A(b;a)$ 또는 $A = F(c) - F(b)$가 성립하는 것을 알 수 있다. $F(c) - F(b)$를 b로부터 c까지 $f(x)$의 **정적분**이라 하고 다음과 같이 적는다.

$$F(c) - F(b) = \int_b^c f(x)dx$$

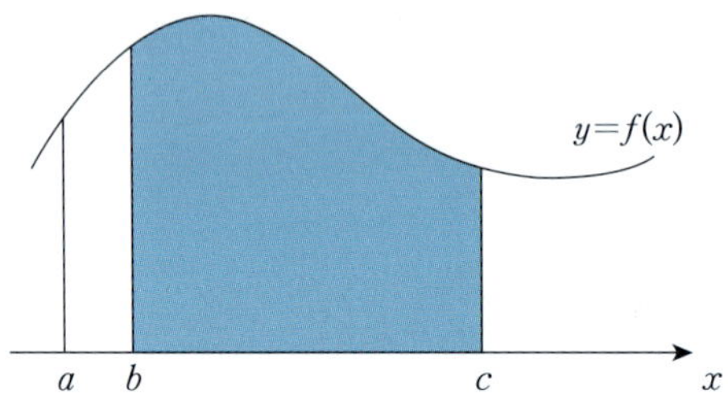

〈그림 A-3〉 함수의 정적분

만일 $x \in (b,c)$에 대하여 $f(x) < 0$이면 $\int_b^c f(x)dx \equiv -\int_b^c -f(x)dx$로 정의한다.

찾아보기